Erzgebirge
& Vogtland

Axel Scheibe

Reise-Taschenbuch

Inhalt

Unterwegs in Erzgebirge und Vogtland

Inhalt

Auf Entdeckungstour

Karten und Pläne

▶ Dieses Symbol im Buch verweist auf die
   Extra-Reisekarte Erzgebirge und Vogtland

Schnellüberblick

Plauen und das nördliche Vogtland
Plauen ist Spitze – und lebt von der exquisiten Textilie. Die Vogtlandmetropole erwartet ihre Gäste als junge, pulsierende Stadt. Es ist gelungen, Altes und Modernes harmonisch in Einklang zu bringen, die Traditionen als Spitzenstadt eingeschlossen. S. 260

Stollberg und Umgebung
Während sonst Silber das Erzgebirge prägte, trieb um Stollberg reichlich 300 Jahre später das ›Schwarze Gold‹ die Menschen in den Berg. S. 196

Südliches Vogtland
Im Vogtland spielt die Musik. Zumindest im Musikwinkel rund um Markneukirchen und Klingenthal. Attraktionen wie das Deutsche Raumfahrtmuseum in Morgenröthe-Rautenkranz und die Vogtland Arena setzen moderne Akzente. S. 242

Westliches Erzgebirge
Schwarzenberg, Aue und Schneeberg zieren die Silberstraße wie Steine ein wertvolles Geschmeide. Die Region lebte vom Bergbau – touristisch gesehen tut sie es bis heute. S. 216

Chemnitz, Zwickau und Freiberg
Die drei Städte verstehen sich als Tore zum Erzgebirge. Während in Freiberg der Bergbau die Stadt prägt, hat in den beiden anderen der Fahrzeugbau Geschichte geschrieben. Alle drei lohnen weit mehr als nur die Übernachtung oder Durchfahrt. S. 78

Marienberg und das Mittlere Erzgebirge
Burgen und Schlösser spielen hier die Hauptrolle. Allen voran Schloss Augustusburg, eines der Highlights der Region. S. 136

Annaberg-Buchholz und Umgebung
Man ist stolz auf die ›heimliche Hauptstadt‹ des Erzgebirges. Und Oberwiesenthal präsentiert sich als das Wintersport-Eldorado der neuen Bundesländer. S. 162

Osterzgebirge und ›Spielzeugland‹
Das östliche Erzgebirge und das Osterzgebirge im engeren Sinne warten mit Landschaft und Bergbauhistorie auf. Rund um Seiffen dreht sich dann (fast) alles um die Wünsche der Kleinsten. Doch das ›Spielzeugland‹ ist auch für die Großen durchaus attraktiv. Die erzgebirgische Volkskunst kommt hier nicht zu kurz. S. 100

Der Autor

Mit Axel Scheibe unterwegs
Der Reisejournalist und Bildreporter ist seit seiner Geburt im Erzgebirge zu Hause. Zwischen seinen Recherchereisen in über 100 Ländern der Erde nutzt er immer wieder gern die Zeit, in seiner näheren Heimat auf Tour zu gehen. Ob mit dem Auto oder per pedes – gern und oft ist er im Erzgebirge unterwegs, um Neues, Interessantes zu entdecken. Besonders haben es ihm die Geschichte und die vielfältigen Traditionen angetan, für die das Erzgebirge und das Vogtland nicht nur in der Weihnachtszeit weit über die Grenzen des Landes hinaus bekannt sind.

Erzgebirge – zwölf Monate (nicht nur) Weihnachtsland

Warum lieben wir Erzgebirger unsere Heimat so sehr? Warum sind die Bewohner dieses Landstriches im Süden des Ostens der Republik so heimatverbunden, dass für so manchen selbst der Umzug auf kurzem Weg von Stadt zu Stadt oder von Dorf zu Dorf zu einem unlösbaren Problem wird? Einfach ist diese Frage nicht zu beantworten. Was haben Erzgebirge und Vogtland – Letzteres soll in diesem Reiseführer natürlich ebenfalls eine wichtige Rolle spielen –, was man anderswo nicht findet? Sind es die sanften, manchmal wildromantischen Täler, sind es die Berge, die es gerade mal auf reichlich 1200 m bringen, oder die Seen und Talsperren, die besonders im Sommer für zusätzliche Erfrischung sorgen? Wohl kaum. Ich vermute, es sind vor allem die großen Traditionen, zumeist basierend auf dem jahrhundertelangen Bergbau, der dem Erzgebirge nicht nur seinen Namen gab. Es gibt in Europa kaum

eine andere Region, die auf so engem, überschaubarem Raum auf so viele bis heute gepflegte Traditionen verweisen kann wie das Erzgebirge und das Vogtland.

Während es dort vor allem der Musikinstrumentenbau war und ist, der für Bekanntheit sorgt, ist das Erzgebirge bis heute geprägt vom Bergbau mit seinen zahlreichen Facetten.

Kunsthandwerk live

Nicht nur in den alten, historischen Bergbauzentren Freiberg, Marienberg, Annaberg und Schneeberg, die sich wie Perlen entlang der Silberstraße aufgefädelt haben, erzählen Museen und Schaubergwerke vom schweren Los der Bergknappen vor Hunderten von Jahren. Sehenswerte, restaurierte Altstädte mit malerischen kleinen Gassen und Straßen laden zum Bummeln ein, und wohl keiner unserer Gäste kommt an den unzähligen Geschäften

vorbei, die Volkskunst aus der Region anbieten. Gerade diese Nussknacker, Räuchermänner und die oft vielgeschossigen Pyramiden sind ein wichtiger Bestandteil erzgebirgischen Brauchtums, das speziell in der Weihnachtszeit für volle Hotels und Pensionen sorgt. Schauen Sie doch auf jeden Fall mal in eine der Schauwerkstätten hinein. Es ist interessant, den Kunsthandwerkern über die Schulter blicken zu können und einmal selbst die Geburt eines Nussknackers mitzuerleben.

Ganzjährig spannend

Dabei sind wir Erzgebirger gar nicht so recht glücklich darüber, dass sich der wachsende Bekanntheitsgrad unserer Heimat noch immer zu sehr aufs ›Weihnachtsland‹ beschränkt. Kommen Sie doch einmal im Sommer! Die Museumslandschaft ist auch da vielgestaltig, und gut ausgeschilderte Wanderwege durchziehen die gesamte Region. Von Dampfloks gezogene Kleinbahnen zuckeln gemütlich durch die Täler, und die Menschen, auf die Sie treffen werden, sei es in den Geschäften, sei es in den Schauwerkstätten oder in den Be-

sucherbergwerken, sind viel entspannter als in der Hochzeit des Tourismusansturms im Dezember. Aber natürlich hat auch der Winter seine schönen Seiten, Wintersport steht bei uns hoch im Kurs. Jens Weißflog, Sylke Otto und Björn Kircheisen beweisen das mit ihrem guten Namen.

Erzgebirger oder Erzgebirgler?

Man sagt uns ›Gebirglern‹ gerne nach, wir seien »hart, aber gemütlich«. Da ist wohl etwas dran. So manches andere »kleine, zänkische Bergvolk« (so eine sicher weniger freundlich gemeinte Charakterisierung) lebt mit ähnlichen (Vor-)Urteilen. Aber machen Sie sich vor Ort am besten selbst ein Bild!

Zum Schluss noch ein Tipp für Kenner: Als ›Erzgebirger‹ darf sich eigentlich nur der bezeichnen, der in der Region zwischen Auersberg und Geising das Licht der Welt erblickte. Dagegen kann man den Titel ›Erzgebirgler‹ durch ausdauerndes Wohnen in der Region erringen. Wobei, das sei gerne zugegeben, mit der Unterscheidung dieser Feinheiten selbst manche Einheimischen ihre Probleme haben …

Reiter ohne Kopf – sagenhafter
Aussichtspunkt, S. 202

Klassische Gartenkunst – Kurpark Bad
Elster, S. 256

Lieblingsorte!

Steinige Faszination –
terra mineralia in Freiberg, S. 97

Bergstadtpanorama – Teufelskanzel in
Annaberg-Buchholz, S. 168

Geschichte wird lebendig –
Freilichtmuseum in Seiffen, S. 118

Die Reiseführer von DuMont werden von Autoren geschrieben, die ihr Buch
ständig aktualisieren und aus diesem Grund auch immer wieder dieselben Orte
besuchen. Irgendwann entdeckt dabei jeder Autor seine ganz persönlichen
Lieblingsorte. Oft sind das Plätze, die abseits des touristischen Mainstreams liegen: Ein Reiter ohne Kopf etwa, der hoch über dem Tal thront, ein Miniland,
das die Welt ins Gebirge holt, oder ein weiter Blick über die sanften Hügel und
Täler. Aber auch faszinierende Ausstellungen, die Überraschendes bereithalten,
können dazu gehören. Auf jeden Fall sind es Wohlfühlorte, an die man immer
wieder zurückkehren möchte.

In 80 Minuten um die Welt –
Miniwelt in Lichtenstein, S. 210

Reiseinfos, Adressen, Websites

Das Erzgebirge ist auch Wintersportland – Skifahrer am Fichtelberg bei Oberwiesenthal

Informationsquellen

Infos im Internet

www.erzgebirge-tourismus.de
Offizielle Seite des Tourismusverbandes mit umfangreichen Informationen zur Region, zu Veranstaltungen und zu Übernachtungsmöglichkeiten.

www.erzgebirge.de
Alternativer Internetauftritt, präsentiert von der Tageszeitung Freie Presse, mit Gastgeberverzeichnis, Freizeittipps, Online-Shop, Reiseplaner sowie Erzgebirge interaktiv.

www.ins-erzgebirge.de
Privat gepflegte Internetseiten über das Erzgebirge mit einer unerschöpflichen Vielfalt an Sehenswürdigkeiten und Ausflugszielen. Das Portal ist sehr übersichtlich gestaltet, schnell nutzbar und sehr informativ. Neben dem sächsischen Erzgebirge findet auch die böhmische Seite Raum.

www.echt-erzgebirge.de
Mit dieser Seite präsentiert die Wirtschaftsförderung Erzgebirge GmbH ihren Wirkungsbereich. Neben umfangreichen Informationen über die Wirtschaft in der Region kommen auch Tourismus, Sport sowie Kultur und Natur nicht zu kurz.

www.erzgebirgswetter.de
Ob es regnet oder schneit oder ob vielleicht die Sonnen scheint: Wie das aktuelle Wetter der Region aussieht und wie es in den nächsten Tagen werden soll, erfährt man hier recht ausführlich.

www.erzgebirge.org
Offizielle Seite des Verbandes Erzgebirgischer Kunsthandwerker und Spielzeughersteller e.V. Im Mittelpunkt stehen die einzigartigen Handwerkstechniken, die man im Erzgebirge erleben kann. Doch auch Land und Leute heute und in vergangenen Zeiten werden übersichtlich in kurzen Texten und vielen tollen Fotos vorgestellt.

www.erzshop.de
Vom Filzpantoffel bis zum Stollen, vom Weihnachtsengel bis zur hochpräzisen Wetterstation, vom Grubenfeuer bis zur Spieluhr – was im Erzgebirge an typischen Produkten entsteht, kann man hier bestellen.

www.vogtlandtourist.de
Die offizielle Seite des Tourismusverbands Vogtland e.V. mit Gastgeberverzeichnis, Reiseangeboten, Veranstaltungshinweisen und Prospektversand.

www.tzv.de
Privat geführte Seite über das sächsische Vogtland mit umfangreichen Informationen zu Plauen, den Gemeinden des Vogtlandkreises und speziell auch zu den touristischen Angeboten.

www.vogtland-anzeiger.de
Aktuelle Informationen zur Region aus Politik, Wirtschaft und Tourismus. Außerdem natürlich auch Veranstaltungstipps.

www.naturpark-erzgebirge-vogtland.de
Offizielle Seite des Zweckverbandes Naturpark Erzgebirge/Vogtland. Allgemeine Informationen über die Arbeit des Zweckverbandes und über den Naturpark. Vorstellung aktueller Projekte in der Naturpark-Region. Touristische Tipps zu den Naturlehrpfaden, den Bergbaulehrpfaden und den Museen im Naturpark.

Fremdenverkehrsämter

Fast jeder größere Ort im Erzgebirge und Vogtland besitzt eine Tourist-Information, die auf Wunsch auch gerne Gastgeberverzeichnisse und Prospekte der Region verschickt. Die Büros der einzelnen Orte sind im Reiseteil vermerkt. Überregionale Informationen und Zimmervermittlung bieten:

Tourismusverband Erzgebirge e.V.
Adam-Ries-Straße 16
09456 Annaberg-Buchholz
Tel. 03733 188 00-00
www.erzgebirge-tourismus.de

Tourismusverband Vogtland e.V.
Göltzschtalstraße 16
08209 Auerbach
Tel. 03744 18 88 60
www.vogtlandtourist.de

Lesetipps

Erzgebirge
Ehrhardt Heinhold: Kleines Erzgebirgs-ABC. Husum Verlag, Husum 2007. Von der Arche Noah aus Holz bis zur Zündholzschachtel zeigt Ehrhardt Heinhold zahlreiche Beispiele des althergebrachten Kunsthandwerks im sächsischen Mittelgebirge und gibt einen spannenden Überblick über die reichen volkskundlichen Traditionen im Erzgebirge. Ein unterhaltsames Nachschlagewerk.
Joachim Kunze, Harald Häckel: Unser schönes Erzgebirge. Verlag Häckel, Oberwiesenthal 2004. In diesem Bildband werden die Landschaft sowie Sehenswürdigkeiten des Erzgebirges vorgestellt. Im einleitenden Text gibt der Autor die Entstehungsgeschichte des Erzgebirges, geologische Besonderheiten und die interessante Kulturgeschichte der Region wider.

Bernhard Lahl, Jens Kugler: Alles kommt vom Bergwerk her – Das große Buch vom Bergbau im Erzgebirge, Chemnitzer Verlag, Chemnitz 2005. Der Bergbau hat zahlreiche tiefe Spuren in der Landschaft hinterlassen. Das sind nicht nur Schauberwerke, Fördertürme und Pferdegöpel, auch viele Kunstgräben und Teiche verdanken ihre Entstehung dem Bergbau. Manche Erfindung, manche Kuriosität und nicht zuletzt die Volkskunstartikel haben ihren Ursprung im Bergmännischen. Das Buch gibt manch überraschenden Einblick in die Vergangenheit und Gegenwart des Erzgebirges.
Karl-Heinz Schmidt: Uverhoffte Gäst sei aah Menschen! – Heitere Geschichten aus dem Erzgebirge. Evangelische Verlagsanstalt, Leipzig 2008. Heitere Geschichten aus dem Alltag der Erzgebirger sind das Markenzeichen von Karl-Heinz Schmidt, der als Pfarrer im Ruhestand in der Region wohnt und gern zur Feder greift. Neben dem unverhofften Gast sind die in diesem Büchlein versammelten Geschichten mit typischen Erzgebirgsgestalten bevölkert, deren Schrulligkeit Schmidt mit liebevoller Ironie aufs Korn nimmt.
Sonja Steiner: Das Geheimnis des alten Stollen – Ein Kriminalroman aus dem Erzgebirge. Engelsdorfer Verlag, Leipzig 2008. Bei Bauarbeiten in einer Scheune in einem kleinen Erzgebirgsdorf wird ein Skelett entdeckt. Ein paar Tage später verstirbt eine alte Frau im Nachbarort. Zwischen Weihnachten

Karten
Die beste Übersicht geben **Wanderkarten des Kompass-Verlages** im Maßstab 1:50 000. Fünf Karten decken dabei das gesamte Gebiet Erzgebirge/Vogtland nahezu vollständig ab, die Karten 805 bis 808.

Krokuswiesen bei Drebach im Frühling

Vogtland

Manfred Blechschmidt, Klaus Walther: Das große Buch vom Vogtland – Reisen zwischen Elster und Saale. Chemnitzer Verlag, Chemnitz 1999. Die ausgewiesenen Kenner der Region Blechschmidt und Walther haben in diesem umfangreichen Band nicht nur all das Sehens- und Besuchenswerte des Vogtlandes zusammengefasst, sondern neben Einblicken in die Geschichte auch zahlreiche Geschichten gesammelt. Außerdem besticht das Buch durch seine ausgezeichnete Bildauswahl, die Appetit auf einen Besuch im Vogtland macht.

Birgit Ringlein, Susan Dentler, Günter Pump: Knällersubb und Brecklkließ – Spezialitäten aus dem Vogtland. Husumverlag, Husum 2008. Die Küche des Vogtlandes ist deftig und unkompliziert. So wie man es fast überall dort findet, wo Schmalhans über Jahrhunderte Küchenmeister war. Wie auch im Erzgebirge spielen Kartoffeln eine große Rolle. Ob als *Bambes* (Reibkuchen) oder auch als Pellkartoffeln. Birgit Ringlein und Susan Dentler haben die beliebtesten vogtländischen Gerichte zusammengestellt und Fotograf Günter Pump setzte das Ganze ins rechte Licht. Wer bei der Lektüre dieses Buches keine Lust auf die herzhafte vogtländische Küche bekommt, verpasst etwas.

und Neujahr fliegt ihr einsames Haus in die Luft. Schnell wird von einem Familienfluch gemunkelt. Ob Oberkommissar Teufel die geheimnisvollen Hintergründe aufdecken kann?

Horst Ziethen: Erzgebirge – Erlebnisreise rund um die Silberstraße. Ziethen-Panorama Verlag, Köln 2008. Dieser Bildband entführt auf eine touristische Farbbild-Reise zu allen Sehenswürdigkeiten des Erzgebirges. Er eignet sich als informativer Reisebegleiter für unterwegs, als Nachschlagwerk, Souvenir für Daheimgebliebene und als Heimatbuch, in dem sogar Einheimische manches Neue entdecken können.

Wetter und Reisezeit

Mittelgebirgsklima

Das Wetter im Erzgebirge und im Vogtland wird bestimmt durch die Mittelgebirgslage, d. h. es wird im Sommer nicht so heiß wie im Flachland und im Winter kann man deutlich sicherer auf Schnee hoffen als anderswo. Dabei zeigt es sich, gebirgstypisch, oft recht launisch. Man sollte sich durchaus auch auf regnerische Tage einstellen. Der Wind treibt die Wolken gegen die Berge, was für reichlich Niederschlag sorgen kann. Wind, ja oft auch Sturm gehören besonders in den Kammlagen zum Alltag. Oft drückt der Wind aus dem Böhmischen Becken die Wolken von Süden kommend übers Gebirge.

Dabei können die Temperaturunterschiede zwischen dem Mittelgebirgsvorland und den Kammlagen mit dem Fichtelberg als höchstem Berg des sächsischen Erzgebirges recht deutlich ausfallen.

Reisezeiten

Traditionell wird das Weihnachtsland Erzgebirge in den Monaten November/Dezember von Besuchern aus nah und fern ›überrannt‹. Doch auch die Zeiten der Winter- und Sommerferien im Februar und Juli/August sind gut gebucht. Wer es sich mangels Kinder leisten kann, auszuweichen, kann auch in den Zwischenmonaten auf erholsame Tage hoffen.

Frühjahr
Wie anderswo beginnt die Vorsaison auch in Erzgebirge und Vogtland um Ostern herum. Langsam verschwindet der letzte Schnee von Wiesen und Feldern. Die Wanderzeit beginnt. Die aufblühende Natur sorgt dafür, dass die Region ein farbenfreudiges Kleid anlegt. Erste nicht mehr nur zaghafte Bestrebungen bieten auch Radfahrern interessante Routenvorschläge auf asphaltierten Straßen und Radwegen, aber auch abseits gepflegter Pfade.

Sommer
Aufgrund der geografischen Voraussetzungen sind Erzgebirge und Vogtland keine typischen Ziele für Wasserratten. Trotzdem erfreuen sich die zahlreichen Seen und Talsperren, etwa in Pöhl oder Malter, wachsender Beliebtheit. Außerdem besitzt die Region noch immer in vielen Orten tolle Freibäder für den Familien-Badespaß. Da die Wassertemperaturen im Juli und August am höchsten sind, dürften diese Monate perfekt fürs Baden sein.

Das Mittelgebirgsklima schützt selbst im Hochsommer vor extremer Hitze und so präsentieren sich die Berge zwischen Zinnwald und Auersberg als ganzjährige Wanderdestination.

Herbst
Auch der Herbst ist ideal für Wanderer und Radfahrer. Bis in den Oktober hinein kann der Altweibersommer warme Tage zaubern. Außerdem sorgt die Laubfärbung für ein fantasievolles Farbenspiel an den sanften Berghängen. Der Urlauberansturm ist deutlich geringer und die Museen der Region, egal ob Besucherbergwerk oder Schauwerkstatt, sind nicht mehr überlaufen. Wartezeiten fallen weg und die Kunsthandwerker an der Drechselbank haben oft Zeit für ein Schwätzchen am Rande der Führungen durch ihre Werkstätten. Wenn dann am Abend die ersten Herbststürme ums Haus ziehen, ist es in den kleinen, rustikalen Gaststätten mit ihrer regionaltypischen Kost ganz besonders gemütlich.

Klimatabelle Annaberg-Buchholz

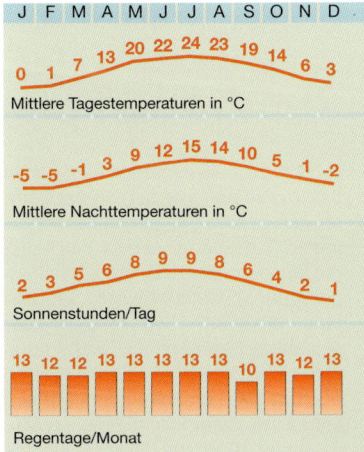

J	F	M	A	M	J	J	A	S	O	N	D
0	1	7	13	20	22	24	23	19	14	6	3

Mittlere Tagestemperaturen in °C

-5	-5	-1	3	9	12	15	14	10	5	1	-2

Mittlere Nachttemperaturen in °C

2	3	5	6	8	9	9	8	6	4	2	1

Sonnenstunden/Tag

13	12	12	13	13	13	13	13	10	13	12	13

Regentage/Monat

Winter

Der Winter ist für große Teile des Erzgebirges und des Vogtlandes traditionell die Hauptsaison. Dafür gibt es zwei einfache Gründe: Nirgendwo sonst kann man rund um die Weihnachts- und Adventszeit eine solch geballte Ladung an Brauchtum erleben wie hier. Die Palette reicht von den traditionellen Bergparaden bis hin zur weihnachtlichen Volkskunst mit ihren Engeln, Bergmännern, Räuchermännern und Pyramiden sowie vom Lichtzauber der nicht zählbaren Schwibbögen, die aus den Fenstern ins Land strahlen, bis hin zu den zwar kleinen, aber umso gemütlicheren Weihnachtsmärkten. Von den kulinarischen ›Randerscheinungen‹ wie den leckeren Butterstollen oder dem traditionellen Weihnachtsessen *Neinerlaa* (›Neunerlei‹) ganz zu schweigen.

Der zweite Grund für die Beliebtheit des Winters als Reisezeit ist natürlich der Wintersport. Zwischen Altenberg und Klingenthal laden entlang des Erzgebirgskamms zahlreiche Wintersportorte zum Schneespaß ein. Dabei muss es nicht immer nur Oberwiesenthal sein. Wobei das ›sächsische St. Moritz‹, wie es manchmal genannt wird, als höchstgelegene Stadt Deutschlands am Fuß des Fichtelberges geografisch und klimatisch begünstigt, oft die besten Angebote für Skifahrer aller Couleur bereithält.

Kleidung und Ausrüstung

Aufgrund des oft wechselhaften Mittelgebirgsklimas empfiehlt es sich, immer auch etwas Wärmeres in den Koffer zu packen. Feste Wanderschuhe sind auf jeden Fall für all jene empfehlenswert, die die Region auf Schusters Rappen erkunden wollen. Regencachen sollten ebenso selbstverständlich sein wie ein Sonnenschutzmittel. Zwar fehlt der Hochgebirgseffekt, doch auch in Mittelgebirgslagen ist man der Sonne ein gutes Stück näher. Nicht zuletzt beim Skilaufen an sonnigen Wintertagen. Wer keine eigene Skiausrüstung besitzt oder aufgrund von Platzmangel im Pkw darauf verzichten muss, kann sich vor Ort bei den Skiausleihstationen bestens versorgen. Von den schmalen Brettern über Carvingski und Snowboards bis hin zum Schlitten gibt es alles, was man zum Wintersport braucht.

Rundreisen planen

Es ist nicht möglich, bei einem ersten Besuch die gesamte Region oder besser gesagt beide Regionen kennenzulernen. **Tagesbesucher** oder **Wochenausflügler** müssen sich auf einen Ausgangspunkt konzentrieren. So kann man von Städten wie **Freiberg** oder **Annaberg-Buchholz** aus relativ kompakt viel von dem besuchen, was so typisch ist fürs Erzgebirge. Im Vogtland bieten sich dafür **Plauen** oder der Musikwinkel rund um **Markneukirchen** an. All jenen, die sich etwas mehr Zeit nehmen können und wollen, seien drei Routen vorgeschlagen, die sich jeweils **in vier bis fünf Tagen** perfekt bewältigen lassen.

Natürlich lohnt es sich auch, das Erlebnis Erzgebirge mit einem Schuss Städtetourismus im Erzgebirgsvorland abzurunden. **Chemnitz** und **Zwickau** laden dazu ein. Reichlich Sehenswertes für mehr als nur 24 Stunden haben sie beide zu bieten.

Entlang der Silberstraße

Die Silberstraße verläuft, wenn man den einen oder anderen Abstecher auslässt, entlang der B 101 von Freiberg über Annaberg-Buchholz nach Schneeberg. Entlang dieser Straße trifft man auf all das, was, man als im Vorfeld gut informierter Tourist im Erzgebirge erwartet.

Das beginnt bereits in der altehrwürdigen Bergstadt **Freiberg.** Im Vorland des Gebirges gelegen, ist sie trotzdem komplett vom Bergbau geprägt. Das spiegelt sich nicht nur in der Geschichte wider, sondern auch in der TU Bergakademie Freiberg, einer hoch angesehenen Bildungsstätte, in der naturgemäß Fachrichtungen wie Geologie eine wesentliche Rolle spielen. Bergbaufachleute aus der ganzen Welt haben hier ihr theoretisches Rüstzeug erhalten. Die Mineraliensammlung der Universität gehört zu den bedeutendsten weltweit und der terra mineralia besitzt die Stadt einen neuen Besuchermagneten, der schon manchen Touristen als Mineralienfan aus seinen Räumen entließ. Einen Einstieg in die Welt des historischen Bergbaus eröffnet das Besucherbergwerk.

Über **Brand-Erbisdorf** mit dem Museum Huthaus Einigkeit und **Pockau** mit dem Technischen Museum Kalkwerk **Lengefeld** führt die Silberstraße vorbei an **Schloss Wolkenstein** und den Greifensteinen nach **Annaberg-Buchholz,** der nicht nur heimlichen Hauptstadt des Erzgebirges. Seit 2008 ist hier der Sitz der Kreisverwaltung des Erzgebirgskreises. Die Stadt am Fuße des Pöhlbergs verlangt nach mehr als einem 24-Stunden-Aufenthalt. Drei ganz verschiedene Besucherbergwerke, der Frohnauer Hammer, das Erzgebirgsmuseum, die brandneue Manufaktur der Träume und die St. Annenkirche sind ebenso Highlights der Region wie das Adam-Ries-Museum und das Modellbahnland Erzgebirge im benachbarten Schönfeld. Dort drehen die kleinen Bahnen auf der größten Spur-1-Anlage der Welt ihre Runden, eine Abwechslung für die ganze Familie.

Weiter auf der Silberstraße wartet in **Schlettau** der nächste Grund zum Stopp. Das liebevoll restaurierte Schloss besitzt eine interessante Dauerausstellung, in deren Mittelpunkt Fauna und Flora der Region stehen. Zudem spukt hier ein Schlossgespenst und viele Sonderveranstaltungen warten auf Besucher. Im Vorfeld einen Blick ins Schlossprogramm zu werfen, lohnt sich.

Durch **Schwarzenberg** mit Schloss und Eisenbahnmuseum führt die Straße weiter nach **Aue,** der Heimat des FC Erzgebirge Aue. Von hier ist es auf der B 101 nur noch ein Katzensprung nach **Schneeberg,** das mit seiner St.-Wolfgangs-Kirche und dem Museum für Bergmännische Volkskunst den Abschluss der Tour bilden kann.

Spielzeug und Silbermann

Wer mit Kind und Kegel ins Spielzeugland reist, startet am besten in **Olbern-**

hau. Dort sind es nicht nur die Saiger-hütte mit dem Kupferhammer in Grünthal und das Heimatmuseum, die spannende Geschichten über die Historie der Region erzählen, sondern vor allem die Spiel- und Erlebniswelt Stockhausen, eine fantasievolle Abenteuerwelt für Kinder zwischen zwei und zehn Jahren. Auch die Eltern kommen voll auf ihre Kosten.

Nächstes Ziel wird natürlich das Spielzeugdorf **Seiffen** sein. Dort warten Schauwerkstätten bei den Spielzeugmachern, das Freilichtmuseum und das Erzgebirgische Spielzeugmuseum. Ein Ausflug auf den Schwartenberg sorgt für frische Luft und Naturerlebnisse, bevor sich im Nussknackermuseum **Neuhausen** Tausende der bärbeißigen Gesellen die Ehre geben. Nussknacker gibt es dort, da kann man nur staunen. Auch die Stuhlindustrie in der Region kommt zu ihrem Recht.

Entlang des Erzgebirgskamms geht es weiter in Richtung Osten nach **Altenberg** zur Bob- und Rodelkunsteisbahn. Eine Wanderung um die 1620 eingestürzte Pinge schlägt wieder die Verbindung zum Bergbau, genauso wie das Bergbaumuseum mit seiner 45-minütigen Führung durch den Neubeschert-Glück-Stollen.

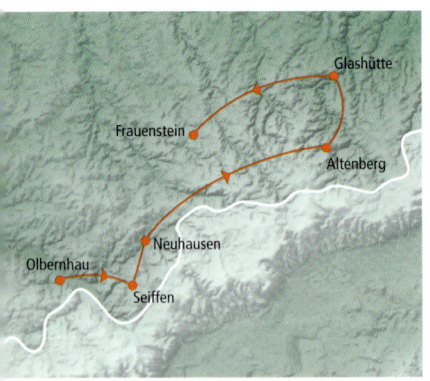

Nach einem Abstecher in die Uhrenstadt **Glashütte** sollte man die Weiterreise über **Frauenstein** einplanen. Die Besichtigung der Burgruine Frauenstein und ein Besuch im Gottfried-Silbermann-Museum im Kreuzgewölbesaal des Schlosses könnten die Tour durchs östliche Erzgebirge musikalisch krönen.

Vogtland für Einsteiger

Ausgangspunkt einer mehrtägigen Stippvisite im Vogtland sollte **Plauen,** die größte Stadt der Region, sein. Sie wurde am Ende des Zweiten Weltkrieges zu über 80 % zerstört und präsentiert sich heute, 65 Jahre später, schöner denn je. In der Stadt der Spitzen gehört ein Besuch im Plauener Spitzenmuseum unbedingt dazu. Ein architektonisches Schmuckstück ist das Alte Rathaus, sicher eines der schönsten Deutschlands. Ein herrlicher Blick belohnt außerdem all jene, die dem Rathaus auf den Turm gestiegen sind. Etwas zum Schmunzeln gibt es in der Galerie e. o. plauen. Ganze Generationen sind mit den lustigen Bildgeschichten um Vater und Sohn des Karikaturisten Erich Ohser (1903–44) groß geworden. Er verbrachte seine Kindheit und Jugend in Plauen.

Im Sommer sollte man Ausflüge an die Talsperre **Pöhl** oder die Talsperre **Pirk** anschließen. Das Vogtländische Meer, wie sich Pöhl nennt, ist ein Dorado für Wassersportler und Campingfreunde. Sogar Fahrgastschiffe verkehren auf dieser Talsperre. Abgesehen von den Fahrgastschiffen bietet Pirk Ähnliches, nur eine Nummer kleiner.

Ein weiteres Ziel sind die Staatsbäder **Bad Elster** und **Bad Brambach.** Mit ihren gepflegten Kuranlagen locken sie Jahr für Jahr Zehntausende Kurgäste ins Vogtland. Nur wenige Fahr-

kilometer sind es von hier bis ins vogtländische Freilichtmuseum Landwüst
und von dort wiederum ist es nur ein
Katzensprung bis **Markneukirchen,**
dem Zentrum des Musikinstrumentenbaus. In manchen Werkstätten kann
man den Musikinstrumentenbauern
hier über die Schultern schauen. Weitere Informationen rund um dieses traditionelle Handwerk findet man im
Musikinstrumentenmuseum.

Klingenthal mit seinem Ortsteil
Mühlleithen ist das Wintersportzentrum des Vogtlandes. Vom Otto-Herrmann-Böhm-Turm auf dem Aschberg
öffnet sich ein weiter Blick über das
Gebiet. Anziehungspunkt Nummer 1
der Region ist seit einigen Jahren die
Vogtland Arena. Sie gilt als Europas
modernste Schanze und wird ganzjährig genutzt.

Ein Abstecher in die Deutsche Raumfahrtausstellung in **Morgenröthe-Rautenkranz** ist ein Muss. Immerhin
kommt Siegmund Jähn, der erste Deutsche im Weltall, aus diesem kleinen
Dorf und das Raumfahrtmuseum hat
sich auch inhaltlich zu einem lohnenswerten Ausflugziel gemausert.

Vom Süden kommend sollte man
nun einen Abstecher ins nördliche
Vogtland einplanen, über **Schönheide,**
Auerbach und **Rodewisch** nach Reich-

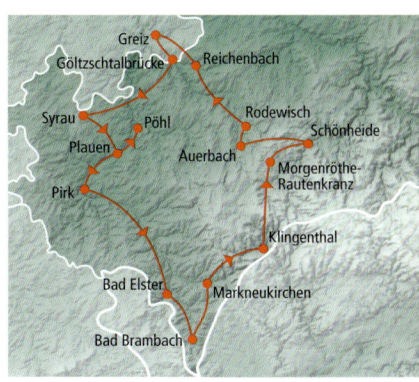

bach und weiter nach **Greiz,** der ›Vogt-
landperle‹ mit drei Schlössern: dem
Oberen Schloss, dem Unteren Schloss,
heute Heimatmuseum, und dem Som-
merpalais. In der Umgebung wartet
die **Göltzschtalbrücke,** gern als achtes
Weltwunder bezeichnet. 1700 Arbeiter
vermauerten in der größten Ziegel-
steinbrücke der Welt in den Jahren
1846–51 rund 26 Mio. Ziegel.

Den Abschluss der Vogtlandtour
könnte ein Besuch in der Drachenhöhle **Syrau** bilden. Neben einem ›Dra-
chen‹ beherbergt sie filigrane Tropf-
steingebilde, die viel Raum für Fantasie lassen. So manches Märchenhafte
lässt sich da entdecken.

Anreise und Verkehrsmittel

Einreise und Zollbestimmungen

Angehörige der ›Schengen-Staaten‹
brauchen für Deutschland kein Visum.
Für alle anderen Besucher gilt die Visa-
pflicht, sofern sie sich nicht schon
innerhalb des Schengen-Gebiets auf-
halten.

Anreise

… mit dem Auto

Aus dem Norden kommend erreicht
man Erzgebirge und Vogtland über die
A 13, die A 14 oder die A 7, Weiterfahrt
jeweils auf der A 4 bis zum Kreuz
Chemnitz und weiter auf der A 72 in
Richtung Vogtland. Von der A 72 aus
führen verschiedene Abfahrten ins

Die historische Fichtelbergbahn verbindet Cranzahl mit Oberwiesenthal

West- und Mittlere Erzgebirge, so die Abfahrt Stollberg-West mit Autobahnzubringer Richtung Annaberg-Buchholz und die Abfahrt Hartenstein mit Zubringer nach Schneeberg und Aue. Das östliche Erzgebirge erreicht man von Chemnitz über die B 174 Richtung Marienberg bzw. die B 173 Richtung Freiberg. Reisende, die aus Richtung Süden kommen, nutzen ebenfalls die A 72 und erreichen nach der Landesgrenze zwischen Bayern und Sachsen das Vogtland und die genannten Autobahnabfahrten ins Erzgebirge.

... mit der Bahn

Mit der Bahn ist es am schönsten! Die fünf Kursbuchstrecken der Erzgebirgsbahn und der Freiberger Eisenbahn führen durch reizvolle Erzgebirgslandschaften, die man mit dem Auto nicht zu Gesicht bekommen würde (und der man am Steuer auch nicht die gebührende Aufmerksamkeit schenken dürfte). Alle Erzgebirgsbahnstrecken wurden in den letzten Jahren aufwendig saniert und werden mit modernen Triebwagenzügen befahren.

Zu beachten ist dabei Folgendes: Nachdem Sachsen in früheren Jahren von einem dichten Netz regionaler Bahnen durchzogen war, sind in den letzten Jahrzehnten nur noch einige regionale Strecken übriggeblieben. Es gibt nur noch die Sachsen-Franken-Magistrale von Dresden über Chemnitz und Plauen nach Hof, ansonsten wurde Südwestsachsen – und damit das Erzgebirge – komplett vom Fernstreckennetz der Bahn abgeschnitten. Wer ins Erzgebirge fahren will, muss das im Normalfall über Leipzig tun. Von dort gibt es im Stundentakt eine Verbindung nach Chemnitz. Vom Hauptbahnhof Chemnitz bietet die Erzgebirgsbahn Verbindungen über Annaberg-Buchholz nach Cranzahl bzw. Bärenstein und Weipert und, westlich davon, über Zwönitz nach Aue an.

Von Cranzahl aus kann man dann die Fichtelbergbahn nutzen, um auf schmaler Spur dampfend in Richtung Neudorf und Oberwiesenthal weiterzufahren. Eine schmale Spur führt auch von Freital aus in Richtung Dippoldiswalde/Kipsdorf ins Osterzgebirge. Weitere regionale Streckenverbindungen führen von Zwickau nach Johanngeorgenstadt und von Chemnitz nach Marienberg und Olbernhau sowie von Freiberg nach Holzhau (**SachsenMedia eG,** Herzog-Heinrich-Str. 2, 09496 Marienberg, Service-Nummer für Auskunft und Buchung: 0800 242 47 77, www.sachsenmedia.com).

... mit dem Flugzeug

Das Erzgebirge und das sächsische Vogtland besitzen keinen Verkehrsflughafen und werden somit weder von Linien- noch von Chartermaschinen angeflogen. Der nächstgelegene internationale Flughafen befindet sich in **Dresden** (www.flughafen-dresden.de). Über die A 4 gelangt man in kürzester Zeit ins Erzgebirge. Dresden wird u. a. mehrmals täglich von Frankfurt am Main, von Stuttgart, Düsseldorf, Hamburg, München und Köln/Bonn angeflogen. Ähnlich gut angebunden ist der Flughafen **Leipzig** (www.leipzig-halle-airport.de). Von ihm aus erreicht man Erzgebirge und Vogtland über die A 14, die A 4 und die A 72. Für Besucher des Westerzgebirges und besonders des Vogtlandes ist der Regionalflughafen **Hof** eine gute Alternative (www.airport-hof.de). Von Hof aus gibt es von Montag bis Freitag drei tägliche Verbindungen nach Frankfurt am Main.

Verkehrsmittel in Erzgebirge und Vogtland

Wer stets mobil sein möchte und ein großes Ausflugsprogramm plant, ist natürlich mit dem eigenen Pkw oder einem Mietwagen am beweglichsten. Trotz einiger Einschränkungen ist der Nahverkehr in der Region aber noch immer relativ gut ausgebaut und bietet in vielen Fällen sinnvolle Alternativen zum eigenen Fahrzeug.

Zwei Verkehrsverbünde geben umfassend Auskunft: **Verkehrsverbund Mittelsachsen GmbH,** Am Rathaus 2, 09111 Chemnitz, Tel. 0371 40 00 80, www.vms.de; **Verkehrsverbund Vogtland,** Göltzschtalstraße 16, 08209 Auerbach, Tel. 03744 830 20, www.vogtlandauskunft.de.

Bahn

Wie bereits erwähnt, fährt die Erzgebirgsbahn von Chemnitz aus mit verschiedenen Regionalstrecken ins Erzgebirge. Besonders zu empfehlen sind auch die Fichtelbergbahn von Cranzahl nach Oberwiesenthal, die Weißeritztalbahn von Freital nach Dippoldiswalde und die Preßnitztalbahn von Jöhstadt nach Steinbach. Alle drei Strecken führen durch landschaftlich reizvolle Regionen, sodass schon die Fahrt selbst ein Erlebnis ist.

Bus

Ein dichtes Linienbusnetz verbindet so ziemlich alle Orte in Erzgebirge und Vogtland regelmäßig miteinander. Zu beachten ist, dass die Fahrpläne teils etwas ›ausgedünnt‹ wurden und werden. Es ist deshalb wichtig, sich vorab über mögliche Rückfahrzeiten zu informieren. Wer viel mit Bussen unterwegs sein möchte, sollte sich einen Fahrplan der Region besorgen (**BVO Verkehrsbetriebe Erzgebirge GmbH,** Postfach 100153, 09441 Annaberg-Buchholz, Tel. 03733 151-0, www.bvo.de; **Verkehrsverbund Vogtland,** s. o.).

Mietwagen

Die Adressen lokaler Autovermietungen erhält man in den örtlichen Tourismusbüros. **Avis** ist in Annaberg-Buchholz und Plauen mit Stationen vertreten (Tel. 01805 55 77, zentrale Buchungsnummer). **Sixt** findet man in Plauen (Tel. 01805 25 25 25, zentrale Buchungsnummer).

Übernachten

Hotels und Pensionen

Das Angebot an Unterkünften in Erzgebirge und Vogtland ist sehr breit gefächert. Was man nicht erwarten sollte, sind Hotels der Luxusklasse. Dafür gibt es individuelle Gastlichkeit zu fairen Preisen. Dominiert wird die Hotelszene von sehr guten Mittelklassehäusern. In den 20 Jahren nach der Wende entstand viel Neues und es wurde in großem Umfang investiert, was man auch heute noch deutlich spürt. Die größte Auswahl an Zimmern findet der Gast im Preissegment zwischen 50 und 120 € je Doppelzimmer. Etwas billiger sind im Durchschnitt die kleinen Pensionen, die man ebenfalls überall findet.

Ferienwohnungen und Privatzimmer

Günstiger sind Privatzimmer, Ferienwohnungen und Ferienhäuser, die man aber in der Region nicht in solch großer Dichte vorfindet wie in anderen Ferienregionen Deutschlands. Informationen erhält man in den Tourismusinformationen der einzelnen Orte. Überregionale Anbieter sind z. B. unter folgenden Adressen zu finden:
www.ferienwohnungen.de: Ein weltweiter Vermittler ausgewählter Wohnungen.
www.traum-ferienwohnungen.de: Ferienhaus- und Ferienwohnungsangebote sind hier gebündelt.
www.bestfewo.de: Die erste und größte Suchmaschine für Ferienwohnungen in Deutschland.
www.fewo-direkt.de: Ferienhäuser und -wohnungen gibt es beim Spezialisten seit 1997.

Jugendherbergen

Nachdem sich Struktur und Einrichtungen der Jugendherbergen in den letzten 20 Jahren grundlegend verändert haben, werden auch diese Häuser immer interessanter für den Urlaub mit der ganzen Familie. Die Ausstattung hat zum Teil den Standard guter Pensionen erreicht, was sich natürlich auch an den gestiegenen Preisen, ab 15 € mit Frühstück pro Person, widerspiegelt. Erforderlich ist ein Ausweis des Deutschen Jugendherbergswerks (DJH). Auskunft dazu gibt es beim **DJH-Servicecenter Sachsen,** Maternistr. 22, 01067 Dresden, Tel. 0351 494 22 11, servicecenter@djh-sachsen. Eine Übersicht über die Jugendherbergen in der Region findet man unter www.djh-sachsen.de.

Ferien auf dem Bauernhof

Auch im Erzgebirge und im Vogtland gibt es die Möglichkeit, seinen Urlaub auf einem Bauernhof zu verbringen. Doch ist die Auswahl deutlich geringer, als man das von anderen Ferienregionen Deutschlands kennt. Zeitiges Buchen sichert also gute Unterkünfte. Auch hier helfen die örtlichen Tourismusinformationen gerne weiter. Zentraler Vermittler ist u. a. **www.bauernhof-urlaub.de.**

Campingplätze

Ein typisches Campingland sind Erzgebirge und Vogtland nicht. Trotzdem gibt es eine Reihe sehr schön gelegener Plätze. So z. B. an den Talsperren Malter, Pöhl und Pirk. Dazu kommen teils recht malerisch in die Mittelge-birgslandschaft eingebettete Plätze – perfekte Ausgangspunkte für Wande-rungen und in der kalten Jahreszeit beliebte Anlaufpunkte für Wintercam-per. Als Beispiele seien hier nur Altenberg und Amtsberg vor den Toren von Chemnitz genannt.

Campingurlaub erfreut sich zuneh-mender Beliebtheit, sodass es in den Ferien angeraten ist, seinen Stellplatz, sei es für Zelt, Caravan oder Wohnmo-bil, zeitig genug vor Reisebeginn zu re-servieren.

Einen guten Überblick über die Campingplätze der Region gibt der jährlich aktualisierte ADAC-Camping-führer, Band 2: Deutschland und Nord-europa. Wie gehabt sind unabhängig davon auch dafür die jeweiligen örtli-chen Tourismusbüros bzw. die Touris-musverbände von Erzgebirge und Vogtland (s. S. 15) die richtigen An-sprechpartner.

Essen und Trinken

Den zahlreichen Burgen und Schlös-sern, die als steinerne Zeitzeugen von maßloser Prasserei und Verschwen-dungssucht ihrer Bewohner berichten, stehen die Berichte vom harten Leben der Menschen in den kargen Gebirgs-gegenden gegenüber, wo oft die Ar-beit unter Tage und die Heimarbeit der Frauen und Kinder kaum die Ernäh-rungsgrundlage sicherten. Da mag es paradox klingen, dass die meisten der überlieferten Rezepte, die heute wie-der als typisch für die Küche der Re-gion angesehen werden, aus den klei-nen, kalten und verräucherten Küchen der Erzschürfer und Holzfäller, der Strumpfwirker und Posamentenma-cher stammen.

Wo die Not den Alltag bestimmte, war die Kreativität der Frau am Herd gefragt. Aus den einfachen und güns-tigen Zutaten, die ihr zur Verfügung standen, kochte sie trotzdem nahr-hafte und zugleich schmackhafte Ge-richte. Deftig kommt daher, was man hier auf den Tisch bringt. Deftig und gesund, denn die Küche des Erzbirge-ges und des Vogtlandes greift haupt-sächlich auf Gutes aus heimischen Flu-ren zurück – auf Obst und Gemüse aus dem Garten hinterm Haus, wobei die Kartoffel traditionell die Hauptrolle übernimmt.

Vun Ardäppelzeug un Kließ

Die Vogtländer mögen verzeihen. Klar ziehen sie ihre Stirn in Falten, doch was will man machen? Wenn man über die Küche beider Regionen berichtet, müsste man mehr als einmal unter-schiedliche Bezeichnungen für ein Pro-dukt wählen. Doch mit zwei Worten käme man nicht weiter, denn selbst in-nerhalb von Erzgebirge und Vogtland haben sich teils unterschiedliche Be-zeichnungen herausgebildet. So nennt der Erzgebirger Klöße *griene Kließ* oder *Toppkließ*, während der Vogtlän-der die leckeren Runden als *Griege-niffte* kennt. Die Vogtländer sagen zum Reiben *niffen* – so einfach ist das.

Doch sei es, wie es sei: Kartoffeln und damit auch Klöße gehören auf jeden Tisch. Die Pflanze ist anspruchslos und wächst somit auch in den Höhenlagen des Gebirges. Während die Klöße – un-abhängig davon, ob Grüne Klöße oder Kartoffelklöße (Letztere sind mehr im Erzgebirge beheimatet) – speziell den

Feiertagen vorbehalten blieben, also den wenigen Tagen im Jahr, an denen auch in den kleinen Katen der Häusler ein Stückchen Fleisch auf den Tisch kam, gehörten und gehören ›Runde‹, sprich Pellkartoffeln, zu den ganz einfachen Gerichten des Alltags. Mit Butter und Quark oder Leinöl waren sie früher das, was man sich gerade noch leisten konnte. Heute gilt das durchaus als Delikatesse. Als Stampfkartoffeln oder auch *Ardäppelbrei* passen sie zu Bratwurst oder Leber. Als *Klitscher* oder *Getzn* wurden die Kartoffeln zu völlig eigenständigen Gerichten. Ebenfalls weitverbreitet in beiden Regionen ist der Kartoffelsalat, bei dessen Zutaten der Kreativität der Hausfrau (oder des Hausmannes) keinerlei Grenzen gesetzt sind.

Schwammepfann un Schöpsn-Flaasch

Schreibt man über die Küche der einfachen Leute, so kommt man an den *Schwammen* (Pilzen) nicht vorbei. Über einige Monate im Jahr erweiterten sie das Speiseangebot. Kostenlos aus dem Wald, waren sie für jedermann greifbar, sehr schmackhaft und vielfältig verwendbar. Es ist nicht bekannt, ob es früher zu vielen Pilzvergiftungen gekommen ist. Man kann aber sicher davon ausgehen, dass die Menschen vergangener Jahre, die deutlich enger mit der Natur verbunden waren, als es heute der Normalfall ist, genauer wussten, was sie mitnehmen konnten und was nicht.

Auch das Fleisch unterlag den Einflüssen der natürlichen Umgebung. Je nach den gerade geltenden Jagdrechten (oder dem Wagemut der Menschen) kam Wildfleisch auf den Tisch. Immer beliebter wurde aber auch das Hauskaninchen *(Kuhhos),* das man im Stall hinterm Haus fütterte. Das heute als exklusiv verkaufte Lamm gehörte zum Arme-Leute-Essen, wobei man damals sicher eher zum alten Schafbock *(Schöpsn)* greifen musste. Aber auch Schwein und Rind spielten bereits eine

Im Restaurant Pfeffersack in Freiberg geht's eher rustikal zu

wichtige Rolle. Aus Gehacktem von Rind und Schwein wird der so beliebte Falsche Hase geformt.

Während wir heute eher zu viel Fleischliches auf den Tellern haben und uns damit wohl mehr der Völlerei der Fürsten und Ritter alter Zeiten annähern, war Fleisch bei den einfachen Leuten nur dem Wochenende oder oft sogar nur großen Feiertagen vorbehalten.

Kerms-Kuchn un Bäbe

Sießguschn kommen in Erzgebirge und Vogtland auch zu ihrem Recht. Besonders beliebt sind Blechkuchen. Früher wurden diese vor großen Feiertagen oft zu Hause vorbereitet und dann zum Backen zum Bäcker gebracht. Heute trifft man die Hausbäckerei, die ursprünglich auch beim Weihnachtsstollen üblich war, kaum noch an. Der Appetit auf Kartoffelkuchen, Kirmeskuchen oder auch Eierschecke ist geblieben. Typisch für die Region sind Reformationsbrötchen und Nikolauszöpfe. Quarktorten nach recht unterschiedlichen ›Geheimrezepten‹ gehören ebenso auf eine Kaffeetafel im Gebirge wie die mit viel Puderzucker versehenen Napfkuchen, in Sachsen auch als *Bäbe* bezeichnet.

Fer dn Durscht

Hier zeigen sich die Erzgebirger und Vogtländer unisono als echte Sachsen: Ohne Kaffee geht bei vielen überhaupt nichts. Das heißt, zumindest zum Frühstück und zum nachmittäglichen Kuchen gehört ein dampfendes Käffchen dazu.

Während aber der Bohnenkaffee seinen Siegeszug zum Alltagsgetränk erst in den letzten Jahrzehnten vollzo-

gen hat, kann das Bier hier auf eine deutlich längere Tradition verweisen. Da es in der Region keinen Weinbau gibt, hat es seit jeher eine bedeutende Rolle im Alltag der Menschen gespielt. Bereits 1262 lässt sich in Freiberg eine erste Brauerei nachweisen. Schnell entstanden Bierhäuser. Hier, aber auch oft in der eigenen Küche, brauten die Bürger ihr Bier. Vor dem Zweiten Weltkrieg gab es in der Region auch an die zwei Dutzend sogenannte Kirchturmbrauereien, d. h., sie lieferten ihr Bier nur im engeren Umkreis aus – soweit man eben vom Kirchturm aus blicken konnte. Besonders die Produkte dieser kleinen Privatbrauereien sind für den guten Ruf erzgebirgischer Biere verantwortlich. Zwar wurde die Vielfalt nach dem Krieg deutlich eingeschränkt und auch die Qualität ließ deutlich nach (gute Rohstoffe waren teuer), doch konnten die Brauer aus der Region nach 1990 schnell wieder am ehemaligen guten Ruf anknüpfen. Wernesgrüner und Freiberger sind die beiden Leuchttürme, doch auch jetzt wieder sind es besonders die kleinen Hersteller, deren Biere bei Liebhabern hoch im Kurs stehen, allen voran die kleine, traditionsreiche Brauerei Fiedler in Oberscheibe.

Trotzdem greift man auch im Gebirge bei besonderen Anlässen gern zu einer guten Flasche Wein. Und sollte der Braten zu fett und das Essen zu reichlich gewesen sein, ist man in Erzgebirge und Vogtland gleichermaßen gut aufgehoben. Zahlreiche Kräuterschnäpse (bitte nicht durcheinander probieren!) versprechen Hilfe. Wer es hart mag, greift zum Lauterbacher Tropfen, gern auch als ›Badewasser‹ verspottet. Wer den Genuss nicht missen möchte, bevorzugt vielleicht den Erzgebirgs-Kräuter aus Bockau oder einen Original Stöss Bitter aus dem Vogtländischen.

Aktivurlaub, Sport und Wellness

Baden

Weiße Sandstrände und Meereswellen können Erzgebirge und Vogtland nicht bieten, dafür aber Talsperren und Seen, die zum Baden und zum Wassersport einladen. Allen voran sicherlich das ›Vogtländische Meer‹ – die Talsperre Pöhl, aber auch die Talsperre Malter oder der Greifenbach-Stauweiher bei Geyer. Daneben gibt es noch viele kleinere Seen und Teiche. Außerdem verfügen zahlreiche Gemeinden der Region über gepflegte Freibäder. Sollte das Wetter absolut nicht mitspielen, so können Erzgebirge und Vogtland auf eine große Anzahl sogenannter ›Spaßbäder‹ verweisen, z. B. in Marienberg, in Geyer oder im IFA Ferienpark in Schöneck. Auf Badespaß muss man also auf keinen Fall verzichten.

Fahrradfahren

Zwar ist die Region schon aus geografischen Gründen nicht das typische Fahrradland, doch hat sich gerade in den letzten Jahren auf diesem Gebiet sehr viel getan. Im Vogtland und im Erzgebirge entstanden gleichermaßen neue Radwege und es wurden für die Gäste zahlreiche touristische Radtouren erarbeitet und beschildert. So kann der Radler mittlerweile viele der Sehenswürdigkeiten der Region per Drahtesel besuchen.

Der Tourismusverband Erzgebirge hat zwei Sonderhefte zu insgesamt 19 Radtouren herausgegeben, die die Radler sehr detailreich durch die Region führen. Der Tourismusverband Vogtland steht dem nicht nach. Damit ist rundum für Radlerspaß gesorgt. Ne-

ben den Touren für ›normale‹ Radfahrer gibt es auch erste Gemeinden, die sich der Mountainbiker angenommen und interessante Abstecher in die sanfte Hügellandschaft der Mittelgebirge erschlossen haben. Auch dazu bieten die beiden Tourismusverbände (Adressen s. S. 15) interessante Tourenvorschläge in verschiedenen Schwierigkeitsgraden.

Skifahren

Naturgemäß spielt das Skifahren in der Wintersaison die erste Geige. Wintersportzentren wie Altenberg, Holzhau, Oberwiesenthal, Johanngeorgenstadt, Schöneck und Klingenthal-Mühlleithen ziehen Jahr für Jahr Tausende Freunde der weißen Winterpracht an. Zahlreiche Liftanlagen garantieren dabei den Abfahrtsspaß ebenso wie Beschneiungsanlagen den satten Kunstschneebelag, wenn Frau Holle einmal nicht mitspielen sollte. Nicht nur Alpinskifahrer kommen auf ihre Kosten. Auch Urlauber, die die schmalen Bretter bevorzugen, können auf gut gespurte Loipen hoffen. Besonders beliebt ist die Kammloipe in den Höhenlagen von Erzgebirge und Vogtland.

Mittlerweile verfügen aber auch zahlreiche Orte außerhalb der Wintersportzentren über Skilifte und damit über perfekte Ausweichmöglichkeiten, wenn das Winterwetter wieder einmal dafür gesorgt haben sollte, dass Orte wie Oberwiesenthal völlig überlaufen sind. So, um nur zwei Beispiele zu nennen, etwa Königswalde und Bärenstein. Dort sind die Abfahrten zwar nicht so lang und steil wie am Fichtelberg, dafür spart man die Parkplatzsuche und das Anstehen am Lift.

Wandern

Erzgebirge und Vogtland sind Wanderparadiese. Die bergige Landschaft mit ihren vielen lohnenswerten Zielpunkten ist die beste Voraussetzung für abwechslungsreiche Wandervorschläge. Gemeinsam mit dem Erzgebirgsverein hat der Tourismusverband (Adresse s. S. 15) über 100 Routenvorschläge zusammengetragen – von der 5-km-Wanderung bis zu langen Tagestouren und von einfach bis schwierig. Die Auswahl ist breit und bezieht auch zahlreiche Themenwege mit ein. Das reicht von Mehrtagestouren und Wandern ohne Gepäck über Teilabschnitte der verschiedenen Fernwanderwege, die die Region berühren, bis hin zu Wanderungen auf den Spuren des historischen Bergbaus.

Für fast alle Regionen stehen Paketangebote bereit und damit die Möglichkeit, das Erzgebirge auf geführten Touren kennenzulernen. Besondere Highlights für Familien sind Abenteu-

Wanderführer

Perfekt in die Jackentasche passt der **DuMont-Aktiv-Wanderführer** für das Erzgebirge. 35 Tourenvorschläge mit exakten Karten und Höhenprofilen erleichtern im Vorfeld die Planung und sind der perfekte Wegweiser für unterwegs (ISBN 978-3-7701-8005-9).

erwanderungen, die Groß und Klein z. B. zum Schatz des Zwergenkönigs oder zur Prinzessin im Spiegelturm entführen. Außerdem gibt es zahlreiche Veranstaltungen, die Jahr für Jahr Gäste aus nah und fern anlocken, bei denen Schusters Rappen im Mittelpunkt stehen.

Natürlich beschränkt sich das Wanderangebot nicht auf das Erzgebirge. Im Vogtland sieht es nicht viel anders aus (Adresse Tourismusverband s. S. 15). Zu den beliebtesten zertifizierten Qualitätswegen gehört dort der Panoramasteig mit 15 Panoramablicken

Langlauf auf dem Erzgebirgskamm – ein beliebtes Wintervergnügen

In der Badelandschaft von Bad Elster lässt es sich trefflich relaxen

und noch mehr Sehenswürdigkeiten und Einkehrmöglichkeiten links und rechts des Weges.

Wellness

Für immer mehr Touristen gehört die Frage nach Wellness-Angeboten zu den wichtigen Kriterien, für welches Hotel und welche Region man sich letztlich entscheidet. Da können Erzgebirge und Vogtland nicht abseits stehen. Viele mittlere und größere Hotels haben eigene Wellnessbereiche eingegliedert. Sauna, Solarien und Massa-

gen gehören vielerorts zum Standard. Umfangreiche Wellnesss- und Gesundheitsangebote halten außerdem die Staatsbäder Bad Brambach und Bad Elster für ihre Kurgäste bereit. Erwähnenswert ist das breite Spektrum rund um Beauty und Wellness im Kurhotel Schlema sowie in der Wellness Oase in Schöneck. Weitere Anlaufpunkte für Wellnessfans, die Massagen, Sauna und Solarium suchen, sind die vielen Spaßbäder in der Region. Wobei nicht vergessen werden sollte, dass auch die gesunde Mittelgebirgsluft bereits völlig kostenlos für einen besonderen Erholungseffekt sorgt …

Feste und Veranstaltungen

Verteilt über Erzgebirge und Vogtland erwarten zahlreiche beliebte Veranstaltungen die Einheimischen und ihre Gäste. Dabei stehen einerseits die reichen bergmännischen Traditionen und andererseits die kunsthandwerkliche Meisterschaft der ›Gebirgler‹ im Mittelpunkt. Aber auch Kunst- und Kulturfestivals gehören dazu.

Musik und Kultur

Zu den kulturellen Höhepunkten im Vogtland gehört der jährlich stattfindende **Internationale Instrumentalwettbewerb** in Markneukirchen. Der einwöchige Wettstreit findet jährlich im Mai statt. Junge Musiker aus aller Herren Länder messen ihr Können im klassischen Genre. Die Instrumente werden jährlich gewechselt und ein abwechslungsreiches Konzertprogramm rund um den Wettbewerb macht ihn zu einem wahren Besuchermagnet. Infos: www.instrumental-competition.de.

Ausgefallene Orte sind das Markenzeichen des Festivals **ArtMontan.** Bei dieser immer beliebter werdenden Konzert- und Eventreihe treten die Künstler in bergbaulichen und Industrieanlagen auf. Unter Tage, z. B. in der Kaverne des Pumpspeicherwerkes Markersbach, sind die Besucher nicht nur von dem Musik- und Theaterprogramm fasziniert, sondern werden auch von der ganz speziellen Atmosphäre gefangen genommen. Infos: www.artmontan.de.

Auch beim **Annaberger Kultursommer,** der von Juni bis August mit einer bunten Palette abwechslungsreicher Konzerte aufwartet, bleiben die Künstler nicht im Stammhaus, sondern erwarten die Konzertfreunde u. a. auf der Freilichtbühne am Fuße der Greifensteine (s. auch S. 193).

Einzelne Konzerte des Festivals **Mitte Europa** gastieren immer im Juni/ Juli in Erzgebirge und Vogtland. Nicht anders beim **MDR-Musiksommer:** Von Juni bis August präsentiert der Mitteldeutsche Rundfunk Dutzende hochkarätiger Konzerte im Gebiet seiner drei Länder, Sachsen, Thüringen und Sachsen-Anhalt. Einige der Konzerte gehen an reizvollen Plätzen in Erzgebirge und Vogtland über die Bühne.

Zu den besonders hervorzuhebenden Festivals gehört auf jeden Fall das jährlich im September in Bad Schlema organisierte **Europäische Blasmusiktreffen.** Wer auf diese Musikrichtung steht, kommt dort sicher auf seine Kosten (s. auch S. 237).

Aus dem Fest Alter Musik im Erzgebirge wurde vor Kurzem das **Musikfest Erzgebirge.** Rund um Schwarzenberg und Aue lädt es alle zwei Jahre im September zu Konzerten mit dem Schwerpunkt Alte Musik ein. Infos: www.musikfest-erzgebirge.de.

Das Musikfest wird alternierend mit den in den ungeraden Jahren ausgerichteten **Internationalen Silbermann Tagen** und dem **Gottfried-Silbermann-Orgelwettbewerb** durchgeführt. Infos: www.silbermann.org.

Märkte und Tradition

Märkte finden vor allem in den historischen Innenstädten der alten Bergbaustädte statt, wobei man das **Plauener Spitzenfest** im Juni sicher ebenfalls in diese Rubrik einordnen kann. Das **Burgfest in Wolkenstein** von Himmelfahrt bis zum Sonntag darauf ist ein einziger großer Mittelaltermarkt mit Rittern, Marketenderinnen und fahrendem Volk. Das Gleiche trifft auch auf den **Annaberger Klostermarkt** zu, der in der Altstadt alle zwei Jahre (2011, 2013 usw.) das richtige Flair findet.

Alle vier Jahre (2012, 2016 etc.) lädt der Verein der Altstadtfreunde der Stadt am Fuße des Pöhlbergs zum großen **Europäischen Töpfertreffen** ein. Aus ganz Europa strömen Töpfer mit ihren Waren ins Erzgebirge und Anfang August dreht sich dann alles um Töpferscheiben und Keramik.

In den Wochen rund ums schönste Fest des Jahres steht die Region dann komplett im Zeichen der Advents- und Weihnachtszeit (s. S. 60). **Bergparaden, Weihnachtsmärkte, Mettenschichten** in vielen Städten und Orten sowie, meist im Januar und Februar, **Schnitz- und Klöppelausstellungen** der Vereine in den Gemeinden sorgen für die rechte Umrahmung.

Volkssportveranstaltungen

Neben internationalen Wintersportveranstaltungen in Oberwiesenthal, Altenberg und besonders auch auf Europas modernster Schanze, der Vogtland Arena in Klingenthal, finden auch volkssportliche Skiläufe statt. Der bekannteste unter ihnen ist zweifellos der **Internationale Kammlauf** in Klingenthal-Mühlleithen, der seit 1973 am letzten Februarwochenende Hunderte Langlauffans ins Vogtland lockt. Strecken zwischen 5 und 50 km offerieren Startmöglichkeiten für jeden Geschmack.

Nicht ganz so lange, aber immerhin bereits seit über 30 Jahren im Sportkalender steht der Volkssportskilauf **Erzgebirge querdurch,** zu dem der Jöhstädter Skiclub Edelweiß immer am zweiten Wochenende im Januar ein-

lädt. Strecken bis zu 30 km werden von fleißigen Helfern in einen Top-Zustand versetzt. Ein Problem haben beide Volkssportläufe. Trotz der Höhenlage von Jöhstadt und Klingenthal-Mühlleithen sind beide Austragungsorte nicht absolut schneesicher. Man sollte bei unklaren Wetterbedingungen also vorher anrufen (Infos und Telefonnummern unter www.kammlauf.de und www.joehstadt.de).

In den wärmeren Monaten von April bis Oktober stehen vor allem Wanderungen im Blickpunkt des Sportangebotes. Der richtige Übergang vom Winter in den Frühling wartet Mitte Februar in Aue. Zum **Auer Schneekristall** stehen drei Routen zwischen 7 und 25 km für eine Winter-

wanderung ganz ohne schmale Bretter bereit.

Bereits im April freuen sich die Wanderfreunde Sosa auf zahlreichen Mitwanderer bei ihrer **Frühjahrswanderung** rund um die Talsperre Sosa.

Am ersten Juniwochenende führt eine **Traditionswanderung** von der Burg Hassenstein im Böhmischen über die Grenze hinweg zum Schloss Schlettau. Seit 1997 geht es dabei von Himmelfahrt bis zum darauffolgenden Sonntag 40 km entlang dem heute bekannten Verlauf der Salzstraße. Die Jöhstädter hingegen laden immer am zweiten Juniwochenende zur **Wanderung Erzgebirge querdurch** ein.

Vor über zehn Jahren hat der Verein Annaberger Land e. V. eine Tour für die ganze Familie etabliert. Seither heißt es immer am zweiten Sonntag im Juni auf zur **Sternwanderung zum Hermergut.** Von 13 verschiedenen Startpunkten aus ziehen die Wanderer nach Mildenau. Die Strecken zwischen 5 und 18 km sind durchweg familienfreundlich und im Hermergut wartet ein großes Hoffest mit vielen Überraschungen für große und kleine Besucher.

Am zweiten Samstag im September startet am Vereinshaus des Erzgebirgszweigvereins in Scharfenstein der jährliche **Volkswandertag zu Ehren von Karl Stülpner.** Und wer das alte Jahr wandernd verabschieden möchte, ist am 31. Dezember zur **Silvesterwanderung** in Pockau an der richtigen Stelle. Am Museum Amtsfischerei startet die

Glühweingenuss unter der Pyramide auf dem Freiberger Weihnachtsmarkt

sicher winterliche Tour, bei der es auch Glühwein gibt.

Abseits von Wanderschuhen und schmalen Brettern lädt der Leichtathletikverein Thum 1990 im August zum **Thumer Werfertag** ein. Da bei diesem Meeting allein die Werfer im Mittelpunkt stehen, die sonst bei großen Sportwettkämpfen eher unauffällig agieren, lässt sich auch manch hochkarätiger Star den Start in der kleinen Erzgebirgsgemeinde nicht nehmen.

Festkalender

Januar/Februar
Wintertreffen der Motorradfahrt: Erstes Wochenende im Jan. auf Schloss Augustusburg.
Skifasching in Oberwiesenthal: Sonntag vor Rosenmontag.

März
Annaberger Schnitzertag: Erstes März-Wochenende.

Mai
Akkordeonwettbewerb: Eine Woche in der ersten Monatshälfte in Klingenthal.
Auer Kneipenfest: Dritter Samstag im Mai.

Juni
Annaberger Kät: Zwei Wochen nach Pfingsten; größtes Volksfest im Erzgebirge.
Raumfahrttage: Mitte Juni in Morgenröthe-Rautenkranz.
Brunnenfest Bad Elster: Drittes Juniwochenende.
Ehrenfriedersdorf: Große Mineralienbörse.

Juli
Stollberger Altstadtfest: Erstes Wochenende im Juli.
Bergstreittag: 22. Juli in Schneeberg.
Volksmusik Grenzenlos: Alle zwei Jahre am letzten Wochenende in Oberwiesenthal.

August
Countryfestival: Erstes Aug.-Wochenende an den Greifensteinen.
Sommer GrandPrix der Nordischen Kombination sowie im Skispringen: Aug. und Sept. in Klingenthal.

September/Oktober
Annaberger Klöppeltage: Drittes Wochenende im Sept.
Europäisches Blasmusikfestival: Drittes Wochenende im Sept. in Bad Schlema.
Göltzschtalmarathon: Erster Samstag im Okt. in Lengenfeld.
Buchholzer Jahrmarkt: Zweites Wochenende im Okt.
Tag des Traditionellen Handwerks: Dritter Sonntag im Okt.
Volkswandertag: Dritter Samstag im Okt. um Olbernhau.

November
Start der Weihnachtsmärkte: Samstag vor dem 1. Advent u. a. in Annaberg-Buchholz, Freiberg, Seiffen, Marienberg und Schneeberg.

Dezember
Weihnachtsmännertreffen: Zweiter Advent in Auerbach.
Lichtelfest: Zweites Adventswochenende in Schneeberg.

Größte Bergparade des Erzgebirges: Vierter Adventssonntag in Annaberg-Buchholz.

Reiseinfos von A bis Z

Ärztliche Versorgung

Die ärztliche Versorgung entspricht den allgemein im Lande üblichen Standards. Allgemeinmediziner und Fachärzte sind flächendeckend vertreten, in den Krankenhäusern der größeren Städte bestehen rund um die Uhr Notfalldienste.

Apotheken

Die enge Besiedlungsstruktur im Erzgebirge hat dafür gesorgt, dass in fast jeder Gemeinde eine Apotheke vorhanden ist. Außerhalb der Öffnungszeiten gibt es einen Bereitschaftsdienst, der an den jeweils geschlossenen Apotheken angezeigt wird.

Feiertage

1. Januar: Neujahrstag
Ostern: Karfreitag, Ostermontag
Pfingsten: Pfingstmontag
1. Mai: Tag der Arbeit:
Christi Himmelfahrt
3. Oktober: Tag der Deutschen Einheit
Reformationstag
Buß- und Bettag
25./26. Dezember: Weihnachten

Geld

Das Banken- und Sparkassennetz ist flächendeckend, fast in jedem kleinen Ort gibt es Geldautomaten und die meisten Geschäfte akzeptieren EC/Maestro-Karten. Hotels und Restaurants bevorzugen oft gängige Kreditkarten, kleinere Häuser verlangen teils noch immer Bargeld.

Medien

Radio
Mitteldeutscher Rundfunk Radio Sachsen, Kantstraße 71–73, 04360 Leipzig, Tel. 0341 30 00, www.mdr.de.
R.SA, LFS Landesfunk Sachsen RADIO-ZENTRUM Leipzig, Thomasgasse 2, Tel. 0341 35 58 00, www.rsa.de.

Zeitungen
Die führende Tageszeitung der Region ist die »Freie Presse«, die in Erzgebirge und Vogtland mit Lokalausgaben vertreten ist. Sie informiert ausführlich nicht nur über das Wetter, sondern auch über Veranstaltungen. Wochenzeitungen wie die »Erzgebirgsrundschau«, der »Wochenspiegel« sowie »Blick« ergänzen die regionale Zeitungslandschaft.

Naturparks

Große Teile des Erzgebirges und Vogtlandes gehören zum Naturpark Erzgebirge/Vogtland. Vom osterzgebirgischen Holzhau bis zum vogtländischen Bad Elster erstreckt sich der Park entlang dem Erzgebirgskamm. Seine Gesamtfläche beträgt rund 1500 km^2. In den Städten und Dörfern des Naturparks leben knapp 300 000 Einwohner. Allein 61 % der Parkfläche ist von Wald bedeckt. Innerhalb des Naturparks gibt es 45 ausgewiesene Naturschutzgebiete und 48 Flora-Fauna-Habitate.

Notrufnummer

Einheitliche Notrufnummer für Feuerwehr, Notarzt und Polizei:
Tel. 112

Pannenhilfe

ADAC: Tel. 0180 222 22 22, vom Handy 0180 22 22 22. Man wird automatisch mit der nächstgelegenen Pannenstation verbunden.
ACE – Auto-Club Europa: Tel. 01802 34 35.
Die Servicenummern sind rund um die Uhr besetzt.

Reisekasse und Preise

Generell gehören Erzgebirge und Vogtland noch zu den preiswerten Urlaubsregionen Deutschlands. In Hotels und Pensionen erhält man komfortable Doppelzimmer inklusive Frühstück bereits ab 50 bis 120 € je Nacht. In den meisten Restaurants kann man für 8 bis 10 € je Gericht (ohne Getränke)

ausgezeichnet speisen. Viele Gaststätten und Restaurants arbeiten an den Wochentagen mit speziellen Mittagskarten, auf denen die Preise für ein Hauptgericht oft bereits bei 5 € beginnen. Museumseintritte liegen durchschnittlich zwischen 2 und 5 €. Umfangreiche Besichtigungen von Schaubergwerken mit Führung können deutlich teurer werden und auch Freizeitparks sind etwas preisintensiver.

Reisen mit Handicap

Es hat sich auch für Menschen mit Handicap viel getan in der Region. In den größeren Städten gehören abgesenkte Bordsteine, spezielle Parkplätze und – in öffentlichen Einrichtungen – rollstuhlgerechte Fahrstühle zum Standard. Doch bei allen positiven Beispie-

Räuchermänner aus dem ›Spielzeugland‹ sind ein perfektes Mitbringsel

Spartipps

Mit der **ErzgebirgsCard** kann man das grenzenlose Freizeitangebot deutlich preisgünstiger genießen. Mit der Karte erhält der Nutzer rund 100 mal freien Eintritt und fünf attraktive Ermäßigungen im gesamten Erzgebirge. Der Gast kann aus zwei Varianten wählen. Die 48-Stunden-Karte gibt es für 22 € (Kinder 11 €), die 4-Tageskarte schlägt mit 33 € (bzw. Kinder 16 €) zu Buche. Kinder unter sechs Jahre erhalten beim Kauf einer Erwachsenenkarte die lustige ZwergenCard kostenlos. Infos: www.erzgebirge-tourismus.de.

Ein ähnliches Angebot mit dem Namen **VogtlandCARDtourist** kann man im Vogtland nutzen. Infos: www.vogtlandcardtourist.de.

len wäre es vermessen, davon zu sprechen, dass Erzgebirge und Vogtland komplett behindertenfreundlich seien. Dem steht schon allein die geografische Lage entgegen. Wanderwege im Gebirge sind im Normalfall für Rollstuhlfahrer nicht geeignet und auch die Infrastruktur ist noch nicht komplett behindertengerecht ausgestattet. Wer mit Handicap in die Region reisen möchte, sollte sich vorher bei der Tourismusinformation des gewählten Reiseziels genau über Möglichkeiten und Einschränkungen informieren.

Souvenirs

Das Angebot an möglichen Souvenirs ist kaum überschaubar, dafür sorgt die Vielfalt der erzgebirgischen Volkskunst. Das reicht von Holzspielwaren für die kleinen Besucher über Nussknacker, Räuchermänner und Schwibbögen bis hin zu Pyramiden; nicht zu vergessen auch die filigranen Meisterwerke, die unter den geschickten Händen fleißiger Klöpplerinnen entstehen. Im Vogtland wartet dagegen als Pendant die Plauener Spitze auf kauffreudige Touristen.

Dem Bergbau geschuldet, kann man an vielen Stellen auch zu steinernen Souvenirs greifen. Seltene Halbedelsteine oder attraktive Mineralienstu-

fen machen sich durchaus gut im heimischen Wohnzimmer. Wer Mitbringsel sucht, die später zu Hause nicht einstauben, wird z. B. bei einer der zahlreichen ›Schnapsbuden‹ fündig. An die 20 Hersteller sind in der Region präsent und sorgen mit einigen Dutzend verschiedener Kräuterliköre für eine reichliche Auswahl. Besonders beliebt ist das »Grubenfeuer« der Crottendorfer Firma Ficker. Das hochprozentige Getränk serviert man am besten in speziellen Keramikpfännchen und zündet es vorher an.

In der Vorweihnachtszeit gibt es dagegen gar keine Frage. Da gehört ein Stollen ins Heimreisegepäck. Nirgendwo in Deutschland, die Dresdner mögen es verzeihen, werden so leckere Butterstollen gebacken wie im Erzgebirge. Jeder Bäcker verwendet natürlich sein eigenes ›Geheimrezept‹. Viele erzgebirgische Familien kaufen ihre Stollen daher seit Jahrzehnten beim gleichen Bäcker.

Telefonieren

Durch die Berg- und Tallandschaften gibt es in Erzgebirge und Vogtland noch immer Funklöcher – und das in allen Netzen. Im Notfall hilft ggf. nur ein Ausweichen auf den nächsten Höhenzug.

Panorama – Daten, Essays, Hintergründe

Besucherbergwerke informieren im ganzen Erzgebirge über den historischen Bergbau

Lage und Größe: Das Erzgebirge ist ca. 140 km lang und auf deutscher Seite im Durchschnitt 40 km breit. Es erstreckt sich von Altenberg im Osten bis nach Schönheide im Westen, wo sich im Vogtland das Elstergebirge anschließt. Die südliche Grenze bilden der Erzgebirgskamm bzw. die Tschechische Republik. Das sächsische Vogtland, das in diesem Band vorgestellt wird, grenzt im Süden an Franken, im Westen ans Thüringer Vogtland und im Norden ans Zwickauer Land.

Einwohner Erzgebirge: 600 000 (ohne die Regionen Chemnitz und Zwickau), zählt man die Großräume Zwickau und Chemnitz dazu, leben weit über eine Million Menschen im Erzgebirge. **Einwohner Vogtland:** rund 400 000. Größte Städte: Chemnitz ca. 250 000, Zwickau ca. 90 000, Plauen rund 66 000, Freiberg über 40 000, Annaberg-Buchholz knapp 23 000 Einwohner.

Geografie und Natur

Das Erzgebirge ist ein Mittelgebirge mit zahlreichen Flusstälern. Die höchste Erhebung auf deutscher Seite ist der Fichtelberg mit 1215 m über dem Meeresspiegel. Im Böhmischen bietet der Keilberg 19 m mehr. Zwischen Mischwäldern, Heckenlandschaften, Hochmooren und Feuchtwiesen finden sich zahlreiche seltene und gefährdete Pflanzenarten. Als Mittelgebirge wird das Erzgebirge, ebenso wie das Elstergebirge, die Fortsetzung des Gebirgszuges im Vogtland, von sanften Bergen und weiten Tälern charakterisiert. Während in den Kammlagen ein raues Klima vorherrscht und der Winter schon mal ein halbes Jahr sein Zepter schwingen kann, zeigt sich das Wetter im Vorland von einer deutlich milderen

Seite, was man auch an der Natur erkennt. Haben es Bäume auf dem Kamm schwer, so findet man im Vorland durchaus große, tiefe Wälder.

Geschichte und Kultur

Allein der Name **Erzgebirge** bringt die Geschichte auf den Punkt. Zwar brachten bereits Hunderte Jahre vor dem ersten Berggeschrei Ende des 12. und Anfang des 13. Jh. Händler mit ihren Planwagen Waren über den Gebirgskamm, doch die ersten größeren Städte und Siedlungen in der Region entstanden fast ausschließlich im Zusammenhang mit den reichen Silbererzfunden. Schnell gehörten sie, so z. B. Freiberg (s. Abb.) und Annaberg, zu den bevölkerungsreichsten Städten Deutschlands. Hier wurde der Reichtum gefördert, der es den sächsischen Kurfürsten und Königen erlaubte, ihr ausschweifendes Leben zu finanzieren und Bauwerke errichten zu lassen, die bis heute Dresdens weltweiten Ruf als eine der schönsten Barockstädte Europas untermauern. Doch auch in der Region selbst beruht Kulturelles in seinen Wurzeln fast durchweg auf dem Bergbau. Das betrifft auch Bauten wie die St. Annenkirche in Annaberg-Buchholz, die St.-Wolfgangs-Kirche in Schneeberg oder das Schloss Augustusburg.

Im **Vogtland** erreichte der Bergbau nie diese Bedeutung. Der Name dieses Landstrichs im Vierländereck zwischen den Freistaaten Sachsen, Thüringen, Bayern und dem Egerland auf tschechischer Seite resultiert aus der Tatsache, dass das Gebiet einst von den Vögten aus Weida, Gera und Plauen beherrscht und verwaltet wurde.

Staat und Politik

Das Erzgebirge und der größte Teil des Vogtlandes gehören seit der Wiedervereinigung zum Freistaat Sachsen. Durch die Kreisreform wurden deutlich größere Einheiten zusammengefasst, sodass sich das sächsische Vogtland auf den Vogtlandkreis und die Stadt Plauen beschränkt. Das Erzgebirge umfasst Teile der Landkreise Erzgebirgskreis, Mittelsachsen und Landkreis Sächsische Schweiz/Osterzgebirge, wobei der größte Teil vom Erzgebirgskreis abgedeckt wird.

Wirtschaft und Tourismus

Traditionell konnten beide Regionen auf eine starke mittelständische Wirtschaft bauen: auf Textilindustrie, Posamentenherstellung, Spielwarenindustrie, Maschinenbau und nicht zuletzt auf das vielfältige, typische Kunsthandwerk. In den Jahrzehnten vor 1990 wurden diese oft recht kleinen Produktionseinheiten in Kombinaten zusammengefasst. Diese zerbrachen nach der Wende vollständig. Kleinere Betriebsteile konnten aber z. T. reprivatisiert werden, sodass diese Produktionszweige, wenn auch ›abgespeckt‹, bis heute zu finden sind. Auf der Basis mittelständischer Unternehmen hat in den Tälern des Erzgebirges und Vogtlandes wieder eine Industrie Fuß gefasst, die zumindest einem Teil der Bevölkerung Arbeit und Perspektive bietet. In den letzten 20 Jahren hat auch der Tourismus neue Wege beschritten. Touristisch erschlossen war die Region schon lange. Nachdem den DDR-Bürgern nach 1990 aber auch alle anderen Urlaubsregionen in Europa und der Welt offenstanden, mussten sich die touristischen Anbieter umstellen. Nun war Qualität zu vernünftigen Preisen gefragt und es wurden enorme Summen in die Infrastruktur, in Hotels und Pensionen investiert. Im Konkurrenzkampf zwischen den wichtigen deutschen Ferienregionen haben Erzgebirge und Vogtland mittlerweile einen festen Platz gefunden.

Bevölkerung, Sprache, Religion

Die Bevölkerungszahl in Erzgebirge und Vogtland ist seit der Wiedervereinigung um bis zu 15 % Prozent gesunken. Dieser Rückgang ist in der schwierigen wirtschaftlichen Lage der Region seit 1990 begründet. Junge, gut ausgebildete Menschen müssen ihre Heimat mangels Arbeitsplatz verlassen.

Wenn Erzgebirge und Vogtland auch zu Sachsen gehören, so unterscheidet sich der Dialekt nicht nur zwischen beiden Regionen beträchtlich, sondern hebt sich auch deutlich von dem ab, was man üblicherweise Sächsisch nennt. Erzgebirgisch ist ein sehr viel ›härterer‹ Dialekt.

Sachsen ist ein traditionell protestantisch geprägtes Land. Der überwiegende Teil der Bevölkerung ist aufgrund der gesellschaftlichen Entwicklung im 20. Jh. aber konfessionslos. Ca. 20 % der Einwohner sind heute Mitglieder evangelischer Kirchen, rund 4 % der römisch-katholischen Kirche.

Paläozoikum

ca. 320 Mio. Jahre v. Chr. Man nimmt an, dass die Erde damals von nur zwei Kontinenten bestimmt wurde – Gondwana und Laurasia. Ein gewaltiger Hochlandbogen wölbt sich in Laurasia, zu dem das heutige Europa gehört, vom französischen Zentralplateau bis Polen. Es bilden sich drei Faltenketten, deren südlichste den heutigen Erzgebirgskamm formt.

Tertiär

ca. 10 Mio. Jahre v. Chr. Angekommen in der geologischen Gegenwart, reißt die Nordseite des böhmischen Beckens auf und formt sich zur Bruchscholle des heutigen Erzgebirges.

Mittelalter und frühe Neuzeit

1000 n. Chr. Noch immer bedeckt dichter, fast undurchdringlicher Wald das Erzgebirge. Miriquidi – ›dunkler Wald‹, so wird die Region, die kaum besiedelt ist, genannt.

1168 Erste Silberfunde in der Nähe von Freiberg sorgen für ein ›Berggeschrey‹, das zahllose Glückssucher und Bergleute in die Region lockt. Siedler ziehen in die Täler des Gebirges. Die meisten von ihnen kommen im Rahmen der Ostexpansion deutscher Feudalherren zum größten Teil aus dem damals schon dicht besiedelten Main-Franken-Gebiet.

1200 Kaiser Friedrich I. Barbarossa setzt zur Verwaltung und Kultivierung des heutigen Vogtlands Vögte ein, die in Weida, Gera und Plauen bis ins 16. Jh. hinein ihre Macht erhalten können.

1232 Kaiser Friedrich II. verleiht den Vögten von Weida das Berg- und Münzregal.

um 1500 Reiche Silber- und Zinnerzfunde im Raum Annaberg/Schneeberg sorgen für ein zweites, das ›Große Bergkgeschrey‹. Wieder zieht es Zehntausende Bergleute, zumeist aus Franken und Glücksritter aus der nahen und fernen Umgebung ins Gebirge. Nachdem Freiberg bereits im 13. Jh. eine wichtige Stadt geworden ist, entstehen nun, angesiedelt an den wichtigsten Erzlagerstätten, neue Städte, die es in kurzer Zeit zu beispielloser Blüte bringen. Ob Marienberg, Annaberg, Buchholz, Schwarzenberg oder Schneeberg – ein beispielloser Aufschwung erfasst die Region.

1499–1525 Die Annaberger St. Annenkirche wird gebaut, die größte spätgotische Hallenkirche Sachsens. Ihr berühmter Bergaltar von Hans Hesse zeigt beeindruckende Alltagsszenen aus dem Bergbau des 15./16. Jh.

1523–1559 Der im fränkischen Staffelstein geborene Rechenmeister Adam Ries lebt und arbeitet in Annaberg.

Hans-Hesse-Altar in der Annaberger St. Annenkirche

nach 1550	Barbara Uthmann etabliert als Großverlegerin das Klöppeln im Erzgebirge und erschließt damit den Häuslerfamilien eine neue Verdienstquelle.
1618–1648	Der Dreißigjährige Krieg hinterlässt auch im Erzgebirge seine blutigen Spuren. Der Bergbau kommt zum Erliegen.
1677	Protestantische Glaubensflüchtlinge aus dem Böhmischen bringen das Geigenbauhandwerk ins Vogtland. Die erste Geigenmacherinnung Deutschlands wird in Markneukirchen gegründet.
1699	Zum ersten Mal präsentieren Seiffener Spielzeugmacher ihre Erzeugnisse auf der Leipziger Messe.
1756–1763	Im Verlauf des Siebenjährigen Krieges sinkt die Erzproduktion in Sachsen auf ein Drittel.
1765	In Freiberg wird die Bergakademie gegründet. Die erste technische Hochschule Deutschlands ist zugleich die älteste montanwissenschaftliche Hochschule der Welt.
1769	Am 24. Dezember verunglücken sechs Bergleute im Reichen Silbertroster Erbstollen am Greifenbach bei ihrer Arbeit durch böse giftige Wetter (Gasentwicklung), der Anlass dafür, an Heiligabend nicht mehr zur Arbeit einzufahren. So entsteht die Bergmettenschicht als Gedenkfeier und wird durch einen Streik beim Bergamt durchgesetzt.

Vom 19. Jh. bis heute

1842	Karl May, Vater so bekannter Romanfiguren wie Old Shatterhand und Winnetou, kommt in Hohenstein-Ernstthal zur Welt.
1851	Andreas Schubert vollendet sein wichtigstes Bauwerk: Die größte Ziegelsteinbrücke der Welt, die 574 m lange Göltzschtalbrücke, wird dem Eisenbahnverkehr übergeben.
1922	Der Däne Jorgen Skane Rasmussen entwickelt das erste Zweitaktmotorrad der Welt. Sein »Reichsfahrtmodell« mit 148 cm^3 und 2,25 PS geht in seinem Zschopauer Werk in Serienproduktion.
April 1945	Britische Bomberverbände legen die Vogtlandmetropole Plauen in Schutt und Asche.
1946	Die SAG Wismut beginnt unter strengster Geheimhaltung im Gebiet um Annaberg, Aue, Schneeberg und Johanngeorgenstadt mit der För-

derung von Uran für das sowjetische Atomprogramm. Ab 1954 firmiert sie als Sowjetisch-Deutsche Aktiengesellschaft (SDAG). Bis 1990 werden mehr als 220 000 t Uran aus dem Berg geholt.

1949   Am 7. Oktober wird auf dem Gebiet der Sowjetischen Besatzungszone die DDR gegründet. Die ehemaligen Länder werden aufgelöst. Erzgebirge und Vogtland gehören nun zum Bezirk Chemnitz, ab 1953 Karl-Marx-Stadt.

1972   In einer letzten großen Welle werden die bis dahin halbstaatlichen mittelständischen Betriebe in Volkseigentum überführt und in vielen Fällen den entstehenden Kombinaten zugeordnet.

1978   Am 26. Oktober fliegt der Vogtländer Siegmund Jähn aus Morgenröthe-Rautenkranz als erster Deutscher ins Weltall.

Herbst 1989   Plauen wird neben Leipzig der wichtigste Ausgangspunkt der friedlichen Revolution in der DDR, die zum Fall des Eisernen Vorhangs führt.

1990   Im Rahmen der Wiedervereinigung werden auch die ehemaligen Länder neu geordnet. Der Freistaat Sachsen entsteht, zu dem auch Erzgebirge und Vogtland gehören. Aus Rentabilitätsgründen muss die Zinngrube in Ehrenfriedersdorf den Betrieb einstellen.

1996   Der Naturpark Erzgebirge/Vogtland wird aus der Taufe gehoben.

2002   Das Jahrhunderthochwasser verwüstet weite Teile Sachsens. Das Osterzgebirge gehört zu den besonders hart getroffenen Regionen.

2006   In Klingenthal wird mit der Vogtland Arena die modernste Schanzenanlage Europas eröffnet. Seither werden auf dieser Großschanze internationale Sprungwettbewerbe ausgetragen.

2008   Eine umfangreiche Gebietsreform ordnet die Kreisgrenzen neu. Auch zahlreiche Gemeinden bündeln ihre Kräfte in größeren Verwaltungseinheiten.

2010   Im Oktober öffnet mit der Manufaktur der Träume in Annaberg-Buchholz ein Museum Erzgebirgischer Volkskunst, das mit seiner modernen, sehr emotionalen Konzeption ein neues Kapitel in der Museumslandschaft der Region aufschlägt. Nach jahrzehntelanger Pause beginnt zudem ein neues Kapitel im Bergbau: In der kleinen Gemeinde Niederschlag bei Bärenstein geht das erste neue Bergwerk an den Start. Schwerspat und Flussspat sollen hier gefördert werden.

Im Fokus die Natur –
Naturpark Erzgebirge/Vogtland

Der Hirtstein mit seinem Basaltfächer ist Teil des Naturparks Erzgebirge/Vogtland

Auch wenn das Erzgebirge bis in die Kammlagen hinauf schon seit Jahrhunderten immer recht dicht besiedelt war, hat sich hier eine schützenswerte Natur erhalten, die es zu pflegen gilt. So wurde kurz nach der Wende der Naturpark Erzgebirge/Vogtland ausgerufen. Zwischen Bad Elster im Vogtländischen bis nach Holzhau im Osterzgebirge zieht er sich auf einer Ost-West-Ausdehnung von 120 km entlang der sächsisch-böhmischen Grenze.

Waren es anfangs einige Enthusiasten, die es sich auf die Fahnen geschrieben hatten, die Schönheit des Erzgebirgskammes zu retten, so erhielt der junge Nationalpark mit dem einige Jahre später gegründeten Zweckverband Naturpark Erzgebirge/Vogtland ein festes Gerüst.

Überzeugende Zahlen

Im Vergleich mit ähnlichen Parks in anderen Teilen Deutschlands ist er noch jung, doch in Zahlen präsentiert er sich durchaus selbstbewusst. Seine Gesamtfläche beträgt fast 1500 km². Die Höhe beginnt bei 500 m über dem Meeresspiegel und reicht hinauf bis auf den Fichtelberg, der immerhin auf 1215 m verweisen kann. In den 70 Städten und Gemeinden des Naturparkgebietes leben heute knapp 300 000 Einwohner. Trotzdem nehmen die Siedlungsge-

biete nur 9 % der Fläche des Naturparks ein. Rund 61 % sind Wälder – die Urenkel des Miriquidi, des schwarzen Waldes, durch den sich vor Hunderten von Jahren zuerst die Händler und dann die Siedler ihren Weg ins Gebirge suchten.

Mensch und Natur

Zwischen National- und Naturparks gibt es grundlegende Unterschiede. Genießen in Nationalparks oder auch in Landschafts- und Naturschutzgebieten Fauna und Flora oberste Priorität, geht es in einem Naturpark um ein optimales Miteinander von Mensch (mit seinem Siedlungsgebiet) und natürlicher Umwelt. Es sind recht langfristige Projekte, die im Mittelpunkt der Arbeit stehen, so z. B. die Entwicklung eines naturverträglichen Tourismus, die Koordinierung der Land- und Forstwirtschaft für eine naturnahe, landschaftsgestaltende Flächennutzung und der Erhalt der historisch gewachsenen Ortsbilder mit ihrer gebietstypischen Bauweise.

Was sich zunächst vielleicht wenig konkret anhört, kann allerdings einen erheblichen Einfluss auf die gesamte Region ausüben. Es ergeben sich für die Naturparkregion daher nicht nur eine Reihe zusätzlicher Aufgaben und Pflichten, sondern durchaus neue Entwicklungschancen, die Touristen und Einheimischen zugutekommen.

Führungen

Zertifizierte Natur- und Landschaftsführer vermitteln den Gästen im Naturpark Erzgebirge/Vogtland die Schönheiten und das Besondere der Landschaft. Es werden natur- und heimatkundliche Wanderungen angeboten, aber auch spezielle thematische Führungen, etwa zur Heimatgeschichte, zur Regionalkultur oder auch zur 800-jährigen Bergbauvergangenheit.

Literatur

Der Naturpark hat zahlreiche kleine Publikationen zu einigen der Lehrpfade herausgegeben, die zu individuellen Wanderungen anregen; so z. B. zum Dorferlebnispfad in Bockau, zum Bergwiesenerlebnis Stützengrün, zum Moorlehrpfad Stengelhaide und zum Naturlehrpfad Basaltweg in Scheibenberg (s. S. 190).

Informationen und Informationsmaterial

Zweckverband Naturpark
Erzgebirge/Vogtland
Schlossplatz 8
09487 Schlettau
Tel. 03733 62 21 06
www.naturpark-erzgebirge-vogtland.de

Drei-Zonen-Land

Um den Anforderungen an einen Naturpark gerecht zu werden, wurde das gesamte Gebiet in drei Zonen unterteilt. Zur Schutzzone I zählen z. B. die sensiblen Hochmoore in den Kammlagen des Erzgebirges und des Vogtlandes. Hier genießen Natur- und Landschaftsschutz oberste Priorität. Schon heute gibt es 45 Naturschutzgebiete und 48 Flora-Fauna-Habitate auf dem Territorium des Naturparks. Stark gefährdete Arten erhalten dort einen ganz besonders geschützten Lebensraum, so etwa verschiedene Orchideenarten, der Sperlingskauz und die Flussperlmuschel. Die Zone II umfasst alle Bereiche außerhalb zusammengehörender Siedlungsgebiete. Und die sogenannte Entwicklungszone bezieht die Siedlungsgebiete in die Naturparkarbeit ein.

Reichtum für alle

Der natürliche Reichtum an Holz und an Bodenschätzen hat die Natur inErzgebirge und Vogtland ebenso geprägt wie die besonderen klimatischen Bedingungen des Mittelgebirges. Mit der Nutzung des Holzreichtums durch die Bergleute entstanden nicht nur neue, größere Flächen für die Landwirtschaft, sondern auch eine reich strukturierte Kulturlandschaft. Dazu zählen u. a. die Heckenlandschaften (z. B. am Pöhlberg in Annaberg-Buchholz) mit ihren Steinrücken und Feldgehölzen, die Hochmoore in den Kammlagen (etwa das Hochmoor in Zinnwald), die extensiv genutzten Berg- und Feuchtwiesen sowie zahlreiche alte Bergstollen.

Gepflegte Wander-, Rad- und Reitwege bieten den Besuchern des Erzbirges und Vogtlands heute reichlich Gelegenheit, weite Waldgebiete und wildromantische Bachtäler zu durchstreifen sowie die schönsten Aussichtspunkte, historischen Bauten, Denkmäler und Museen der Naturparkregion zu erleben – ein Gewinn für Mensch und Natur gleichermaßen!

Karl Stülpner –
der Robin Hood des Erzgebirges

Auf dem kleinen Friedhof in Groß-olbersdorf findet man ein sehr altes Grab, das bis heute gepflegt wird. Nur selten fehlt ein Blumenstrauß zum Schmuck. Hier fand am 24. September 1841 ein gewisser Karl Stülpner seine letzte Ruhestätte. Schwer krank und halb blind verbrachte der Sagenheld des Erzgebirges seine letzten Jahre im benachbarten Scharfenstein, wo sich in der Burg auch eine jener Begebenheiten zutrug, die dem Wildschütz einen Platz in den Herzen der Menschen sicherte.

Ein bisschen furchterregend sieht er aus. Die grüne Jägeruniform mag ja noch angehen, aber das große Gewehr in seinen Händen und der Hirschfänger an der Seite lassen nichts Gutes ahnen. Der Stülpner-Karl ist es, der die Besucher am Aufgang zur Burg Scharfenstein (s. S. 161) in Empfang nimmt. Seit vielen Jahren schlüpft Ralph Görner in die Kleider des erzgebirgischen Robin Hood und erzählt den Gästen auf einer spannenden Führung durch die Burg Interessantes aus dem Leben des Volkshelden. Bis heute berichten die Alten

Auf die Obrigkeit gezielt – historisches Spektakel in Scharfenstein

in den Dörfern der Region ihren Enkeln, was sie wiederum von ihren Vorfahren über die Streiche und die guten Taten des Wildschütz' gehört haben. Dabei, so schickt Ralph Görner voraus, hatten die kleinen Leute vom Stülpner nichts Böses zu erwarten, die Zielscheibe seiner deftigen Streiche waren die Vertreter der Obrigkeit.

Es war aber nicht die Lust an der Provokation, die ihn zu einer Unperson für die Regierenden werden ließ, sondern die nackte Armut, der Hunger, der in seinem Haus den Alltag bestimmte. 1762 erblickte der kleine Karl in Scharfenstein im Gänsewinkel das Licht der Welt. Schon frühzeitig starb sein Vater, so dass er sich an dessen statt um die Familie kümmern musste. Bereits im Alter von fünf Jahren hatte er seine erste Konfrontation mit der Obrigkeit. Zusammen mit seiner Mutter wurde er wegen »Fleisch- und Getreidediebereie« festgenommen.

Ein junger Schütze

Wenig später kam Stülpner unter die Fittiche von Förster Müller in Ehrenfriedersdorf, wo er das Jagen erlernte und bereits mit zehn Jahren einen kapitalen Rehbock erlegt haben soll. 1778 trat er freiwillig in den Kriegsdienst ein, was in späteren Jahren noch mehrfach, dann aber weniger freiwillig erfolgen sollte. Als Trossknecht diente er während der Bayerischen Erbfolgekriege in verschiedenen Regimentern. Schon in dieser Zeit wurde

Geweih und Konterfei – Detail des Grabmals von Karl Stülpner in Großolbersdorf

er immer wieder wegen Wilddieberei arretiert und desertierte ebenso häufig bei der ersten passenden Gelegenheit.

Gerade in dieser Zeit erlebte er viele seiner Abenteuer, die man sich mit offener Anerkennung in den Dörfern der Region erzählte. Gejagt von Förstern und Soldaten, versteckten und unterstützen ihn immer wieder die Bauern und ›kleinen Leute‹, denen er im Gegenzug oft im Wald zur Seite sprang, wenn sie beim Holz- oder Beerensammeln vom Förster oder seinen Schergen angegriffen wurden. Jedes Dorf hatte seine eigene Stülpnergeschichte; Erzählungen, die wohl zumeist auf wahren Begebenheiten beruhten, aber gewiss auch ins Sagenhafte verklärt wurden.

Am bekanntesten ist wohl die Belagerung der Burg Scharfenstein. Man erzählt sich, dass Soldaten und der Oberförster auf der Suche nach dem Wilddieb Stülpner ins Haus von dessen Mutter eingedrungen waren und seine gesamte Jagdausrüstung beschlagnahmten. Auf dem Rückweg in die Burg Scharfenstein soll der Gesuchte den Bütteln des Grafen plötzlich persönlich entgegengetreten sein, sie entwaffnet haben und, nachdem diese sich hinter die dicken Burgmauern geflüchtet hatten, die Burg im Alleingang belagert haben. Einen ganzen Tag lang ließ er sie nicht mehr heraus.

Ein teurer Kopf mit drei Kindern

Dieser Vorgang brachte Stülpner einen Steckbrief ein. Auf seinen Kopf wurde eine Belohnung von 50 Talern ausgesetzt – ein für die damalige Zeit stolzes Sümmchen. Als Anführer einer Gruppe von Wildschützen zog er nun viele

Lesetipps
Karl Sewart: Karl Stülpner. Das Leben des legendären Wildschütz auf 169 Seiten. Geschichte und Geschichten, Chemnitzer Verlag, Chemnitz 2002.
Kurt A. Findeisen: Der Sohn der Wälder. Roman eines Wildschützen, Verlag der Nation, Husum 1999.

Jahre durch die dichten Wälder des sächsischen und böhmischen Erzgebirges und verliebte sich in die Tochter des Scharfensteiner Gerichtsdirektors. Sie gebar ihm, vom Vater verstoßen und enterbt, drei uneheliche Kinder. Später legitimierte Stülpner diese Kinder, indem er seine Christine 1806 im Böhmischen ehelichte. 1813 gab Stülpner die Wilderei schließlich auf.

Zurück in Scharfenstein, führte er ein ärmliches Leben. Mit 74 Jahren wurde er noch einmal Vater. In diesem Zusammenhang warf man ihm vor, ein 24-jähriges Mädchen verführt zu haben. 1841 erlag er völlig verarmt und mittellos auf seinem Strohlager im Gänsewinkel einer jahrelangen, schweren Krankheit.

Wenn der heutige Stülpner mit den Touristen aus nah und fern auf Schlossführung geht, besucht er auch die Dauerausstellung, die seinem berühmten Vorbild gewidmet ist (s. S. 161). Seit Juni 2000 trägt sogar ein Planetoid den Namen Stülpner. Er wurde im Dezember von der Sternwarte Drebach beobachtet. Regelmäßig werden die Abenteuer Stülpners auf der Freilichtbühne an den Greifensteinen lebendig (s. S. 193). In dieser wilden Felsenwelt kann man auch eine Höhle finden, in der sich Stülpner mit seinen Jagdgesellen versteckt haben soll.

Miriquidi, der ›dunkle Wald‹, so nannten die ersten Siedler das verwunschene Land aus Höhen und Tälern, das heute als Erzgebirge ein Begriff ist. Sie zogen mit ihren Planwagen über unwegsame Pfade und hatten ihren gesamten Besitz bei sich auf der Suche nach einem neuen, kleinen Glück. Sie ahnten noch nicht, dass sie in ein Gebiet zogen, das mit seinen Erzvorkommen dereinst für mühsamste Arbeit unter Tage, aber auch für blühende Städte in der Region sorgen würde.

ausgelöst wurde: Zahllose Bergleute strömten in die Region. Und diese Prägung durch den Bergbau hat das Erzgebirge bis heute nicht mehr losgelassen. So wird der staunende Besucher hier – anders als in anderen süddeutschen Ländern – nicht etwa mit einem herzlichen »Grüß Gott«, sondern mit einem nicht weniger herzlichen »Glück auf!« begrüßt. Auch wenn heute kaum noch jemand in den Berg einfährt, hat sich dieser alte Steigergruß doch über viele Generationen hinweg erhalten. Denn was man im Berg fand, be-

Alles kommt vom Berge her – Bergbau und Brauchtum

Man kann es sich heute nicht mehr so richtig vorstellen, doch das, was die Siedler vor Hunderten von Jahren im heute so dicht besiedelten Erzgebirge vorfanden, war tiefster, fast undurchdringlicher Urwald, in dem Bären und Wölfe zu Hause waren. Eine unheimliche, menschenfeindliche Umgebung. Es waren Slawen, die sich den dunklen Wald als Erste untertan machten bzw. sich zumindest mit ihm arrangierten.

Glück auf!

Bereits 1168 stießen Siedler am Nordfuß des Erzgebirges, in der Umgebung des heutigen Freiberg, auf Silbererz, wodurch das erste ›Bergkgeschrey‹

**Erklärende Einblicke –
Bergwerksmodell in Schneeberg**

stimmte über Jahrhunderte hinweg das Leben der Menschen.

1491 stieß Daniel Knappe am Fuße des Scheckenbergs dann auf eine Silberader. Dieses zweite ›Bergkgeschrey‹ des Mittelalters verhieß Wohlstand. So wie das erste lockte auch dieses erneut Glücksritter, Siedler und Handwerker aus Böhmen, dem Harz, Franken und Bayern ins Erzgebirge, in dem sich nun ein unvorstellbarer Aufschwung vollzog. Städte wie Schneeberg, Annaberg, Buchholz und Marienberg verdanken ihre Gründung dem wachsenden Silberboom. Annaberg war in der Mitte des 16. Jh. nach Freiberg die zweitgrößte Stadt Sachsens und hatte selbst Leipzig hinter sich gelassen. Im Gefolge des Silbererzabbaus kam es zu bedeutenden wissenschaftlichen und kulturellen Leistungen. Dafür stehen Persönlichkeiten wie Georgius Agri-

Museales unter Tage

Viele Stollen aus der jahrhunderte-
alten Bergbaugeschichte des Erzge-
birges kann man heute besichtigen.
In **Annabergs Unterwelt** etwa führt
eine Entdeckungstour (s. S. 172).
Spannende Einblicke bieten aber
auch folgende Beispiele:
**Schaubergwerk Frisch Glück
›Glöckl‹ Johanngeorgenstadt:**
Wittigsthaler Straße,
08349 Johanngeorgenstadt,
www.frisch-glueck.de (s. S. 227)
**Besucherbergwerk Zinngrube
Ehrenfriedersdorf:** Am Sauberg 1,
09427 Ehrenfriedersdorf,
www.zinngrube.de (s. S. 193)
**Fortuna-Stollen Deutschneudorf
Fortuna Bernstein GmbH:**
Deutschkatharinenberg 14,
09548 Deutschneudorf, www.
fortuna-bernstein.de (s. S. 127)
**Schacht Reiche Zeche Förderver-
ein Himmelfahrt Fundgrube Frei-
berg/Sachsen e. V.:** Fuchsmühlenweg 9, 09599 Freiberg, www.
besucherbergwerk-freiberg.de
(s. S. 95).

cola, Adam Ries, Rülein von Calw, Hans
Witten und Hans Hesse.

Doch das Glück des Silbers war ein
recht vergängliches. Schon nach 200
Jahren waren die Lagerstätten zumeist
erschöpft. Aber im Gegensatz zu anderen Gegenden der Welt, wo nach
dem Versiegen der begehrten Boden-
schätze nur Geisterstädte blieben, war
die Siedlungsstruktur des Erzgebirges
beim Verlöschen des Silberbergbaus so
stark gefestigt, dass mit dem Schnitzen
und Klöppeln und später mit weiteren
Industriezweigen, etwa der Posamentenherstellung, neue Verdienst- und
Lebensgrundlagen gefunden wurden.

Allerdings kann man den Bergbau
im Erzgebirge nicht auf das Silber re-
duzieren. Vor allem Zinn (z. B. in Ehrenfriedersdorf und Altenberg) sowie
Steinkohle (etwa in Oelsnitz) wurden
gefördert. An einigen Stellen fand
man zusätzlich so wertvolle Erze wie
Wismut, Wolfram und Uranpechblende – der Anlass für die SDAG Wismut zum letzten ›Bergkgeschrey‹ des
Erzgebirges, das nach dem Zweiten
Weltkrieg erneut Tausende ›Glückrit-
ter‹ mehr oder minder freiwillig ins
Erzgebirge schwemmte, die für die
sowjetischen Besatzer das radioaktive
Material für Atomwaffen und Kern-
kraftwerke aus dem Berg holten. Die
Jahrhunderte des Bergbaus hinterlie-
ßen tiefe Spuren in Landschaft und Alltagsleben, die sich längst nicht nur in
dem Gruß »Glück auf!« widerspiegeln.

Reisen unter Tage

Zu Reisen unter Tage laden heute ganz
unterschiedliche Besucherbergwerke
ein (s. Kasten links). Nur ein Beispiel sei
hier erwähnt: Direkt im Zentrum von
Annaberg, unter dem Erzgebirgsmuseum und nur wenige Schritte von der
mächtigen St. Annenkirche entfernt,
geht es zu Fuß in die faszinierende
Welt des mittelalterlichen Bergbaus
(Altbergbaus). Erst vor wenigen Jahren
ist man hier durch Zufall auf ein unter-
irdisches Stollensystem gestoßen. Dass
große Teile der Unterwelt einem
Schweizer Käse gleichen, ist den Einwohnern der Bergstadt zwar bewusst,
doch wo viele der jahrhundertealten
Stollen verlaufen, ist nicht bekannt. So
mancher Erzgebirger sagt »zum Glück«,
so könne man wenigstens ruhig schlafen. Immer wieder auftretende Ein-
brüche erinnern trotzdem ständig aufs
Neue an mögliche Gefahren.

Große Bergparade

Das bergmännische Brauchtum ist breit gefächert. Zu den bedeutendsten Traditionen gehören gewiss die Bergparaden, deren größte in Annaberg-Buchholz stattfindet. Immer am 4. Adventssonntag beschließen die Bergbrüder mit ihrer Parade hier die Adventszeit. Über 1000 Hobby-Bergleute ziehen, begleitet von rund einem Dutzend Bergkapellen, in ihren historischen Berguniformen durch die Straßen der Altstadt. Da Jahr für Jahr Zehntausende von Schaulustigen dazu in die alte Bergstadt reisen, sichert zeitiges Kommen die besten Plätze. Den Abschluss der Bergparade bildet ein großes Bergkonzert aller teilnehmenden Kapellen am Fuße der ehrwürdigen St. Annenkirche (s. Bild unten), deren Geschichte, wie fast alles in der Region, ebenfalls eng mit dem Bergbau verbunden ist.

Hoch über Annaberg – Matthias Melzer ist einer der letzten Türmer Deutschlands

... 209, 210, 211. Geschafft! Matthias Melzer kann sich ein leichtes Schmunzeln nicht verkneifen, wenn er mit Besuchern in seine gemütliche Wohnung hoch über der Altstadt von Annaberg steigt. Als 20. Türmerpaar leben er und seine Frau, Sohn Toni nicht zu vergessen, seit 1999 in der historischen Türmerwohnung der mächtigen St. Annenkirche.

Einen besseren Ausblick gibt es kaum, einen beschwerlicheren Aufstieg wohl auch nicht. Doch Melzers macht das nichts aus. Wer seit über zehn Jahren regelmäßig, und das täglich meist mehrere Male, die 211 Stufen in Angriff nimmt, hat geübte Muskeln und eine entsprechende sportliche Kondition. Bis zum Turmrundgang sind es

zwar ›nur‹ 174 Stufen, doch den Türmern ist natürlich klar, dass es vielen Gästen, seien es ihre privaten Besucher oder Tausende von Touristen, die es Jahr für Jahr auf den Turm zieht, zumeist anders geht. Übrigens, man mag es kaum glauben, Marit Melzer ärgert sich nicht einmal dann, wenn ihr erst in der heimischen Küche einfällt, dass sie für den Feiertagskuchen ein Stück Butter vergessen hat ...

Der Glockentraum

Seit 1578 wohnen Annaberger Türmer hoch über der Stadt. Seither hat sich vieles verändert. Musste der Türmer in früheren Jahren jede Viertelstunde seine Runde drehen – galt es doch, nach Bränden oder Feinden Ausschau zu halten – beschränken sich die Aufgaben von Matthias Melzer, der seine Brötchen auf ebener Erde als Landschaftsgärtner verdient, heute auf das Geläut und mögliche Reparaturen. Das Läuten der drei Glocken selbst übernimmt eine Automatik und nur selten, so z. B. an den Adventssonntagen, zu Pfingsten, Ostern und in der Silvesternacht, legt er noch selbst Hand an. Da muss dann die ganze Familie mit ran. Auch Freunde sind willkommen. Immerhin braucht es nicht nur den erfahrenen ›Taktgeber‹ sondern mindestens zwölf kräftige Hände, um die drei großen Glocken im richtigen Schwung zu halten.

Für einen Glockenfan wie Matthias Melzer ist das etwas ganz Besonderes. Immerhin ist der Klang manuell geläuteter Glocken viel schöner. Außerdem war es sein Faible für Glocken, das ihm bereits mit zwölf Jahren den Wunsch einpflanzte, eines Tages selbst als Türmer dafür verantwortlich zu sein, damals zum ungläubigen Erstaunen seiner Eltern. Später dann war es seine Freundin und heutige Ehefrau, die die Träume des 42-Jährigen nicht so recht nachvollziehen konnte. Das hat sich geändert. Eines Tages wurde auch sie vom ›Glockenvirus‹ und der Traumaussicht aus der Türmerwohnung eingefangen. Bereut hat die junge Frau diesen Schritt nie (und ihrem Mann diese Frage zu stellen verbietet sich wohl von selbst …).

Am Grundriss der Türmerwohnung ließ und lässt sich aus verständlichen Gründen nicht viel ändern, doch der Komfort, den Melzers hinter den über einen Meter dicken, historischen Mauern genießen, steht anderen Wohnungen nicht nach. Und für Einkäufe, die schwerer sind als das vergessene Stück Butter für den Festtagskuchen, gibt es natürlich einen elektrischen Aufzug. Zu straff müssen die Wadeln ja nun auch wieder nicht werden.

Die Tradition des Türmers hält Matthias Melzer hoch. Traditionsreicher geht es ja auch kaum. Wie gesagt, sie sind die 20. Türmerfamilie, die hoch über der Stadt ihre Heimat gefunden hat. Eine Rarität, und das nicht nur deutschlandweit. Natürlich ist er Mitglied der Zunft der Türmer und Nachtwächter. Und natürlich ist er mit dem, was er tut, letztlich auch ein Aushängeschild der Stadt.

Bergstadt als Spielzeugland

Während ihr Mann seinem Tagewerk nachgeht oder als Türmer anderwärtig Präsenz zeigen muss, kümmert sich Marit Melzer um die Touristen aus nah und fern, die die grandiose Aussicht vom Turm genießen wollen. Wer es geschafft hat und wem die alte Bergstadt wie Spielzeug zu Füßen liegt, bestätigt es gern: Jede der Stufen hat sich gelohnt! Und oben angekommen kann die junge Frau den Turmbesteigern auch nicht nur die interessantesten Punkte erläutern, die zu sehen sind, sondern sie weiß auch vieles über die Geschichte der St. Annenkirche.

1498, nur wenige Jahre nach der Stadtgründung, erhielt die damalige Neustadt am Schreckenberg eine erste, hölzerne Interimskirche. Nur ein Jahr später begann man mit dem Bau der Annenkirche. 1525 war sie fertig und hatte immerhin – nur der Bau selbst, ohne die Inneneinrichtung – rund 200 000 Gulden gekostet. Von der einstmals prächtigen, mit reichlich Gold verzierten Ausstattung des Gotteshauses, das bis 1539 katholisch war, sind einige der wichtigsten und kultur-

Termine mit Türmern und Nachtwächtern im Erzgebirge
Annaberg-Buchholz: Rainer Eckel und Dieter Frank sind auf dem Buchholzer Jahrmarkt, immer am 2. Okt.-Wochenende, Fr und Sa 21–24 Uhr unterwegs. Zu Altstadtrundgängen in Annaberg laden sie in den Monaten Okt.–März am letzten Sa 20–23 Uhr ein, zusätzlich an den Adventssonntagen.
Thum: Matthias Barth, der Thumer Türmer zeigt sich am 1. und 4. Adventssonntag 18.30 Uhr zum Turmblasen mit anschließendem Türmerruf.
Zwönitz: Die vier Zwönitzer Nachtwächter, bzw. mindestens einer von ihnen, ist an jedem Fr und Sa ab 21 Uhr im Ort unterwegs. Startpunkt ist die Postdistanzsäule am Marktplatz.
Infos: Die örtlichen Tourismusinformationen können weitere Termine nennen, denn alle Türmer und Nachtwächter sind auch zu anderen, besonderen Anlässen in ihren Orten anzutreffen.
Zunft: Die Annaberg-Buchholzer Nachtwächter, der Türmer von St. Annen, der Türmer der Thumer Annenkirche sowie die vier Zwönitzer Nachtwächter sind Mitglieder der Europäischen Nachtwächter- und Türmerzunft. Nicht zur Zunft gehören die Nachtwächter in Greiz und in Schöneck.

lebens mit entsprechenden Tieren charakterisiert werden. Das wohl beeindruckendste Kunstwerk in der Kirche ist jedoch der Bergaltar des Hans Hesse (s. Abb. S. 43), eine der frühesten Darstellungen arbeitender Menschen in der Kunstgeschichte überhaupt.

Während Marit Melzer ihren Exkurs in die Vergangenheit beendet, hat sich die Dunkelheit über die Stadt gelegt. Es ist Adventszeit, die Tage sind kurz. Vom Markt dringen erzgebirgische Weisen herauf. Plötzlich übertönen kräftige Stimmen das Gemurmel der Menge vor der Kirche: »Hört, Ihr Leute, lasst Euch sagen, unsre Uhr hat sechs geschlagen …« Die Nachtwächter starten zu einer ihrer abendlichen Touren. Während der Türmer von oben den Überblick behielt, waren die Nachtwächter mit ihrer Laterne und den Hellebarden in den Straßen und Gassen unterwegs, um für Ordnung und Sicherheit zu sorgen.

Des Nachts durch schmale Gassen

Seit gut zehn Jahren kümmern sich in der Bergstadt Rainer Eckel und Dieter Frank um diese Aufgabe. Dabei war es eigentlich nur als Ein-Jahres-Job geplant. In Vorbereitung der 500-Jahr-Feier von Buchholz hatten sich die beiden die Nachtwächtermäntel übergeworfen, denn Buchholzer sind sie mit Leib und Seele.

Silvester 2000/01 eröffneten sie das Festjahr und eigentlich sollte dann Weihnachten Schluss sein. Doch nicht nur die Buchholzer hatten sich an ihre neuen Nachtwächter gewöhnt, auch Führungen durchs nächtliche Annaberg, bei denen sie ab und an ›aushalfen‹, waren schnell unverzichtbar geworden. Da gab es kein Zurück. Stück

historisch wertvollsten Stücke erhalten geblieben. So der Taufstein und die »Schöne Tür« aus der Werkstatt des Hans Witten sowie der Bäcker- und Münzaltar. Zum Schmunzeln sind die Zyklen an der Empore, auf deren Bildtafeln die Dezennien eines Menschen-

für Stück perfektionierten sie ihr Outfit und ihre Ausrüstung und Stück für Stück wurden die Buchholzer Nachtwächter zu einem wichtigen Teil der Traditionspflege der Bergstadt.

Im Schein ihrer Laternen führen sie ihre Gäste durch die schmalen Gassen. Historisches ist es, das die beiden lebendig werden lassen. So manche Sage und so manche Geschichte aus vergangenen Jahrhunderten fehlt nicht. Dass sich dabei vieles um den historischen Bergbau dreht, ist logisch – war er doch über die Jahrhunderte der Lebensquell der Region. Auch die St. Annenkirche wäre ohne die Silberfunde wohl kaum entstanden.

Wahrscheinlich hat es die Nachtwächter, die heute ab und an sogar gemeinsam mit dem Türmer in Erscheinung treten, auch schon gegeben, als Maurer Stein um Stein am Kirchenbau verarbeiteten. In den Akten der Stadtarchive tauchen sie jedoch erst Ende des 17. Jh. auf. Exakt war deren Aufgabengebiet festgelegt. Schied einer aus, so die alten Bücher, waren es zumeist 30 bis 40 Bewerber, die gern an seine Stelle getreten wären. Und das lag nicht an der Bezahlung, ein fürstliches Salär wartete nicht, sondern an der Armut der Menschen und an fehlenden Alternativen für all jene, die der zu Ende gehende Bergbau außen vor ließ. So vermag es kaum zu verwundern, dass im Archiv von so manchem Streit berichtet wird, den es um die Besoldung gab. Man kann davon ausgehen, dass es in anderen Städten des Erzgebirges kaum anders aussah.

Das sind Probleme, die Rainer Eckel und Dieter Frank kaum berühren. Sie sind sowieso ehrenamtlich auf ihren nächtlichen Touren unterwegs. Ihr Salär sind der Spaß an der Tradition und das Interesse der Besucher.

Nachtwächter im Einsatz – Führung durch die Altstadt von Annaberg-Buchholz

»Wenn is Raachermannl naabelt« – Volkskunst und Weihnachten

›Weihnachtsland Erzgebirge‹ – eine Bezeichnung, wenn auch nicht amtlich beurkundet, so doch mittlerweile ebenso geläufig, wie seit Jahrzehnten durchaus berechtigt. Es gibt sicher deutschlandweit keine Region, in der man sich mit solcher Liebe und so viel Brauchtum auf das schönste Fest des Jahres vorbereitet und die Tage um den 24. Dezember so stilvoll zelebriert wie zwischen Stollberg und Geising. Geprägt werden diese Wochen nicht zuletzt durch die Produkte Erzgebirgischer Volkskunst.

Schneeflocken haben einen sanften, weißen Schleier über das Wintergrau des späten Novembertages gelegt. Die ersten Weihnachtsmärkte halten ihre Tore weit geöffnet. Auch im Erzge-

birge. Der Duft von Glühwein, gebrannten Mandeln und Zimt zieht durch die engen Gassen und Straßen der Altstadt. Erzgebirgische Weihnachtslieder klingen aus den Lautsprechern. Und doch ist manches anders als auf den Weihnachtmärkten, die landauf, landab überall in Deutschland auf Besucher warten. Große Karussells, Riesenräder und Achterbahnen sucht man im Erzgebirge vergebens. Die laute Fröhlichkeit wird hier von einer sanften Heiterkeit verdrängt. Und überall stößt man auf das, was der Region ihren Namen ›Weihnachtsland‹ gegeben hat.

»Wenn is Raachermannl naabelt, un is sagt kaa Wort derzu, und dr Raach zieht an dr Deck nauf, sei me allezamm su fruh …«, so Erich Lang in seinem

Text zu einem der beliebtesten weihnachtlichen Weisen der Erzgebirger. Und der Räuchermann steht, trotz allgemeinen Rauchverbotes, immer noch ganz oben auf der Liste der vorweihnachtlichen Gesellen im Erzgebirge. Nicht minder beliebt ist sicherlich der Nussknacker, der, traditionell als Vertreter der Obrigkeit geschnitzt oder gedrechselt, zu einer gemütlichen weihnachtlichen Hutznstube gehört.

In der Hutznstub'

Wobei die Hutznstube gleich eine weitere weihnachtliche Tradition ins rechte Licht rückt. Das Erzgebirge war immer eine der Armenstuben Deutschlands. Trotz der harten Arbeit im Berg war Schmalhans nur zu oft Küchen-

meister in den kleinen Häusern der Knappen, die sich dicht an den Berg drängten. Heizmaterial war teuer und auch mit Kerzen galt es sparsam umzugehen. So trafen sich die Menschen oft am Abend in großer Runde abwechselnd bei je einer Familie in der Stube zum Schwatz, zum Schnitzen und zum Klöppeln. Daraus entstand die Tradition der Hutznstube, die bis heute, nunmehr Touristen und Einheimische gemeinsam, zu gemütlichen Nachmittagen zusammenführt.

Schnitzen und Klöppeln zum Broterwerb

Dabei gibt es reichlich Gelegenheit, den Schnitzern über die Schultern zu schauen und staunend zu beobachten, wie sie einem kleinen Holzklotz, meist ist es Linde, Leben einhauchen. Aus dem ›Hobbyschnitzen‹ wurde nach dem Niedergang des Silberbergbaus für die Familien ein wichtiger Broterwerb. Oft war es kleines Spielzeug, das unter den geschickten Händen der Bergleute entstand, denn den Umgang mit Holz war man ja auch vom Schachtausbau her bereits gewohnt.

Die Not in der Region war jedoch groß und so brachte Barbara Uthmann, die erste Großverlegerin des Erzgebirges, mit dem Klöppeln eine weitere, lebenswichtige Erwerbsquelle in die Stuben der armen Häusler. Beeindruckend ist noch heute die Fingerfertigkeit der Frauen und Mädchen, die am Klöppelsack sitzend mit ihren Klöppeln aus einfachem Garn wahrhafte Wunderwerke entstehen lassen.

War es ursprünglich die blanke Not der Bergarbeiterfamilien, die ihr Auskommen nicht mehr im Stollen fanden, die sie an die Schnitz- oder Drechselbank bzw. den Klöppelsack zwang, so betreiben heute Tausende Erzgebirger diese alten Künste als Hobby. Trotzdem sind es weiterhin viele, die, oft in kleinen Handwerksbetrieben, mit der alten erzgebirgischen Volkskunst ihren Lebensunterhalt verdienen. Die Räuchermänner, Nussknacker, Engel und Bergmänner erfreuen sich schließlich weltweit großer Beliebtheit.

Mettenschichten und Bergaufzüge

Vieles von dem, was das Erzgebirge in der dunklen Jahreszeit so besonders anziehend macht, gründet auf dem früheren Bergbau, der zwar nicht die Bergleute vor Ort, dafür die Kurfürsten und Könige in Dresden reich gemacht hatte. Zu diesen Traditionen gehören die Mettenschichten, die, ursprünglich immer am Heiligen Abend, heute für die Touristen die ganze Adventszeit über, in verschiedenen Schau- und Besucherbergwerken abgehalten werden. Während es sich hierbei früher um eine kurze vorweihnachtliche Zusammenkunft der Bergleute handelte, läuft das Event für Touristen opulenter ab: Ein Weihnachtsbaum, oft typisch bergmännisch aus Holzlatten gebaut, gehört ebenso dazu wie ein kräftiges Bergmannsvesper oder auch ein duftender Weihnachtsstollen und ein hochprozentiger Bergmannsschnaps – alles musikalisch umrahmt und tief unter der Erde.

Und da sind nicht zuletzt die großen Bergaufzüge, in denen Hunderte, in Annaberg-Buchholz sogar über tausend Mitglieder von Bergknappschaften, Bergbrüderschaften und Bergorchestern im festlichen Habit durch das Spalier Zehntausender Besucher marschieren (s. auch S. 55).

Nicht zu vergessen natürlich auch die prächtigen, oft viele Meter hohen Großpyramiden, die nicht nur den Weihnachtsmärkten neben dem unverzichtbaren Christbaum einen besonderen Glanz verleihen, sondern fast jedes Dorfzentrum schmücken. Allzu oft ist es dabei nicht die Heilige Familie, die sich im ewigen Kreis dreht, sondern es sind Bergleute mit ihren Traditionen, die die Pyramidenteller schmücken. Dass Pyramiden, freilich in kleineren Dimensionen, auch die Stuben der Erzgebirger zur Weihnachtszeit in feierliches Licht tauchen, versteht sich dabei fast von selbst.

Bergmann und Engel

Immer wieder tritt das Licht in den Mittelpunkt der Traditionen. Es stand im

Mittelpunkt der Sehnsüchte der Hauer und Knappen. Über Monate gab es für sie kein Tageslicht. Wenn sie früh in den Schacht einfuhren, lag noch tiefe Dunkelheit über dem Gebirge und nach der Schicht war bereits die nächste Nacht angebrochen. So gehören auch Engel und Bergleute zur ›Standardausstattung‹ einer erzgebirgischen Weihnachtsstube. Weit reicht die Geschichte der geschnitzten oder gedrechselten Bergleute zurück. In armen Haushalten wurden sie einstmals sogar aus Brotteig geformt. Ihre Wurzeln vermutet man im 16. Jh., in der Blütezeit des Bergbaus im Erzgebirge.

Im Gegensatz zu Räuchermann und Nussknacker stehen sie für die große Gottesfurcht der Menschen, die ihr hartes Brot unter Tage, im Reich der ewigen Finsternis und unter ständiger Gefahr für Leib und Leben verdienen mussten. Wobei diesen beiden noch eine ganz spezielle symbolische Funktion zukam: Hat so mancher heute am Heck seines Autos lustige Kinderköpfe oder auch die Namen seines Nachwuchses angebracht, stellten die Erzgebirger früher Engel und Bergleute ins Fenster, die dem Vater, wenn er im Dunkeln aus dem Schacht nach Hause kam, den rechten Weg weisen sollten. Für jede Tochter einen Engel und für jeden Sohn einen Bergmann. Da Kinderreichtum oft der einzige Reichtum war, auf den die Familien verweisen konnten, mag es auf so mancher Fensterbank eng geworden sein.

Der Bergmann, hier als Lichterträger, gehört fest zur erzgebirgischen Weihnachtsstube

Stollen, so lang wie die Ofenbank – kalorienreiche Fest-Verführungen

Der abendliche Nebel des späten Herbsttages hat sich über den Pöhlberg gelegt. Auf dem Firmengelände der Annaberger Backwaren GmbH stehen drei Reisebusse. Durch die Tür dringt der Klang erzgebirgischer Weisen und der Geruch weihnachtlicher Plätzchen.

Weiße Schürze, weiße Mütze und ringsum der Duft von leckeren Backwaren – so kann man sich einen Ausflug ins Erzgebirge gefallen lassen. Über 3000 Reisende auf den Spuren des erzgebirgischen Weihnachtsstollens sind es Jahr für Jahr, die sich auf den Weg machen zu einem Besuch bei den Annaberger Stollenbäckern.

In der Stollenbäckerei

Für die Erzgebirger gehört der Stollen zum Fest wie der Weihnachtsmann und die Christmette. Früher war es fast ein Sakrileg, den ersten Stollen bereits vor dem Fest anzuschneiden. In mancher Familie hat sich dieser Brauch bis in die Gegenwart erhalten, zum Glück für die erzgebirgischen Stollenbäcker jedoch nur vereinzelt. Die meisten Naschkatzen lassen sich das Stollenvergnügen nicht vermiesen und greifen bereits in der Adventszeit mit Begeisterung zu dem kalorienschweren Backwerk. Viel Butter, Rosinen und Zitronat, das gehört in einen »Original Erz-gebirgischen Stollen«. Früher hatte fast jede Hausfrau ihr spezielles Rezept. Das Backen des eigenen Stollens in der Backstube des Bäckers um die Ecke war für Alt und Jung ein Höhepunkt in der Adventszeit. Auch heute ist die Zutatenliste lang und durchaus nicht bei jedem Bäcker identisch. Zitronat, Butterschmalz, Mandeln, Rosinen, Korinthen und natürlich Mehl mit Hefe und Milch gehören zum Standard. Über die Feinheiten aber schweigen sich die Bäckermeister lieber aus. Auch gibt es mittlerweile Stollen mit Schokolade, Zuckerguss oder gar Kirschen – aber damit sind wir schon beim nächsten Sakrileg …

Viele erinnern sich noch gerne daran, wie es in der heimischen Küche geduftet hat, wenn Muttern die noch warmen Stollenlaibe mit dicken Schichten aus Butter und Staubzucker verzierte. Heute sind es nur noch wenige Familien und Bäckereien, in denen die echte Hausbäckerei gepflegt wird.

›Verkleidung‹ ist Pflicht

Ein bisschen Wehmut bleibt beim Blick zurück in die alten Zeiten. Die Bäcker um Geschäftsführerin Martina Hübner haben Verständnis dafür und in der Vorweihnachtszeit ein offenes Haus. Und das bei Weitem nicht nur für sächsische Besucher, in deren Heimat die jahrhundertealte Tradition des Stollens ihren Ursprung hat. »Weit über die Hälfte unserer Gäste kommt aus den alten Bundesländern«, so Frau Hübner. »Meist sind es Reisegesellschaften, die ihren Besuch im Weihnachtsland mit einer Stippvisite beim Stollenbäcker krönen. Doch auch immer mehr Individualtouristen schließen sich unseren Veranstaltungen an.« Führungen durch die Bäckerei vermitteln einen Eindruck vom Weg des Stollens bis zum Verbraucher. In der Hutzenstube des Betriebes darf dann der leckeren Versuchung bei einer Tasse Kaffee nachgegeben werden. Wer sich die Veranstaltung »Selbst ist der Stollenbäcker« aussucht, erhält sogar die Möglichkeit, sich seinen ganz individuellen Stollen zu backen. Ohne ›Verkleidung‹ kommt jedoch keiner ins Stollenreich. Zünftige Schürzen und Mützen sind Pflicht.

Der Start der Stollensaison liegt in den meisten Betrieben im Oktober.

Nicht so in der Annaberger Backwaren GmbH. Wenn draußen noch Hochbetrieb in den Freibädern herrscht und bei Alt und Jung das abendliche Grillvergnügen die erste Geige spielt, verlassen hier die ersten Stollen die Öfen. »In diesem Jahr haben wir bereits im August die Stollensaison eingeläutet«, so Geschäftsführerin Martina Hübner. »Schon da wurden die ersten 1000 »Original Erzgebirgischen Butterstollen« gebacken. Das klingt zwar sehr früh, doch wenn man in Betracht zieht, dass wir im Jahr rund 220 000 Stück dieser leckeren erzgebirgischen Spezialitäten in den Versand und über die Ladentheken bringen wollen, müssen wir zeitig anfangen.« Nicht die Stückzahl allein verlangt nach einem frühen Saisonstart, rund 50 000 Stollen gehen im Direktversand in 63 Länder. Dort warten treue Kunden Jahr für Jahr auf ihr Paket aus Annaberg.

Die besten Stollen Sachsens, so die Einheimischen, stammen aus dem Erzgebirge

Mit Zeichenstift und Pinsel –
Malerei und Grafik im Erzgebirge

Carlfriedrich Claus wurde mit seinen »Sprachblättern« international bekannt

Das Erzgebirge steht für Volkskunst. Doch auch Maler und Grafiker lassen sich gern von der Landschaft und ihren Eigenarten inspirieren. Dabei spielt die Verbundenheit zu ihrer Heimat in ihrem Schaffen zumeist eine bedeutende Rolle. Als Beispiele genannt seien Carl-Heinz Westenburger und Rudolf Manuwald, die die erzgebirgische Kunstszene über Jahrzehnte mitgeprägt haben. Ein ganz Großer seiner Zunft, Carlfriedrich Claus, fand seine künstlerische Heimat in einer kleinen Wohnung hinter dem Annaberger Gloria-Kino.

Während Volkskünstler die Schönheit ihrer Heimat, ihre Träume und Sehnsüchte in Holz oder filigranen Spitzen verewigt haben, nutzen die bildenden Künstler der Region Pinsel, Kreide oder Stift dazu, ihre Liebe zum Erzgebirge auf Papier oder Leinwand zu bannen.

Es verwundert dabei sicher kaum, dass viele als Mittelpunkt ihres Schaffens die Natur ihrer Heimat, die Welt aus Bergen und Tälern gewählt haben. Das druckgrafische Werk des Annaberger Künstlers **Rudolf Manuwald** (1916–2002) z. B. widmet sich fast ausschließlich dieser Thematik.

Weit über die Region hinaus wirkte hingegen **Carl-Heinz Westenburger** (1924–2008). Große Wandbilder von ihm finden sich u. a. im Annaberger Theater. Auslandsreisen brachten ihm immer neue Inspirationen, doch seine besondere Liebe galt Zeit seines Lebens der Natur.

Die Heimat im Blick

Auch heute gibt es zahlreiche bildende Künstler, die sich der Heimat zwischen Plauen und Freiberg verschrieben haben. Dazu zählen u. a. der Grumbacher Maler **Werner Franz,** ein Schüler von Carl-Heinz Westenburger, und der Annaberger **Gottfried Rothe,** die, wenn auch mit sehr unterschiedlichen Handschriften, das Erzgebirge im Blickfeld haben.

Möglichkeiten, mit ihren Arbeiten an die Öffentlichkeit zu treten, bieten den Künstlern der Region verschiedene Galerien und nicht zuletzt das Haus des Gastes in Annaberg-Buchholz.

Der Philosoph im Hinterhaus

In die Schublade der Heimatmaler passt der 1998 verstorbene Künstler-Philosoph **Carlfriedrich Claus** wahrlich nicht. 1930 in der Kleinstadt Annaberg-Buchholz geboren und dort zeitlebens zu Hause, bewegte sich sein künstlerisches Schaffen im Spannungsfeld von Philosophie, bildender Kunst, Linguistik und akustischer Literatur. Seine Arbeiten, vorwiegend Grafik, bestehen aus einer Art Mikroschrift, die sich, auch von sensorischen Schwingungen seiner Hand geführt, zu abstrakten Gebilden zusammensetzen. Er selbst nannte diese Arbeiten ›Sprachblätter‹. Schwere Kost also. Besonders schwer dann, wenn man – und das soll absolut nicht despektierlich klingen – frei gewählt in der tiefsten Provinz in einem Hinterhaus lebt und arbeitet. So blieb er in den Jahren bis 1990 nicht nur den Staatsoberen in der DDR suspekt, sondern wohl auch den meisten Einwohnern seiner Heimat- und Geburtsstadt.

Ein kleiner Mann mit grauem Jackett, leicht gebeugtem Rücken, schwarzer Baskenmütze und immer schnellen Schrittes unterwegs, so blieb er jenen in Erinnerung, die ihm nur ab zu kurz in den Gassen der Altstadt begegneten. Wer das Glück hatte, Carlfriedrich Claus in seiner Wohnung zu besuchen, erlebte einen hochintelligenten, allseits interessierten Menschen, der in seinen kleinen, mit Büchern und Zeitschriften gefüllten Räumen kaum noch Platz zum Arbeiten fand.

Bereits 1964 widmete ihm die Staatliche Kunsthalle in Baden-Baden eine Einzelausstellung. Es folgten Ausstellungsbeteiligungen unter anderem in Philadelphia, Amsterdam, Tokio, Paris und Hamburg. 1975 wurde Claus Mitglied des Verbandes Bildender Künstler und 1977 gründete er gemeinsam mit seinen sächsischen Künstlerkollegen Michael Morgner, Thomas Ranft, Dagmar Ranft-Schinke und Gregor-Thorsten Schade die Künstlergruppe und Galerie Clara Mosch im Karl-Marx-Städter Stadtteil Adelsberg.

Während Carlfriedrich Claus' Schaffen schon über Jahrzehnte in der internationalen Kunstszene einen guten Ruf genoss, blieb ihm diese Anerkennung in der Heimat lange versagt. 1998 starb der Künstler und Philosoph, den nicht zuletzt seine Kontakte zu Ernst Bloch mit geprägt hatten, in Chemnitz. 2005, anlässlich des 75. Geburtstages, wurde die Claus'sche Wohnung, in der er über Jahrzehnte gelebt und gearbeitet hatte, renoviert und der Öffentlichkeit als Begegnungsstätte übergeben.

Lesetipps
Ingrid Mössinger: Schrift. Zeichen. Geste. Carlfriedrich Claus im Kontext von Klee bis Pollock, Wienand Verlag, Köln 2005.
Heinz Ludwig Arnold: Carlfriedrich Claus, Edition Text und Kritik, München 2009.

Plauen in Spitze – exquisite Textilien aus dem Vogtland

Während im Erzgebirge Frauen mit flinken Händen aus feinem Garn filigrane Spitzen zaubern und sich dafür hinter ihren Klöppelsack setzen, hat exklusive Spitze, gefertigt auf Stickmaschinen, die Vogtlandmetropole Plauen weltbekannt gemacht. Plauener Spitze ist heute ein geschützter Markenname mit gutem Klang: Er steht für exquisite Mode und Raumtextilien.

Bereits im 15. und 16. Jh. hatte sich Plauen zu einem Zentrum des Textilhandwerks entwickelt. Ende des 18. Jh. kam dann die sogenannte Ausnäharbeit bzw. Tambourstickerei ins Vogtland und etablierte sich schnell als eigenständiges Gewerbe. Damals wurden feinste indische Tücher importiert und in Plauen mit zarten Stickereien veredelt. Wie sich die Zeiten ändern – heute wäre der Ablauf umgekehrt!

Feinstarbeit – Plauener Spitze bei der Qualitätsprüfung

Alte Quellen belegen, dass 1828 mehr als 2000 Menschen in der Region ihren Lebensunterhalt durch Handstickerei verdienten. Die steigende Nachfrage nach bestickten Stoffen führte dazu, dass man begann, mit Handstickmaschinen zu experimentieren. Eine technische Entwicklung, die sich als sehr schwierig erwies. Erst 1858 konnte die Firma Schnorr und Steinhäuser schließlich zwei funktionsfähige Handstickmaschinen in Betrieb nehmen. Ganz nebenbei: Industriespionage war auch damals schon ein probates Mittel. Fedor Schnorr hatte nämlich ein Jahr zuvor zwei Stickmaschinen aus der Schweiz ins Vogtland geschmuggelt. Diese etwas zwielichtige Geschichte wurde letztlich zum Ausgangspunkt für die Großproduktion von Stickwaren in und um Plauen und für die weitere Entwicklung der Stadt. Plauen war zum Zentrum der deutschen Spitzen- und Stickereiindustrie geworden. Dennoch waren die Stücke, die zu dieser Zeit die Werkhallen und Heimarbeiterwerkstätten verließ, noch nicht das, was man heute als Plauener Spitze bezeichnet.

Maschinen an die Macht

Erst als es 1912 dem Kaufmann und Fabrikanten Theodor Bickel gelang, maschinengestickte Tüllspitze als Weltneuheit auf den Markt zu bringen, schlug die eigentliche Geburtsstunde der Plauener Spitze. Nun waren mehr

Entdecken und Einkaufen
Heute gehören die Plauener Spitzen wieder zum exquisiten Zubehör für hochwertige Raumtextilien und edle Mode. Zu den Top-Adressen zählen der **Salon Plauener Spitze** sowie der **Salon der Firma Modespitze Plauen,** denen man etwa im Zuge einer Entdeckungstour zum Thema einen Besuch abstatten kann (s. S. 270, 271).

denn je auch gute Designer gefragt. Bereits 1877 hatten Industrielle eine kunstgewerbliche Fachzeichenschule gegründet, die ab 1891 als Königliche Industrieschule Plauen die Ausbildung von Musterzeichnern forcierte.

Die Entwicklung ging in einem gewaltigen Tempo voran. 1887 richteten die USA in Plauen ein Konsulat ein, das sich um den Einkauf der Textilien kümmerte. Und zur Weltausstellung in Paris im Jahre 1900 erhielt eine Kollektion von elf Plauener Firmen in Zusammenarbeit mit der königlichen Spitzenklöppelschule in Schneeberg einen Grand Prix.

In der Hochzeit der Spitzenproduktion um 1910 arbeiteten in Plauen und Umgebung bis zu 16 000 Stickmaschinen. Doch noch rasanter als der Aufstieg dieses Industriezweiges erfolgte der Abstieg. Noch vor dem Ersten Weltkrieg stand fast jede zweite Stickmaschine still. 1923 war Plauen die deutsche Großstadt mit der höchsten Arbeitslosigkeit. Und es kam noch schlimmer. Im März und April 1945 legten britische Bomberverbände das Zentrum von Plauen in Schutt und Asche. Sie zerstörten nicht nur 80 % der Stadt, sondern auch große Teile der Stickindustrie und der Musterkollektionen.

Erfolgreicher Neubeginn

Der Neustart nach dem Krieg war schwer. Die Vogtländer schafften es trotzdem relativ schnell, mit ihren Produkten wieder auf den internationalen Markt zurückzukehren. 1953 entstand der VEB Plauener Spitze. Im Kombinat Deko, so der Name seit 1979, arbeiteten bis zu 3900 Beschäftigte. Kleine Handwerksbetriebe der Branche wurden in Produktionsgenossenschaften zusammengefasst. Sie exportierten ihre Waren, die in der DDR selbst oft nur ›unter dem Ladentisch‹ gehandelt wurden, in über 40 Länder. Auf der Leipziger Messe erhielten Produkte aus Plauener Spitze bis 1990 33 Goldmedaillen.

Der Bruch nach 1990 war kaum leichter zu verkraften als die Folgen der Weltkriege. Das Kombinat wurde abgewickelt. Zahlreiche ehemals kleine Firmen gingen den steinigen Weg der Reprivatisierung. Heute sind es rund 40 Unternehmen, zumeist kleine Familienbetriebe, die die nun wieder gefragten kunsthandwerklichen Erzeugnisse aus Plauener Spitze herstellen und verkaufen. Ihr künstlerisches Gestaltungsvermögen, ihr handwerkliches Geschick und ihre Kreativität beim Meistern scheinbar unüberwindbarer Hindernisse haben sich die Plauener Spitzenhersteller erhalten.

Es hat sich gelohnt – Plauener Spitze ist wieder und immer noch ›spitze‹. Das können Gäste nicht nur im Spitzenmuseum im Alten Rathaus der Stadt nachvollziehen (s. S. 264 und 268), sondern Jahr für Jahr auch auf dem Plauener Spitzenfest, dem größten und wichtigsten Fest im vogtländischen Jahreskreis. Seit 1996 wird dabei sogar eine Spitzenprinzessin gewählt, die das Handwerk national und international repräsentiert.

Die Medaillen-›Hamsterer‹ – Wintersportler aus Sachsens Süden

Das Erzgebirge und das Vogtland haben relativ kleine Berge. Alpiner Wintersport ist somit nur bedingt und letztlich nur für Freizeitsportler möglich. Trotzdem gibt es wohl nirgendwo sonst auf der Welt eine solche Konzentration erfolgreicher Wintersportler wie zwischen Altenberg und Klingenthal.

Allein aus Oberwiesenthal, Deutschlands höchstgelegener Stadt, kamen in den letzten Jahrzehnten 16 Olympiasieger, die insgesamt 20 olympische Goldmedaillen mit nach Hause brachten. Selbstverständlich kam zu dieser Sammlung auch aus Whistler manches Stück Edelmetall dazu. So u. a. eine Gold- und eine Silbermedaille von Langläuferin Claudia Künzel. Die junge Frau kommt damit der Olympiabilanz des bekanntesten Botschafters des Erzgebirges, Jens Weißflog, gefährlich nah. Doch noch kann sich der ›Floh vom Fichtelberg‹, wie er gleichermaßen respekt- wie liebevoll von seinen Landsleuten genannt wird, mit seinen drei olympischen Gold- und einer Silbermedaille als der Top-Wintersportler der letzten Jahrzehnte in der Region bezeichnen. Ein Titel, der ihm wohl so schnell nicht zu nehmen ist.

Dreimal Gold – der Top-Skispringer Jens Weißflog in seinem kleinen Sportmuseum

Sprungstar mit kleinem Wintersportmuseum

Auch heute, rund 15 Jahre, nachdem er seine einzigartige Karriere als einer der erfolgreichsten Skispringer aller Zeiten beendet hat und seine Brötchen als erfolgreicher Hotelier verdient, ist Jens Weißflog dem erzgebirgischen Wintersport noch immer eng verbunden. Als Skisprungexperte des ZDF ist der sonst recht zurückhaltende Mann vom Fichtelberg am Puls der Aktiven. Außerdem sieht er mit Freude, dass es in seiner Heimatstadt mit der Eliteschule des Wintersports und dem Schanzenareal eigentlich optimale Bedingungen dafür gibt, dass ihm so mancher junge Mann nachfolgen könnte. »Ein bisschen schade, dass das Skispringen zurzeit nicht nur in Sachsen, sondern in Deutschland überhaupt in eine Flaute geraten ist«, so

Biathleten beim Deutschlandpokal in Oberwiesenthal

Jens Weißflog mit Blick auf die aktuelle Situation der deutschen ›Adler‹. Doch er ist von Hause aus Optimist und überzeugt, dass sich das ändern wird.

In seinem Oberwiesenthaler Hotel hat er ein kleines Museum eingerichtet. Schautafeln berichten über seine erfolgreiche Karriere. Dafür hat er extra Kopien seiner Olympiamedaillen anfertigen lassen. Doch es geht ihm nicht nur um seine eigenen Erfolge. Auch andere bekannte Wintersportler aus Oberwiesenthal haben den ihnen gebührenden Platz erhalten. Er findet es schade, dass seine Heimatstadt so wenig mit diesem Pfund wuchert. Besonders von bayerischen Dörfern und Städten, in denen Olympiasieger zu Hause sind, könne man da noch viel lernen, so der Hotelier.

Eliteschulen des Sports

Nun ist Oberwiesenthal heute sicher der bekannteste und beliebteste Wintersportort des Erzgebirges. Doch auch Altenberg im Osten und das vogtländische Klingenthal im Westen können auf eine stattliche Riege bekannter Wintersportler verweisen. Beide Orte besitzen ebenfalls Eliteschulen des Sports. Zu den bekanntesten Vorbildern der Altenberger Schüler zählt zweifellos Frank-Peter Rötsch, Doppelolympiasieger im Biathlon.

Klingenthal nimmt für sich sogar in Anspruch, die Wiege des sächsischen Skisports zu sein. Erwin Beck, ein Lehrer aus Zschopau, soll es gewesen sein, der bereits 1886 hier die ersten Skitouren unternahm. In den 20er-Jahren des vorigen Jahrhunderts war es Walter Glaß, der das Vogtland in die Welt hinaustrug. Er gewann 1927 die Meisterschaften in der Nordischen Kombination in Österreich und der Schweiz und wurde 1928 in St. Moritz der erste sächsische Teilnehmer an Olympischen Winterspielen. Auch die erste Olympiamedaille eines deutschen Sportlers im nordischen Wintersport ging ins Vogtland. Die brachte der Klingenthaler Harry Glaß 1956 aus Cortina d'Ampezzo mit in seine Heimat. 1975 gewann Gert-Dietmar Klause als erster Nichtskandinavier den berühmten Wasalauf, der seit 1922 jährlich auf der 86 km langen Strecke zwischen Sälen und Mora ausgetragen wird. So konnten Sportler aus dem Vogtland bisher weit über 40 Medaillen von Olympischen Winterspielen und Weltmeisterschaften nach Klingenthal holen. Und Aktive wie Björn Kircheisen sind weiter am Sammeln. Nicht anders in Oberwiesenthal, wo junge Leute wie Eric Frenzel in die Fußstapfen ihrer großen Vorbilder treten.

Wintersport für jedermann

Man mag darüber streiten, ob die großen Erfolge sächsischer Wintersportler zum Aufblühen der Wintersportorte geführt haben oder ob es umgekehrt gelaufen ist. Fakt ist, dass die Wintersportzentren in Erzgebirge und Vogtland seit Jahrzehnten Tausende Hobby-Wintersportler anlocken. Dass Oberwiesenthal da ganz vorn liegt, ist sicher nicht zuletzt der exponierten Lage am Fuße des 1215 m hohen Fichtelberges geschuldet, der höchsten Erhebung Sachsens. Zehn klassifizierte Abfahrtspisten, 75 km gespurte Loipen und 60 km Skiwanderwege bieten Abwechslung für Jung und Alt. Bereits am 1. Dezember 1906 war hier übrigens zur Förderung des Skisports der Ski Club Ober- und Unterwiesenthal gegründet worden.

Motorenlärm am Sachsenring – Rennsport in Hohenstein-Ernstthal

Motorenlärm dringt aus dem Tal herauf. Tausende Menschen jubeln den PS-starken Boliden und den Piloten zu. Benzin liegt in der Luft. Vielleicht nicht gerade das, was man sich von einem idyllischen Wochenendausflug in eines der schönsten deutschen Mittelgebirge vorstellt. Aber auch das ist, und das wissen nicht nur die Motorsportfreunde aus der Region, ein Stück erzgebirgischer Tradition.

Der Sachsenring bei Hohenstein-Ernstthal gehört zu den traditionsreichsten Rennkursen in Deutschland – und davon gibt es einige. Seine Geschichte war so wechselvoll, dass es sich lohnt, einen Blick zurückzuwerfen. Der 26. Mai 1927 ist für die Rennstrecke, die damals noch direkt durch das Städtchen Hohenstein-Ernstthal verlief, ein historisches Datum. An diesem Tag wurde das erste Motorradrennen gestartet. Der Name Sachsenring war noch nicht geboren, Badberg-Vierecksrennen nannte man das Motorsportevent. Weit über 100 000 Zuschauer säumten die Strecke, die Begeisterung war riesengroß. Leider blieb es ein erstes, kurzes Intermezzo. Bei der zweiten Auflage des Rennens 1928 kam es zu einer Reihe schrecklicher Unfälle mit zahlreichen Verletzten und Toten. Das Rennen wurde daraufhin verboten.

Erst 1934 wagten die Organisatoren einen nun erfolgreichen Neubeginn. 1937 erhielt die Rennstrecke ihren heutigen Namen und war aus dem Rennsportkalender der Zeit nicht mehr wegzudenken. Bereits 1936 und dann erneut 1938 gastierte hier der ›Große Preis von Europa‹. 40 Runden jagten die wagemutigen Motorradpiloten mit ihren Halblitermaschinen um den Rundkurs. Namen wie James Huthrie und Bernd Rosemeyer prägten die Motorradrennen der 1930er-Jahre und haben unter Motorsportfans bis heute einen guten Klang. Der Krieg setzte den Wettkämpfen auf der 8,7 km langen Naturrennstrecke ein Ende. Die Motorsportbegeisterung in der Region überdauerte aber auch diese Zeit. Bereits 1949 dröhnten erneut schnelle Motoren über den Kurs und 1950 strömten allein am Rennsonntag über 100 000 Besucher an den Sachsenring. Ein absoluter Höhepunkt, der wohl kaum wieder erreicht werden kann.

WM-Tross im Erzgebirge

Von 1961 bis 1972 machte der WM-Tross Station am Traditionskurs. Giacomo Agostini, Phil Read und Dieter Braun begeisterten mit ihrem Können. 1973 war damit Schluss. Künftig ließ die DDR-Führung nur noch Rennen mit Beteiligung von Fahrern aus den sozialistischen Ländern zu. Zwar zogen die Rennen mit Wartburg-Melkus, Lada oder auch der ›Rennpappe‹ Trabant weiterhin Zehntausende Zuschauer nach Hohenstein-Ernstthal, doch das große, internationale Flair fehlte.

Ab 1990 waren dann wieder Rennen für alle möglich, doch die Streckenführung durch die Stadt ließ große Events nicht mehr zu. Erneut führten schwere Unfälle mit Toten dazu, den Kurs zu sperren. Der geplante Bau eines Motodroms scheiterte. 1995 bot die Errichtung eines Verkehrssicherheitszentrums des ADAC dann neue Möglichkeiten. Aus ihm wird nun seit 1996 je nach Bedarf eine Strecke für Autos und Motorräder. Teile der alten Streckenführung wurden integriert und höchste Standards für Sicherheit eingebaut. Der neue Sachsenring berührt den öffentlichen Verkehr nicht mehr. Eine moderne Boxenanlage, Start- und Zielturm und ein neues Pressezentrum wurden errichtet. 1998 stand der Rückkehr des Grand-Prix-Zirkus an seinen historischen Platz nichts mehr im Wege. Der Sachsenring wird seinem legendären Ruf unter den Motorsportfans nicht nur in Deutschland wieder gerecht. Jahr für Jahr pilgern weit über 200 000 Besucher zu den MotoGP-Rennen. Doch natürlich gibt es auf dem Kurs auch weitere Rennsportwochenenden, so etwa das ADAC Masters Weekend, an dem im Gegensatz zum MotoGP-Rennen hauptsächlich vierrädrige Renner auf die Strecke gehen.

Kein Retortenkurs

Im Verkehrssicherheitszentrum Sachsenring finden auch Verkehrssicherheitstrainings für jedermann statt. Dabei hat man dann evtl. die Möglichkeit, Teile der Rennstrecke selbst zu befahren, denn das breit gefächerte Angebot beinhaltet Rennstreckentrainings. Und wer hier fahren kann, beherrscht auch andere Strecken. Der Sachsenring gilt unter Kennern als selektivster und schwierigster deutscher Kurs, denn er ist nicht auf dem Reißbrett entstanden, sondern eine harmonisch in die Landschaft eingefügte Berg- und Talbahn für höchste Ansprüche. Und die, die es etwas ruhiger angehen lassen möchten, können auf die Indoor-Kartbahn ausweichen.

Übrigens, wer sich fragt, woher die Motorsportbegeisterung der Erzgebirger kommt, der sei daran erinnert, dass ein Teil der Wiege des deutschen Automobilbaus in der Region stand. Namen wie Chemnitz und Zwickau stehen dafür bis heute. Und auch die Motorräder aus Zschopau bestimmten über Jahrzehnte das Straßenbild mit, erst als DKW und später als MZ (Infos, Tickets und Buchung für Sicherheitstrainings unter www.sachsenring.de).

Rennsporttradition – Motorradrennen finden auf dem Sachsenring seit 1927 statt

Unterwegs in Erz-
gebirge und Vogtland

Sanft gewellt präsentiert sich die Erzgebirgslandschaft vom Scheibenberg aus

Chemnitz, Zwickau und Freiberg

Highlights !

Schlosschemnitz: Wenn sich Chemnitz auch als Stadt der Moderne vermarktet, gingen die Impulse zur Stadtgründung vom 1136 gegründeten Benediktinerkloster aus. Schlosskirche, Schlossbergmuseum, Schlossteich und das Kneipenviertel im Fachwerkensemble lohnen den Besuch. S. 82

Freiberg: Die 1186 gegründete Stadt mit ihren liebevoll restaurierten Patrizierhäusern und dem Dom St. Marien verdankt dem Silbererz nicht nur ihre Gründung, sondern auch ihren Reichtum und ihre große Bedeutung im Mittelalter. S. 90

Kultur & Sehenswertes

Klassische Moderne: Im Museum Gunzenhauser präsentieren die Kunstsammlungen Chemnitz u. a. das mit 290 Werken weltweit größte Otto-Dix-Konvolut sowie die drittgrößte Alexej-von-Jawlensky-Sammlung. S. 83

Automobilgeschichte: Das August Horch Museum in Zwickau gehört zu den interessantesten kraftfahrzeugtechnischen Museen in Deutschland. Ein Muss für Autofans. S. 89

Ältester Miniaturpark der Welt: Im Klein-Erzgebirge in Oederan erwartet den Besucher u. a. eine Reise durch das Erzgebirge – ideal, um einen ersten Überblick zu gewinnen. S. 99

Aktiv & Kreativ

Bergmann auf Zeit: Versehen mit Helm und Grubenlampe sammelt man in der Reichen Zeche in Freiberg Eindrücke vom Arbeitsalltag der Bergleute. S. 95

Genießen & Atmosphäre

Fresstheater: In der intimen Spielstätte unweit des Chemnitzer Hauptbahnhofes bekommt man etwas in sächsischer Mundart auf die Ohren und ein 3-Gänge-Menü auf den Tisch. S. 85

Rustikal speisen: In der historischen Gastwirtschaft Pfeffersack kann man urig speisen, wo Freiberger Studenten bereits vor Jahrhunderten die Humpen kreisen ließen. Auf den Tisch kommt traditionell Erzgebirgisches. S. 98

Abends & Nachts

Satireinstitution: Die Spielstätte des Chemnitzer Kabaretts unter der historischen Markthalle ist stilvoll rustikal und das Programm spart nicht mit giftigen Satirepfeilen nach oben. S. 85

Beliebte Disco: Hoch geht's her im Absolom in Freiberg. Thematische Nächte bis in den frühen Morgen bieten das richtige Party-Ambiente. S. 98

Städte am Rande der Berge

Auf dem Weg ins Gebirge stellen sich dem Reisenden, egal, aus welcher Richtung er kommt, mit Chemnitz, Zwickau und Freiberg drei größere Städte in den Weg, die sich nicht nur als Ausgangspunkt für Erzgebirgstouren anbieten, sondern auch jede für sich den einen oder anderen Tag Urlaubszeit wert sind.

Chemnitz ► G/H 2/3

Cityplan: ► Karte 2

Die Nummer eins unter den größeren südwestsächsischen Städten ist unumstritten Chemnitz. Die kreisfreie Stadt mit ihren knapp 250 000 Einwohnern ist gleichzeitig Sitz der gleichnamigen Landesdirektion und Teil der Wirtschaftsregion Chemnitz-Zwickau.

Stadtgeschichte

Als Ursprung der Stadtgründung gilt das 1136 errichtete Benediktinerkloster auf dem Schlossberg. Einzig erhaltenes bauliches Überbleibsel aus der Frühzeit sind einige Teile des Roten Turms, der über die Jahrhunderte hinweg Teil der mächtigen Stadtbefestigung war, die aber bereits vor rund 200 Jahren abgerissen wurde. Ein markanter Punkt in der Stadtgeschichte war die Verleihung des Bleichprivilegs 1357. Mit ihr begann eine Entwicklung, die bis heute nachwirkt. Die ma-

Infobox

Internet
www.chemnitz.de: Auf dieser Webseite gibt es reichlich Informationen zur Stadt und zur Umgebung.
www.chemnitz-tourismus.de: Website der City-Management- und Tourismus-GmbH Chemnitz. Hier stehen die touristischen Angebote der Stadt im Mittelpunkt.
www.cvag.de: Infos zu Fahrplan und Linien des Chemnitzer Verkehrsnetzes aus Bussen und Straßenbahnen.
ww.zwickau.de: Offizielle Seite der Stadt mit einem umfangreichen Teil rund um Kultur und Tourismus.
www.nahverkehr-zwickau.de: Informationen zum städtischen Nahverkehr.
www.freiberg.de: Auf der Website finden sich reichlich Informationen zur Stadt und zur Umgebung.

www.vbf-freiberg.de, www.bvo.de: Infos zum öffentlichen Nahverkehr in der Stadt und Region Freiberg.

Anfahrt und Weiterkommen
Bahn: Chemnitz hat eine Bahnverbindung nach Leipzig, Dresden und Nürnberg. Außerdem fährt die Erzgebirgsbahn von Chemnitz nach Aue über Annaberg-Buchholz nach Cranzahl. Zentral zwischen Dresden und Chemnitz gelegen, verfügt auch Freiberg über eine sehr gute Verkehrsanbindung.
Bus: Buslinien verbinden Chemnitz, Freiberg und Zwickau mit allen größeren Städten im Erzgebirge. Auch die Region ist verkehrstechnisch gut erschlossen. Linienbusse erreichen alle Ortschaften, wobei die Frequenzen recht unterschiedlich sind.

terielle Produktion wurde zur treibenden Kraft in der Stadt. Namen wie Georgius Agricola und Richard Hartmann setzten, jeder zu seiner Zeit, Akzente. In Chemnitz steht die Wiege der sächsischen Textilindustrie und des Maschinenbaus, hier begann die industrielle Revolution Sachsens ihren Siegeszug. Chemnitz entwickelte sich zur bedeutendsten Industrieregion Sachsens. Hier wurde der sächsische Reichtum erwirtschaftet, in Leipzig damit Handel getrieben und in Dresden verprasst – so ein etwas überspitzter Städtevergleich, der nicht nur von Chemnitzern gern angeführt wurde.

Heute trägt Chemnitz selbstbewusst den Titel ›Stadt der Moderne‹. Gute Gründe sprechen dafür. Mit der Villa Esche schuf Henry van de Velde eines seiner Meisterwerke. Aber der belgische Stararchitekt hinterließ auch weitere Spuren in der Stadt. Und auf dem Kaßberg, einem der größten Gründerzeit- und Jugendstilviertel Deutschlands, sprechen zahlreiche Fassaden eine deutliche Sprache.

Seit Chemnitz wieder Chemnitz heißt, seit die Stadt 1990 dank einer Bürgerbefragung den 1953 eingeführten Namen Karl-Marx-Stadt in die Mottenkiste der Geschichte verbannte, kam die Stadtentwicklung wieder in Fahrt. Alte, traditionsreiche Viertel am Chemnitzfluss wurden lebendig, zahlreiche zum Stadtbild gehörende Industriegebäude neuen Bestimmungen zugeführt und auch die vom Krieg fast völlig ausgelöschte City komplett umgekrempelt. Historische Gebäude und postmoderne Glasfassaden treten in einen spannenden Dialog.

Innenstadt

Die Stadt ist relativ übersichtlich. Viele Sehenswürdigkeiten lassen sich bei einem Stadtbummel zu Fuß erkunden. Wer es bequemer mag, ist bei einer Stadtrundfahrt gut aufgehoben oder nutzt das engmaschige Nahverkehrsnetz mit Straßenbahnen und Bussen.

Markt und Rathaus

Einen Stadtbummel beginnt man am besten auf dem Markt, wo sich auch die Touristinformation befindet, die einen handlichen, übersichtlichen Stadtplan bereithält. Flankiert wird der **Markt 1**, der in den **Neumarkt** übergeht, vom **Doppelrathaus 2**. Während das Alte Rathaus 1496 an der Stelle seines hölzernen Vorgängers errichtet wurde, kam das 1908 bis 1911 nach dem Entwurf des Stadtbaurates Möbius entstandene Neue Rathaus erst 400 Jahre später dazu. Vom Hohen Turm des Alten Rathauses aus, der im Rahmen von regelmäßigen Rathausführungen erklommen werden kann, bietet sich ein imposanter Blick.

Von St. Jakobi zum Roten Turm

Hinter dem Rathaus steht die älteste Kirche der Stadt, die **Stadtkirche St. Jakobi 3** aus dem 14. Jh. Vorbei an den Neubauten der Galeria Kaufhof, die die Handschrift des Stararchitekten Helmut Jahn trägt, und dem Einkaufszentrum Galerie Roter Turm, erreicht man das älteste Bauwerk der Stadt, das ursprüngliche Wahrzeichen von Chemnitz, den **Roten Turm 4**. Sein Unterteil aus Bruchstein stammt wahrscheinlich aus dem 12. Jh. Er war Teil der Stadtbefestigung und wurde u. a. als Wohnturm und als Stadtgefängnis genutzt. Neben dem Roten Turm, hinter einem kleinen Park, befindet sich der **Stadthallenkomplex** mit dem markanten Hochhaus des Hotels Mercure.

Karl-Marx-Monument 5

Auf der anderen Seite der Brückenstraße wartet mit dem Karl-Marx-

Monument, auch mehr oder minder liebevoll ›Nischl‹ genannt, das wohl meistfotografierte Objekt der Stadt, das dem Roten Turm die Rolle als Wahrzeichen abgenommen hat. Die 7,10 m hohe Porträtbüste wurde 1971 von dem Moskauer Bildhauer Lew Kerbel geschaffen. Obwohl so mancher Chemnitzer das allzu übermächtige Monument aus sozialistischer Zeit gerne losgeworden wäre, hat man sich nun zum Glück damit arrangiert. Die bildhauerische Leistung Lew Kerbels akzeptiert man heute ebenso, wie das wissenschaftliche Werk von Karl Marx allgemein anerkannt wird. Übrigens war Marx selbst nie in Chemnitz ...

Kaufhaus Schocken
Am südlichen Ende der Brückenstraße steht das ehemalige **Kaufhaus Schocken** 6 und wartet auf seine neue Verwendung. 2013 soll hier das Landesarchäologiemuseum einziehen. Das von Erich Mendelsohn entworfene Gebäude entstand in den 1920er-Jahren und ist eines von drei Häusern, die Mendelsohn, einer der bekanntesten Architekten der Moderne, für den Kaufhauskonzern realisiert hatte.

Theaterplatz
Zurück auf der Straße der Nationen, erreicht man den Theaterplatz. Hier vereinen sich das **König-Albert-Museum** 7, das **Opernhaus** 8 und die **Petrikirche** 9 zu einem sehenswerten Ensemble des Historismus der Gründerzeit. Nur wenige Schritte entfernt steht dagegen mit dem 1930 eingeweihten Hotel **Chemnitzer Hof** 1 ein beispielhafter Vertreter der Klassischen Moderne.

Kunstsammlungen Chemnitz 7
König-Albert-Museum, Theaterplatz 1, Tel. 0371 488 44 24, www.kunstsammlungen-chemnitz.de, Di–So, Fei 11–18 Uhr, Erw. 6 €, Kinder 4 €

Schwerpunkte der Gemäldesammlung sind Werke der Maler der Dresdner Romantik, des deutschen Impressionismus sowie zeitgenössische Kunst aus Sachsen. Außerdem besitzt das Museum die zweitgrößte Sammlung von Werken Karl Schmidt-Rottluffs sowie u. a. Arbeiten von Jörg Immendorf und Georg Baselitz.

Museum für Naturkunde 10
Moritzstr. 20 in DAStietz, Tel. 0371 488 43 66, www.naturkunde-chemnitz.de, Mo, Di, Do, Fr 10–20, Sa, So, Fei 10–18 Uhr, Erw. 4 €, Kinder 2,50 €
Das Museum beherbergt u. a. den Versteinerten Wald von Chemnitz. Er ist Teil einer der weltweit wertvollsten Sammlungen fossiler Pflanzen.

Schlosschemnitz !

Schlossbergmuseum 11
Schlossberg 12, Tel. 0371 488 45 01, www.schlossbergmuseum.de, Di–So, Fei 11–18 Uhr, Erw. 6, Kinder 4 €
Ein kurzer Abstecher nach Westen führt zum Schlossteich, über dem die Schlosskirche mit dem Schlossbergmuseum thront. In ihrer Grundsubstanz gehen die heutigen Museumsgebäude auf das Benediktinerkloster St. Marien zurück, das Kaiser Lothar um 1136 hier anlegen ließ. Im Mittelpunkt der Ausstellung steht die Chemnitzer Stadtgeschichte. Schließlich war es ja auf dem Schlossberg, wo vor über 800 Jahren die Stadt ihren Anfang nahm. Ein zweiter Ausstellungsteil zeigt im Parlatorium unter dem Titel »Barockes Halleluja« Engelsfiguren.

Küchwaldpark 12
Hinter dem Schlossberg schließt sich der Küchwaldpark an, eines der beliebtesten Naherholungsgebiete der Chemnitzer. Die Hauptattraktion für

kleine und große Besucher ist seit über 50 Jahren die Parkeisenbahn.

Historisches Kneipenviertel 13

Am Fuße des Schlossbergs wartet auch das historische Kneipenviertel mit so rustikalen Gaststätten und Kneipen wie der Schlossmühle, dem Kellerhaus und der Ausspanne, die ihre Gäste im ältesten Wohnhaus der Stadt (Jahrgang 1650) bewirtet.

Museen außerhalb des Stadtzentrums

Museum Gunzenhauser 14

Stollberger Str. 2, Tel. 0371 488 70 24, www.kunstsammlungen-chemnitz.de, Di–So, Fei 11–18 Uhr, Erw. 6 €, Kinder 4 €

Die Sammlung Gunzenhauser hat ihren Platz im ehemaligen Sparkassengebäude von Fred Otto gefunden, einem unter Denkmalschutz stehenden exemplarischen Beispiel des Neuen Bauens aus dem Jahre 1930. Die von Dr. Alfred Gunzenhauser gestiftete Sammlung umfasst knapp 2500 Werke von insgesamt 270 Künstlern, darunter Arbeiten von Otto Dix, Alexej von Jawlensky, Conrad Felixmüller, Gabriele Münter und Ernst Ludwig Kirchner.

Henry van de Velde Museum/ Villa Esche 15

Parkstr. 58, Tel. 0371 488 44 24, www.villaesche.de, Mi, Fr–So 10–18 Uhr, Eintritt frei

Die Villa Esche wurde 1902/1903 von dem belgischen Jugendstilarchitekten Henry van de Velde für den Chemnitzer Industriellen Herbert Eugen Esche errichtet. Sie ist ein Baudenkmal von historischem Rang. Der Entwurf van de Veldes umfasste alle Bereiche des Wohnumfeldes und deren Ausgestaltung. Einige Räume des Hauses sind dem Henry van de Velde Museum vorbehalten.

Deutsches SPIELEmuseum 16

Neefestr. 78 a, Tel. 0371 30 65 65, www.deutsches-spielemuseum.de, Mi–Fr 13–18, Sa, So, Fei 13–19 Uhr, Erw. 4 €, Kinder 2 €

Das Spielemuseum ist weltweit einzigartig. Seine Sammlung umfasst mehr als 30 000 Brett- sowie Video- und Computerspiele. Über 1500 Spiele können nicht nur betrachtet, sondern selbst ausprobiert werden.

Sächsisches Industriemuseum 17

Zwickauer Str. 119, Tel. 0371 367 61 40, www.saechsisches-industriemu

Beeindruckend: der Versteinerte Wald im Chemnitzer Museum für Naturkunde

*seum.de, Mo–Do 9–17, Sa, So, Fei
10–17 Uhr, Erw. 7 €, Kinder 2,50 €*
Chemnitz prägte die Industriege-
schichte im Automobilbau, im Werk-
zeug- und im Textilmaschinenbau wesentlich mit. Zahlreiche Zeitzeugen
beeindruckender Industriearchitektur
unterstreichen dies. In einem davon
zeigt heute das Sächsische Industrie-
museum auf 4500 m^2 die wechselhafte
Geschichte der sächsischen Wirtschaft.
Anschaulich und spannend wird der
Besucher auf eine Reise in die jüngere
Vergangenheit entführt. Neben zahlreichen imposanten Maschinen und
tollen Automobilen kommt auch der
Arbeitsalltag der Menschen in den verschiedenen Epochen der Industrialisierung nicht zu kurz.

Sächsisches Eisenbahnmuseum [18]

*An der Dresdner Bahnlinie 130 C, Tel.
0371 493 27 65, www.sem-chemnitz.
de, April–Okt. Di–So 9–17, Nov.–März
9–16 Uhr, Erw. 5 €, Kinder 2 €*
Richard Hartmann, auch der ›sächsische Lokomotivkönig‹ genannt, baute
bereits 1848 in Chemnitz seine erste
Dampflok. Weit über 4500 eiserne Rös-
ser folgten. Im Jahr 1900 wurde im
Stadtteil Hilbersdorf einer der größten
Rangierbahnhöfe Europas in Betrieb
genommen. Heute residiert dort das
Sächsische Eisenbahnmuseum. Sein
Fahrzeugpark besteht u. a. aus 14
Dampflokomotiven.

Am Stadtrand

Wasserschloss Klaffenbach [19]

*Wasserschlossweg 6, Tel. 0371 266 35-
0, www.wasserschloss-klaffenbach.de,
Di–So 11–17 Uhr, Eintritt frei*
Die Stadt hat in ihren Randgebieten
noch mehr Sehenswertes versteckt. So
u. a. das historische **Wasserschloss** im
Ortsteil Klaffenbach. In den histori-

schen Mauern ist das regionale Zentrum für Kunst und Kunsthandwerk
untergebracht. Das Renaissance-
Schlösschen wurde im 16. Jh. errichtet.

Burg Rabenstein [20]

*Oberfrohnauer Str. 149, Tel. 0371 85
33 53, www.burg-rabenstein.info,
Mai–Okt. Di–So 10–12, 13–18 Uhr,
Erw. 1,20 €, Kinder 0,60 €*
Im Untergeschoss des Pallas werden
unter anderem mittelalterliche Waffen
gezeigt. Rabenstein ist die kleinste
Burg Sachsens.

Felsendome Rabenstein [21]

*Weg nach dem Kalkwerk 4, Tel. 0371
808 00 37, www.felsendome.de, tgl.
10–17 Uhr, stdl. Führungen, Erw. 5 €,
Kinder 2 €*
Faszinierende Reise unter Tage in ein
ehemaliges Kalkbergwerk, die auch
für Rollstuhlfahrer möglich ist.

Tierpark [22]

*Nevoigtstr. 18, Tel. 0371 85 00 28,
www.tierpark-chemnitz.de, Nov.–
Febr. 9–16, März/Okt. 9–17, April–
Sept. 9–18 Uhr, Erw. 6 €, Kinder 3 €*
Beliebter Ausflugsort – nicht nur für
Chemnitzer – mit zahlreichen exoti-
schen Tieren.

Übernachten

Klassisch – **Günnewig Hotel Chemnitzer Hof [1]**: Theaterplatz 4, Tel. 0371 68
40, www.guennewig.de, DZ ab 99 €.
Seit Jahrzehnten das erste Haus am
Platz. Der Chemnitzer Hof behauptet
sich stilsicher auf den vorderen Rängen
der Chemnitzer Hotellerie.
Zentral – **Hotel Mercure Kongress [2]**:
Brückenstr. 19, Tel. 0371 68 30, www.
mercure.com, DZ ab 75 €. Das einzige
richtige Hochhaus im Zentrum ist weithin zu sehen. Ebenso perfekt ist dann

der Blick aus den oberen Stockwerken. Ein idealer Platz für junge und ältere ›City-Stromer‹.

Familiär – **Hotel & Restaurant Sächsischer Hof** 3: Brühl 26, Tel. 0371 46 14 80, www.saechsischer-hof.de, DZ ab 67 €. Hier, wo in früheren Zeiten ein wichtiger Teil des Stadtzentrums lag, lässt es sich zentrumsnah und trotzdem ruhig wohnen. Hübsches, komfortables Haus mit individuellem Service.

Essen & Trinken

Gehoben – **Janssen** 1: Schlosstr. 12, Tel. 0371 459 09 50, www.janssen-restaurant.de, Mo–Fr 11–24, Sa 10–24, So 10–21 Uhr, Hauptgericht 10,20–18,90 €. Wer gehobene Küche und ein ebensolches Ambiente sucht, ist im Janssen garantiert richtig.

Urig, irisch – **City Pub** 2: Brückenstr. 17, Tel. 0371 666 40 13, www.city-pub-chemnitz.de, Mo–Sa ab 17 Uhr, Hauptgericht 4,40–14,30 €. Irisches im Sächsischen? Das passt gut zueinander! Und so ist das City Pub eine beliebte In-Kneipe. Ein tolles Angebot rund um Bier und Whiskey sowie eine herzhafte Küche – Gast, was willst Du mehr?

Rustikal – **Diebels Fasskeller** 3: An der Markthalle 3, Tel. 0371 694 69 94, www.fasskeller.de, Mo–Sa ab 11, So ab 9 Uhr, Hauptgericht 4,50–11,90 €. Rustikale Atmosphäre, gutes Bier, nette Gäste und ein Koch, der sein Handwerk versteht.

Einkaufen

Großstadtgemäß ist das Einkaufsspektrum der Stadt riesig, und es fällt schwer, einzelne Angebote herauszugreifen. Anziehungspunkte im Zentrum sind vor allem die **Galeria Kaufhof** 1 und die **Einkaufsgalerie am Ro-**ten Turm 2. Beliebt sind außerdem das **Altchemnitz-Center** 3, das **Vita-Center** 4 und die **Sachsen-Allee** 5. Ergänzt wird das innerstädtische Angebot durch zahlreiche kleine, feine Boutiquen und gut sortierte Fachgeschäfte. Vor den Toren der Stadt sind es vor allem das **Chemnitz-Center** 6 an der A 4, das größte Einkaufsparadies Sachsens, und der **Neefepark** 7 an der A 72, die um Kunden werben.

Abends & Nachts

Bissig – **Das Chemnitzer Kabarett** 1: An der Markthalle 1–3, Tel. 0371 67 50 90, www.das-chemnitzer-kabarett.de. Die Kabarettisten um Andreas Zweigler und Gerd Ulbricht sind zwar nicht die einzigen, die den Oberen in Stadt und Staat satirisch auf die Finger schauen, doch waren sie die ersten und sind bis heute wohl auch die bekanntesten Chemnitzer mit scharfer Zunge.

Aus dem Rahmen – **Fresstheater** 2: Bahnhofstr. 6, Tel. 0371 666 39 96, www.fresstheater.de, ›normaler‹ Vorstellungsbeginn 19.30 Uhr, Menü mit Kultur 50 € (Kartenreservierung ist ein Muss!). ›Normal‹ ist hier gar nichts. Entsprechend dem Motto »Mundart mit Knödeln«, wobei die verschiedenen Menükarten je nach Stück natürlich deutlich variieren, bleibt den Gästen weder das Essen noch das Lachen im Halse stecken.

Kulturreich – **Chemnitzer Oper** 3: Städtische Theater, Käthe-Kollwitz-Str. 7, Tel. 0371 696 96 01, www.theater-chemnitz.de. Das Repertoire des geschichtsträchtigen Hauses umfasst Oper, Operetten, Musicals und Ballettaufführungen. Das Spektrum reicht dabei von Wagner bis Webber, vom »Tannhäuser« bis zum »Phantom der Oper«.

Live acts und mehr – **Subway to Peter**
4: Peterstr. 1, Tel. 0371 404 15 34, www.subwaytopeter.de. Hier trifft sich täglich die Jugend der Region. Einer der angesagtesten Clubs der Stadt mit regelmäßigen Live-Konzerten.

Infos & Termine

Infos
Tourist-Information Chemnitz: Markt 1, 09111 Chemnitz, Tel. 0371 69 06 80, www.chemnitz-tourismus.de, Mo–Fr 9–19, Sa 9–16, So, Fei 11–16 Uhr.

Termine
Sächsisches Mozartfest: Der Mai steht ganz im Zeichen einer Veranstaltungsreihe im Geiste des genialen Komponisten.
Einsiedler-Brauereifest: Im Juni lädt Sachsens größte Privatbrauerei zur stimmungsvollen Party rund um den edlen Gerstensaft ein.
Chemnitzer Jazzfest: Internationale Stars und hoffnungsvolle Newcomer bringen im Sept. und Okt. Stimmung in die Chemnitzer Jazzszene.
Kunstfestival Begegnungen: Das kulturell-künstlerische Top-Event der Stadt. Im Okt. warten abwechslungsreiche, anspruchsvolle Veranstaltungen an teils ungewöhnlichen Orten auf ihre Besucher.

Zwickau ▶ E 3/4

Zwickau ist ohne Zweifel die Auto-Hauptstadt Sachsens. Das hat nicht nur mit der Gegenwart, sprich dem VW-Werk in Mosel zu tun, in dem jährlich über 250 000 Volkswagen vom Band laufen, sondern natürlich auch mit seiner automobilen Vergangenheit von August Horch bis hin zum gern auch ›Plastikbomber‹ genannten Trabant.

Eine andere spannende Seite der viertgrößten Stadt Sachsens ist die musikalische. Mit gutem Grund nennt sie sich ›Robert-Schumann-Stadt‹, denn immerhin wurde der berühmte Komponist 1810 in Zwickau geboren und verlebte in Westsachsen eine glückliche Kinder- und Jugendzeit. Seinem Erbe fühlt man sich verpflichtet. Das nach Schumanns Frau Clara Wieck benannte Gymnasium im Planitzer Schloss ist bekannt für seine Erfolge in der vertieften musischen Ausbildung. Und das renommierte Robert-Schumann-Konservatorium widmet sich gleichermaßen der Ausbildung des musikalischen Nachwuchses und der Pflege von Schumanns Erbe. Eines der größten Ereignisse im Stadtkalender ist der jährliche Internationale Robert-Schumann-Wettbewerb für Klavier und Gesang, in dessen Preisträgerlisten sich so mancher Name findet, der heute in der Musikwelt einen guten Klang besitzt.

Stadtgeschichte

1118 wurde erstmals ein Gebiet Namens »Zcwickaw« erwähnt. Man geht davon aus, dass Zwickau dann zwischen 1192 und 1212 das Stadtrecht erhielt. Der Bergbau begann urkundlich nachgewiesen bereits 1316. 1475 erhielt die Stadt eine Münzprägeanstalt. Im Dreißigjährigen Krieg wurde Zwickau neun Mal belagert.

Mitte des 19. Jh. nahm dann die Industrialisierung von der Stadt Besitz. Es entstanden große Fabriken, besonders des metallverarbeitenden Gewerbes. 1904 gründete August Horch seine Motorwagenwerke, der Beginn einer automobilen Erfolgsstory, die auch den legendären Trabant einschloss und bis heute die Stadt und die Region vorantreibt.

Zwickaus restaurierte Altstadt ist vom Massentourismus noch weitgehend verschont

Altstadt

Ein Touristenmagnet ist Zwickau bislang (noch?) nicht. Die Bedeutung der Stadt liegt mehr darin, das wichtigste Zentrum der westsächsischen Industrie zu sein. Das heißt aber nicht, dass sich ein Bummel durch die mit großem Aufwand und viel Liebe in neuen Glanz versetzte Altstadt nicht lohnen würde. Innerhalb des Dr.-Friedrich-Rings findet man, bestens zu Fuß zu erkunden, einige der schönsten Ecken der 90 000-Einwohner-Stadt.

Hauptmarkt

Beginnend an der **Tourist-Information,** Hauptstr. 6, wo man sich einen kleinen Stadtplan und Erläuterungen zu den Sehenswürdigkeiten mitnehmen kann, sind es nur wenige Schritte bis zum **Hauptmarkt 1** mit seinem prächtigen Gewandhaus und dem Rathaus. Das **Gewandhaus 2** wurde bereits 1883 zum Stadttheater erklärt und ist heute die Zwickauer Hauptspielstätte des Theaters Plauen-Zwickau. 1403 zer-

störte ein fürchterlicher Stadtbrand die gesamte Innenstadt. Infolgedessen wurde das dreigeschossige **Rathaus 3** errichtet, das erst 1866 seine heutige, neogotische Fassade erhielt.

Das **Robert-Schumann-Denkmal 4** auf dem Hauptmarkt wurde am 8. Juni 1901 erstmals enthüllt, zog dann aber kurioserweise einige Male innerhalb der Stadt um und hat hier nun seinen Platz gefunden.

Robert-Schumann-Haus 5

Hauptmarkt 5, Tel. 0375 21 52 69, www.schumann-zwickau.de, Di–Fr 10–17, Sa, So 13–17 Uhr, Erw. 4 €, Kinder 2 €
Nur wenige Schritte vom Hauptmarkt entfernt trifft man auf das Robert-Schumann-Haus, das Geburtshaus des bedeutenden Komponisten. Hier findet man sein Musikzimmer und die weltweit größte Schumann-Sammlung mit Tausenden von Originalhandschriften sowie einer Vielzahl von zeitgenössischen Dokumentationen, Gemälden und Plastiken.

Zwickau

5 Robert-Schumann-Haus
6 Dom St. Marien
7 Priesterhäuser
8 Galerie am Domhof
9 Johannisbad
10 Konzert- & Ballhaus Neue Welt
11 Städtische Kunstsammlung
12 August Horch Museum

Übernachten
1 Holiday Inn
2 Hotel Haus Marienthal

Einkaufen
1 Plauensche Straße
2 Peter-Breuer-Straße

Abends & Nachts
1 CineStar Astoria

Sehenswert
1 Hauptmarkt
2 Gewandhaus
3 Rathaus
4 Robert-Schumann-Denkmal

Dom St. Marien 6

Zwei Straßen weiter westlich liegt der Domhof am Fuße des beeindruckenden spätgotischen Doms St. Marien, in dem der große Reformator Thomas Müntzer wirkte, bevor er seiner aufrührerischen und ›ketzerischen‹ Predigten von der Kanzel wegen, so zumindest der damalige katholische Klerus, flüchten musste.

Priesterhäuser 7

Domhof 5, Tel. 0375 83 45 51,
www.priesterhaeuser.de, Di–So 13–18
Uhr, Erw. 4 €, Kinder 2 €
Nicht vergessen sollte man am Domhof einen Abstecher in die Priesterhäuser. Das Gebäudeensemble gehört zu den ältesten Wohnhäusern Mitteldeutschlands. Das Museum zeigt ein einzigartiges Beispiel mittelalterlicher Wohnarchitektur.

Galerie am Domhof 8

Domhof 2, Tel. 0375 21 56 87,
www.galerie-zwickau.de, Di–So
13–18 Uhr, Erw. 1,50 €, Kinder 1 €
Kulturelles Leben in alten Mauern: das Zwickauer Zentrum für Malerei, Grafik und Plastik. Außerdem gibt es regelmäßig Veranstaltungen wie Konzerte, Buchlesungen oder auch Kleinkunst.

Jugendstil in Zwickau

Ähnlich wie Chemnitz ist auch Zwickau stolz auf einige Architektur-Highlights aus Gründerzeit und Jugendstil. So gehört das neogotische **Johannisbad** 9 zu den schönsten historistischen Bädern Deutschlands und der Terrassensaal im **Konzert- & Ballhaus Neue Welt** 10 sucht mit seinem perfekten Jugendstilambiente seinesgleichen. Beide befinden sich außerhalb des eigentlichen Stadtzentrums.

Museen außerhalb der Altstadt

Städtische Kunstsammlung 11

Lessingstr. 1, Tel. 0375 83 45 10, www.kunstsammlungen-zwickau.de, Di–So 13–18 Uhr, Erw. 4 €, Kinder 2 € Etwas außerhalb des Zentrums im Norden der Stadt erreicht man die Städtische Kunstsammlung. Im Mittelpunkt der Ausstellung stehen eine umfangreiche Gemäldesammlung des 16. bis 21. Jh. sowie die Mineralogie und Geologie des Zwickauer Steinkohlebeckens, des Erzgebirges und des Vogtlands.

August Horch Museum 12

Audistr. 7, Tel. 0375 27 17 38 12, www.horch-museum.de, Di–So 9.30–17 Uhr, Erw. 5 €, Kinder 3,50 € Noch ein Stück weiter Richtung Norden kommt die Automobilgeschichte der Stadt zu ihrem Recht. Das August Horch Museum gehört zu den interessantesten kraftfahrzeugtechnischen Museen in Deutschland. Außerdem ist es das einzige seiner Art, das sich direkt in einer ehemaligen Fertigungsstätte befindet. Die 2004 in neuem Gewand wiedereröffnete Ausstellung lässt über 100 Jahre Zwickauer Automobilgeschichte lebendig werden. Sie ist ein Muss für Oldtimer-Freaks und Autofans gleichermaßen, vermag aber durch ihre anschauliche Präsentation durchaus auch weniger automobilinteressierte Besucher in ihren Bann zu ziehen. Der Bogen spannt sich von den legendären Luxuslimousinen des August Horch über DKW und den Trabant bis hin zum VW moderner Produktion, der ja nur wenige Kilometer entfernt in Mosel vom Band rollt.

Übernachten

Zentral – **Holiday Inn** 1 : Kornmarkt 9, Tel. 0375 279 20, www.holiday-inn. de/Zwickau, DZ ab 99 €. 200-Betten-Haus mit gehobenem Ketten-Standard in Top-Lage. Ideal für Stadtbummler.
Familiär – **Hotel Haus Marienthal** 2 : Marienthaler Str. 122, Tel. 0375 567 70, www.hotel-haus-marienthal.de, DZ ab 61 €. Kleines Hotel etwas abseits des Zentrums mit freundlichem Service und gepflegtem Ambiente.

Einkaufen

Neben diversen Märkten an der Peripherie kann man in der Innenstadt aus einer Reihe größerer und kleinerer Einkaufsmöglichkeiten wählen. Beliebteste Einkaufstraßen sind die **Plauensche Straße** 1 und die **Peter-Breuer-Straße** 2 . Unter anderem finden sich dort Ketten wie C & A, Wöhrl und Müller, jedoch auch zahlreiche kleine Boutiquen und Fachgeschäfte.

Aktiv & Kreativ

Wohlfühlen – **Johannisbad** 9 : Johannisstr. 16, Tel. 0375 272 56-0, www.johannisbad.de, Mo, Mi, Fr 10–22, Di, Do 8–22, Sa, So 9–22 Uhr. Sauna tgl. 10–22 Uhr. 2 Std. Schwimmhalle Erw. 4,50 €, Kinder 3,50 €. 3 Std. Saunalandschaft Erw. 9 €, Kinder 7 €. Das legendäre Jugendstilbad empfängt seine Gäste heute mit einem Hauch orientalischer Badekultur. Badenixen sind ebenso begeistert wie Architekturfreunde. Die großzügige Saunalandschaft komplettiert das Ganze. Das Johannisbad ist zweifellos eines der schönsten Jugendstilbäder Deutschlands und wurde Ende der 1990er-Jahre perfekt restauriert.

Abends & Nachts

Cineastisch – **CineStar Astoria** [1] : Poetenweg 6–8, Tel. 0375 353 64 10, www.cinestar.de. In verschiedenen Sälen wird ein breites Programmspektrum gezeigt. Seit einiger Zeit werden auch 3-D-Filme angeboten.

Jugendstil – **Konzert- und Ballhaus Neue Welt** [10]: Leipziger Str. 182, Tel. 0375 271 32 60, www.kultur-z.de. Konzerte und Veranstaltungen im Jugendstilsaal der Neuen Welt sind ein Genuss für Ohren und Augen gleichermaßen. Das perfekte Ambiente!

Infos & Termine

Infos

Tourist-Information: Hauptstr. 6, 08056 Zwickau, Tel. 0375 27 13-244, www.zwickautourist.de, Mo–Fr 9–18.30, Sa 10–16 Uhr.

Termine

Trabitreffen: Jedes Jahr im Juni treffen sich Trabantfahrer aus nah und fern zum Fachsimpeln und Staunen auf dem Flugplatz Zwickau.

Stadtfest: Im Aug. steppt in Zwickau der Bär. Dann nämlich bringt das Stadtfest Stimmung und gute Laune in die City.

Zwickauer Stadtlauf: Anfang Nov. sorgen Hunderte Zwickauer beim Stadtlauf für ein großes Starterfeld und tun etwas für ihre Gesundheit.

Freiberg❗ ▶ K 1/2

Beginnt man eine Reise durchs Erzgebirge in Freiberg, hat man alles richtig gemacht. Die Geschichte der Region hat hier ihren Ursprung. In der Nähe der Stadt wurde vor über 800 Jahren das erste Silber gefunden. Ein Fuhrmann soll es gewesen sein, der mit den tief in den Boden einsinkenden Rädern seines Karrens einen glitzernden Stein aus dem Boden riss. Er nahm den Stein mit. Goslaer Bergleute untersuchten ihn und stellten fest, dass das Erzstück, das der Fuhrmann gefunden hatte, reich an Silber war. Das erste Berggeschrei nahm seinen Lauf, denn dort, wo das edle Metall buchstäblich auf der Straße liegen sollte, wollte so mancher Glücksritter Reichtum scheffeln. Doch es waren die Bergleute, die, zumeist aus Franken kommend, das Erz in harter, gefährlicher Arbeit aus der Tiefe holten und damit den Ruhm der Stadt begründeten. Jahrhunderte später zogen die Bergleute weiter in Richtung Süden, ins Gebirge hinauf, dem Silbererz nach. In Freiberg wurde 1765 die erste montanwissenschaftliche Hochschule der Welt gegründet. Seither erhielten Generationen von Bergbaufachleuten aus der ganzen Welt hier ihr fachliches Rüstzeug. Das hohe Ansehen der Universität ist geblieben. Das Interesse der Studenten auch.

Reichlich Möglichkeiten animieren vor Ort dazu, den einen oder anderen Blick in die Geschichte der Stadt zu werfen. Ein Bummel durch die Straßen und Gassen der Altstadt gehört in jedem Fall dazu.

Altstadt

Der historische Teil der Stadt konzentriert sich innerhalb des Rings, gebildet vom Meißner Ring, dem Donatsring, sowie der Wall-, Schiller- und Hornstraße.

Vom Obermarkt zum Fortunabrunnen

Es gibt sicherlich verschiedene Möglichkeiten, die Altstadt kennenzulernen, und verschiedene Startpunkte für einen Rundgang. Empfehlenswert als Ausgangspunkt ist aber zweifellos der **Obermarkt 1**. Bei der Tourist-Information hinter dem Rathaus sollte man sich mit einem kleinen Stadtplan eindecken und dann kann es losgehen.

Das **Rathaus 2** stammt aus dem Jahre 1410. Um 11.15 und 16.15 Uhr erklingt vom Turm das Steigerlied, das alte und bekannte Bergmannslied, in dem der Hoffnung Ausdruck verliehen wird, nach der gefährlichen Arbeit im Stollen wieder gesund auszufahren. Nicht ganz glücklich sieht vom Erker des Rathauses der Prinzenräuber Kunz von Kaufungen auf seinen Hinrichtungsplatz.

Neben dem Rathaus, an der Ecke Burgstraße, befindet sich einer der schönsten **Erker** der Stadt, dessen Architektur auf den Manierismus zurückgeht. Interessant ist außerdem die Darstellung einer Anna Selbdritt am Eckhaus zur engen Gasse direkt gegenüber der Tourist-Information.

Der heutige **Ratskeller** (Obermarkt 16) wurde 1545 als Kaufhaus und Repräsentationsgebäude errichtet. Auffällig am Portal sind die Darstellungen aus dem Arbeitsalltag der Bergleute.

Auf der Mitte des Marktplatzes thront, nicht zu übersehen, der Stadtgründer Otto der Reiche auf dem **Löwenbrunnen 3**. Auf der anderen Marktseite sind zwei Gebäude besonders hervorzuheben: das **Haus Obermarkt 1** mit seinem reich geschmückten Portal und dem wunderbaren Blick auf das Ensemble des Obermarktes und – weiter in Richtung Petersstraße, gegenüber vom Café Hartmann – das spätgotische **Alnpeckhaus 4**, in dem sich bis ins 16. Jh. hinein die letzte Freiberger Münze befand.

Weiter auf der Petersstraße in Richtung Wallstraße erreicht man den **Fortunabrunnen 5** von Bernd Göbel, auf dem bedeutende Persönlichkeiten der Stadtgeschichte verewigt wurden.

Petrikirche 6

Petriplatz, Tel. 03731 24 78 59, www. petri-nikolai-freiberg.de, April–Dez. Mo–Fr 11–17, Sa 11–13 Uhr; Turmbesteigung ab Di nach Ostern: Mo, Di, Do, Fr, So 11–17 Uhr zu jeder vollen

Wertvolle Ausstattung – die berühmte Tulpenkanzel im Freiberger Dom aus dem 16. Jh.

Freiberg

Stunde sowie (nur während der Sommerzeit) Mi 11 und Sa 14 Uhr
Zurück auf der Petersstraße, sind es nur wenige Schritte bis zum Petriplatz mit der Petrikirche. Sie besitzt drei Türme. Der noch erhaltene von den ehemals zwei runden Türmen trägt den Namen Hahnenturm. Der kleinere der beiden eckigen, der sogenannte ›Faule Turm‹, beherbergt mit der Oswald-Hilliger-Glocke aus dem Jahre 1487 (knapp 4 t schwer) und deren kleinerer Schwester aus dem Jahre 1570 zwei historische Klangzeugen, die die Wirrnisse aller Kriege heil überstanden haben. Der Petriturm ist mit 72 m der höchste der Stadt. 230 Stufen führen hinauf und eröffnen einen wunderbaren Ausblick.

Von der Technischen Universität zum Schlossplatz

Auf der Nonnengasse geht es vorbei am Hauptgebäude der **TU Bergakademie Freiberg** 7 zum **Schlossplatz** 8 . Rechter Hand passiert man das ehemalige Wohnhaus und die Werkstatt des berühmten Orgelbauers **Gottfried Silbermann** (Schlossplatz 6, heute Sitz der Gottfried-Silbermann-Gesellschaft). Einige Schritte weiter in der Kirchgasse liegt links das **Oberbergamt.**

Schloss Freudenstein und terra mineralia 9

terra mineralia, Schlossplatz 4, Tel. 03731 39 46 54, www.terra-mineralia. de, Di–So 10–19 Uhr, Erw. 7 €, Kinder 4 €; Führungen für Individualtouristen Sa, So 11 und 14 Uhr
Dominiert wird der Schlossplatz von **Schloss Freudenstein,** das seit Ende 2008 wieder in neuem Glanz erstrahlt. Die Residenz Herzog Heinrichs des Frommen wurde von 1505 bis 1539 errichtet, wobei bereits Otto der Reiche, Markgraf von Meißen, Ende des 12. Jh. hier eine Burg zum Schutz der schnell wachsenden Bergbausiedlung hatte anlegen lassen. Ursprünglich auch zur Sicherung der reichen Silberschätze errichtet, wurde die Anlage später noch lange als Getreidespeicher genutzt, ehe sie mangels Nutzung langsam zerfiel. In der zweiten Hälfte des 20. Jh.

schien der endgültige Zerfall des Schlosses nicht mehr aufzuhalten. Zum Glück entwickelten sich die Dinge anders. Jetzt beherbergt das Schloss neben dem Bergarchiv eine der größten und schönsten mineralogischen Ausstellungen der Welt, die **terra minaralia** (s. Lieblingsort S. 97).

Wer danach von schönen Mineralien noch nicht genug hat, sollte einen Abstecher zur nahe gelegenen **Mineraliensammlung der Bergakademie 18** einplanen (Geowissenschaftliche Sammlungen, Brennhausgasse 14, Tel. 03731 39 22 64, www.tu-freiberg.de, Mo–Do

9–12 und 13–16 Uhr, Erw. 5 €, Kinder 3 €).

Stadt- und Bergbaumuseum 10

Am Dom 1, Tel. 04731 202 50, www.museum-freiberg.de, Di–So 10–17 Uhr, Erw. 3 €, Kinder 1,50 €
Am **Untermarkt** wartet das Stadt- und Bergbaumuseum. Es befindet sich in den schönsten spätgotischen Innenräumen der Stadt, dem ehemaligen Domherrenhof. Das Museum beherbergt neben einer bergmännischen Betstube Ausstellungen über den Freiberger Bergbau und die Freiberger Ge-

Freiberg barrierefrei

Die Stadt Freiberg hat es sich zur Aufgabe gemacht, auch Reisenden mit Handicap umfangreiche Möglichkeiten zu schaffen. So existiert ein speziell für Rollstuhlfahrer erarbeiteter Stadtrundgang: Ein Flyer gibt ausführlich Auskunft über die verschiedenen Sehenswürdigkeiten und ihre barrierefreien Zugangsmöglichkeiten.

schichte, Gemälde von Lucas Cranach d. J., die ältesten Bergbauschnitzereien Sachsens und den ältesten erhaltenen Schwibbogen der Welt.

Dom St. Marien 11

Untermarkt 1, Tel. 03731 225 98, www.freiberger-dom.de, Nov.–April 11–12 und 14–16, Mai–Okt. 10–12 und 14–17 Uhr; Führungszeiten Nov–April 11, 14, 15, Mai–Okt. 10, 11, 14, 15, 16 Uhr; Orgelspiel zu den Führungen Mai–Mitte Okt. Mi 15 Uhr; an Sonn- und kirchlichen Feiertagen erste Führung 11.30 Uhr immer mit Orgelspiel

Neben dem Stadt- und Bergbaumuseum steht eine weitere bedeutende Sehenswürdigkeit der Stadt: der Dom St. Marien. Von außen eher unscheinbar, lohnen seine ›inneren Werte‹ den Besuch umso mehr. Das beginnt gleich beim Eintritt durch die von einem Jugendstil-Schutzbau umfasste spätromanische Goldene Pforte mit ihrem wertvollen Skulpturenschmuck. Sie gilt als das erste vollständige deutsche Statuenportal. Das Material für die Goldene Pforte stammt aus Grillenburg im Tharandter Wald. Kopien von ihr findet man in Boston und im Puschkin-Museum in Moskau.

Im Innern wartet auf den Besucher u. a. die große Silbermann-Orgel, die im Rahmen der regelmäßigen Dom-
führungen zum Klingen gebracht wird (s. auch S. 104), sowie die filigrane sogenannte Tulpenkanzel aus dem frühen 16. Jh. Einem Blütenkelch gleich schwingt sich das Meisterwerk aus Tuffstein in die Höhe. Stützpfeiler oder Wände sucht man vergebens. Von 1541 bis 1694 fand die Grablegung sächsischer Fürsten im Freiberger Dom statt. Neun lutherische Landesherren fanden hier ihre letzte Ruhestätte.

Theater Freiberg 12

Borngasse 1, Tel. 03731 35 82 34, www.mittelsaechsisches-theater.de

Auf der Kreuzgasse gelangt man zum ältesten Stadttheater der Welt, das mancher Freiberger auch gern als kleine Semperoper bezeichnet. Um 1790 wurde ein Bürgerhaus aus dem 17. Jh. zum Theater umgebaut und 1791 eröffnet. Knapp 100 Jahre später wurden immer mehr Gebäudeteile in dem Geviert Buttermarkt, Weingasse, Borngasse und Enger Ecke dem Theater angegliedert. Letzte umfassende Baumaßnahmen wurden 1991 abgeschlossen. Heute hat sich das Theater mit seinen Werkstätten, Proberäumen und einer Studiobühne den gesamten Häuserblock ›einverleibt‹.

Nikolaikirche und Donatsturm

Am Ende der Gasse grüßen die Türme der **Nikolaikirche** 13, deren Geschichte bis 1185 zurückverfolgt werden kann. Nach einer umfangreichen Rekonstruktion wird sie heute als Konzert- und Tagungshalle genutzt.

An der Ecke Kesselgasse/Donatsgasse ist die eigentliche Wiege Freibergs. Einst hieß dieser Ort hier **Christiansdorf**. Und auf dieser Straße Richtung Böhmen fand der eingangs erwähnte Fuhrmann den ersten Silbererzklumpen.

Auf der Donatsgasse gelangt man zum **Donatsturm** 14 aus dem Jahre

1455. Seine 5 m dicken Mauern boten Schutz, er hatte eine wichtige Verteidigungsfunktion. Früher gingen die Bergleute durch den Turm zur Schicht, heute könnten Besucher von hier aus eine kleine Wanderung zur Übertageanlage Alte Elisabeth und zum Schacht Reiche Zeche anschließen (s. u.). Man kann sich aber zuerst auch im **Albertpark** 15 und rund um die **Kreuzteiche** vom Stadtbummel erholen.

Besucherbergwerk Freiberg

Fuchsmühlenweg 9, Tel. 03731 39 45 71, www.besucherbergwerk-freiberg.de
Unter dem gemeinsamen Dach des Besucherbergwerks vereinen sich die Schächte Reiche Zeche und Alte Elisabeth zu einem einzigartigen Bergwerkserlebnis. Die Himmelfahrt-Fundgrube, zu der beide Schachtanlagen gehören, war im Mittelalter für ihren legendären Silberreichtum bekannt. Während die Geschichte der Reichen Zeche bis ins 14. Jh. zurückreicht, kann die Alte Elisabeth ›nur‹ auf rund 500 Jahre verweisen.

Nachdem der letzte Bergbau im Revier 1913 aus Rentabilitätsgründen eingestellt werden musste, übernahm die Bergakademie 1919 das Grubenfeld als Lehrbergwerk. Bis heute erhalten die Studenten hier ihre fachspezifische Ausbildung. Keine zweite Anlage des historischen Silberbergbaus in Sachsen ist so komplett erhalten und so perfekt restauriert wie dieses Ensemble. 1992 gründete sich der Förderverein Himmelfahrt Fundgrube Freiberg Sachsen e. V., dessen Mitglieder sich intensiv um die touristische Erschließung und Nutzung dieser Bergbaudenkmäler kümmern und die historischen Anlagen für die Nachwelt erhalten.

Schacht Alte Elisabeth 16

Übertageführungen Mai–Okt. Mo–Fr nach Voranmeldung, Sa 10, 14, So ab 14.30 Uhr; Untertage- und Übertageführungen Mai–Okt. So 11 und 14 Uhr, jedoch nur nach Voranmeldung, am 1., 3. und 5. So des Monats; Untertageführungen 15 €, Übertageführungen Erw. 3 €, Kinder 2 €
Die Übertageführungen in der rund 1 km vom Stadtzentrum entfernten Alten Elisabeth vermitteln einen Eindruck von dem, was in einer historischen Schachtanlage über Tage passierte, so zum Beispiel der Kunst- und Treibeschacht mit zwei Fördertürmen, in dem die Bergleute ein- und ausfuhren. Außerdem unter anderem eine Zimmermannswerkstatt, eine Bergschmiede und eine Dampfmaschine aus dem Jahr 1848.

Schacht Reiche Zeche 17

Erlebnisführungen (2,5 Std.) Mo–Fr 11, Sa 11, 14 sowie Mai–Okt. jeden 2. und 4. So 11, 14 Uhr, Erw. 12,50 €, Kinder 10 €; Bergwerksführungen (1,5 Std.) Mo–Fr 14, Sa 15 sowie Mai–Okt. jeden 2. und 4. So 15 Uhr, Erw. 10 €, Kinder 7,50 €; Untertagelehrpfad (ohne Führung) Mo–Fr 10, 11, 13, 14, 15, Sa sowie Mai–Okt. jeden 2. und 4. So stdl. 11–16 Uhr, Erw. 7,50 €, Kinder 5 €
In der Reichen Zeche werden sechs Jahrhunderte Bergbaugeschichte lebendig. 14 km lang sind die Wege unter Tage, die bis in den Bergbau des 14. Jh. zurückführen. Dabei geht es bis zu 230 m in die Tiefe. Es warten von Hand geschlägelte Auffahrungen, mächtige Radstuben, bergmännisches Arbeitsgerät vergangener Jahrhunderte, alte Schächte und Abbaue, Tropfsteine und Sinter auf den Besucher. Dabei sind die Standardführungen für Besucher ab 12 Jahre, nicht aber für Behinderte geeignet. Der Un-

tertagelehrpfad dauert nur eine Stunde. Hier können auch Kinder ab 6 Jahren und Rollstuhlfahrer einen Eindruck von der Welt unter Tage einfangen. Dagegen erfordern die Spezial- und Sonderführungen nicht nur eine Voranmeldung, sondern auch gute körperliche Fitness.

Mineralienausstellung und Modellsammlung der TU Bergakademie Freiberg `18`
Mo–Fr 9–16, Sa 11–17 sowie Mai–Okt. jeden 2. und 4. So 14–17 Uhr, Erw. 2,50 €, Kinder 1,50 €
Ganzjährig ist auch die Mineralienausstellung mit Mineralienstufen aus dem Freiberger Revier zu besichtigen, die im Übertagegelände der Reichen Zeche eingerichtet wurde. Neben den Mineralien erwartet den Besucher auch eine interessante Präsentation über die Entwicklung und Produktpalette des früheren Bergbau- und Hüttenkombinates Freiberg. Ergänzt wird die Ausstellung durch eine umfangreiche Modellsammlung mit über 100 historischen Nachbildungen von Maschinen und Anlagen des Berg- und Hüttenwesens. Dabei stammen die ältesten Modelle bereits aus dem 18. Jh.

Übernachten

Luxushotels großer Ketten sucht man in Freiberg vergebens. Dafür gibt es zahlreiche sehr gepflegte und gemütliche kleinere Häuser im 3- und 4-Sterne-Segment mit persönlichem Charme und einer ebensolchen Betreuung.
Stil mit Jugendstil – **Hotel Alekto** `1`
Am Bahnhof 3, Tel. 03731 494-0, www. alekto.de, DZ ab 80 €. Das schöne Jugendstilhaus verfügt über 68 helle, freundliche Komfortzimmer und Appartements. Die genussvollen Vitality-Kulinarik-Angebote beginnen bereits

am Frühstücksbüfett. Bis in die historische Altstadt sind es zu Fuß knapp 10 Minuten.
Grüne Oase – **Hotel Mauck'sches Gut** `2`: Hornstr. 20, Tel. 03731 339 78, www.hotel-maucksches-gut.de. DZ ab 80 €. Eine grüne Oase im Herzen der Stadt. Das älteste urkundlich erwähnte Bauerngut wurde mit viel Liebe zum Detail aufwendig restauriert. Zum Stadtkern sind es 2 Min. Ausreichend Parkplätze stehen zur Verfügung.
Am Fuße des Turms – **Blaue Blume** `3`: Donatsgasse 25, Tel. 03731 265 60, www.blaue-blume.de. DZ ab 70 €. Das kleine Hotel garni mit seinen nur 7 Zimmern liegt direkt in der historischen Altstadt am Fuße des Donatsturms. Große Terrasse mit Blick über die Altstadt.
Barrierefrei wohnen – **Hotel Regenbogenhaus** `4`: Brückenstr. 5, Tel. 03731 598 50, www.hotel-regenbogenhaus. de. DZ ab 64 €. Restaurant mit Wintergarten, ruhige Lage am Rande der Stadt. Das Haus und die freundliche Komfortzimmer sind komplett barrierefrei und damit rollstuhlgerecht.

Essen & Trinken

Historisch – **Ratskeller Freiberg** `1`: Obermarkt 16, Tel. 03731 221 51, www. ratskellerfreiberg.de, tgl. 10–24 Uhr, Hauptgericht 9–14 €. Gute Hausmannskost mit sächsischem Einschlag in einem 450 Jahre alten Gemäuer.
Böhmisches – **Stadtwirtschaft Freiberg** `2`: Burgstr. 18, Tel. 03731 69 24 69, www.stadtwirtschaft.de, Mo–Sa 11–2, So 9.30–2 Uhr, Hauptgericht 8–15 €. Böhmische Raffinessen und Freiberger Gemütlichkeit im Herzen der Altstadt.
Gutbürgerliches – **Brauhof** `3`: Körnerstr. 2, Tel. 03731 35 30-0, Mo ab 17, Di–So ab 11 Uhr, www.brauhof-freiberg.de, Hauptgericht 7–18 €. Direkt

Lieblingsort

Steinige Faszination – terra mineralia in Freiberg ⑨
Die herrlichen Mineralien und wertvollen Steine in Schloss Freudenstein machen aus dem Besuch des nach modernsten Gesichtspunkten konzipierten Museums eine spannende Zeitreise zu den Ursprüngen unserer Erde – und eine Reise rund um die Welt (s. auch S. 92).

an der alten Freiberger Brauerei. Ein gutes Haus für gute Küche.

Mittelalterlich – **Pfeffersack 4**: Kirchgasse 15c, Tel. 03731 45 86 76, www.historische-gastwirtschaft-pfeffersack.de, Mo 18–24, Di–Sa 12–14.30 und 18–24, So 12–14.30 und 18–22 Uhr, Hauptgericht 6–12 €. Hier mögen schon vor Jahrhunderten Studenten ein- und ausgegangen sein. Die Küche steht für Rustikales.

Einkaufen

Besonders in den Mauern der historischen Altstadt macht es Spaß, auf Einkaufstour zu gehen. In den Straßen und Gassen rund um Ober- und Untermarkt gibt es manch kleines Geschäft auch mit ausgefallenen Verkaufsideen.

Ansprechendes – **Geschenkideen Kristina Gallasch 1**: Weingasse 27, Tel. 03731 24 83 75. Mancher Mitbringseltipp für die Lieben in der Heimat wartet hier inmitten der Altstadt.

Kreatives – **Impuls – the art of inspiration 2**: Erbische Str. 1, Tel. 03731 77 36 39, www.creativoase.de. Unikate und Geschenkideen aus Keramik. Junge Leute mit Einfällen, die auch mal aus dem Rahmen fallen.

Lesbares – **Freiberger Bücherstube 3**: Barbara Horn, Petersstr. 2, Tel. 03731 231 24. Literarisches rund um Freiberg, den Bergbau und das Erzgebirge findet man hier ebenso wie Belletristik für jeden Lesegeschmack.

Aktiv & Kreativ

Baden – In die Freibäder der Region wurde in den letzten Jahren viel investiert. **Johannisbad 1**: Johann-Sebastian-Bach-Str. 1A, Tel. 0371 20 02-0, www.jo-bad.de. Hallenbad Di–Sa 7–22, So 8–22, Mo nur an Ferien- und Feiertagen 7–22 Uhr. Freibad vom 15. Mai bis 15. Sept. 8–20, in den Sommerferien 8–21 Uhr. **Waldbad Großer Teich 2**: Über die B 101 und die Grenzstraße zur Gaststätte Letzter Dreier, davor Fahrweg ausgeschildert. Natürlicher Badesee in waldreicher Umgebung. Kiosk, Bootsverleih, kleiner Campingplatz, abgeteilter FKK-Strand.

Brauereiführung – **Freiberger Brauhaus GmbH 3**: Am Fürstenwald, Tel. 03731 363-0, www.freibergerpils.de. Führungen durch die moderne Brauerei, aus deren Tanks eines der beliebtesten Biere Sachsens kommt. Führungen nach Anmeldung von Mo bis Sa möglich.

Abends & Nachts

Nach Kultur – **Gaststätte Theaterkeller 1**: Borngasse 3, Tel. 03731 231 41. Nicht nur nach einem Theaterbesuch im ältesten Stadttheater der Welt ein guter Platz für ein Glas Wein und gemütliche Stunden.

Absacker – **Weinstube St. Nikolai 2**: Kesselgasse 24, Tel. 03731 24 70 03. Wer nach einem langen Bummel durch die Altstadt die Seele baumeln lassen möchte, ist hier an der richtigen Adresse. Deftiges Essen, gutes Freiberger Bier und natürlich, der Name sagt es, manch leckerer Schoppen Wein stehen bereit.

Disco und mehr – **Absolom 3**: Himmelfahrtsgasse 23, Tel. 03731 26 29-0, www.absolomfreiberg.de. Hier trifft sich die Jugend der Region.

Infos & Termine

Infos

Tourist-Information: Burgstr. 1, 09599 Freiberg, Tel. 03731 419 51 90, www.freiberg-service.de, April–Dez. Mo–Fr

9–18, Jan.–März Mo–Fr 9–17, Jan.–Dez. Sa 9–12 Uhr.

Termine

Bergstadtfest: Am letzten Juniwochenende treffen sich die Freiberger mit ihren Gästen zum großen Bergstadtfest. Auf fünf Bühnen läuft ein buntes Programm ab – lebendiges Brauchtum, einzigartige Kultur und gastfreundliche Menschen in einer bezaubernden Kulisse.

Gottfried-Silbermann-Tage: Der Sept. steht musikalisch ganz im Zeichen des berühmten Orgelbaumeisters, der jahrzehntelang in Freiberg gewirkt hat.

Weihnachtsmarkt: Vom 1. bis zum 4. Adventswochenende verwandelt sich die Altstadt in ein vorweihnachtliches Märchenland. Der Christmarkt dominiert das Geschehen.

Ausflug nach Oederan

▶ J 2

Die kleine Stadt Oederan direkt an der Bundesstraße zwischen Chemnitz und Freiberg besitzt eines der attraktivsten Ziele für Familien in der Region: das Klein-Erzgebirge. Ebenfalls interessant ist das Webereimuseum. Beide lohnen den Abstecher von Freiberg.

Miniaturpark Klein-Erzgebirge

Ehrenzug, Tel. 037292 599-0, www.klein-erzgebirge.de, 1. April–31. Okt. tgl. 10–18, Juni–Aug. ab 9 Uhr, Erw. 7 €, Kinder 5 €
An einem Tag durchs ganze Erzgebirge? Das geht nur hier. Wie in einem bunten Bilderbuch reihen sich in der idyllischen Umgebung des Oederaner Stadtparks die schönsten Burgen und Schlösser zu einem 3-D-Erzgebirgspanorama im Kleinformat. Knapp 200 Sehenswürdigkeiten der Region, mit vielen liebevollen Details und handge-

schnitzten Figuren begeistern große und kleine Besucher. Außerdem warten eine Parkeisenbahn, Spiel- und Erlebnisbereiche für Kinder, das Holzkunsthaus und ein Restaurant auf Gäste.

web Museum Oederan

Markt 6, Tel. 037292 271 28, www.oederan.de, tgl. 12–17 Uhr, Erw. 3 €, Kinder 1,50 €
Wer da ans Internet denkt, ist auf der falschen Fährte: web steht hier für »Weben – Erleben – Begreifen«. In der Ausstellung geht es also um die Geschichte und Traditionen dieser alten Handwerkskunst in der Region. Eine angeschlossene Druckwerkstatt gibt Einblicke in die Buchdruckkunst vergangener Zeiten.

Übernachten

Zentrumsnah – **Pension Teichplan:** Teichplan 1, Tel. 037292 235 26, www.pension-teichplan.de, DZ ab 42 €. Gemütlich, zentral und trotzdem sehr ruhig gelegene Pension mit familiärem Charme.

Essen & Trinken

Deftig – **Bauernstube:** Chemnitzer Str. 39, im Einkaufspark Zur Stanze, Tel. 037292 28 37 08, Mo–Fr 9–13 Uhr, Hauptgericht 3–5,50 €. Der ideale Platz für ein kräftiges, deftiges Mittagessen zu sehr günstigen Preisen.

Infos

Stadtinformation: Markt 6, 09569 Oederan, Tel. 037292 271 28, www.oederan.de, Mo–Fr 10–17, Sa, So 12–17 Uhr.

Osterzgebirge und ›Spielzeugland‹

Highlight !

Seiffen: Das ›Spielzeugdorf‹ ist nicht nur rund um das schönste Fest des Jahres einen Besuch wert. Zahlreiche Kunsthandwerker haben hier ihre Werkstatt. Entlang der Hauptstraße reiht sich Volkskunstgeschäft an Volkskunstgeschäft. Daneben warten Schauwerkstätten und – nicht zu vergessen – das Spielzeugmuseum. In der Adventszeit aber ist das Dorf selbst ein einziger großer Weihnachtsmarkt. S. 120

Auf Entdeckungstour

Orgelbaukunst – auf Gottfried Silbermanns klingenden Spuren: Seine beste Orgel ist im Dom zu Freiberg zu finden, wo er 40 Jahre lang wirkte. In Frauenstein, seinem Geburtsort, erzählt ein schmuckes Museum über Leben und Schaffen des größten sächsischen Orgelbauers. S. 104

Zu bärtigen Gesellen – von Seiffen nach Neuhausen: Wer sich auf die Spuren der Nussknacker begeben will, sollte in Seiffen die Wanderschuhe anziehen. Es geht über den Schwartenberg nach Neuhausen ins größte Nussknackermuseum der Welt. S. 122

Frauenstein • Orgelbaukunst
Altenberg •

Neuhausen •
Schwartenberg ▲ Von Seiffen nach Neuhausen
Olbernhau • **Seiffen**

Kultur & Sehenswertes

Spielzeugvorlage: Millionenfach haben Spielzeugmacher das achteckige barocke Kirchlein der Bergleute in Seiffen in ihre weihnachtlichen Szenen aus Holz einbezogen. S. 121

Glastradition: Noch ehe die Nussknacker und Räuchermänner ins Gebirge kamen, gab es hier zahlreiche Glashütten. Das Glashüttenmuseum in Neuhausen entführt auf eine Zeitreise. S. 129

Aktiv & Kreativ

Kulturwandern ohne Gepäck: Mit dem Tourist-Service Olbernhau wandert man auf den Spuren von Bergmännern und Spielzeugmachern. Das Gepäck transportiert der Veranstalter. S. 120

Rodeln im Sommer: Die Seiffener Sommerrodelbahn bietet auch ohne Schnee heißen Rodelspaß. 733 m geht es durch neun Steilkurven auf halsbrecherischer Fahrt hinab ins Tal. S. 126

Genießen & Atmosphäre

›**Hüttenzauber‹:** Abende in der gemütlichen Schänke der restaurierten Saigerhütte in Olbernhau sind ebenso erlebnisreich wie die Erkundung des Umfelds mit dem Kupferhammer und dem Spielparadies Stockhausen. S. 117

Gemütlich: An kalten Wintertagen ist es angenehm, sich an den großen Kachelofen in der Seiffner Gaststätte Holzwurm anzulehnen. S. 125

Abends & Nachts

Alte Pracht: Einst als »größtes und schönstes Etablissement« des Erzgebirges hoch gelobt, lädt das 1906 eröffnete Konzert & Ballhaus Tivoli in Olbernhau wieder zu kulinarischen und kulturellen Erlebnissen ein. S. 116

Vom Vorland ins Gebirge

Das östliche Erzgebirge und das Osterzgebirge im engeren Sinne kommen bei manchem Gast etwas stiefmütterlich weg, dabei ist auch das, was sich östlich und nördlich des eigentlichen ›Spielzeuglandes‹ abspielt, durchaus nicht nur eine Stippvisite wert.

Brand-Erbisdorf ▶ K 2

Die alte Bergstadt liegt nur wenige Kilometer vor den Toren Freibergs in Richtung Süden. Entstanden ist sie 1912 durch die Zusammenlegung der Orte Brand und Erbisdorf, wobei Erbisdorf bereits 1175 als Bauerndorf gegründet worden war. Brand verdankt seine Gründung dem beginnenden Silberbergbau. Das Brander Revier gehörte zu den reichsten in ganz Sachsen. Wie in den alten Büchern nachzulesen ist, sollen allein aus der Grube Himmelsfürst über 600 t Feinsilber gewonnen worden sein.

Im Stadtzentrum findet man zahlreiche gut erhaltene **Bergmannshäuser.** Zu den interessanten Zeugen des Bergbaus gehören unter anderem das sogenannte **Buttermilchtor,** das bis 1821 als Kunstgrabenaquädukt genutzt wurde, sowie der **Thelersberger Stolln** im Ortsteil **Linda** (Voranmeldung unter Tel. 037322 506 99).

Bergbaulehrpfad

Eine Wanderung auf dem Bergbaulehrpfad führt vorbei an über 100 Ausstellungsstücken. Der von der Stadt mit viel Liebe und großem Aufwand gepflegte 23 km lange Rundwanderweg beginnt am Rathaus und führt u. a. am Museum Huthaus Einigkeit, am Thelerberger Stolln und an der Himmelsfürst-Fundgrube vorbei. Er vermittelt dabei ein Eindruck vom engmaschigen Netz bergbaulicher Anlagen, das sich rund um Brand-Erbisdorf gezogen hat.

Infobox

Internet
www.osterzgebirge.net: Webseite mit einem umfangreichen Informationsangebot zur Region inklusive Hotels, Pensionen und anderen Unterkunftsmöglichkeiten.
www.olbernhau.de: Ausführliche Informationsseiten rund um Olbernhau und Umgebung.

Anreise und Weiterkommen
Bahn: Für die Anreise ins Spielzeugland empfiehlt sich der Weg über Chemnitz und von dort direkt mit der Erzgebirgsbahn über Pockau-Lengefeld weiter nach Olbernhau.
Bus: Das östliche Erzgebirge ist verkehrstechnisch gut erschlossen. Linienbusse erreichen von Freiberg aus alle Ortschaften, wobei die Frequenzen der einzelnen Buslinien recht unterschiedlich sind. Infos unter: www.bvo.de. Nach Olbernhau geht es von Chemnitz über Marienberg fast stündlich mit der Linie 207. In Olbernhau selbst verkehrt ein Stadtbus und in die Orte der Umgebung gibt es ebenfalls einen regelmäßigen Busservice.

Museum Huthaus Einigkeit

Jahnstr. 14, Tel. 037322 506 99, Di–Do 10–12 und 13.30–17 Uhr, Erw. 2,50 €, Kinder 1,50 €

Die Ausstellung zeichnet den Weg des Silbererzes von seiner Gewinnung vor Ort bis zur Aufbereitung nach. Gezeigt werden außerdem Mineralien, Gesteine, Arbeitsgeräte sowie bergmännische Uniformen.

Schauanlage Bartholomäusschacht

Tel. 03722 320, Führungen nach Vereinbarung, Schutzbekleidung wird gestellt, Eintritt 1 €

Die Grube wurde 1529 erstmals urkundlich erwähnt. Allein im 16. Jh. wurden hier dem Berg 1600 kg reines Silber abgerungen. Später nutzte man den Schacht nur noch zur Unterhaltung des Thelersberger Stolln. Es kann der Nachbau einer Haspelmaschine mit Schwungrad und Bremse im Betrieb besichtigt werden, deren Original-Vorbild im Jahre 1783 errichtet wurde.

Naturbad Erzengler Teich

Auch das mitten im Wald gelegene Naturbad gehört zum System der bergmännischen Wasserwirtschaft und wurde bereits vor 450 Jahren erbaut. Heute ist es ein Eldorado für kleine und große Wasserratten.

Übernachten

Freundlich – **Hotel Villa Rosa:** Großhartmannsdorfer Str. 6, Tel. 03722 870-0, www.hotel-strupix.de, DZ ab 74 €. Kleines, familiäres Haus mit 16 Zimmern, sehr moderner Ausstattung und Lift.

Wohnen im Grünen – **Pension Lange:** OT Langenau, Im Engen 1a, Tel. 037322 38 62, www.lange-langenau.de. DZ ab 40 €. Freundliches, familiäres Haus ab-

Mein Tipp

Die sächsische Zugspitze ▶ K 2
Ein Ortsteil von Brand-Erbisdorf ist das Dörfchen Zug und dessen höchste Erhebung, immerhin 495 m, nennt sich folglich ›Zugspitze‹. Der heutige Eigentümer des Gebäudekomplexes auf dieser Erhebung hat die dort befindlichen historischen Bergwerksobjekte stilgerecht restauriert. Dazu gehören das Alt Mordgruber Zechenhaus und die Gebäude des Menden-, Kunst- und Treiberschachtes.

seits von Verkehrslärm und Hektik. Drei Sterne, die man spürt.

Essen & Trinken

Ganz oben – **Ausflugslokal Zugspitze:** An der Zugspitze 15, Tel. 037322 523 98, www.zugspitze-sachsen.de, Di–Fr 11–14 und ab 17, Sa, So ab 11.30 Uhr, Hauptgericht 11–20 €. Helles, freundliches Ambiente. Ambitionierte Gastronomie und gehobene Küche.

Ländlich – **Gasthof Central:** OT Langenau, Neue Hauptstr. 127, Tel. 037322 52 27 22, www.gasthof-central.de, Mo, Do, Fr, Sa ab 16, So, Fei ab 11 Uhr, Hauptgericht 6–9 €. Gemütliches Gasthaus im ländlichen Ambiente mit gutbürgerlicher, preiswerter Küche.

Infos

Silbernes Erzgebirge, Regional- und Stadtinformation: Sitz Stadthaus, Albertstr. 4, 09618 Brand-Erbisdorf, Tel. 037322 25 50, www.silber   ▷ S. 107

Auf Entdeckungstour

Orgelbaukunst – auf Gottfried Silbermanns klingenden Spuren

Zu den größten Söhnen des Erzgebirges gehört der Orgelbaumeister Gottfried Silbermann. 40 Jahre lebte er in Freiberg, doch ein Museum widmete ihm sein Heimatort Frauenstein. Zahlreiche seiner berühmten Orgeln sind in der Region zu finden.

Reisekarte: ▶ L 3 und K 1/2

Zeit: ein Tag

Planung: Im Museum in Frauenstein (Öffnungszeiten s. S. 107) erhält man Material über die Standorte der Orgeln in der Region.

Start: Vor dem Silbermann-Denkmal am Frauensteiner Markt

Es ist modern, das kleine Denkmal auf dem Frauensteiner Marktplatz, das an den größten Sohn der Stadt erinnert. Die Orgelpfeifen sind nicht zu übersehen, der Meister selbst kommt recht improvisiert daher. Aber wo kann man auf einem Marktplatz Musik erleben? Hier klappt es: Das Denkmal empfängt die Gäste der Stadt auf dem Weg hinauf zum Museum mit einer musikalischen Einstimmung ganz in Silbermanns Sinne.

Erkundungen im Museum

Es sind kaum mehr als 100 m und man steht vor dem Portal und der recht unscheinbaren Tür, die ins Museumsreich von Gisela Müller führt. Einer der beiden großen Räume im Erdgeschoss des ehemaligen Schlosses ist allein dem Meister gewidmet. Das Museum ist nicht groß, doch die Hausherrin, die es seit 1991 leitet und noch dazu die Schwiegertochter des Gründers ist, kann nicht ohne Stolz darauf verweisen, dass hier alles mit Originaldokumenten belegt ist. Am 14. Januar 1683 wurde Gottfried Silbermann als Sohn eines Holzzimmermanns im Nachbardörfchen Kleinbobritzsch geboren. Bereits zwei Jahre später zog die Familie nach Frauenstein.

Das Schmuckstück des Museums ist die Kopie einer Silbermann-Orgel, die in Bremen steht und von der Orgelbaufirma Kristian Wegscheider für das Frauensteiner Museum gefertigt wurde. Seit 1994 finden mit und auf ihr regelmäßig Konzerte statt. Auch der ›normale‹ Besucher hat etwas davon: Eine mit dieser Meister-Orgel eingespielte CD ist nicht nur im Shop erhältlich, sondern untermalt trefflich den Rundgang. Aus der ganzen Welt zieht es Orgelexperten und -liebhaber hierher. Das Gästebuch belegt es eindrucksvoll.

Das Renommee Silbermanns ist ungebrochen. Seinen Bruder und Lehrmeister Andreas Silbermann, dessen Werkstatt sich in Straßburg befand, hatte er mit seinem Können und seinem ausgeprägten Geschäftssinn schnell überflügelt. 46 Orgeln des Meisters sind belegbar. 31 von ihnen existieren, freilich in unterschiedlichem Zustand, bis heute, die Mehrzahl davon in Sachsen, einige – und zu denen geht die Orgelreise weiter – in unmittelbarer Umgebung Frauensteins.

Auf Orgelsuche

Das erste Werk, das Silbermann nach seiner Rückkehr von seinem Bruder im Elsass schuf, war eine Orgel für seine Heimatstadt Frauenstein. Der Stadtbrand im Jahre 1869 vernichtete sie.

Gisela Müller empfiehlt auf jeden Fall zwei Orgeln. Gern schickt sie ihre Gäste ins nur 5 km entfernte **Nassau**. Die Silbermann-Orgel dort zählt zu den schönsten des Meisters, doch auch die kleine Orgel in **Helbigsdorf**, in einer ebenso kleinen wie zauberhaft restaurierten Dorfkirche, hat es ihr besonders angetan. Natürlich entlässt sie die Museumsbesucher nicht, ohne ihnen den anderen Teil des Museums zur Stadt- und Burggeschichte zu zeigen.

Nach den Erkundungen in Nassau und Helbigsdorf führt die Orgeltour Richtung Norden, wobei Abstecher nach **Dörnthal** und **Forchheim** oder über **Zöblitz** und **Großhartmannsdorf** je nach Zeitbudget durchaus lohnenswert sind. In allen Kirchen der genannten Orte stehen Werke aus Silbermanns Freiberger Werkstatt.

Domorgel als Königin

Und Freiberg sollte dann auch das Endziel einer Erzgebirgstour auf Silbermanns Spuren sein. Zwar steht in der Dresdner Hofkirche nicht nur das letzte

Werk Silbermanns, sondern mit 47 Registern auch das größte, in Freiberg jedoch, wo Silbermann 40 Jahre seine Werkstatt führte, trifft man gleich auf drei seiner meisterlichen Instrumente.

Die 1714 vollendete **Große Domorgel** mit ihren drei Manualen und 44 Registern halten manche Fachleute für die gelungenste und schönste Silbermann-Orgel. Dabei fällt ihre Entstehung in die Anfangsjahre der Schaffenszeit des Meisters in Freiberg. Als er 1710 den Auftrag zu diesem Werk erhielt, konnte er gerade mal auf eine kleine, die Frauensteiner Orgel, verweisen. Man nimmt daher an, dass ein Empfehlungsschreiben des Leipziger Thomaskantors Johann Kuhnau den Ausschlag für die Erteilung des Bauauftrages gegeben hat. Das Orgelgehäuse entwarf der damalige Domorganist Elias Lindner und die Schnitzereien des Orgelprospektes stammen vom Holzbildhauer Johann Adam Georgi. 4162 Taler kostete die Orgel. Für diese Zeit eine stattliche Summe.

Über die Jahrhunderte wurde die Orgel mehrmals repariert und leicht verändert. Damit hatte sich ihr ursprüngliches Klangbild deutlich verschoben. Erst die grundlegende Restaurierung des Instrumentes, die die Dresdner Orgelbaufirma Jehmlich zwischen 1981 und 1983 durchführte, konnte die Intonation wieder so korrigieren, dass der heutige Zuhörer wohl annähernd das Klangerlebnis hat wie Thomaskantor Johann Kuhnau und der Altenburger Hoforganist Gottfried Ernst Bestel, als sie die neu geschaffene Orgel im Jahre 1714 überprüften.

Weitere Freiberger Meisterwerke
Doch die Instrumente in der **Jakobikirche** und in der **Petrikirche** stehen ihr in optischer und klanglicher Hinsicht kaum nach. Zählt man die **Kleine Domorgel** dazu, die 1719 ursprünglich für die Johanniskirche erbaut wurde, sind es sogar vier Silbermann-Orgeln, mit denen man in Freiberg die Orgeltour krönen kann.

Klangabstimmungsarbeiten an der Großen Domorgel in Freiberg

nes-erzgebirge.de. Prospektversand und Veranstaltungsinfos nicht nur für Brand-Erbisdorf, sondern zur gesamten Region Silbernes Erzgebirge.

Osterzgebirge

Frauenstein ▶ L 3

Das Städtchen Frauenstein mit seinen Ortsteilen **Burkersdorf, Dittersbach, Nassau** und **Kleinbobritzsch** liegt, umgeben von sanften Hügeln und Tälern, in einem waldreichen, zum Wandern einladenden Gebiet. Hier treffen sich kleinstädtisches Flair und die Ruhe auf dem Lande. Herrliche Plätzchen in der Natur wie die **Talsperre Lichtenberg,** der 621 m hohe **Burgberg,** um den sich so manche Sage rankt, sowie das romantische Gimmlitztal sorgen ebenso für Abwechslung wie die Burgruine und das Gottfried Silbermann Museum im Schloss (s. u. und S. 104). Die dortige Orgel wird ebenso für Konzerte genutzt wie die Silbermann-Orgel in der Dorfkirche von Nassau, die 1748 vom Meister fertiggestellt wurde.

Das **Gimmlitztal** erhält seine besondere Note durch die Tatsache, dass sich dort einst **16 Mühlen** gedreht haben sollen, von denen einige bis heute erhalten geblieben und zu besichtigen sind. Außerdem bieten manche als Pensionen Übernachtungsmöglichkeiten. Ein **Kunstwanderweg** führt durch die Natur von Kunstwerk zu Kunstwerk.

Gottfried Silbermann Museum
Am Schloss 3, Tel. 037326 12 24, www.silbermann-museum.de, Mai–Okt. tgl. 9–17 , Nov.–April Mo–Fr 9–12, 13–16, Sa, So 10–12, 13–16 Uhr, 2 €
Das Museum befindet sich im Kreuzgewölbesaal des Schlosses, das in nur

drei Jahren, von 1585 bis 1588, erbaut wurde. Die Ausstellung zeichnet den Lebensweg Silbermanns nach, der von seinem dritten Lebensjahr an in Frauenstein gelebt hat und dort auch die Schule besuchte. Es wurde zum 300. Geburtstag des Orgelbaumeisters 1983 eröffnet (s. auch S. 104).

Burgruine Frauenstein
Am Schloss 3, Tel. 037326 12 24, Mai–Okt. tgl. 9–17 Uhr
Die Burgruine ist ohne Zweifel das Wahrzeichen der Stadt und zählt zu den größten Burgruinen Deutschlands. Die Burg wurde um 1200 erbaut und diente vornehmlich der Sicherung der Wege über das Gebirge. Noch gut erhalten ist unter anderem der Dicke Merten, ein trutziger Wohnturm aus dem 14. Jh.

Übernachten

Traditionell – **Hotel Goldener Stern:** Markt 21, Tel. 037326 12 21, www.goldener-stern-frauenstein.de, DZ ab 60 €. Behaglicher Gasthof, seit mehreren Generationen als Familienbetrieb geführt. Sehr zentrale Lage und damit idealer Ausgangspunkt für Wander- und Radtouren.
Tierisch – **Ferienhof Krönertmühle:** OT Burkersdorf, Frauensteiner Str. 2, Tel. 0172 346 09 97, DZ ab 32 €. Reiterhof mit vielen Tieren, ideal für Pferdefreunde und Familien. Historischer Vierseitenhof mit Wassermühle, relativ einfache Zimmer.

Essen & Trinken

Mutters Küche – **Gasthaus zum Krebs:** OT Burkersdorf, Tempel 6, Tel. 037326 848 48, www.gasthauskrebs.de, tgl. 11–14, ab 17 Uhr, Mo, Do geschlossen,

Hauptgericht 7–16 €. Hier steht der Chef noch selbst am Herd und kocht nicht nur mit Liebe, sondern auch mit Speck und Sahne.

Gutbürgerlich – **Hotel Goldener Löwe:** Am Markt 10, Tel. 037326 859 75, www.goldener-loewe-frauenstein.de, tgl. 11–14, 17–22 Uhr, Hauptgericht 7–15 €, DZ ab 50 €. Erzgebirgische Gastfreundlichkeit mit regionalen Speisen. Zu beachten: In Frauenstein wechseln sich die ortsansässigen Gaststätten mit ihren Ruhetagen ab.

Infos

Fremdenverkehrsamt: Markt 28, 09623 Frauenstein, Tel. 037326 93 35, www.frauenstein-erzgebirge.de. Prospektversand sowie Auskünfte zu Wanderrouten, Kutschfahrten, Konzertterminen usw.

Dippoldiswalde ▶ M 2

Nicht nur Einheimische nennen die Stadt südlich von Dresden liebevoll ›Dipps‹. Einem gewissen Dippold, der als Einsiedler hier vor rund 1000 Jahren gelebt haben soll, verdankt sie ihren Namen. Direkt an der B 170 nach Tschechien gelegen, war Dippoldiswalde lange Zeit Kreisstadt des Weißeritzkreises. Durch die Eingemeindung von zehn Ortsteilen kann sie auf reichlich 10 000 Einwohner verweisen. Seit auch die kleinen Dörfer **Paulsdorf** und **Malter** zur Stadt gehören, besitzt sie mit der **Talsperre Malter** ihr eigenes Naherholungsgebiet.

Zu den Sehenswürdigkeiten der Stadt zählen der **historische Stadtkern** mit Markt und Rathaus und das **Schloss** mit Amtsgericht und Osterzgebirgsgalerie, in der auch Werke bekannter Künstler zu sehen sind.

Lohgerber-, Stadt- und Kreismuseum

Freiberger Str. 18, Tel. 03504 61 24 18, www.lohgerbermuseum.de, Di–Fr 10–17, Sa, So, Fei 13–17 Uhr, Erw. 2,20 €, Kinder 1,50 €

Das Museum hat seinen Platz in einer alten Lohgerberei gefunden, die um 1750 erbaut wurde. Zum gesamten Gebäudekomplex gehören das barocke Wohnhaus einer Gerberfamilie sowie die auf drei Geschosse aufgeteilte Lohgerberwerkstatt. Viele interessante Exponate dokumentieren die geschichtliche Entwicklung von Dippoldiswalde und dem Osterzgebirge.

Osterzgebirgsgalerie

Kirchplatz 8, Tel. 03504 61 24 18, www.lohgerbermuseum.de, Mi 10–16, Do–So, Fei 13–17 Uhr

Die Kunstsammlung präsentiert Werke u. a. von Kurt Querner, Hermann Glöckner und Erich Gerlach. Neben Bildern renommierter Maler sind auch Werke regionaler Künstler zu sehen. Die Ausstellung befindet sich in den ältesten Räumen des Schlosses, die vermutlich aus dem 12. oder 13. Jh. stammen.

Weißeritztalbahn ▶ L/M 1/2

Eine besondere Attraktion der Region ist die Weißeritztalbahn, die seit 2008 wieder durchs malerische Tal der Roten Weißeritz nach Dippoldiswalde zuckelt. In den nächsten Jahren wird der letzte Teil der Strecke bis zum Kurort Kipsdorf wieder in Betrieb genommen (s. »Mein Tipp« rechts).

Übernachten

Seeblick – **Landhotel Paulsdorf:** OT Paulsdorf, Talsperrenstr. 31, 03504 61 30 63, www.landhotel-paulsdorf.de, DZ ab 58 €. Helle, freundliche Zimmer, teils mit Balkon und Talsperrenblick.

Im Grünen – **Hotel am Heidepark:** Am Heidepark 11, Tel. 03504 625 51 01, www.hotel-am-heidepark.de, DZ ab 50 €. Modernes Hotel, komplett behindertengerecht und barrierefrei. Land- und Caféhausatmosphäre.

Essen & Trinken

Moderne Küche – **Restaurant Dippold-Klause:** Am Heidepark 11, Tel. 03504 625 51 01, www.hotel-am-heidepark. de, Mo, Di, Do 11–14, 17.30–21, Fr 11–14, 17.30–23, Sa 11–23, So 11–21 Uhr, Hauptgericht 6–12 €. Abwechslungsreiche, moderne regionale und saisonale Küche. Gut sortierte Vinothek.

Kreatives – **Schindler's Restaurant Strandperle:** OT Seifersdorf, Am Stausee 9, Tel. 03504 61 43 29, www.erzgebirge-touristik.de/strandperle, Mo, Di, Fr, Sa, So 12–22.30, Mi 12–17 Uhr, Hauptgericht 5–18 €. Gutbürgerliches bis hin zur kreativen, jungen Küche. auf Voranmeldung Kochen mit dem Chef – gemütliche Abende mit Matthias Schindler.

Aktiv & Kreativ

Wassersport – **Talsperre Malter:** Am Bad 1, Tel. 03504 61 33 85, www.erlebnis-talsperre.de. Rund um die Talsperre Malter erwartet die Gäste ein breit gefächertes Angebot. Das reicht von den zwei Freibädern übers Erlebnisbad mit Saunalandschaft, Massagen, Aquafitness und Bistro bis hin zum Bootsverleih und Rundwanderwegen. Weitere Informationen erhält man unter der Servicenummer Tel. 0800 825 77 37 73.

Wandern – Sehr beliebt ist das gut ausgeschilderte Wanderwegenetz durch die **Dippoldiswalder Heide** und rund um die Talsperre Malter. Vom 1885 errichteten König-Johann-Turm hat man

Mein Tipp

Dampfend durchs Gebirge
▶ L/M 1/2
Nach jahrelangen Aufräumungs- und Bauarbeiten konnte die während des Jahrhunderthochwassers 2002 völlig zerstörte **Weißeritztalbahn** von Freital-Hainsberg nach Dippoldiswalde 2008 wieder den Betrieb aufnehmen. Die mit historischen Dampfloks befahrene Strecke gehört zu den schönsten ›Bimmelbahnen‹ Deutschlands. Infos gibt es bei der IG Weißeritztalbahn e. V., Dresdner Str. 280, 01705 Kipsdorf, Tel. 0351 641 27 01, www.weisseritztalbahn.de.

einen tollen Panoramablick auf die Stadt und das Osterzgebirge.

Infos

Tourismusgemeinschaft e. V.: Markt 2, 01744 Dippoldiswalde, Tel. 03504 61 48 77, www.silbernes-erzgebirge.de, Mo–Mi 8–16, Do 8–18, Fr 8–13 Uhr. Servicebüro der Tourismusgemeinschaft Silbernes Erzgebirge.

Glashütte ▶ M 2

Wer Glashütte hört, denkt, zumindest so er in der DDR aufgewachsen ist, sofort an Uhren. War eine Uhr aus Glashütte doch für viele junge Leute die erste richtige, oft automatische, die dann zur Jugendweihe oder zur Konfirmation auf dem Geschenketisch ganz oben lag. Mit Preisen ab 100 Mark der DDR aufwärts auch zu damaligen Zeiten kein Schnäppchen. Heute jedoch ist es eine ganz andere Liga, in der die kleinen Manufakturbetriebe der Uhrmacherstadt spielen. Nicht nur beim Traditionsunternehmen Lange & Söhne muss man einige Tausender auf den Tisch legen, um eines der Schmuckstücke fürs Handgelenk mit nach Hause nehmen zu können.

Zum Zentrum deutscher Uhrenindustrie wurde die kleine Stadt erst im 19. Jh. Im 14. und 15. Jh. dominierte die im Erzgebirge weit verbreitete Glasherstellung die Industrie des Ortes.

Deutsches Uhrenmuseum Glashütte

Schillerstr. 3 a, Tel. 035053 462 83, www.uhrenmuseum-glashütte.com, tgl. 10–17 Uhr, Erw. 6 €, Kinder 4 €
Unter dem Motto »Faszination Zeit – Zeit erleben« präsentiert das Museum nicht nur die 160-jährige Tradition des mechanischen Uhrenbaus in der Region, sondern versucht dem Besucher auch einen emotionalen Zugang zum Phänomen Zeit zu ermöglichen – nebenbei sicher auch zum Phänomen Uhren für 30 000 € und mehr. Glashütter Taschen- und Armbanduhren aus verschiedenen Epochen sowie Historisches rund um die Produktion sorgen für eine spannende Zeitreise in die Welt der Chronometer.

Deutsches Pilzkunde-Kabinett

OT Reinhardtsgrimma, Kulturzentrum Erbgericht, Hauptstr. 44, Tel. 035053 488 68, www.pilzmuseum-erbgericht. org, April–Nov. Sa, So 10–17 Uhr, Erw. 2,50 €, Kinder 1,50 €
Im Pilzmuseum, der jüngsten ständigen Ausstellung der Stadt, wartet ein abwechslungsreicher Ausflug in die Welt der Mykologie. 3500 naturgetreue Pilzmodelle stellen über 700 Pilzarten vor. Je nach Jahreszeit ergänzen frische Pilze aus den heimischen Wäldern die Präsentation.

Bäckerei und Getreidemühle Bärenhecke

OT Bärenhecke, Mühlenstr. 1, Tel. 035053 413 34, www.baeckerei-baerenhecke.de, Führungen tgl. nach Vereinbarung
Die historische Mühle ist kombiniert mit einer Bäckerei und als solche einzigartig in Deutschland. Das technische Denkmal verrichtet noch heute seine Arbeit. In Führungen kann die historische Mühlentechnik besichtigt werden. In ihr wird hochwertiges Mehl hergestellt – die Voraussetzung für die genussvollen Backwaren, die gleich nebenan die Öfen verlassen.

Barockschloss Reinhardtsgrimma

Keine festen Öffnungszeiten, Eintritt frei
Das ländliche Barockschloss (1765–1767) wurde zwei Jahre nach Ende des Siebenjährigen Krieges anstelle des ursprünglich hier befindlichen Wasserschlosses Haus Reinertsgrym errichtet. Heute beherbergt das unter Denkmalschutz stehende Barockschloss eine Fortbildungsstätte für Bedienstete der Agrarverwaltung des Freistaates Sachsen. Sowohl das Schloss, als auch der Park im englischen Stil sowie das klassizistische Badehaus sind sehenswert.

Übernachten

Familiär – **Hotel Zum Silberstollen:** Dresdner Str. 14, Tel. 035053 423 31, www.silberstollen.de, DZ ab 70 €. Kleines, familiär geführtes Haus im Herzen von Glashütte mit gemütlicher Gaststätte.

In vierter Generation – **Landgasthof Börnchen:** OT Börnchen, Obere Dorfstr. 32, Tel. 035054 257 02, www.landgasthof-boernchen.de, DZ ab 50 €. Nicht nur ein angenehmer Ort zum Übernachten, sondern gleichzeitig das

›Veranstaltungszentrum‹ des Ortsteils Börnchen.

Essen & Trinken

Sächsische Art – **Waldgasthof Hirsch-bachmühle:** OT Hirschbach, Tel. 035206 25 10, www.hirschbachmuehle.de, Di–So ab 11 Uhr, Hauptgericht 7–14 €. Bereits vor 200 Jahren ließen sich Gäste hier verwöhnen. Dazu gehörten u. a. Robert und Clara Schumann.

Im Gewölbe – **Gasthof Zum Rotstein:** OT Niederfrauendorf, Zum Rotstein 2, Tel. 03504 61 08 40, www.zum-rotstein.de, Do, Fr ab 18 Uhr, Sa, So auf Bestellung, Hauptgericht 6,50–12 €. Neben dem urigen Gastraum im Gewölbekeller finden in der großen Halle Sonderveranstaltungen wie z. B. Oldtimer- oder Tierausstellungen statt.

Aktiv & Kreativ

Pferdekutschfahrten – **Sebastian Otte:** OT Dittersdorf, Mittlere Hauptstr. 82, Tel. 03053 422 75. Nach Absprache entführt der Fuhrmann seine Gäste in die traumhafte Umgebung von Glashütte.

Infos

Stadtverwaltung Glashütte: 01768 Glashütte, Hauptstr. 42, Tel. 035053 420 50.

Geising ▶ N 3

Die Bergstadt Geising umfasst heute auch die Ortsteile **Fürstenau, Fürstenwalde, Lauenstein, Liebenau** und **Löwenhain.** Und genau diese Orte waren

Gäste-Curling ▶ N 3
Durch die ausführlichen Fernsehübertragungen bei den Olympischen Spielen findet Curling immer mehr Interessenten. Im **Gründelstadion in Geising** wird Curling für alle angeboten. Besuchergruppen oder Familien, die sich einmal daran versuchen wollen, können Bahnen auf dem Eis mieten und bekommen natürlich auch eine erste Einweisung. Nähere Information bei David Salomon, Tel. 035056 351 42.

es, die im 13. Jh. Teil der ersten bäuerlichen Besiedlung waren. Eher als im restlichen Erzgebirge zogen die Bauern hier bis in die Kammlagen.

Geising selbst verdankt seine Entstehung dem Bergbau. Ende des 14. Jh. wurden Eisenerz und Silber gefunden. Dazu kamen die reichen Zinnvorkommen im benachbarten Altenberg und Zinnwald. In Geising und Lauenstein wurden Hammerwerke errichtet.

1857 kam es zum Zusammenschluss der Orte Altgeising (Stadtrecht 1453) und Neugeising (1462). Mit der Eröffnung der **Müglitztalbahn** 1890 wurde der Tourismus langsam zu einem wichtigen Wirtschaftsfaktor in der Region.

Osterzgebirgsmuseum Schloss Lauenstein
OT Lauenstein, Tel. 035054 254 02, www.schloss-lauenstein.de, Di–So, Fei 10–16.30 Uhr, Nov.–März sind Burgruine, Kräutergarten und Gefängnis nicht zugänglich, Erw. 3 €, Kinder 2 €
Schloss Lauenstein thront hoch über dem malerischen Tal der Müglitz. Die ursprüngliche Burg, deren Ruine zu besichtigen ist, wurde um 1200 als Grenzburg errichtet. Das einst dreiflügelige Schloss wurde im Stil der Renaissance erbaut. Der Nordflügel fiel bereits im 19. Jh. dem Zahn der Zeit zum Opfer. Den Rest des Hauptschlosses restaurierte man in den letzten 30 Jahren umfassend.

Als Osterzgebirgsmuseum zeigt es verschiedene Ausstellungen zur Geschichte des Schlosses und der Region sowie zu Fauna und Flora des Osterzgebirges. Berichtet wird zum Beispiel über Leben und Werk von George Bähr. Der berühmte Baumeister der Dresdner Frauenkirche wurde 1666 in Fürstenwalde unweit von Lauenstein geboren. Eine andere Ausstellung ist den sächsischen Postdistanzsäulen vorbehalten.

Bauernmuseum
OT Liebenau, Tel. 035054 256 19, Mai–Okt Fr–So 10–16 Uhr, Erw. 2 €, Kinder 1 €
Zu den interessanten Plätzen gehört das Bauernmuseum in einem historischen Vierseitenhof mit einer umfangreichen Sammlung an Technik aus früherer Zeit. Für Liebhaber historischer Landtechnik ist das Haus durchaus ein Geheimtipp.

Übernachten

Aussichtsreich – **Berghotel Schellhas:** Altenberger Str. 14, Tel. 035056 346-0, www.berghotel-schellhas.de, DZ ab 60 €. Die Vollkomfortzimmer des familiär geführten Hotels sind mit viel Liebe zum Detail eingerichtet. Wellness- und Fitnessbereiche mit Sauna komplettieren das ruhige Haus ebenso wie Fahrrad- und Schlittenverleih.
Historisch – **Ratskeller Geising:** Hauptstr. 31, Tel. 035056 380-0, www.ratskeller-geising.de, DZ ab 50 €. Modernes Wohnen in alten Mauern. Das altehrwürdige Haus stammt aus dem 16. Jh. Trotzdem ist WLAN an Bord.

Essen & Trinken

Im Grünen – **Waldhotel am Aschergraben:** Teplitzer Str. 36, 035056 234 00, www.waldhotel-aschergraben.de, tgl. 11–21 Uhr, Hauptgerichte 7,50–18 €. Gepflegtes Restaurant mit frischer regionaler Küche. Tipp: Bison.
Mit Ausblick – **Bergbaude Geisingberg:** Auf dem Geising, Tel. 035056 355 55, www.geisingberg.de, Fr–Di 10–18, während der Sommerferien tgl. 10–18 Uhr, Hauptgericht 5–8 €. Bereits seit 130 Jahren wird der Berg bewirtschaftet. Ganzjährig kann man sich bei sächsischer Hausmannskost stärken.

Aktiv & Kreativ

Schlittschuhlaufen – **Eishalle Gründel-stadion:** Lange Str. 32, Tel. 03056 351 42, www.geising.de, Okt.–März Eislaufzeiten Mi–Fr 14–18.30, Sa und Ferien 9–18.30, So 11.30–18.30 Uhr. Ein Anziehungspunkt für Jung und Alt, optimale Bedingungen für Schlittschuhfahrer, Eishockey oder auch Eisdisco.

Skifahren – **Skilift Geising:** Am Lifthang, Tel. 035056 323 64, www.skiliftegeising.de. Gute Alternative zu Altenberg/Zinnwald. Zwei Schlepplifte und ein Babylift. Schneekanonen für künstliche Beschneiung. Außerdem existiert eine Flutlichtanlage, sodass Abfahrten bis 22 Uhr möglich sind.

Infos

Touristinformation/Bürgerbüro: Hauptstraße 25, 01778 Geising, Tel. 035056 389 12, www.geising.de, Mo 9–12, Di 9–12, 15–16, Do 9–12, 14–18, Fr 9–11.30 Uhr.

Altenberg ▶ M 3

Um 1440 entdeckten Bergleute beim Auswaschen von Flusssand die Zinnlagerstätten in Altenberg. Die Lagerstätte am Alten Berg gilt als größte Mitteleuropas. 1991 wurde der Zinnerzbergbau, der die Grundlage für die Entstehung von **Altenberg** und **Zinnwald** bildete, eingestellt, doch gestiegene Rohstoffpreise lassen immer wieder Überlegungen aufkommen, ob der Abbau nicht eines Tages wieder wirtschaftlich möglich sein könnte.

Mit dem Anschluss ans Eisenbahnnetz 1920 kamen immer mehr Touristen in die Region. Auf der Grundlage des bestehenden Tourismus hat sich die Stadt nach 1991 neu profiliert und setzt verstärkt auf die Karte des Fremdenverkehrs. Im Winter haben sich Altenberg und Zinnwald neben Oberwiesenthal als zweite Top-Region für Schneefans im Erzgebirge einen festen Platz erobert. Außerdem ist die Stadt durch ihre hochmoderne Bob- und Rodelbahn zu einem Mekka für schnelle Piloten geworden.

Ein weiteres Standbein ist das Kurwesen. Seit 2004 trägt Altenberg das Prädikat »Kneipp-Kurort«. Als Ortsteile gehören die Kurorte **Bärenfels, Kipsdorf** und **Oberbärenburg** sowie **Zinnwald-Georgenfeld** zur Stadt. In den schneefreien Monaten zieht es Wanderfreunde hinauf ins Gebirge. Gut ausgeschilderte Wege bieten viele Möglichkeiten, den Erzgebirgskamm zu erkunden. Dabei sollte man auf jeden Fall das **Georgenfelder Hochmoor** in die Wanderplanung einbeziehen.

Mein Tipp

Grenzüberschreitender Bergbaulehrpfad ▶ M 3

In Altenberg startet ein grenzüberschreitender Bergbauwanderweg. Er lädt auf rund 40 km (individuelle Abkürzungen sind möglich) auf dem Erzgebirgskamm über Geising, Zinnwald, Krupka und Cinovec zu einer Reise in die Vergangenheit ein und passiert Zeitzeugen des historischen Bergbaus. Außerdem trifft er auf das ›Mückentürmchen‹, einen Aussichtsturm bei Krupka, von dem sich, entsprechendes Wetter vorausgesetzt, ein überwältigender Blick aufs Osterzgebirge und hinunter in das Böhmische Becken eröffnet. Infos: www.bergbaumuseumaltenberg.de.

Bergbaumuseum Altenberg

Mühlenstraße 2, Tel. 035056 317 03, www.bergbaumuseum-altenberg.de, Mo–Do, Sa, So und Ferientage 10–16, Pingenführungen Mai–Okt. Mi 13.30 Uhr, Treffpunkt Bahnhofsvorplatz Altenberg, Erw. 6 €, Kinder 2,50 €

Das Bergbaumuseum umfasst drei Teile: die historische Zinnwäsche, den Schaustollen und die Pinge. Die Pochwäsche im Museumsgebäude aus dem Jahre 1577 ist das letzte noch erhaltene Teilstück der früheren Aufbereitungsanlage des Zinnerzes. Der gesamte Aufarbeitungsprozess kann im Museum an historischen Anlagen demonstriert werden.

Bei der Führung im Schaustollen geht es unter Tage. Im 1802 aufgefahrenen Neubeschert-Glück-Stollen wurden Arbeitsorte originalgetreu nachgestaltet und daran die Förderung des Zinnerzes und die Entwicklung der Bergbautechnik in den letzten 500 Jahren begreifbar gemacht. Komplettieren sollte man den Museumsbesuch mit einer geführten Wanderung zur Pinge, einem beeindruckenden Beispiel dafür, welch verheerende Folgen der Altbergbau haben kann.

Museum Huthaus Zinnwald

OT Zinnwald, Am Huthaus 1, Tel. 035056 316 30, www.bergbau museum-altenberg.de, Di 13–17 Uhr, Erw. 2,50 €, Kinder 2 €

Im 1756 errichteten Gebäude war ursprünglich eine Schmiede untergebracht. 1853 übernahm die Gewerkschaft Vereinigt Zwitterfeld zu Zinnwald das Haus und baute es zu einem typisch sächsischen Huthaus um. In den sogenannten Huthäusern trafen sich die Bergleute vor und nach der Schicht. Hier waren das Gezäh, das bergmännische Werkzeug, sowie die notwendigen Materialien untergebracht. Heute ist im Erdgeschoss wieder eine originalgetreu rekonstruierte Bergschmiede eingerichtet.

Besucherbergwerk Vereinigt Zwitterfeld zu Zinnwald

OT Zinnwald-Georgenfeld, Goetheweg 8, Tel. 035056 313 44, www. besucherbergwerk-zinnwald.de, Di–So 10–15 Uhr, Erw. 7 €, Kinder 4 €

Die Führungsdauer durch den Tiefen-Bünau-Stollen beträgt 1,5 Stunden, Schutzkleidung und Geleucht für die Reise unter Tage werden gestellt. Wer

Reste ursprünglicher Natur – das Georgenfelder Hochmoor

will, kann im Voraus einen untertägigen Bergmannschmaus bestellen (für Gruppen).

Likörfabrik Altenberg
Rathausstr. 27, Tel. 035056 323 05, www.altenberger-kraeuterlikoer.de, Führungen Do 16 und 17 Uhr, nicht an Feiertagen, Eintritt 6 €
Im Rahmen einer Betriebsbesichtigung erfahren die Besucher viel über die Kräuter, die den Schnäpsen ihre besondere Note verleihen, und über die Geschichte des traditionsreichen Unternehmens, das sich bereits seit 1842 mit Hochprozentigem beschäftigt. Zum Abschluss wartet natürlich eine Verkostung von Produkten aus dem Hause Altenberger. Wer möchte, kann sie danach auch kaufen.

Übernachten

Ganz oben – **Hotel Lugsteinhof:** OT Zinnwald-Georgenfeld, Neugeorgenfeld 36, Tel. 035056 36 50, DZ ab 70 €. Großes Urlauberhotel direkt auf dem Erzgebirgskamm in 900 m Höhe. Sauna, Schwimmhalle, Solarien, Fahrrad- und Skiausleihe. Regelmäßige Veranstaltungen im Haus.
Urig – **Hotel und Restaurant Felsenburg:** OT Kurort Bärenfels, Böhmische Str. 20, Tel. 035052 204 50, www.hotel-felsenburg.de, DZ ab 55 €. Gemütliches Traditionshaus. Zimmer teils mit Balkon und herrlichem Ausblick. Biker-Garage, Tagungsräume.

Essen & Trinken

Zentral – **Restaurant und Pension Bergglöckl:** Dresdner Str. 21, Tel. 035056 353 02, www.berggloeckl.de, Do–Mo 11–20 Uhr, Hauptgericht 6,70–13,90 €. Gutes, sehr breit gefächertes

Speisenangebot. Günstige Lage direkt in der Stadt.
Rustikal – **Waldschänke Altes Raupennest:** Raupennestweg 5, Tel. 035056 323 03, www.altes-raupennest.de, Mi–So 10–17.30 Uhr, Hauptgericht 6–10 €. Hier wird gekocht wie bei Muttern – und typisch sächsisch noch dazu.

Infos

Tourist-Info-Büro: Am Bahnhof 1, 01773 Altenberg, Tel. 035056 239 93, www.altenberg.de, Mo–Fr 9–17, Sa, So, Fei 9.30–14.30, bei Wintersportsonderzügen Sa, So 9–17 Uhr.

Olbernhau und das ›Spielzeugland‹

Das ›Spielzeugland‹ des Erzgebirges rund um die Orte Olbernhau, Seiffen und Neuhausen ist reich an besuchenswerten Zielen. Eher als anderswo haben die Menschen hier zum Schnitzmesser gegriffen oder sich Drechselbänke gebaut, um schneller und mit geringerem Aufwand »auf die Anforderungen des Marktes« reagieren zu können. Spielwaren aus Olbernhau waren schnell bekannt geworden in deutschen Landen. Besonders die kleinen Tiere, die geschickte Hände mit viel Fantasie beim Reifendrehen entstehen lassen, gingen zu Millionen hinaus in die Welt. Neben den Spielwaren sind es auch die typischen Produkte der Erzgebirgischen Volkskunst, die die Schaufenster und Auslagen der Fachgeschäfte und kleinen Handwerksbetriebe schmücken. Nicht nur Käthe Wohlfahrt, die als eine der Ersten das Erzgebirgische Weihnachtsland hinaus in die Welt trug, sorgte und sorgt für die Verbreitung von Nussknacker, Räuchermann und Co. In fast allen Ländern der Welt trifft man auf die bärtigen Gesellen aus dem Erzgebirge, und es sind beileibe nicht nur Auswanderer, die mit der Pyramide auf dem Tisch oder dem Bergmann auf dem Fensterbrett gegen ihr Heimweh ankämpfen.

Die Landschaft des ›Spielzeuglandes‹ ist ein Eldorado für Wanderfreunde und Menschen, die in ihrem Urlaub Ruhe und Entspannung suchen. Sie wird geprägt von sanften Tälern und Bergen, die sich nicht über die 1000-m-Marke schieben.

Olbernhau ► K 4

Bekannt als ›Stadt der sieben Täler‹, präsentiert sich Olbernhau heute als Tor zum ›Spielzeugland‹. Die meisten Gäste, die in Richtung Seiffen unterwegs sind, kommen hier durch. Immer mehr gönnen der Stadt im Tal der Flöha ein oder zwei Tage ihrer Reisezeit. Schon frühzeitig geprägt durch Industrie (s. Saigerhütte), darf sich Olbernhau seit 1902 Stadt nennen.

Im eigentlichen Zentrum erinnern fast nur die **Stadtkirche** von 1590 und das alte Rittergut an vergangene Zeiten. Im **Rittergut** befinden sich u. a. die Spielstätte des Theater Variabel e. V. (www.theater-variabel.de), auf der engagierte Amateure Neuinszenierungen zeigen, sowie die Bibliothek.

Sehenswert ist außerdem der **Olbernhauer Tivoli** (www.tivoli-olbernhau.de), ein Jugendstilgebäude, das nach einer kompletten Restaurierung wieder im Glanz der vorvorigen Jahrhundertwende erstrahlt. Im »Ballsaal« mit seinen 500 Plätzen und der kleineren »Diele« finden Veranstaltungen und auch Tanzkurse statt. Zudem befinden sich im Haus ein Restaurant (Moritz) mit Sommerterrasse und eine kubanische Bar (Lobby).

Begrüßt wird der Gast durch die drei wichtigsten ›Einwohner‹ der Stadt. Das sind die **Pfefferkuchenfrau**, das **Olbernhauer Reiterlein** und der als schmucker Husar verkleidete **Nussknacker**. Überlebensgroß stehen sie auf dem Markt.

Museum Olbernhau

Markt 7, Tel. 037360 721 80, www.museum-olbernhau.de, Di–Fr 10.30–15.30, Sa, So, Fei 12–16.30 Uhr, Erw. 3 €, Kinder 2 €

Das Museum befindet sich in einem Gebäudeteil des Rittergutes. Nach 2002 wurde es saniert, erweitert und man setzte ein modernes Ausstellungskonzept um. Breiten Raum nimmt die Entwicklung des Holz und Metall verarbeitenden Gewerbes ein. Dazu gehört auch eine im 18. Jh. gegründete Waffenmanufaktur, die unter anderem die sächsische Armee belieferte. Besondere Anziehungspunkte für Touristen sind die Ausstellung erzgebirgischer Schnitzkunst und die mechanischen Heimatberge im obersten Stockwerk.

Haus der Begegnung

OT Rothenthal, Talstr. 47, Tel. 037360 200 51, www.olbernhau.de, Mo–Fr 14.30–21.30, Sa, So, Fei 14.30–20 Uhr

Das 1994 eröffnete Haus im malerischen Natzschungtal bietet ein vielfältiges Kultur- und Freizeitangebot. Dazu gehören eine kleine Cafeteria, ein Leseraum, ein Vereinszimmer, ein Theatersaal und ein Billardzimmer. Der Mittelpunkt des Hauses ist die Erzgebirgsstube mit der Dauerausstellung »Erzgebirgische Volkskunst« vorbehalten. An den Adventswochenenden laden Schnitzer und Klöpplerinnen zu Schauvorführungen ein.

Museum Saigerhütte

OT Grünthal , In der Hütte, Tel. 037360 733 67, www.saigerhütte-olbernhau.de, Di–So 9.30–16.30 Uhr,

Kombiticket mit Kupferhammer (s. u.) Erw. 4 €, Kinder 2 €

Das Museum Saigerhütte ist ein Teil des gleichnamigen Museumsareals im Ortsteil Grünthal. Einst bildeten die heute noch erhaltenen 22 Gebäude eine in sich geschlossene Industriegemeinde. Die Geschichte dieser Ansiedlung reicht zurück bis ins 16. Jh. und ermöglicht Einblicke in die Technik sowie in die sozialen Strukturen eines metallurgischen Betriebes in vergangener Zeit. Neben dem Museum gibt es u. a. den historischen Kupferhammer, eine Hüttenschule, eine Spinnstube, einen Hüttenladen und eine Schauwerkstatt zu erkunden. In der zentralen Ausstellung des Museums wird anhand von Dokumenten und Modellen die Geschichte des Hammers und des Saigerverfahrens anschaulich dargestellt.

Kupferhammer Grünthal

OT Grünthal, In der Hütte, Di–So 9.30–11.30 , 13–16 Uhr, Führungen 9.30, 10.30, 11.30, 13, 14, 15 und 16 Uhr, Erw. 3 €, Kinder 1,50 €, Kombiticket mit Saigerhütte (s. o.), Erw. 4 €, Kinder 2 €

Der Kupferhammer ist das Prunkstück der Saigerhütte. Gegründet und erbaut wurde die Saigerhütte 1537 zur Gewinnung des Silbers aus silberhaltigem Schwarzkupfer. Ursprünglich gehörten vier Hammerwerke zur Hütte, von denen das eine bis heute bestens erhalten geblieben ist. Berühmt wurde der Kupferhammer durch die hohe Qualität seines Dachkupfers. Unter anderem wurden damit die Dresdner Frauenkirche, der Stephansdom in Wien und das Ulmer Münster gedeckt.

Übernachten

Komfortabel – **Hotel Saigerhütte:** OT Grünthal, In der Hütte, Tel. 037360 787-0, www.saigerhütte.de, DZ ab 70 €. Im Rahmen der Restaurierung der Saigerhütte Mitte der 1990er-Jahre entstand in historischen Mauern dieses komfortable Hotel. Dazu gehören die Hüttenschänke (s. u.) mit urigem Restaurant sowie das Haus des Anrichters.

Familienfreundlich – **Hotel Zum Poppschen Gut:** Zum Poppschen Gut 5, Tel. 037360 200 56, www.hotel-poppsches gut.de, DZ ab 60 €. Modernes Hotel, hell und freundlich. Am Südhang mit herrlichem Blick auf die Stadt; ca. 20 Fuß-Minuten ins Stadtzentrum.

Essen & Trinken

Denkmalgeschützt – **Restaurant Hüttenschänke:** OT Grünthal, In der Hütte, Tel. 037360 78 70, www.saigerhütte.de, tgl. 11–24 Uhr, Hauptgericht 8–14 €. Im einzigartigen Denkmalkomplex der Saigerhütte werden Erzgebirgs- und Hausspezialitäten serviert.

Fürs Wochenende – **Das Wirtshaus:** Grünthaler Str. 39, Tel. 037360 583 21, www.daswirtshaus.de, Sa, So 11–14, ab 17, Fr ab 17 Uhr, Mo–Do nach Absprache, Hauptgericht 7–12 €. Gasthaus mit erzgebirgischem Flair und bodenstän-

Mein Tipp

Glücksschmied ▶ K 4

Im Kupferhammer Grünthal kann man ›seines eigenen Glückes Schmied‹ sein. Das Schmieden des persönlichen Glückssymbols wird durch eine Urkunde für die Nachwelt festgehalten. Das Schmieden in der Olbernhauer Glücksschmiede ist nur nach Absprache möglich: Tel. 037360 73 33 67.

Geschichte wird lebendig – Freilichtmuseum in Seiffen

▶ L 4

Es ist eine Welt von gestern. Ein Platz, wo Hektik keine Chance hat. 14 geschichtsträchtige Häuschen und Höfe aus dem Erzgebirgsraum haben im Freilichtmuseum in Seiffen ihr (teils) neues Zuhause gefunden. Geschichte wird lebendig. Besonders dann, wenn im einzigen original erhaltenen Seiffener Wasserkraftdrehwerk ein Drechslermeister fast wie ein Magier Tiergestalten in einen Holzreifen zaubert. Kinderaugen strahlen und die großen Besucher sind zumeist überrascht, wenn der Reifen gespalten wird und die Silhouette des jeweiligen Tieres zum Vorschein kommt. Auch in den anderen historischen Werkstätten des Museumskomplexes gibt es immer wieder neue Details zu entdecken (s. auch S. 121).

diger Küche. Regelmäßige Sonderaktionen. Manches geht nur nach vorheriger Absprache und auf Bestellung.

Aktiv & Kreativ

Handgedrehtes – **Drechslerei Heiner Stephani:** Grünthaler Str. 154a, Tel. 037360 202 84, www.drechslerei-ste phani.de. Heiner Stephani gibt interessierten Gästen die Möglichkeit, sich in einem Kurs etwas vom Meister abzuschauen und die eigenen Fertigkeiten im Drechseln zu verbessern.

Richtig toben – **Stockhausen – das lebendige Spielzeugland:** OT Grünthal, In der Hütte 8, Tel. 037360 799 50, www. stockhausen-spielzeugland.de, Do–Di 10–18 Uhr, Mi Ruhetag außeran Feiertagen und in den sächsischen Schulferien, Erw. 5,95 €, Kinder 5,15 €. Auf drei Etagen und insgesamt 1100 m² Spielfläche können sich die kleinen Besucher richtig austoben. Die 10 m hohe Kletterburg und die begehbare Würfelwelt sind nur zwei der Spielbereiche, wo nicht nur Aktivität, sondern auch Kreativität gefragt ist. Eine Bastelwerkstatt lädt kleine und große Künstler ein. Wenn die Großen ihre Ruhe haben wollen, können sie sich auf den Elternspielplatz zurückziehen.

Infos & Termine

Infos

Tourist-Service Olbernhau: Grünthaler Str. 28, 09526 Olbernhau, Tel. 037360 151 35, www.olbernhau.de, Mo–Mi, Fr 9–17, Do 9–18, Mai–Okt. Sa 9–12 Uhr. Hier gibt es auch die ErzgebirgsCard. Der Zugang ist behindertengerecht. Mit dem Tourist-Service kann man u. a. auf den Spuren von Bergmännern und Spielzeugmachern wandern. Das Gepäck transportiert der Veranstalter.

Termine

Volkswandertag Rund um Olbernhau: Im Okt. zieht es noch mehr Wanderer in die Stadt der sieben Täler. Der Volkswandertag hat einen guten Namen in der Wanderszene und bietet abwechslungsreiche Wanderrouten für jeden Geschmack.

Nostalgischer Weihnachtsmarkt in der Saigerhütte: Weihnachtsmärkte gibt es viele. Der nostalgische am ersten Adventswochenende in der Saigerhütte bezieht sein besonderes Flair aus dem historischen Ambiente.

Kurort Seiffen ❗ ▶ L 4

»Dort, wo sich handwerkliches Geschick und meisterhaftes Können in formvollendeter Perfektion begegnen, wo jahrhundertealte Traditionen und zeitgemäßer Fortschritt in scheinbar harmonischer Selbstverständlichkeit an die schönsten Augenblicke fast vergessener Kindertage erinnern, befindet sich Seiffen …« So schwärmt eine Imagebroschüre des weit über die Grenzen Deutschlands bekannten Spielzeugdorfes. Nun ist das mit Imagebroschüren oft so eine Sache. Nicht alles kann man unterschreiben, was man in bunten Prospekten gelesen hat. Auch der Seiffener Autor ist gewiss etwas blumig zu Werke gegangen. Doch prüft man seine inhaltlichen Punkte, erkennt man durchaus Wahres: Man trifft in Seiffen auf viel Geschichte und Tradition, aber auch auf moderne Produktionsstätten von heute. Man begegnet dem Nussknacker als Förster oder Polizisten, man sieht ihn aber auch als Feuerwehrmann oder Nikolaus. Zum einen lebt hier die Tradition, mit deren Wurzeln die Seiffener Spielzeugmacher und Kunsthandwerker eng verbunden sind, zum anderen ist der Ort geprägt von Innovationen.

Ortsgeschichte

Seiffen selbst ist voller Geschichte. Immerhin wird der Name bereits 1324 erstmals urkundlich erwähnt. Eine Zeit, als die Besiedlung des Erzgebirges noch in den Kinderschuhen steckte und die Kaufleute immer mit einem flauen Gefühl in der Magengegend die wenigen, mehr oder minder gefürchteten Handelsstraßen durch den unwirtlichen Miriquidi nahmen. Der Name Seiffen ist auf das ›Ausseiffen‹ des Zinns zurückzuführen. Mit dieser Methode wurde das Metall in früheren Zeiten gewonnen.

Bereits im 17. Jh., früher als in anderen Gegenden, entwickelte sich hier die bis heute für die Region typische Form der Holzdrechselei. Am Anfang war dieses Handwerk als zusätzlicher Broterwerb für die armen, aber kinderreichen Bergmannsfamilien gedacht. Nach 1849 war die Zeit des Bergbaus vorbei. Immer mehr Familien versuchten ihr tägliches Brot als Holzdrechsler zu verdienen. Zunächst waren es hauptsächlich Gebrauchswaren, die entstanden, später kam einfaches Kinderspielzeug dazu. Heute sind es in Seiffen weit über 100 kleine Handwerksbetriebe, die lustige Räuchermänner drechseln, grimmige Nussknacker bemalen, mehrstöckige Pyramiden montieren und nicht zuletzt Engel und Bergmänner mit Farbe versehen.

Seiffener Barockkirche

Mo–Sa 11–17 Uhr, Führungen 12 Uhr
Ein Bummel durch den Ort führt entlang der Dorfstraße bergauf vorbei am Spielzeugmuseum in Richtung Freilichtmuseum. Ein Abstecher zur Dorfkirche sollte dabei eingeplant werden. Es gibt wohl kein Wahrzeichen des Ortes, das so weit hinaus in die Welt getragen wurde und wird. Die interessante barocke Rundkirche wurde 1779 geweiht. Schon beim ersten Blick wird man irgendwie an die Dresdner Frauenkirche erinnert. Entworfen und errichtet wurde das Kirchlein von Baumeister Christian Reuther, einem Schüler des begnadeten Dresdner Architekten George Bähr. Nicht nur die Architektur der Kirche ist über 230 Jahre alt, auch die Inneneinrichtung ist bis heute im Originalzustand geblieben. Führungen und Orgelkonzerte laden in die Bergkirche ein. In der Adventszeit wird sie im Inneren von 120 Kerzen in ein stimmungsvolles Licht getaucht.

Erzgebirgisches Spielzeugmuseum

Hauptstr. 73, Tel. 037362 82 39, www.spielzeugmuseum-seiffen.de, tgl. 10–17 Uhr, Erw. 3,50 €, Kinder 1,50 €
Auf drei Etagen warten über 5000 Exponate erzgebirgischer Spielwaren und Volkskunst auf kleine und große Besucher. Dabei steht die Geschichte der Spielwarenherstellung in der Region ebenso im Mittelpunkt des Interesses wie die Weihnachtstraditionen. Die ältesten Ausstellungsstücke datieren auf die Jahre um 1880 und das Spektrum dessen, was zu sehen ist, reicht bis in die jüngste Vergangenheit. Zu den besonderen Highlights zählen neben dem Winterberg»Christmette zu Seiffen«, von dem bereits Generationen von Museumsbesuchern schwärmen, originalgetreu gestaltete Stuben aus dem Arbeitermilieu. Sehr anschaulich kann man in ihnen sehen, wie hart der Alltag der Gebirgler war. »Benutze mich!«, unter diesem Motto liegen für Kinder (erwachsene Kinder eingeschlossen) an vielen Stellen der Ausstellung didaktische Spielmittel zur kreativen Betätigung bereit.

Erzgebirgisches Freilichtmuseum Seiffen

Hauptstr. 203, Tel. 037362 83 88, www.spielzeugmuseum- ▷ S. 125

Auf Entdeckungstour

Zu den bärtigen Gesellen – von Seiffen nach Neuhausen

Wer sich auf die Spuren der Nussknacker begeben will, sollte in Seiffen die Wanderschuhe anziehen und zur Nussknackerbaude auf den Schwartenberg mit seinem großartigen Panorama steigen. Anschließend geht's nach Neuhausen ins größte Nussknackermuseum der Welt.

Reisekarte: ▶ L 4

Zeit: ein Tag (reine Gehzeit rund 3 Std., 6,5 km)

Planung: Öffnungszeiten der Museen s. S. 125, 128. Wanderkarte und Busfahrplan für die Rückfahrt nicht vergessen.

Start: Schauwerkstatt Seiffener Volkskunst (s. S. 125)

Kommt der touristische Botschafter einer Region mit großer Klappe und mürrischem Gesicht daher, so ist das normalerweise nicht die besten Voraussetzung dafür, Gäste in die betreffende Region zu locken. Ganz anders beim Nussknacker und seinem Erzgebirge. Von diesen hölzernen Gesellen, die zumeist strengen Vertretern der Obrigkeit nachempfunden wurden und werden, erwartet man das ganz einfach. Neben Engeln, Bergmännern, Pyramiden und Räuchermännern sind sie das Symbol erzgebirgischer Volkskunst.

Große Klappe und mürrisches Gesicht

Im Spielzeugdorf Seiffen und im benachbarten Neuhausen kann man, mehr noch als anderswo, auf den Spuren dieser grimmigen Gesellen wandern. Wobei der optimale Einstieg ein Besuch der **Schauwerkstatt Seiffener Volkskunst** ist, wo man Schritt für Schritt verfolgt, wie geschickte Hände aus einem einfachen Stück Holz Nüsse knackende Gestalten wachsen lassen. Da wird gesägt, gedrechselt und gemalt. Rund 120 Arbeitsschritte sind notwendig, bis so ein Prototyp des erzgebirgischen Nussknackers in schmucker Uniform bereitsteht. Schließlich wandern die fertigen Exemplare gut verpackt in ihre Kartons, um dann dort zu warten, bis sie jemand im weihnachtlichen Kerzenlicht aufstellt. Übrigens, und das sei nicht verschwiegen, werden nur wenige der kleinen und größeren Prachtstücke jemals mit einer harten Nuss konfrontiert. Dafür sind sie den meisten Besitzern zu schade.

Es geht bergauf

Dem ersten Nussknackereindruck folgt ein Bummel durch Seiffen. Das Spielzeugmuseum bleibt heute außen vor.

Es geht hinauf in Richtung Kirche und von dort vorbei an der **Nussknackerbaude,** die je nach Tageszeit lecker Erzgebirgisches auf den Tisch bringt und nicht nur Nussknacker zur Übernachtung einlädt, hinüber zum **Nussknackerhaus** der Fa. Ulbricht. Sie gehört zu den größten Nussknackerproduzenten der Region. Das Angebot ist vielfältig, der Schauraum lädt zum Staunen ein. Immerhin kümmern sich Christian Ulbricht und seine Mitarbeiter nicht nur ums traditionelle Design, sondern erfüllen auch ausgefallene Kundenwünschen aus Amerika und Asien. Da stehen der Schutzmann neben dem König und Santa Claus neben dem Büffelmann. Bereits vor dem Nussknackerhaus macht ein besonders großer Vertreter seiner Zunft auf sich aufmerksam. Ein Nussknacker-Café gibt es auch.

Doch noch wartet ein anstrengender Aufstieg auf die Nussknackerwanderer. Ein gut ausgeschilderter Weg führt sie hinauf auf den 789 m hohen **Schwartenberg,** einen der reizvollsten Aussichtsberge des östlichen Erzgebirges. Weit reicht der Blick übers Land. Seiffen liegt den Wanderern hier ebenso zu Füßen wie Neuhausen. Dorthin geht es nun auf direktem Weg abwärts. Vorher empfiehlt es sich, in der **Schwartenbergbaude** (s. S. 130) noch die Chance zu einer kleinen Stärkung zu nutzen. Man hat es sich verdient.

Nussknacker total

Relativ sanft führt der Weg hinunter nach Neuhausen. Dominiert wird die Gemeinde vom Schloss Purschenstein, in dem sich das Glasmuseum befindet. Hauptziel bleibt aber natürlich das wohl größte **Nussknackermuseum** der Welt. Mit ihren mittlerweile fast 5000 Exemplaren dürften die Löschners, die für die Sammlung verantwortlich sind,

lässt Ulbrichts Exemplar klein erscheinen. Der Große fand mit seinen 5,87 m einen Platz im Guinness-Buch der Rekorde. Überragt wird er jedoch deutlich von seinem jüngeren Bruder, der es auf 10,10 m bringt. Das kleinste Exemplar ist gerade mal 4,9 mm lang – und natürlich voll funktionsfähig.

Geschichtlicher Hintergrund

Die historischen Wurzeln der Nussknacker, die man heute gern und zu Recht als typisch erzgebirgische Produkte ansieht, liegen jedoch in Bayern und Österreich. Dort entstanden bereits im 18. Jh. die ersten hölzernen Gesellen: im Bayerischen oft im Kleide orientalischer Figuren, in Südtirol eher als lustige Originale. Es lässt sich nicht mit Gewissheit sagen, wer dann im Land zwischen Schneeberg und Geising den ersten Nussknacker gedrechselt hat. Heimatforscher gehen aber davon aus, dass es die Seiffener Familie Füchtner war, die 1865 den ersten erzgebirgischen Nussknacker hergestellt oder wohl eher gebastelt hat. Im Erzgebirge nahm man zumeist verhasste Vertreter der Obrigkeit zum Vorbild. Soldaten, Jäger, Gendarme und Könige – immer mit großem Maul (die Nüsse mussten ja hineinpassen …) und grimmigen Gesichtern.

Alte Traditionsbetriebe stellen immer wieder Nussknacker gleicher Muster her. Schon vor Jahrzehnten standen sie so wie heute auf den Gabentischen der Kinder. Besonders bekannt ist der schon genannte Familienbetrieb Füchtner, dessen Produkte weltweit begehrt sind. Aus diesem Hause stammte auch das ursprünglich älteste Exemplar des Nussknackermuseums, ein Polizist aus dem Jahre 1870. Ein 300 Jahre alter Förster aus der Schweiz mit Zähnen aus Elfenbein nimmt nun den Platz des Alterspräsidenten ein.

wohl auch die härteste Konkurrenz in Leavenworth im US-Bundesstaat Washington hinter sich gelassen haben. Da gibt es also viel zu schauen und zu entdecken (s. auch S. 128). Schon der riesige Kamerad vor der Eingangstür

seiffen.de, tgl. 10–17, Nov.–März 10–16 Uhr, Erw. 3 €, Kinder 1 €
Seit 1973 ergänzt das Freilichtmuseum (s. auch Lieblingsort S. 118) die Präsentation der Spielzeugmuseums. 14 historische Gebäudekomplexe zeigen Bauwerke und Werkstätten des 19. und des frühen 20. Jh. Zu den sehenswerten Häusern zählen u. a. eine Stellmacherei, eine Spankorbmacherwerkstatt, ein Bergmannswohnhaus sowie ein Kleinbauernhof mit einem Wohnstallhaus. Natürlich steht auch im Freilichtmuseum die typische Seiffener Spielwarenproduktion im Mittelpunkt. So wird das Preißler'sche Wasserkraftdrehwerk von allen Besuchern mit besonderer Neugier angesteuert. Es stammt aus der Mitte des 18. Jh. Hier können die Besucher der Entstehung der kleinen Reifentiere auf den Grund gehen. Am authentischen Ort wird das alte Handwerk des Reifendrehens gepflegt – eine Form der Drechslerei, die es nur in Seiffen gibt. Unter den geschickten Händen des Drechslers entstehen Holzreifen, denen man aber vorerst gar nicht ansieht, was sich darin verbirgt: Ist es eine Kuh, ein Schwein oder ein Reh? Erst wenn die Reifen gespalten werden, kann man sehen, welches Tier der Drechsler ins Holz gezaubert hat.

Schauwerkstatt Seiffener Volkskunst eG

Bahnhofstr. 12, Tel. 037362 77 40, www.schauwerkstatt.de, tgl. 10–17 Uhr
Den Kunsthandwerkern bei der Arbeit über die Schulter zu schauen und zu verfolgen, wie ein Nussknacker oder ein Räuchermann entsteht, ist spannend. Unter anderem kann man das in der Schauwerkstatt der Seiffener Volkskunst tun. Erst wird gedrechselt, dann geleimt und dann zum Pinsel gegriffen. Es ist schon eindrucksvoll, wie viele

Arbeitsschritte nötig sind, bis der Nussknacker im schmucken Kleid Nüsse knacken oder der lustige Räuchermann Rauchkringel in die Luft blasen kann (s. auch Lieblingsort S. 118).

Übernachten

Stilvoll – **Hotel Erbgericht:** Hauptstr. 94, Tel. 037362 776-0, www.erzgebirgs hotels.de, DZ ab 70 €. Das ›Bunte Haus‹, in dem sich das Hotel Erbgericht befindet, ist seit 500 Jahren eng mit der Spielzeugherstellung und dem Weihnachtsland Erzgebirge verbunden. Es ist das traditionsreichste Haus des Ortes.
Kreativ sein – **Hotel Seiffener Hof:** Hauptstr. 31, Tel. 037362 130, www. seiffener-hof.de, DZ ab 65 €. Wer im Seiffener Hof absteigt, kann nicht nur in stilvollen Zimmern übernachten und sich vom verführerischen Frühstücksbüfett einfangen lassen, er kann hier auch seine eigenen Räuchermänner basteln.
Tierlieb – **Pension Bennelliebschänke:** Bahnhofstr. 19, Tel. 037362 72 03, www.bennelliebschaenke.de, DZ ab 55 €. Pension in ruhiger Lage am Waldrand, trotzdem zentrumsnah. Haustiere willkommen (kostenfrei).

Essen & Trinken

Rustikal – **Gaststätte Holzwurm:** Hauptstr. 71 A, Tel. 037362 72 77, www. holzwurm-seiffen.de, tgl. 11–22 Uhr, Hauptgericht 7–15,50 €. Urgemütliche Gaststätte mit einem großen Angebot an regionaltypischen Gerichten.
Deftiges – **Café und Gaststätte Spielzeugschachtel:** Hauptstraße 72, Tel. 037362 79 87 15, www.spielzeugschachtel-seiffen.de, tgl. 11–17 Uhr, Hauptgericht 7–12 €. Gepflegte Gastlichkeit

gleich gegenüber dem Spielzeugmuseum. Deftiges aus der erzgebirgischen Küche.

Aktiv & Kreativ

Flott unterwegs – **Sommerrodelbahn:** Bahnhofstr. 18b, Tel. 037362 71 79, www.seiroba.de, tgl. 10–18 (witterungsabhängig), Winterzeit 11–17 Uhr. Der Rodelspaß für die ganze Familie. 733 m, neun Steilkurven und ein 1,50 m hoher Riesenjump. Jeden Donnerstag ab 15 Uhr Rodeln mit Zeitnahme.

Auf Schusters Rappen – **Historischer Bergbaupfad:** Start jeweils 16.30 Uhr an der Kirche, Termine bitte beim Tourismusbüro erfragen. 1984 legte die Bergbauforschergruppe des Ortes diesen Lehrpfad an. An zwölf Stationen trifft er auf historische Zeugen dieses einstmals so wichtigen Wirtschaftszweiges in der Region.

Arbeit mit Holz – **Holzspielzeugmacher- und Drechslerschule Seiffen:** Kontakt über den Verband Erzgebirgischer Kunsthandwerker und Spielzeughersteller e. V., Albertstraße 15, 09526 Olbernhau, Tel. 037360 66 93-0, www.erzgebirge.org. Die Seiffener Schule bietet in den Sommerferien verschiedene Kurse im Drechseln und Schnitzen an.

Infos & Termine

Infos
Touristinformation Seiffen: Hauptstr. 95, 09548 Seiffen, Tel. 037362 84 38, www.seiffen.de, Mo–Fr 9–17, Sa 11–15 Uhr.

Termine
Tage des historischen Handwerks: Am 2. Sa im Sept. kann man den Schnitzern, Holzdrechslern und Klöpplerinnen über die Schulter schauen.

Seiffener Weihnacht, das Original: Weihnachtszeit in Seiffen heißt, dass sich das gesamte Dörfchen im Advent in einen malerischen Weihnachtsmarkt verwandelt.

Mein Tipp

Fackelwanderung am Bergbausteig ▶ L 4

Entlang des historischen Bergbausteiges kann man immer spazieren gehen, doch ein besonderes Erlebnis, einer der Höhepunkte der **Seiffener Adventszeit,** ist der Lichterzug auf Bergbaupfaden. Immer am zweiten Adventssamstag erinnert eine Fackelwanderung an die Bergbauvergangenheit. Der Zug startet um 17 Uhr von drei Stellen aus und trifft sich am großen Lagerfeuer.

Deutschneudorf ▶ L 4

Die kleine Erzgebirgsgemeinde mit den vier Ortsteilen **Deutscheinsiedel, Deutschkatharinenberg, Brüderwiese** und **Oberlochmühle** liegt nur wenige Kilometer von Seiffen entfernt und bietet eine ganze Reihe kleiner, günstiger Quartiere. Man findet hier Ruhe und Entspannung sowie eine Lage, die nicht nur perfekt ist für Abstecher nach Seiffen und Neuhausen, sondern auch die Möglichkeit schafft, Tagestouren nach Dresden oder in die benachbarte Tschechische Republik zu unternehmen. Auf Wunsch sogar ganz ohne Auto: Regelmäßige Ausflugsfahrten werden organisiert. Natürlich steht bei den meisten Urlaubern in Deutschneudorf das Wandern im Mittelpunkt. Grenzüberschreitende Wanderwege führen durch landschaftlich reizvolle Gebiete und viele kleine Biotope. Einen Blick in die 1736 geweihte barocke Dorfkirche sollte man aber ebenso wenig versäumen wie den Besuch im Heimatmuseum Haus der erzgebirgischen Tradition und im Abenteuerbergwerk Fortuna-Bernstein in der Ortslage Deutschkatharinenberg.

Heimatmuseum Haus der Erzgebirgischen Tradition

Alte Brandleite 5, Tel. 037368 68 89, www.bernsteinzimmerdorf.de, Mi–So 13–17 Uhr, Erw. 2 €, Kinder 1 €
Das Gebäude wurde 1742 erbaut und über Jahrhunderte hinweg als Schule genutzt. Im Jahre 1997 konnte es nach umfangreichen Sanierungsarbeiten als Heimatmuseum eröffnet werden. Neben einer Ausstellung zur Geschichte der handwerklichen Entwicklung des Dorfes warten im ersten Stockwerk unter anderem ein Klassenzimmer aus längst vergangenen Zeiten und eine Erzgebirgsstube. In einem Extraraum kommen die sudetendeutschen Nachbargemeinden jenseits der Grenze zu ihrem Recht.

Besucher- und Abenteuerbergwerk Fortuna-Bernstein

Deutschkatharinenberg 14, Tel. 037368 129 42, www.fortuna-bern stein.de, Di–So 10.30–16 Uhr; Führungszeiten: 10.30, 11.30, 12.30, 14.00, 15.30 Uhr, Erw. 5,50 €, Kinder 3,50 €
Die Geschichte des Bergbaus in Deutschkatharinenberg geht bis in die ersten Jahre des 16. Jh. zurück. Reiche Kupfer- und Silbervorkommen führten zur Gründung der Bergstadt Sankt Katharinenberg auf böhmischer Seite. 1881 war es mit dem Bergbau endgültig vorbei. Erst nach der Wende suchten Wissenschaftler der TU Bergakademie Freiberg nach dem Stollenmundloch, das unter der ehemaligen Bahnstrecke nach Deutschneudorf entdeckt worden war. Nach Sicherungsmaßnahmen konnte 2002 das Besucher- und Abenteuerbergwerk eröffnet werden. Bis heute ist das sehr unübersichtliche Grubenfeld nicht vollständig erforscht. Etliche Mythen in Bezug auf das legendäre Bernsteinzimmer ranken sich um die ehemalige Grube. Dieses war von den Nationalsozialisten aus dem Katharinenpalast bei St. Petersburg verschleppt worden. Noch hat die Interessengruppe Bergbau des Erzgebirgszweigvereins keine heiße Spur von dem Schatz gefunden, den nicht nur Bürgermeister Haustein hier vermutet.

Übernachten

Bürgerlich – **Hotel und Pension Zum Einsiedler:** Deutscheinsiedel, Neuhausener Str. 15 a, Tel. 037362 160, www. hotelzumeinsiedler.de, DZ ab 47 €. Komforthotel mit Sauna, Kegelbahn und guter Hausmannskost.
Top-Preis-Leistung – **Gasthof Oberlochmühle:** Oberlochmühle 19, Tel. 037368 387, www.gasthof-oberlochmuehle.de, DZ ab 40 €. Helle, freundliche und komfortable Zimmer hinter alten Mauern. Sehr gutes Preis-Leistungs-Verhältnis. Absolut ruhige Lage.

Wasserkraft ▶ L 4

In der **Hinteren Mühle** am Schwarzen Teich in Deutschneudorf arbeitet mit einem Durchmesser von 5,42 m das größte Wasserrad des Osterzgebirges. Bis heute treibt das technische Meisterwerk, das 1937 letztmalig grundüberholt wurde, Maschinen an.

Essen & Trinken

Ideenreich – **Gasthaus An der Kirche:** Bergstr. 18, Tel. 037368 127 18, www.gasthaus-wagner.deutschneudorf.net, Do–Di ab 11 Uhr, Hauptgericht 6–11 €. Gemütliches Dorfgasthaus mit einer riesigen Auswahl und vielen Ideen auf der Speisekarte.

Infos

Gemeindeverwaltung/Tourismus: Heike Schwirz, Bergstr. 5, 09548 Deutschneudorf, Tel. 037368 218, www.deutschneudorf.de.

Neuhausen ▶ L 4

Die Geschichte des Ortes ist eng verknüpft mit der von Schloss Purschenstein, das hoch über dem Tal thront. Bevor die große Besiedlungswelle aus dem Böhmischen über den Erzgebirgskamm ›schwappte‹, gab es nur einige Passstraßen und -wege, die durch den dunklen Urwald führten. Diese auch als ›Böhmische Steige‹ charakterisierten Pfade gelten als Vorläufer der späteren Salzstraßen, die wichtigsten Handelswege in Nord-Süd-Richtung. An solch einem ›Böhmischen Steig‹ entstand erst Schloss Purschenstein und in der Folge das heutige Neuhausen. Während es im 19. Jh. vorrangig die Sitzmöbelindustrie war, die die wirtschaftliche Entwicklung dominierte, wurde nach 1945 der Tourismus ein wichtiger Wirtschaftsfaktor. In und um Neuhausen entstanden zahlreiche Betriebsferienheime und Kinderferienlager. Besonders in den letzten Jahren hat der Tourismus erneut an Bedeutung gewonnen.

Manch touristischer Anziehungspunkt lockt Gäste nach Neuhausen.

Seitdem das Dörfchen **Cämmerswalde** als Ortsteil zu Neuhausen gehört, hat der Ort auch eine recht interessante Verbindung zur sächsischen Residenzstadt. Wilhelm Walter, gebürtiger Cämmerswalder und später Kunstprofessor, ist der Schöpfer des weltberühmten Fürstenzuges, der, gemalt auf rund 25 000 Meißner Porzellanfliesen, das Dresdner Schloss an der Augustusstraße ziert.

In Cämmerswalde befindet sich auch ein kleiner **Flugpark.** Zwei Schauflugzeuge, IL 14 und MIG 21, können dort ebenso besichtigt werden wie ein Hubschrauber vom Typ MI 2.

Nussknackermuseum Neuhausen

Bahnhofstr. 20–24, Tel. 037361 41 61, www.nussknackermuseum-neuhausen.de, Mo–Fr 9–18, Sa, So, Fei 9–17 Uhr, Erw. 2,50 €, Kinder 1 €, inkl. Stuhl- und Technikmuseum Erw. 4 €, Kinder 2 €

Es war bei seiner Eröffnung 1994 nicht nur das erste Nussknackermuseum Europas, sondern ist mittlerweile auch das größte der Welt. Während das Museum zur Eröffnung bereits über 2000 Nussknacker aus aller Herren Länder, in jeder Größe und verschiedenen Alters zeigen konnte, hat sich diese Zahl bis heute mehr als verdoppelt. Die größten funktionsfähigen Nussknacker der Welt messen 3,86, 5,87 und 10,10 m und stehen, was für eine Frage, in Neuhausen. Ihre zwei kleinsten Brüder messen gerade mal 4,9 und 9 mm und sind ebenfalls funktionsfähig. Über 5000 Nussknacker aus über 30 Ländern und vier Jahrhunderten – so die nackten Zahlen, die einen lustigen Rundgang versprechen.

Seit 2000 gehört zum Museumskomplex auch das **Technische Museum Alte Stuhlfabrik.** Es erinnert recht anschaulich, die Schauwerkstatt einge-

schlossen, an die über 150-jährige Tradition des Stuhlbaus in der Region. In
den 1920er-Jahren gab es 14 große
Stuhlbaufabriken, in denen über 1000
Arbeiter Lohn und Brot fanden. Ergänzt wird das Museum im zweiten
Obergeschoss durch eine spannende
Zeitreise in die Welt des Wohnens.
»Möbel im Wandel der Zeit« lassen
auch manche Erinnerung an selbst
noch erlebte Wohnkultur aufkommen.

Auf dem Gelände des Museumskomplexes findet man neben den Rie-
sennussknackern noch die größte
Spieldose der Welt und ein rustikales
Hexenhaus, in der Babajaga residiert.

Erzgebirgisches
Glashüttenmuseum
*Freiberger Str. 10, Tel. 037361 509 99,
Mi–Fr 10–12, 13–16.30, Sa, So 13–
16.30 Uhr, Erw. 2 €, Kinder 1 €*
Die Geschichte des Glashüttenwesens
im Erzgebirge reicht zurück bis in die
ganz frühe Besiedlungszeit um 1200.

Manche Überreste früherer Glashütten
wurden in den letzten Jahrzehnten
von Archäologen ausgegraben. In der
historischen Purschensteiner Fronfeste
zeigt das Museum zahlreiche Zeugnisse aus vergangenen Zeiten. Billigere
Konkurrenz in Böhmen und in der Lau-
sitz brachten vor rund 150 Jahren das
Ende der traditionsreichen Glashütten.

Wanderungen in der Umgebung
Einer der zahlreichen, gut ausgeschilderten Wanderwege rund um Neuhausen führt hinauf auf den **Schwartenberg** (s. auch Wanderkarte auf S.
124). Mit seinen 789 m gehört er zu
den höchsten Bergen im östlichen Erzgebirge. Sein großes Plus ist die fan-
tastische Rundumsicht von der Aussichtsplattform aus. Bei klarem Wetter
kann man nicht nur Fichtel- und Keilberg im Westen, sondern auch die Augustusburg im Norden sehen.

Ein weiteres beliebtes Wanderziel
ist die **Talsperre Rauschenbach.** 1960

Im Nussknackermuseum Neuhausen faszinieren 5000 Exemplare in allen Größen

bis 1968 erbaut, dient sie ausschließlich der Trinkwasserversorgung.

Eine gemütliche Rundwanderung zum Schwartenberg kommt je nach Route auf 8 bis 12 km, ähnlich weit ist es auch zur Talsperre Rauschenbach.

Übernachten

Anspruchsvoll – **Schlosshotel Purschenstein:** Purschenstein 1, Tel. 037361 156 14, www.purschenstein. de, DZ ab 95 €. Alte und moderne Stilelemente wurden hier harmonisch in die Hotelanlage eingebunden, die in den letzten Jahren wieder Leben in die alten Mauern über dem Flöhatal bringt.

Auf der Höhe – **Hotel Dachsbaude & Kammbaude:** Heidelbach 3, Tel. 037361 14 69-0, www.hotel-dachsbau de.de, DZ ab 60 €. Auf der Höhe in Richtung Seiffen, unweit des Schwartenbergs, steht der Hotelkomplex mit Sonnenterrasse und Café-Garten. Im Winter starten gespurte Loipen direkt am Haus.

Thematisch – **Landhotel Grünes Gericht:** Freiberger Str. 12, Tel. 037361 42 65, www.gruenes-gericht.de, DZ ab 50 €. Sehr angenehmes Mittelklassehotel in ruhiger Lage mit thematisch gestalteten Zimmern.

Essen & Trinken

Ländlich – **Landgasthof Jandusch:** OT Cämmerswalde, Hauptstr. 55, Tel. 037327 73 04, Fr–Mo 11–14, ab 17, Di 11–14 Uhr, Hauptgericht 4,90–9,60 €. Nicht nur zum Schlachtfest oder zum Wildessen eine gute Adresse für leckere Hausmannskost.

Rustikal – **Berggasthaus Schwartenbergbaude:** Am Schwartenberg 10, Tel. 037361 456 86, www.schwartenberg

baude.de, tgl. ab 11 Uhr, Hauptgericht 3,70–9,60 €. Vom Berg hat man nicht nur einen tollen Blick, in der Baude gibt es auch gutes Regionales auf den Teller.

Infos & Termine

Infos
Tourismusverein Neuhausen e. V.: Bahnhofsstraße 8, 09544 Neuhausen, Tel. 037361 41 87, www.neuhausen-erzge birge.de.

Termine
Nussknackerfest: Am 1. Wochenende im Juni dreht sich alles um die bärbeißigen Gesellen.
Waldsportparklauf: Sport wird großgeschrieben und Hunderte Volkssportler kommen am 2. Sa im Okt. nach Neuhausen.

Nördlich des ›Spielzeuglandes‹

Rechenberg-Bienenmühle ►L 3

So wie in Neuhausen war es auch in Rechenberg-Bienenmühle der Sitz eines Rittergeschlechts, der für die Entwicklung der Region und die Geschichte des Ortes über Jahrhunderte bestimmend war. Wobei man hier ja ursprünglich von zwei Orten sprechen muss, denn die Gemeinden Rechenberg und Bienenmühle wurden erst 1925 vereint, während die Geschichte der Besiedlung im oberen Tal der Freiberger Mulde bis ins 12. Jh. zurückreicht. Die Burg mit ihrer Wehranlage war der Ausgangspunkt der Besiedlung. Später folgte noch ein Rittergut.

Besonders in den Jahrzehnten sozialistischer Planwirtschaft hatte sich Rechenberg-Bienenmühle einen Namen als Feriengebiet gemacht. Der gute Ruf der Gemeinde als Urlaubsdestination im östlichen Erzgebirge und als günstiger Ausgangspunkt für Entdeckungstouren ins ›Spielzeugland‹ Seiffen und hinüber ins Osterzgebirge sorgen dafür, dass der Tourismus auch in heutiger Zeit nicht völlig verschwunden ist.

Bekannt ist der Ort durch seine Brauerei. Bereits 1558 erhielt die Rittergutsbrauerei in Rechenberg das Braurecht verliehen. Ein großer Teil der historischen Bausubstanz ist erhalten geblieben.

Sächsisches Brauereimuseum Erzgebirge

An der Schanze 3, Tel. 037327 12 08, www.museumsbrauerei.de; Führungen: Di–Fr 11 und 14, Sa, So, Fei 11, 13 und 15 Uhr, inkl. Getränk und Bauernbrötchen Erw. 6,50 €, Kinder 3 € Dank eines Brauereineubaus im Jahre 1995 auf dem Gelände des Rittergutes konnte die historische Technik der alten Braustätte in ihrer Gesamtheit erhalten bleiben. Die kleine Privatbrauerei Meyer steckte viel Geld und Liebe in die umfangreichen Restaurierungsarbeiten, die sich über Jahre hinzogen, denn nebenher musste in der neuen Brauerei das normale Tagesgeschäft abgesichert werden.

2002 öffnete dann das Sächsische Brauereimuseum seine Pforten. Die sachkundige Führung, garniert mit Anekdoten rund um das Lieblingsgetränk der Deutschen, zeigt anschaulich, wie vor Jahrhunderten aus Hopfen und Malz das süffige »Rechenberger« gebraut wurde. Einmalig ist wohl das 1780 erbaute Sudhaus. Natürlich wartet nach der Führung im Kreuzgewölbe der alten Mälzerei eine urige Bierprobe auf die Besucher.

Übernachten

Waldluft – **Naturhotel Lindenhof:** OT Holzhau, Bergstr. 4, Tel. 037327 820, www.lindenhof-holzhau.de, DZ ab 72 €. Großzügiges Familienhotel in erholsamer Natur. Unter anderem mit Kegel- und Bowlingcenter sowie einem Massagestudio.

Essen & Trinken

Wanderbar – **Gaststätte und Hotel Fischerbaude:** OT Holzhau, Ringelstr. 4, Tel. 037327 74 04, www.fischerbaude.de, Di–So ab 11 Uhr, Hauptgericht 8–13 €. Beliebtes Ausflugsziel an der Steinkuppe, dem höchsten Berg in Holzhau.

Rustikales – **Gaststätte und Pension Alte Mühle:** OT Holzhau, Siedlerweg 6, Tel. 037327 99 44, www.pension-alte-muehle.de, tgl. 11–22 Uhr, Hauptgericht 6,50–12 €. Bodenständige Küche aus frischen Produkten in rustikalem Ambiente.

Infos

Fremdenverkehrsamt: An der Schanze 1, 09623 Rechenberg-Bienenmühle, Tel. 037327 83 30 98, www.fva-holzhau.de.

Sayda ▶ K 3

»Kleinstadt in der Höhe«, so nennt sich Sayda gern selbst. Damit trifft es gleich in doppelter Hinsicht den Kern. Einerseits kann man bei knapp 700 m über dem Meer schon von Höhe sprechen und andererseits ist Sayda – gemeinsam mit seinen Ortsteilen **Friedebach, Ullersdorf, Pilsdorf** und **Mortelgrund** kommen gerade mal 2100 Einwohner zusammen – wirklich ein recht kleines Städtchen.

Im 15. Jh. sah das anders aus. Als feste Zollstätte an einem der niedrigsten Pässe über das Gebirge hatte die Stadt an Bedeutung gewonnen und der Bergbau sorgte für zusätzliches Wachstum. Rund 3000 Menschen lebten in Sayda, das 1442 das Stadtrecht erhielt. Die Einwohnerzahl entsprach zu dieser Zeit etwa der Bevölkerung von Dresden.

Der Bergbau in der Region um Sayda erreichte jedoch nie die Bedeutung wie in anderen Städten des Erzgebirges. Zahlreiche Kriege und fürchterliche Stadtbrände sorgten dafür, dass sich Blüte- und Notzeiten abwechselten. Besonders der Dreißigjährige Krieg mit seinen schrecklichen Verwüstungen ist der Grund, dass fast alle mittelalterlichen Gebäude, die ehemals stattliche Burg eingeschlossen, aus dem Stadtbild verschwunden sind. Übrig blieben im Wesentlichen nur die **spätgotische Hallenkirche Zu unserer lieben Frauen,** die den Ort überragt, sowie das **Hospital zu St. Johannes,** das heute das Heimatmuseum beherbergt. Zu den Wahrzeichen Saydas gehört auch der Wasserturm aus dem Jahre 1893. Etwas Besonderes, wahrscheinlich sogar einmalig in der Welt, ist eine **Röhrenbohrerei,** die 1864 im Stadtteil Friedbach errichtet wurde. Sie wird mit Wasserkraft angetrieben und ist noch heute voll funktionsfähig (Schauvorführungen: Tel. 037365 73 08).

Erzgebirgisches Heimatmuseum Hospital zu St. Johannes

Dresdner Str. 78, Tel. 037365 14 70, www.alte-salzstrasse.de, 1. April– 31. Okt. So, Fei 9–12 Uhr, um Spende wird gebeten
Das Gebäude des ehemaligen Hospitals wurde 1508 errichtet. 1993 öffnete

es seine Pforten als Museum. Im Mittelpunkt der 5000 Ausstellungsstücke stehen die Arbeits- und Lebensbedingungen der einfachen Menschen im Gebirge, ihr oft sehr harter Kampf um das tägliche Brot und ein bisschen Glück. Die ältesten präsentierten Dokumente und Zeitzeugen stammen aus dem 13. Jh.

Mittelmühle in Friedbach

OT Friedbach, Freiberger Str. 55, Tel. 037365 13 52, www.alte-salzstrasse. de, Di–Do 9–16, Sa, So 10–17 Uhr, 1,50 €, bis 12 Jahre Eintritt frei
Zu sehen sind in der alten Mühle in Friedbach ein Leinenschrotofen, eine Stempelpresse, ein großes Wasserrad und eine Daumenwelle mit sechs Stampfpaaren. Letztere stammen aus dem Jahre 1958. Bis dahin war die Getreide- und Ölmühle in Betrieb.

Ausflug zum Eisenhammer Dorfchemnitz ▶ K/L 3

Dorfchemnitz, Tel. 037320 12 37 o. 17 77, www.alte-salzstrasse.de, Führungen Di–Sa 9–11 und 13, Mai–Okt. auch So 13, 16 Uhr, Erw. 2 €, Kinder 1 €
Bereits aus dem Jahre 1567 datiert eine von Kurfürst August von Sachsen unterzeichnete Urkunde, in der das heutige technische Denkmal am Chemnitzbach erwähnt wird. Ursprünglich als Hütte genutzt, wurde sie umgebaut und im 19. und 20. Jh. als Schmiede für die Freiberger Bergbau- und Hüttenbetriebe genutzt. Das Hammerwerk und die dazugehörigen Anlagen sind voll funktionstüchtig.

Übernachten

Waldidyll – **Hotel Kreuztanne:** OT Friedbach, Kreuztannenstraße 10, Tel. 037365 17 60, www.kreuztanne.de, DZ ab 92 €. Luxuriöses Haus am Wald mit

Das Städtchen Sayda mit seiner spätgotischen Hallenkirche liegt auf 700 m Höhe

großem Wellnessbereich und rustikalem Erzgebirgsrestaurant.

Sächsisches – **Kleines Vorwerk:** Mühlholzweg 12, Tel. 037365 999 10, www.kleines-vorwerk.de, DZ ab 58 €. Sächsische Gemütlichkeit steht im Mittelpunkt. Neben den Zimmern und Suiten gibt es noch eine urige Scheune für Gruppen mit 16 Schlafplätzen und ein rustikales Blockhaus mit 5 Betten.

Essen & Trinken

Unter der Erde – **Pension und Gaststätte Ratskeller:** Dresdner Str. 13, Tel. 037365 13 02, www.sayda.info, Mo 10–14, Di–So 10–14 und 16–24 Uhr, Hauptgericht 7,50–12 €. Gemütliche Kellergaststätte mit gutbürgerlicher Küche und sonniger Terrasse im Sommer.

Infos & Termine

Infos

Bürgerbüro: Am Markt 1, 09619 Sayda, Tel. 037365 972 22, www.sayda.eu,

Mo–Mi, Fr 9–12, 13–16, Do 9–12, 13–18 Uhr.

Termine

Schmiedefeuer: Von Mai bis Oktober wird immer am 1. Sonntag im Monat das alte Schmiedefeuer angefacht. Dann lädt man zum Schauschmieden in den Dorfchemnitzer Eisenhammer (s. S. 132).

Pfaffroda ▶ K 4

Die touristischen Hauptanziehungspunkte des östlichen Erzgebirges sind südlich bzw. östlich zu finden. Das mag der Grund sein, warum es relativ wenige Touristen nach Pfaffroda verschlägt. Das ist schade, denn die Gemeinde hat durchaus einiges zu bieten. Interessant ist allein schon die Siedlungsstruktur der Ortsteile. Man findet heute nur noch selten Dörfer, in denen die Waldhufenanlage der Gehöfte fast lehrbuchreif erhalten geblieben sind. Verschiedene Kunstteiche erinnern darüber hinaus an die bergmännische Vergangenheit und auch das Damwildgehege im Ortsteil **Haselbach** ist einen Besuch wert.

Schloss Pfaffroda

Am Schlossberg 8, Tel. 037360 66 91 08, Di–Fr 10–15, Sa 14–17 Uhr, Erw. 2,50 €, Kinder 1,50 €

1512 wurde das Schloss als Rittergut erwähnt und später, nach größeren Zerstörungen, im Renaissancestil des 16. Jh. modernisiert. Über Jahrhunderte war es im Besitz derer von Schönberg.

Heute wird das Gebäude u. a. als Altersheim und für eine umfangreiche **Dauerausstellung** genutzt. Auf über 500 m^2 konzentriert sie sich, abgesehen von einer schmucken Postkutsche aus dem 19. Jh., auf die jüngere Geschichte zwischen 1945 und 1990. So wird hier ein gutes Stück DDR-Alltag lebendig. Wie sah es in einem KONSUM aus? Auf welchen Schulbänken lernten die Kinder? Außerdem zeigt die Ausstellung eine Landarztpraxis, eine Schuhmacherwerkstatt, ein Kinderzimmer und vieles mehr.

Wehrkirche in Dörnthal

OT Dörnthal, Tel. 037360 702 99, Führungen sind möglich

Die Wehrkirche in **Dörnthal** gehört zu den besterhaltenen ihrer Art im ganzen Erzgebirge. Die vielen kleinen und größeren Kriege im Mittelalter zwangen die Bauern, etwas für ihre Verteidigung zu tun. So entstand auch diese Wehrkirche. Typisch sind das massive Untergeschoss und der hölzerne Wehrgang.

Heimatmuseum Dörnthal

OT Dörnthal, Freiberger Str. 16, Tel. 037360 602 39, Do, Sa, So, Fei 14–17 Uhr, Erw. 1,50 €, Kinder 1 €

Der Besuch im Heimatmuseum ist ein Abstecher in längst vergangene Zeiten. Mit großer Detailtreue wurden Räume nachgestaltet, wie sie so vor 200 Jahren ausgesehen haben könnten. Historischer Hausrat sorgt für die Authentizität. Umrahmt wird die Ausstellung von Arbeiten aus dem Atelier von Max Christoph, einem Maler der in Dörnthal lebt und dessen Liebe zu seiner Heimat auf seine Arbeiten ausstrahlt. Ein Abstecher in den hier ansässigen Holzräder- und Sonnenuhrenbau sowie ein Exkurs in die Landwirtschaft zu Beginn des 20. Jh. komplettieren die Präsentation.

Übernachten

Waldreich – **Hotel Bielatal:** OT Hallbach, Dresdner Str. 10, Tel. 037360 728 53, www.hotel-bielatal.de, DZ ab 62 €. Traditionsreiches Hotel an der B 171, nur 10 km von Seiffen entfernt.

Top-Preis – **Gasthof und Pension Dittmannsdorf:** OT Dittmannsdorf, Dresdner Str. 5, 037360 63 49, www.gasthof-dittmannsdorf.de, DZ ab 42 €. Preisgünstiges Haus mit gemütlicher Gaststube in ruhiger Lage.

Essen & Trinken

Duftend – **Braun Mühle:** OT Dörnthal, Hauptstr. 55, Tel. 037360 62 50, www.braun-muehle-doernthal.de, Mi–So 11.30–22 Uhr, Hauptgericht 6,50–9,50 €. Gut 450 Jahre alt ist die Mühle, nicht so alt der rustikale Holzbrandbackofen, aus dem jeden Abend frisches, duftendes Brot gezogen wird.

Infos

Gemeindeverwaltung Pfaffroda: Freiberger Str. 6, 09526 Pfaffroda, Tel. 037360 66 79 90, www.pfaffroda.de.

Großhartmannsdorf

▶ K 3

Das ländlich geprägte Großhart-mannsdorf zieht sich einige Kilometer entlang der Silberstraße zwischen Brand-Erbisdorf und Annaberg-Buch-holz.

Anziehungspunkt für Touristen auf den Spuren des Orgelbaumeisters Gottfried Silbermann ist die **Großhart-mannsdorfer Barockkirche,** in der noch eine der erhaltenen Orgeln des Meis-ters zu sehen und zu hören ist. Ein klei-nes Schmuckstück aus vergangenen Zeiten ist die **Wehrkirche in Mittel-saida.** Sie ist eine von nur fünf erzge-birgischen Wehrkirchen, die die Jahr-hunderte überdauert haben. Ein An-ziehungspunkt für Technik- und Bergbauinteressierte ist das meister-hafte **Kunstgraben- und Teichsystem,** das für die Nutzung des Freiberger Bergbaureviers angelegt wurde. Auch das **Naturschutzgebiet Großer Teich** hat seine Wurzeln in dieser Zeit.

Majoratsgut

Hofbuschweg 1, Tel. 037329 799-0 (über Gemeindeverwaltung), www. grosshartmannsdorf.de, So 14–17 Uhr, Erw. 1 €, Kinder 0,50 €
Das in den letzten Jahren mit großem Aufwand restaurierte Majoratsgut hat seine historischen Wurzeln in einem Benediktinerkloster, das die Mönche zwischen 1250 und 1375 betrieben. Nach 1945 wurde das zum Gut gehö-rende Land aufgeteilt. Es entstanden Neubauernhöfe und ein großer Teil des Gutes wurde abgerissen. Erst 1990 begann der kontinuierliche Wieder-aufbau. Noch ist die endgültige Nut-zung nicht erreicht, doch seit einiger Zeit haben verschiedene Ausstellun-gen in den bereits restaurierten Räum-lichkeiten ihre Heimat gefunden. So

zieren die Wände zahlreiche Gemälde, teils ehemaliger Besitzer wie der Fami-lie von Carlowitz. Historisches Mobiliar hat Einzug gehalten und auch erzge-birgische Schnitzkunst wird gezeigt. Das attraktivste Kleinod des Majorats-gutes ist aber die mit großem Auf-wand wieder in alte Schönheit ver-setzte Gerichtslaube mit ihrer faszinie-renden Deckenverkleidung.

Übernachtung

Bürgerlich – **Gaststätte und Pension Erbgericht:** Hauptstr. 131, Tel. 037329 59 10, www.pension-erbgericht.de, DZ ab 40 €. Gemütlich wohnen hinter his-torischen Mauern. Die Geschichte des Erbgerichts lässt sich bis in die erste Hälfte des 17. Jh. verfolgen.

Essen & Trinken

Auf Durchreise – **Gaststätte an der B 101:** Hauptstr. 221, Tel. 037329 244, Mi–So 11–15 und ab 17 Uhr, Hauptge-richt 6,80–11 €. Beliebter Rastplatz an der Silberstraße.

Aktiv & Kreativ

Baden – Im **Naturbad Neuer Teich** tum-meln sich, entsprechendes Badewetter vorausgesetzt, ungezählte Badelus-tige. An einem abgegrenzten Ufer-stück können FKK-Freunde ihre Hüllen fallen lassen.

Infos

Gemeindeverwaltung Großhartmanns-dorf: Hauptstr. 106, 09618 Großhart-mannsdorf, Tel. 037329 799-0, www. grosshartmannsdorf.de.

Marienberg und das Mittlere Erzgebirge

Highlight !

Schloss Augustusburg: Das Schloss Augustusburg auf dem Schellenberg ist vielleicht der prächtigste Vertreter mittelalterlicher Schloss- und Burganlagen im Erzgebirge. Eine Reihe sehenswerter Ausstellungen – vom Motorradmuseum bis hin zu historischen Kutschen – bietet Interessantes für die ganze Familie und komplettiert so das Ausflugserlebnis. S. 155

Auf Entdeckungstour

Wildromantische Natur – Erkundungen im Schwarzwassertal: Die schönste der wilderen Erzgebirgslandschaften ist wohl das Tal der Schwarzen Pockau oder – wie der Abschnitt von der Kniebreche in Richtung Gebirgskamm genannt wird – das Schwarzwassertal. Touristen suchen und finden hier Entspannung inmitten der Fauna und Flora des Naturparks Erzgebirge/Vogtland. S. 144

Chemnitz

Schloss Augustusburg

Marien-berg

Wolkenstein

Erkundungen im Schwarzwassertal

Großbrückerswalde

Pobershau

Kultur & Sehenswertes

Grenzübergreifend: Das 1806 als Getreidespeicher erbaute Bergmagazin in Marienberg beherbergt u. a. das moderne, zweisprachig gestaltete Museum Sächsisch-böhmisches Erzgebirge. S. 139

Aktiv & Kreativ

Freizeit- und Erlebnisbad: Im AQUA MARIEN in Marienberg bleibt der Alltag vor der Tür. Kinderparadies, Rutschen, Solarien, Minigolf, Dart, Tischtennis und Billard sorgen für aktive Abwechslung. Top: das Wellnessangebot und die Sauna im Erzstollen. S. 141

Klettern: Wer da glaubt, nur in der sächsischen Schweiz könne man sich an schweren Kletterfelsen versuchen, sieht sich getäuscht. Auch die Wolkensteiner Schweiz hat manch anspruchsvollen Aufstieg durch die Felsen zu bieten. S. 157

Genießen & Atmosphäre

Stube und Biergarten: Die Bauernstube Marienberg kann auf beides verweisen. Ein atmosphärischer Ort für den Tagesausklang bei einem guten Glas Bier oder einem deftigen Essen wie bei Muttern. S. 141

Prima Küche: Der Name des Flairhotels Schwarzbeerschänke ist Programm. Gemütlich und mit ganz ausgezeichneter Küche, liegt es bei Pobershau am Eingang zum Schwarzwassertal, einem der wildromantischsten Täler des Erzgebirges. Ob vor oder nach einer Wanderung – der perfekte Platz zum Relaxen. S. 147

Abends & Nachts

Militärisches: Rustikales Ambiente vollgepackt mit Bezug zur Militärhistorie. Auch die alten Soldaten griffen am Abend gern zum vollen Glas – das Erlebnisgasthaus Zum Grenadier in Wolkenstein steht Gewehr bei Fuß. S. 159

Renaissance im Erzgebirge

Viele der Dörfer und Städte im Mittleren Erzgebirge gründen auf dem Bergbau. Interessante, oft überdimensioniert erscheinende Kirchen künden davon, dass die Region einst nicht nur aus armen, mittellosen Bauern und Bergleuten bestand, sondern zahlreiche bürgerliche und adlige Sachsen gutes Geld am Bergbau verdienten und so ihren Beitrag dafür leisten konnten, dass diese prächtigen Gotteshäuser errichtet wurden.

Marienberg ▶ J 4

Die meisten Siedlungen im Erzgebirge entstanden, angetrieben vom Menschenzustrom des Berggeschreis, willkürlich und relativ planlos. Völlig anders sah das in Marienberg aus. Heute könnte man die Kleinstadt als erzgebirgische ›Krone der Renaissance‹ be-

Infobox

Internet
www.marienberg.de: Die offizielle Webseite der Stadt umfasst einen sehr umfangreichen und informativen touristischen Part – inklusive Traditionen und Geschichte.

Anreise und Weiterkommen
Bus: Marienberg ist per Bus direkt mit Chemnitz, Annaberg-Buchholz und Olbernhau verbunden. Eine Stadtbuslinie verbindet das Wohngebiet Mühlberg mit dem Zentrum. Die teils weit verstreuten neuen Ortsteile sind ebenfalls mit Buslinien an die Stadt angebunden. Infos: www.bvo.de.

zeichnen. Zwei Männern hat es die Bergstadt vor allem zu verdanken, dass sie sich mit diesem Titel schmücken kann. Herzog Heinrich der Fromme war es, der am 27. April 1521 die Gründungsurkunde der Stadt unterzeichnete. Schon wenige Tage später wurde nach den Plänen Ulrich Rülein von Calws begonnen, eine Stadt, auf dem Reißbrett entworfen, in die Wirklichkeit umzusetzen. Ein Stück Italien hielt Einzug im Erzgebirge, denn das unübersehbare Vorbild Marienbergs war die italienische Renaissance mit ihren typischen regelmäßigen Grundrissen, einem zentralen quadratischen Marktplatz und einem rechtwinkligen Straßensystem: eine Idealstadt bzw. das, was man damals darunter verstand.

Innenstadt

Seine Traditionen und seine Identität schöpft Marienberg aus dem Bergbau. So geht die **Stadtkirche St. Marien** (1558–1564) genauso auf die Hochzeit des Silbererzbergbaus zurück wie das zwischen 1537 und 1539 im Renaissancestil errichtete **Rathaus** und das als Letztes von fünf Stadttoren erbaute **Zschopauer Tor.** Von 1966 bis 2006 war im Zschopauer Tor das kleine Stadtmuseum untergebracht, das im Frühjahr 2006 ins Bergmagazin Marienberg umgezogen ist (s. S. 139). Neben dem Rathaus, ebenfalls am Markt, befindet sich das ehemalige kurfürstliche **Jagdschloss.** Seit über 110 Jahren blickt der Stadtgründer **Herzog Heinrich der Fromme** von seinem Granitsockel über den Marktplatz seiner Stadt.

Zu den historischen Sehenswürdigkeiten der Innenstadt zählen außerdem die **Postdistanzsäule,** der **Rote**

Turm, der zur Stadtbefestigung gehörte, das altehrwürdige **Gymnasium** und das 200 Jahre ältere, sogenannte **Trebrahaus,** das ehemalige Bergamt. Ein Kleinod stellt das **Lindenhäuschen** dar, ein typisches Bergarbeiterwohnhaus aus der Zeit vor 1541. Es gilt heute als ältestes Wohngebäude der Stadt.

Bergmagazin und Museum Sächsisch-böhmisches Erzgebirge

Am Kaiserteich 3, Tel. 03735 666 81 29-0, www.marienberg.de, Di–So, Fei 10–17 Uhr, Erw. 3,50 €, Kinder 2 €
Eines der bedeutendsten Baudenkmäler der Stadt ist zweifellos das Bergmagazin. Nach einer dreijährigen Restaurierung erstrahlt das Anfang des 19. Jh. als Getreidespeicher errichtete Gebäude wieder in seiner alten Schönheit. Neben dem Museum Sächsischböhmisches Erzgebirge beherbergt es die Stadtbibliothek. Das Museum beschäftigt sich mit der »Biografie einer Region« und beschränkt sich bei der Kulturgeschichte des Erzgebirges nicht auf den sächsischen Teil, sondern lässt auch die böhmische Seite hinter dem Erzgebirgskamm zu Wort kommen. Einen weiteren Schwerpunkt bilden die Gründung und die Geschichte der fast 500-jährigen Bergstadt. Zudem steht die Nachbarschaft mit Tschechien, sprich die regionale politische Geschichte des 20. Jh. im Fokus der Museumsmacher. Die Ausstellung ist, einmalig in der Region, durchweg in deutscher und tschechischer Sprache präsentiert.

Ortsteile

Mehr als andere Städte hat sich Marienberg zwischen 1994 und 2003 mit sieben vormals eigenständigen Gemeinden ›verstärkt‹. Damit erstreckt sich die Gemarkung der Stadt auf eine Fläche von 107 km² bis an die Grenze

zur Tschechischen Republik. Nur zum Vergleich: Würzburg muss mit fast 20 km² Fläche weniger auskommen.

Lauta ▶ J 4

Einige der neuen Ortsteile können auf eine deutlich längere Geschichte zurückblicken als die Stadt selbst. Das beginnt schon in Lauta. Das ehemalige Waldhufendorf wurde bereits 1443 erstmals urkundlich erwähnt. Neben dem Pferdegöpel künden dort schon von Weitem die Halden des **Bauer Morgengangs** von der Bergbaugeschichte. Ein weiteres Ziel ist die **Drei-Brüder-Höhe** mit ihrem Aussichtsturm und dem Caravanstellplatz.

Pferdegöpel auf dem Lautaer Rudolphschacht ▶ J 4

OT Lauta, Lautaer Hauptstr. 12, Tel. 03735 60 89 68, www.marienberg.de, April–Okt. Di–So 10–17, Nov.–März Di–So 10–16 Uhr, Erw. 4 €, Kinder 2 €
Über Jahrzehnte fehlte der alten Bergstadt ein richtig attraktives Stück Bergbaugeschichte zum Vorzeigen. Das hat sich 2006 geändert. Mit der Übergabe des wiedererstandenen Pferdegöpels auf dem Lautaer Rudolphschacht konnte diese Lücke im touristischen Portfolio der Stadt geschlossen werden. Dabei entstand nicht nur die historische Förderanlage neu, die 1877 abgerissen worden war, sondern ein komplettes Bergbauensemble, zu dem neben dem Pferdegöpel ein Treibehaus, eine Scheidebank, eine Bergschmiede und ein Besucherzentrum mit angeschlossener Ausstellung gehören. Für kleine Besucher ist der mechanische Märchenberg in der Bergschmiede ein besonderer Anziehungspunkt.

Niederlauterstein ▶ J 4

Noch älter ist das benachbarte Niederlauterstein. Zumindest die Burg, die heute als Ruine steht, lässt sich bereits

Hochmoorpfad ▶ J 5

Wer mehr über die erzgebirgischen Hochmoore erfahren will, kann im Ortsteil Kühnhaide mit den Moormaskottchen Rauschi und Moosi entlang dem **Moorlehrpfad Stengelhaide** eine Menge entdecken.

1304 als Burg Lutirstein schriftlich nachweisen.

Lauterbach ▶ J 4

Bei dem benachbarten Ortsteil Lauterbach stützt sich der Bekanntheitsgrad eher auf die jüngere Vergangenheit. Der Lauterbacher Tropfen, von manchen auch despektierlich ›Badewasser‹ genannt, ein ungesüßter Magenbitter, erfreute und erfreut sich ungebrochener Beliebtheit. Dabei sollte man aber in Lauterbach auch die **Wehrkirche** im Auge behalten, die zu den schönsten Dorfkirchen Sachsens zählt.

**Satzung, Kühnhaide,
Rübenau** ▶ J/K 5

Wie Kühnhaide und Rübenau liegt auch Satzung auf dem Erzgebirgskamm direkt an der Grenze zur Tschechischen Republik. Die typischen Streusiedlungen bieten Ruhe fernab des Massentourismus und im ›Ausgleich‹ dazu ein raues Klima, das man so eigentlich erst einige hundert Höhenmeter weiter oben erwarten würde.

Satzung besitzt mit dem **Hirtstein**, einer Quellkuppe aus Basalt, einen der attraktivsten Aussichtspunkte des Erzgebirges. Dort trifft man auch auf den Basaltfächer, ein Naturdenkmal, das zu den bedeutendsten Geotopen Deutschlands gehört.

Reitzenhain ▶ J 5

Zwischen diesen Ortsteilen liegt Reitzenhain, seit 1978 einer der wichtigsten Grenzübergänge zur damaligen ČSSR. Bereits 1711 war das Örtchen die sächsische Grenzstation für die ›Prager Kutsche‹, eine regelmäßige Postkutschenverbindung übers Gebirge ins Böhmische.

Übernachten

Bodenständig – **Hotel Weißes Roß:** Annaberger Str. 12, Tel. 03735 68 00-0, www.erzgebirgshotels.de, DZ ab 79 €. Liebevoll restauriertes Haus in der Renaissance-Altstadt mit langer Tradition.
Am Aussichtsturm – **Berghotel Drei-Brüder-Höhe:** OT Lauta, Drei-Brüder-Höhe 1, Tel. 03735 600-0, www.3bh.de, DZ ab 72 €. Exponierte Lage fernab von Abgasen und Verkehr. Einer der schönsten Aussichtstürme des gesamten Erzgebirges.
Ländlich – **Uhlig's Gasthof:** OT Satzung, Satzunger Hauptstr. 84, Tel. 037364 84 55, www.uhligs-gasthof.de, DZ ab 44 €. Gemütlicher Gasthof auf dem Erzgebirgskamm mit familiärer Atmosphäre. Liegt zwar im Zentrum des Dorfes, trotzdem aber absolut ruhig.

Essen & Trinken

Knolliges – **Oma's Kartoffelhaus:** Zschopauer Str. 19, Tel. 03735 663 40, www.omas-kartoffelhaus.de, Di–Do 11.30–14, 17.30–23, Fr 17.30–24, Sa 11.30–14, 17.30–24, So 11.30–14, 17.30– 23 Uhr, Hauptgericht 6,30–12 €. Uriges Restaurant, in dem die beliebten *Ardäppeln* die Hauptrolle spielen. Deftiges kommt hier in rustikaler Atmosphäre auf den Tisch.
Rundum Natur – **Gasthof Rätzen´s Brettmühle:** OT Gebirge, Brettmühlenweg 8, Tel. 03735 228 32, www.brettmuehle-pension.de, Di–So ab 10 Uhr,

Hauptgericht 6,30–11,50 €. Gut bürgerliche Küche und Wildspezialitäten. Ideale Ausflugsgaststätte im Rätzteichgebiet südlich von Marienberg.

Abendtreff – **Bauernstube Marienberg:** Äußere Wolkensteiner Str. 25, Tel. 03735 21 95 75, www.bauernstube-marienberg.de, Mo, Mi–Fr ab 16, Sa, So ab 15 Uhr, Hauptgericht 2,60–7 €. Essen wie bei Muttern und das zu Preisen von vorgestern – da steht dem gemütlichen Abend nichts mehr im Wege.

Einkaufen

Überraschungen – **La Casa:** Freiberger Str. 8, Tel. 03735 60 92 93, Mo–Fr 10–18, Sa 10–12 Uhr. Gut sortierter Geschenkeladen, natürlich auch mit regionaltypischen Souvenirs.

Gedrucktes – **Christliche Buchhandlung:** Zschopauer Str. 10, Tel. 03735 234 07, Mo–Fr 9–18, Sa 9–12 Uhr. Breit gefächertes Buchangebot, darunter interessante Titel rund um erzgebirgische

Geschichte, Traditionen und touristische Ziele.

Aktiv & Kreativ

Badespaß – **Erlebnisbad AQUA MARIEN:** Am Lautengrund 5, Tel. 03735 68 08-0, www.aquamarien.de, tgl. 10–22 Uhr, Tageskarte Erw. 12 €, Kinder 7,50 €. Das beliebteste Spaßbad im Mittleren Erzgebirge. Attraktionen wie das Wellenbecken, der Strömungskanal, der Crazy River, die große Familienrutsche und das Kinderparadies sorgen für nasse Abwechslung. Ein 25-m-Schwimmbecken bietet Schwimmern die Möglichkeit, in Ruhe ihre Bahnen zu ziehen. Spiel und Spaß bei Bowling, Dart, Tischtennis und Minigolf sowie ein großer Wellnessbereich vervollständigen das Badeerlebnis.

Kulturelles – **Baldauf Villa:** Anton-Günther-Weg 4, Tel. 03735 220 45, www.mek-kultur.de, Mo–Fr 9–19, So 14–17 Uhr. Das Kultur- und Freizeitzentrum

Starke Umfassungsmauern schützten die auf Idealgrundriss errichtete Stadt Marienberg

der Stadt bietet ein breites Spektrum an Angeboten – von Buchlesungen über den Seniorentee bis hin zu kreativen Kursen.

Infos & Termine

Infos

Tourist-Information Marienberg: Markt 1, 09496 Marienberg, Tel. 03735 60 22 70, www.marienberg.de, Mo–Fr 10–17, Sa 9–12 Uhr.

Termine

Kneipennacht: Kultur und Bierseligkeit, in vielen Kneipen der Stadt ist am 1. Sa im Juli auch für (kulturelle) Stimmung gesorgt.

Holzmarkt: Alle zwei Jahre steht das 1. Sept.-Wochenende ganz im Zeichen des Holzes und der Vielzahl der Produkte, die daraus hergestellt werden (2012, 2014 …).

Weihnachtsmarkt: Vom 1. bis 4. Advent verwandelt sich der Marienberger Marktplatz in das Arbeitsfeld des Weihnachtsmannes.

Große Bergparade: Immer am 3. Advent ziehen die Bergleute in ihrem feierlichen Habit durch die Stadt, begleitet von bergmännischer Musik.

Östlich von Marienberg

Pobershau ▶ J 4

So klein der staatlich anerkannte Erholungsort Pobershau mit seinen rund 2000 Einwohnern auch sein mag, seine touristischen Sehenswürdigkeiten würden durchaus größeren Städten gut zu Gesicht stehen. Nur einen Katzensprung von Marienberg und 10 km von

der tschechischen Grenze entfernt, liegt der Ort mit seinen Ortsteilen **Rittersberg** und **Hinterer Grund** in zwei malerischen Tälern, von denen das Schwarzwassertal das wohl wildromantischste Tal des Erzgebirges sein dürfte.

Anfang des 16. Jh. trieben Bergleute auf der Amtsseite einen Stollen in den Berg, der als Tiefer Molchner Stolln seit Jahrzehnten Schaulustige und Bergbauinteressierte anzieht. So ist es nicht verwunderlich, dass die Hauptsäule, auf die sich das touristische Angebot der Gemeinde stützt, der historische Bergbau ist. Weitere Standbeine sind neben verschiedenen Ausstellungen die ebenso reizvolle wie erholsame Natur rund um die beiden Täler und die zahlreichen Feste, für die Pobershau ebenfalls bekannt ist.

Zu den Ausflugszielen im Ort gehören unter anderem der **Blaue Stein,** ein kleiner Aussichtsfelsen im Ortskern, die **Göpelpyramide** in der Ortsmitte am historischen Standort eines ehemaligen Poch- und Waschgebäudes sowie im **Haus des Gastes** der mechanische Heimatberg »A Stück'l Haamit«.

Schaubergwerk Molchner Stolln

AS Dorfstr. 67, Tel. 03735 625 22, www.molchner-stolln.de, tgl. 9–17 Uhr, Erw. 4,50 €, Kinder 3 €
Die 45-minütigen Führungen im Molchner Stolln starten zur vollen Stunde. Über alte Schriften lässt sich der erste Bergbau in der Region auf das Jahr 1484 datieren. Von der »Drey Molchen Fundgrube« wird 1529 berichtet. Bereits 1540 wurde der Höhepunkt der Silbererzausbeute erreicht. Der Dreißigjährige Krieg brachte den Bergbau komplett zum Erliegen. Im 17. Jh. wurde vor allem Zinn abgebaut und später dann Arsenkies gewonnen. 1886 schloss die letzte Grube. Die SDAG Wismut war es, die von 1947 bis 1954 dem Bergbau in Pobershau noch

einmal neues Leben einhauchte. Die Führung durch den Stollen ist eine Zeitreise durch 500 Jahre Bergbau. Das bemerkenswerteste Schaustück auf dem Rundgang ist das Kunstgezeug im Reichelschacht, eine Wasserhebetechnik aus dem 16. Jh. Neben den Standardführungen organisieren die Pobershauer Bergleute auch eine Reihe von Sonderführungen, zumeist mit einem urigen Schmaus unter Tage.

Die Hütte

Rathausstr. 10, Tel. 03735 625 27, www.pobershau.de, Di–So 13–17 Uhr, Erw. 2,50 €, Kinder 1 €
Eine Schnitzausstellung der besonderen Art erwartet die Besucher in der Hütte. Hier wird das Lebenswerk des Pobershauer Schnitzers Gottfried Reichel gezeigt, der sich, im Gegensatz zur Tradition, nicht den typisch erzgebirgischen Motiven zugewandt hat. Reichel erzählt in über 300 Figuren die Geschichte der Bibel. Er erinnert an Leid, totalitäre Gewalt, Krieg, Gefangenschaft und Vertreibung, an menschliche Schicksale, die nicht vergessen werden dürfen.

Böttcherfabrik

RS Dorfstr. 112, Tel, 03735 66 01 62, www.pobershau.de, Di–So 13–17 Uhr, Kombikarte (alle 3 Museen) Erw. 5 €, Kinder 1,50 €
Der Gebäudekomplex einer ehemaligen Holzwarenfabrik wurde in den 1990er-Jahren zu einem attraktiven Ausstellungszentrum umgebaut. Zu den Ausstellungen gehören die **Gemäldegalerie Max Christoph,** die knapp 400 Arbeiten dieses erzgebirgischen Künstlers zeigt, eine originalgetreue **Werkzeugbau-Werkstatt** und eine **Landwirtschaftsausstellung.** Ergänzt wurde der Ausstellungskomplex 2007 mit einer voll funktionsfähigen, **historischen Druckerei,** die man an

ausgewählten Tagen auch in Aktion erleben kann. Besonders interessant für kleine Besucher dürfte die große **Puppenausstellung** sein. Die einzigartige Schau zeigt über 2500 Puppen verschiedenster Art. Immer Di und Do zwischen 10 und 17 Uhr ist Puppendoktorin Myriam Richter vor Ort.

Naturschutzgebiet Schwarzwassertal ▶ J 4

Naturliebhaber zieht es ins Naturschutzgebiet **Schwarzwassertal** (s. auch S. 144) mit dem Aussichtspunkt Katzenstein, dem Vogeltoffelfelsen, der Teufelsmauer und den Nonnenfelsen. Schon allein die Namen versprechen Wildromantisches. Im Mittelpunkt des Naturschutzgebietes sorgt der Grüne Graben mit seinem Wan-   ▷ S. 147

Auf Entdeckungstour

Wildromantische Natur – unterwegs im Schwarzwassertal

Die schönste der wilderen Erzgebirgslandschaften ist wohl das Tal der Schwarzen Pockau oder – wie der Abschnitt von der Kniebreche in Richtung Gebirgskamm genannt wird – das Schwarzwassertal. Touristen suchen und finden hier Entspannung inmitten der Fauna und Flora des Naturparks Erzgebirge/Vogtland.

Reisekarte: ▶ J 4

Wanderkarte: s. Karte S. 143

Orientierung: Der Weg ist relativ gut ausgeschildert.

Zeit: Wanderung ca. 5 Std. (17 km)

Start: Bushaltestelle Kniebreche an der Säge- und Holzbau GmbH Schwarzwassertal (B 171). Hinter dem Betrieb in Richtung Bahnstrecke gibt es eine Möglichkeit, sein Auto abzustellen.

Während das Erzgebirge sich meist eher lieblich präsentiert, überrascht das Schwarzwassertal mit seiner untypischen Wildheit. Hier kann man noch ein Stück des alten Miriquidi erahnen und sich in die Zeit zurückversetzt fühlen, als Fuhrleute mit ihren Ochsengespannen den Weg durch die dunklen Wälder über den Kamm des Gebirges suchten.

Von der Kniebreche ins Tal der Schwarzen Pockau

Nach der Bushaltestelle Kniebreche (s. Karte S. 143) überquert man zuerst die Schwarze Pockau und wandert auf der schmalen Asphaltstraße in Richtung Katzenstein rechts hinein ins Schwarzwassertal. Begleitet wird der Weg vom Rotstrich. Die sehr wenig befahrene Straße verläuft linksseitig (bzw. vom Wanderer aus gesehen rechts) der Schwarzen Pockau am Waldrand entlang und passiert nach rund 1,5 km eine kleine Schrifttafel, die am linken Straßenrand auf das verbrochene Mundloch eines ehemaligen Bergwerksstollens verweist. Nach gut 2 km erreicht man das **Hotel und Restaurant Schwarzbeerschänke** (s. S. 147), eines der beliebtesten Ausflugslokale der Region. Hier informiert eine Schautafel mit Wanderkarte über das Schwarzwassertal. Die Straße führt nun weiter in den kleinen Pobershauer OT Hinterer Grund. Hier beginnt der schönste Teil des Tales. Der Weg biegt vor dem Wanderparkplatz die Straße in Richtung Pobershau nach rechts steil in den Wald nach oben. Nach 200 m wird der Anstieg flacher und man passiert den ehemaligen Standort Huthaus der Grube St. Ursula mit einer Bank und die Lama-Ranch mit dem **Saloon Zum Grizzly.** Nach weiteren 250 m wird die Abzweigung des Weintraubenweges erreicht, von der aus es nun nach links

weiter hoch in den Wald geht. Der Fahrweg folgt dem Gelbstrich straff bergauf, wird dann Stück für Stück schmaler und letztlich zu einem Pfad, der nach knapp 1 km das **Berghaus am Katzenstein** erreicht.

Wissenswertes zu Flora und Fauna am Wegesrand

Der Weg führt daran vorbei und nutzt nun eine von rechts kommende Straße geradeaus. Sie wird bergaufwärts zu einem asphaltierten Wanderweg und trifft an einer Kreuzung mit Sitzgruppe und Hinweistafel auf den **Forstbotanischen Lehrpfad** am Katzenstein. Wer Glück hat, kann dabei der Tierwelt des Erzgebirges nicht nur auf Tafeln näherkommen. Rehe sind hier ebenso zu Hause wie Hirsche und so mancher Schwarzkittel. Begleitet von Informationstafeln zu Fauna und Flora der Region geht es weiter geradeaus. Dabei erfährt man auch eine Menge über die forstwirtschaftliche Nutzung der Erzgebirgswälder. Immerhin sind über 60 % der Fläche des Naturparks Erzgebirge/Vogtland von Wäldern bedeckt.

An der nächsten Gablung wechselt man nach links. An einer kleinen Wegekreuzung wurden eine Schutzhütte und eine Sitzgruppe eingerichtet. Von hier sind es nur noch 20 m bis zu den mit Geländern gesicherten Aussichtspunkten auf den Felsen des **Katzensteins.** Hier öffnen sich weite Blicke über das Land und hinunter ins 90 m tiefer liegende Schwarzwassertal. Bänke und Picknickplätze laden zur Rast ein.

Zurück an der kleinen Kreuzung, wechselt der Wanderweg nach links und passiert zahlreiche Schautafeln und eine Vogelbeobachtungsstelle mit Unterstand, Wasserstelle und Futterplatz. Sie ist der Anziehungspunkt für Fans fliegender Waldboten. Dabei dürfte ein Blick auf den Eichelhäher fast garantiert sein, vielleicht lässt sich sogar ein Specht sehen, dessen Arbeit an den Bäumen man überall auf der Wanderung hören kann. Zu den eher seltenen Gästen gehören u. a. der Sperlingskauz und der schillernde Eisvogel.

Mit diesem Weg trifft man auf den von rechts kommenden Grünen Graben. An der Gabelung steht links eine Erinnerungstafel des Sächsischen Forstvereins zum 150-jährigen Jubiläum im Jahre 1997.

Am Grünen Graben

Ab hier folgt man linksseitig dem Grünen Graben, der in Zusammenhang mit dem Bergbau entstanden ist und dessen Wasser von der Schwarzen Pockau abgezweigt wird. So wie die Schwarze Pockau, deren Wasser durch Schwebstoffe und Mineralien aus ihrem Quellmoor am Jelení Hora im Böhmischen seine tiefbraune Farbe erhält, macht auch der Grüne Graben seinem Namen alle Ehre. Nur dass sein Name sich nicht auf die Farbe des Wassers bezieht, sondern auf das Grün an seiner Seite. Es ist ein sehr angenehmer und romantischer Weg. Sanft plätschert das Wasser und von unten dringt das Rauschen der Pockau durch den Wald. Das Höhenniveau zwischen dem Grünen Graben und dem Schwarzwassertal nähert sich langsam an. Ab und zu kann man schon einen Blick auf die Schwarze Pockau erhaschen. Nach knapp 2 km erreicht man einen Rastplatz auf einem kleinen Felsen mit Bänken. Vor dem Rastplatz verlässt der Weg den Graben nach unten zum Bach.

Zurück auf dem Pockautalweg

Nach rund 300 m überquert er die Schwarze Pockau und stößt auf den **Pockautalweg.** Im Wasser tummeln sich Bachforellen und Saiblinge. Auf der gepflegten Forststraße führt der

Weg nun links in Richtung Hinterer Grund und entlang der Schwarzen Pockau durch ein wildromantisches Tal, teils begrenzt von schroffen Felsen. Hier unten finden sich ab und zu Bänke, die am Grünen Graben leider gefehlt haben. Nach rund 2 km erreicht der Fahrweg den Bereich des Katzensteins. Wenn man genau nach oben sieht, kann man vielleicht andere Wanderer auf der Aussichtsplattform erkennen. Begleitet von der Rotstrich-Markierung folgt man dem Pockautalweg. An einer Abzweigung steht eine große Schautafel, die viel über das Tal und dessen Fauna und Flora erzählt. Auch hier trifft man auf einige der floralen Highlights des Naturparks, zu denen neben dem Alpenbärlauch u. a. verschiedene Enzianarten und einheimische Orchideen gehören. Bald sind die ersten Häuser des Hinteren Grundes erreicht. Aus der Forststraße wird eine asphaltierte Straße, die zuerst den Natur- und Lehrgarten des Naturschutzzentrums und dann das Kinderheim Pobershau passiert. Es geht vorbei an der Schwarzbeerschänke.

Nach 300 m sollte man die Straße verlassen und dem kleinen Weg mit dem Rotstrich nach rechts über eine Wiese in den Wald hinein folgen. Auch das ist noch der Pockautalweg. An der ersten Gabelung folgt man links dem Pfad am Waldrand. Er begleitet die Wanderer recht romantisch und abwechslungsreich erst am Hang etwas hoch und dann über Treppen und Stege entlang der Schwarzen Pockau und trifft auf eine Siedlung. Aus dem Pfad wird eine Siedlungsstraße, diese führt zurück auf die Talstraße, auf der es nicht mehr weit bis zum Ausgangspunkt ist.

Tipp: Wer den Weg um etwa 5 km verkürzen möchte, kann auch an der Schwarzbeerschänke starten und enden.

derweg wieder für Rückbesinnung auf den historischen Bergbau.

Übernachten

Natur und Luxus – **Flairhotel Schwarzbeerschänke:** Amtsseite, Hinterer Grund 2, Tel. 03735 919 10, www.schwarzbeerschaenke.de, DZ ab 75 €. Am Ausgangspunkt der Wanderungen ins Schwarzwassertal; ein sehr komfortables Hotel mit weit über die Kreisgrenzen hinaus bekannter Küche.

Hundefreundlich – **Das Berghaus am Katzenstein:** Katzensteinweg 3, Tel. 03735 91 49-0, www.das-berghaus.de, DZ ab 60 €. Hundefreundliches Hotel mit großer Zwingeranlage außerhalb des Ortes auf einer Waldlichtung.

Idyllisch – **Feriendorf Schwarzwassertal:** Hinterer Grund 17 a, Tel. 03735 235 86, www.feriendorf-pobershau.de, Ferienhäuser ab 26 €/Nacht. Kleine Ferienhaussiedlung in wunderschöner, absolut ruhiger Lage. Perfekt besonders für Familien.

Essen & Trinken

Am Wandersteig – **Bergschänke Am Katzenstein:** Katzensteinweg 2, Tel. 03735 66 97 83, Do–Di ab 11 Uhr, Hauptgericht 6,50–11 €. Nicht nur Wanderer können sich hier mit regionalen Gerichten verwöhnen lassen.

Hausgebackenes – **Gaststätte und Pension Waldeck:** Rathausstr. 36, Tel. 03735 232 14, www.das-waldeck.de, Mo, Di, Fr ab 14, Sa/So ab 11.30 Uhr, Hauptgericht 5,80–11 €. Erzgebirgische Spezialitäten und hausgebackener Kuchen sorgen für Verführung. Besonders beliebt ist der monatliche Sonntagsbrunch.

Talblick – **Gaststätte und Pension Talschänke:** Ratseite 34, Tel. 03735 65 75

66, www.talschänke-pobershau.de, Di–Sa 11–22, So 11–21 Uhr, Hauptgericht 6,50–10,50 €. Gemütlicher Gastraum mit Terrasse, großer Wintergarten und gutbürgerliche Kost. Herrlicher Blick ins Tal der Roten Pockau.

Aktiv & Kreativ

Pferdestärken – **Haflingerhof am Katzenstein:** Hinterer Grund 20, Tel. 0162 952 46 51. Bernd Händel vom Haflingerhof lädt zu Kremser- und Schlittenfahrten ein. Außerdem wird eine Reitausbildung angeboten. Für erfahrene Pferdefreunde gibt es Geländeritte.

Exotisches – **Lama-Ranch Pobershau:** Hinterer Grund 17 a, Tel. 03735 235 86, www.lama-ranch.de. Man muss nicht nach Südamerika fliegen, um Lamas ganz nahe zu kommen. Im Feriendorf Schwarzwassertal ist eine kleine Herde dieser wolligen Tiere zu Hause. Wanderungen mit diesen ruhigen, ausgeglichenen Tieren sind nicht nur für gestresste Manager ein bleibendes Erlebnis.

Infos & Termine

Infos

Gästebüro: Ratseite, Dorfstraße 68, 09496 Pobershau, Tel. 03735 234 36, www.pobershau.de, Mo–Fr 9–12.30, 13–16.30, Sa, So 13–17 Uhr in der Galerie »Die Hütte«. Hier gibt es auch die Gästekarte, die jedem Urlauber in Pobershau, der im Ort wohnt und Kurtaxe bezahlt, zahlreiche Ermäßigungen gewährt.

Termine

Feuerwehrfest: Immer am letzten Wochenende im Juli laden die Jünger Florians zu einem bunten Festprogramm ein.

Sommerfest der Vereine mit dem internationalen Klöppeltreff: Das Vereinsleben ist lebendig und besonders das Klöppeln sorgt für viele Besucher am 2. Augustwochenende.

Kirmes mit Naturmarkt: Buntes Treiben rund um den Festplatz und gesunde Produkte an den Marktständen gibt es hier immer am 3. Septemberwochenende.

Weihnachtsmarkt mit Berggottesdienst und Bergaufzug: Das 2. Adventswochenende steht ganz im Zeichen weihnachtlicher und erzgebirgischer Traditionen. Der Bergaufzug am Sonntag zählt neben dem Annaberger zu den großen in der Region.

Zöblitz ► J 4

Das Städtchen Zöblitz wurde bereits 1323 erstmals erwähnt. Damit zählt es zu den ältesten Siedlungen im Erzgebirge. Seine damalige Bedeutung basierte darauf, dass es Zollstätte am historischen ›Alten Böhmischen Steig‹ war. Dieser wichtige Handelsweg, eine der bedeutendsten Salzstraßen, führte die Kaufleute aus dem Hallischen in Richtung Prag. Zu dieser Zeit war das

Mein Tipp

Steindrechsler ► J 4
Bis heute wird der Serpentinstein von geschickten Drechslern zu hochwertigen Schmuckgegenständen verarbeitet. Wer den Drechslern dabei über die Schulter schauen möchte, ist bei der **Zöblitzer Natursteine GmbH** (Freiberger Str. 18, Tel. 037363 73 04, tgl. 7.30–16 Uhr) an der richtigen Stelle.

Städtchen das Verwaltungszentrum der Herrschaft Lauterstein.

Während die wirtschaftliche Bedeutung der alten Salzstraßen zurückging, konnte Zöblitz im späten Mittelalter seinen Bekanntheitsgrad europaweit festigen. Der Grund dafür war ein weicher Stein, der im 15. Jh. am Ortsrand gefunden wurde. Dieser Serpentinstein ist so weich, dass er sich, ähnlich wie Holz, auf einer Drechselbank bearbeiten lässt. Zahlreiche Königshäuser ließen sich von den geschickten Zöblitzer Steindrechslern Tafelgeschirr anfertigen, auch berühmte Repräsentationsbauten wurden damit geschmückt, so z. B. die Dresdner Semperoper. Bis heute verbindet sich der Name der Stadt eng mit dem Serpentin.

Serpentinstein- und Heimatmuseum Zöblitz

Bahnhofstr. 1, Tel. 037363 77 04, www.zoeblitz.de, Di–Fr 10–15.30, Sa, So 13–16 Uhr, Erw. 2 €, Kinder 1 €
Mittelpunkt des Museum sind eine voll funktionsfähige Serpentinstein-Drechselwerkstatt aus dem Jahre 1889. Die Maschinen der Werkstatt werden von Lederriemen über eine Transmission angetrieben. Gezeigt werden außerdem zahlreiche gedrechselte Kunstwerke und Exponate aus der Zöblitzer Stadtgeschichte.

Im Anschluss an den Rundgang durchs Museum besteht die Möglichkeit, einen Blick in die Zöblitzer **Stadtkirche** zu werfen. Das absolute Highlight der Kirche ist die zweimanualige Orgel, die der berühmte Orgelbaumeister Gottfried Silbermann schuf.

Heimatstube und Schmiede Ansprung

OT Ansprung, Rübenauer Str. 1 a, Tel. 037363 72 39, Erw. 1 €, Kinder 0,50 €
Im Erdgeschoss der Heimatstube befindet sich die alte Schmiede. Auf

Wunsch und nach telefonischer Voranmeldung können spezielle Führungen mit Schauschmieden organisiert werden.

Große Teile der Ausstellungsfläche sind dem Marmor Zebelicius vorbehalten, denn der Zöblitzer Serpentinstein wurde auch in Ansprung gefunden, abgebaut und verarbeitet. Ein weiterer Schwerpunkt der Heimatstube ist das für die Region so wichtige Holz. Die Palette reicht von der Köhlerei über die Holzäscherei, die Glaserzeugung, die Spanschachtelherstellung und die Nutzung des Holzes im Baugewerbe bis hin zur Fertigung von Alltagsgegenständen.

Übernachten

Traditionshaus – **Restaurant Zum schwarzen Bären:** Markt 78, Tel. 037363 72 46, www.restaurant-zum-schwarzen-baer.de, DZ ab 70 €. Das älteste Hotel der Region liegt direkt am Marktplatz der Serpentinstadt. Es bietet guten Wohnkomfort in zentraler Lage und historischen Mauern.

Im Herzen des Erzgebirges – **Landhotel Seifert:** Schützenstr. 44, Tel. 037363 41 76, www.schuetzenhaus-erzgebirge.de, DZ ab 64 €. Fernab von Verkehrslärm und Hektik liegt das Haus mitten in der Natur und besitzt neben komfortablen Zimmern eine prämierte Küche.

Essen & Trinken

Rastplatz – **Gaststätte Goldene Sonne:** OT Ansprung, Hauptstr. 7, Tel. 037363 189 69, tgl. ab 11.30 Uhr, Hauptgerichte 5–9 €. Direkt an der Verbindungsstraße nach Olbernhau gelegen, ist die Gaststätte ein seit Jahrzehnten beliebter Rastplatz.

Infos

Fremdenverkehrsamt: Bahnhofstr. 1, 09517 Zöblitz, Tel. 037363 77 04, www.zoeblitz.de.

Von Pockau nach Augustusburg

Pockau ▶ J 4

Der Ort am Zusammenfluss von Pockau und Flöha wurde um 1300 von Siedlern als Bauerndorf gegründet. Schon vor dem Zweiten Weltkrieg und verstärkt danach war die Region um Pockau als Sommerfrische, besonders bei Chemnitzern, sehr beliebt. Heute leben in der Gemeinde mit ihren fünf Ortsteilen rund 4000 Einwohner. Der Ort ist von weiten Nadel- und Laubwäldern umgeben, durch die sich gut ausgeschilderte Wanderwege ziehen. Außerdem erlaubt seine recht zentrale Lage Ausflüge zu vielen Hauptattraktionen des Erzgebirges wie Seiffen, Marienberg oder Olbernhau mit seinen sieben Tälern.

Sehenswert ist die **barocke Dorfkirche** im Ortsteil **Forchheim.** Gleich zwei große Erzgebirger haben darin ihre Spuren hinterlassen. Geschaffen wurde sie von George Bähr, dem Baumeister der Dresdner Frauenkirche, und die Orgel, die man noch heute in voller Klangschönheit genießen kann, stammt aus der Werkstatt von Gottfried Silbermann. In der Adventszeit ist die große **Lichterkirche** in Forchheim ein Muss.

Wer Erholung sucht, ist in den Parkanlagen am ehemaligen **Rittergut in Wernsdorf** und im **Kulturpark Pockau** am richtigen Ort. Einmal in Wernsdorf, darf eine Stippvisite an der **Blumenpyramide** nicht fehlen.

Technisches Museum Ölmühle
Mühlenweg 5 b, Tel. 037367 313 19,
www.pockau.de/Oelmuehle.htm,
Mai–Okt. Mi 15–16 , Sa 9–11, 14–16
Uhr, Erw. 2 €, Kinder 1 €
In Pockau wurde bereits vor über 350
Jahren Leinöl produziert: einer der
Gründe, warum es am Unterlauf der
Pockau zu einer überdurchschnittlich
großen Mühlendichte kam. Allein im
Mündungsgebiet der Pockau in die
Flöha versuchten 16 Mühlen das besonders im Sommer recht schmale
Wasserangebot des Flüsschens zu nutzen. Die Ölmühle Pockau ist als Einzige
erhalten geblieben. Die bis heute
funktionstüchtige Technik demonstriert die Ölgewinnung in verschiedenen Jahrhunderten. Außerdem kann
man in einem Nebengebäude der 1783
errichteten Mühle erleben, wie es mit
dem gewonnenen Öl weitergeht.

Amtfischerei 1653
Fischereiweg 35, Tel. 037367 837 64 u.
313 19, www.pockau.de, Di 15–17.30
Uhr, Eintritt frei
Die ehemalige Kurfürstliche Amtsfischerei ist eines der imposantesten
Fachwerkhäuser im gesamten Erzgebirge. Die zahlreichen Schmuckele-
mente im Holz machen das im 17. Jh.
errichtete Gebäude zu etwas Besonde-
rem. Heute beherbergt das perfekt restaurierte Haus den Sitz des Erzgebirgszweigvereins Pockau und einige sehenswerte Ausstellungen. Einerseits
kann man erleben, wie man zu Großmutters Zeiten gewohnt hat, andererseits wird über die Entstehung Pockaus
als Waldhufendorf berichtet und im
Freigelände wartet neben dem Kräutergarten und dem Lehmbackofen historisches Arbeitsgerät der Bauern aus
der Region. Eine Ausstellung zeigt
auch Filigranes, wie es unter den geschickten Händen der Klöpplerinnen
entsteht.

Übernachten

Haus am Fluss – **Erzgebirgshotel Berg-
schlösschen:** Mühlenweg 2, Tel.
037367 33 40, www.bergschloesschen-
pockau.de, DZ ab 70 €. Historisches
Gasthaus, das bereits vor 180 Jahren
›Sommerfrischler‹ im Pockautal be-
grüßte. Das Gebäude wurde 1798 errichtet und die erste Schankgenehmigung gab es 1830. Heute entsprechen
die komfortablen Zimmer natürlich
modernsten Anforderungen.
Naturnah – **Landhotel Pockau:** Otto-
Hertel-Str. 4 a, Tel. 037367 879 75,
www.landhotel-pockau.de, DZ ab
68 €. Ein sehr schönes und komfortables, familiär geführtes Haus in ruhiger
Lage am Ortsrand.

Essen & Trinken

Süßes – **Gaststätte Café Mauersberger:**
Rathausstr. 1, Tel. 037367 93 33, Sa, So
13–18, Mo, Do, Fr 14–18 Uhr. Die richtige Adresse für Leckermäuler: Torten,
Kuchen und Eisspezialitäten.
Preisgünstig – **Pension und Landcafé
Bleul:** OT Forchheim, Wernsdorfer Str.
2, Tel. 037367 820 72, www.pension-
erzgebirge.de, Mo–Mi 14–21 , So 12–21
Uhr, Hauptgerichte 5,70–7,20 €. Ein Geheimtipp für Preisbewusste, die trotzdem gute Kost zu schätzen wissen.

Aktiv & Kreativ

Für Mutige – **Hochseilgarten Erzgebirge:** *CVJM Strobelmühle, Marienberger Str. 36, Tel. 03735 6602-0,*
www.hochseilgarten-erzgebirge.de
Der perfekte Freizeitspaß für Mutige.
Die Plattform der Anlage liegt etwa
9 m hoch und dort werden auch die 19
Übungen durchgeführt. Für Adrenalin
ist, natürlich von Trainern optimal ge-

sichert, gesorgt. Wer es etwas niedriger mag, kann auf den Hindernisparcours des Niedrigseilgartens ausweichen.

Infos

Tourist-Information: Rathausstr. 10, 09509 Pockau, Tel. 037367 131 19, www.pockau.de.

Lengefeld ▶ J 3/4

Die Bergstadt Lengefeld ist ein staatlich anerkannter Erholungsort. Das wichtigste Kapital der kleinen Stadt ist ihre waldreiche Umgebung mit erholsamer Natur und zahlreichen Rad- und Wanderwegen. Der Ort ist eingebettet zwischen drei Talsperren und schließt die Ortsteile **Lippersdorf, Reifland** und **Wünschendorf** ein.

Während die Wurzeln der Burg Rauenstein (Ruwenstein) wahrscheinlich bis ins 12. Jh. zurückreichen, datiert die erste urkundliche Erwähnung von Lengefeld deutlich später. Für den Aufschwung der Stadt sollte eigentlich der Bergbau sorgen (die Stadt führt in ihrem Wappen Schlegel und Eisen), doch blieb der große Bergsegen aus. Und das, obwohl die 3,5 Zentner reines Silber, die die insgesamt 67 Fundgruben der Region von 1537 bis 1851 erbrachten, für das Randgebiet des Bergreviers so schlecht gar nicht waren. Im Kalkwerk Lengefeld wird übrigens bis heute unter Tage dolomitischer Kalkstein aus dem Berg geholt.

Burg Rauenstein

Die Geschichte des Ortes ist eng mit der Burg Rauenstein verknüpft. Errichtet wurde sie am mittelerzgebirgischen Querweg von Freiberg nach Annaberg als Zoll- und Schutzburg an der Furth durch die Flöha. Über die Jahrhunderte gab es zahlreiche Besitzerwechsel. 1843 ging sie an die Familie von Herder. Nach der Enteignung von Herders im Jahre 1946 wurde die Burg als Kinderkurheim genutzt. Jetzt hat die Familie den Gebäudekomplex vom Landkreises zurückgekauft. Das sehenswerte Baudenkmal der Fachwerkarchitektur des 17. Jh. erstrahlt in alter Schönheit, ist aber, da es sich um Privatbesitz handelt, nur von außen zu bewundern.

Technisches Denkmal Kalkwerk Lengefeld

Kalkwerk 4, Tel. 037367 22 74, www. kalkwerk-lengefeld.de, April–Okt. Mi–So, Fei 10–17 Uhr, Erw. 4 €, Kinder 3 €, Führungen nach Anmeldung
Das technische Museum liegt direkt an der B 101. Mit seinen pyramidenförmigen Brennöfen ist das historische Kalkwerk nicht zu übersehen. Erstmals erwähnt wurde es 1551 und in Betrieb war es bis 1945. Während man sich im Museum über die harte Arbeit der Kalkbrenner in längst vergangenen Zeiten informieren kann, wird nur wenige Schritte entfernt bis heute Kalkstein aus dem Berg geholt. Doch es gibt noch eine weitere Seite, die das Museum so interessant macht. Ein wichtiger Teil der bedeutenden Sammlung der Dresdner Gemäldegalerie Alter Meister wurde in den letzten Kriegsmonaten in den feuchten Stollen des Altbergbaus vor den Bombenangriffen in Sicherheit gebracht. Erst Mitte der 1950er-Jahre kamen die Bilder mit einem ›Umweg‹ über Russland zurück an ihren angestammten Platz – in die Galerie Alter Meister in Dresden.

Da aller guten Dinge drei sind, kann auch das Kalkwerk auf eine dritte Attraktion hinweisen. Von Mitte Juni bis Anfang August blühen auf der Sohle des alten Bergbaus Tausende von Orchideen.

400 Jahre Technikgeschichte – das historische Kalkwerk Lengefeld

Übernachten

Wellness am Wald – **Hotel Waldesruh:** Obervorwerk 1–3, Tel. 037367 30 90, www.hotel-waldesruh-lengefeld.de, DZ ab 78 €. Sehr komfortables Haus am Rande der Stadt in absolut ruhiger Lage mit großem Wellnessangebot für Körper und Seele.

Wandern vor der Tür – **Pension Trommler Hof:** Schwimmbadstr. 13 e, Tel. 037367 22 47, www.trommler-hof.de, DZ ab 50 €. Gemütliche kleine Pension, die auch Ferienwohnungen anbietet. Im Haus gibt es eine physiotherapeutische Praxis. Auf Wunsch werden verschiedene Wanderungen organisiert.

Zweiräder willkommen – **Gasthof und Pension Forsthaus:** Vorwerk 9, Tel. 037367 22 77, www.gasthof-forsthaus.

com, DZ ab 42 €. Altes Gasthaus unter neuer Führung. 2007 hat die fünfte Generation der Frenzels den Staffelstab übernommen. Das bikerfreundliche Haus hat sogar eine kleine Schrauberecke.

Essen & Trinken

Hausgemacht – **Garten- und Siedlerheim:** Siedlung 8, Tel. 037367 26 47, www.gartenheim-lengefeld.de, Di–Do 11–13.30, 16–21, Fr, Sa 11–13.30, 16–24, So 10–13.30 Uhr, Hauptgericht 5,40– 10 €. Hausgemachte Küche zu vernünftigen Preisen. Hier wird jeder satt.

Riesige Auswahl – **Erzgebirgshof Lengefeld:** August-Bebel-Weg 19, Tel. 037367 22 53, www.erzgebirgshof-len

gefeld.de, tgl. 9–22 Uhr, Hauptgericht 4,85–10,90 €. Sehr großes, trotzdem immer frisch zubereitetes Speiseangebot.

Infos

Tourist Information: Markt 1, 09514 Lengefeld, Tel. 037367 333 66, www.lengefeld.de.

Zschopau ► H 3

Es war ein alter Handelsweg zwischen Leipzig und Prag, einer der drei ›Böhmischen Steige‹, der hier die Zschopau überquerte. Die erste urkundliche Erwähnung fand Zschopau 1286. Bereits sechs Jahre später galt sie als befestigte Stadt. Noch früher war auf dem Bergsporn über dem Flussübergang ein mächtiger Wehr- und Wohnturm errichtet worden, der als ›Dicker Heinrich‹ noch heute das Schloss Wildeck dominiert und als Aussichtsturm einen tollen Blick über die Stadt bietet. Er ist das älteste erhaltene Bauwerk der Stadt. Wenig später wurde die Burg um ihn herum errichtet.

Mit dem Bergbau im 15. Jh. erhielt Zschopau die Privilegien einer Freien Bergstadt. Das heutige **Schaubergwerk Heilige Dreifaltigkeit Fundgrube** kann viel davon erzählen. Zur Stadt mit ihren rund 10 000 Einwohnern gehören heute auch die Ortsteile **Krumhermersdorf, Wilischtal** sowie **Ganshäuser.**

Bekannt wurde die Stadt durch den Motorradbau. Der Däne Skafte Rasmussen entwickelte hier den Zweitakt-DKW-Motor. Motorräder unter dem Firmennamen DKW und später MZ trugen den Ruf der Stadt über die Grenzen des Landes hinaus. 1922 begann mit dem Reichsfahrtmodell der glanzvolle Aufstieg der Zschopauer Motorenwerke J. S. Rasmussen A.G. Eine Tradition, deren Schicksal nach der Wende leider besiegelt schien. Der Motorradbau brach zusammen und trotz einiger Versuche verschiedener Investoren, wieder auf dem Markt Fuß zu fassen, ist mit einem Happy-End wohl kaum zu rechnen.

Die mittelalterliche Altstadt steht unter Denkmalschutz. Ein großer Teil der historischen Bausubstanz wurde jedoch bei den Stadtbränden 1634 und 1748 zerstört. Sehenswert sind die Stadtkirche St. Martin und Bürgerhäuser aus der zweiten Hälfte des 18. Jh.

Glockenspiel

Jörgen Skafte Rasmussen war es, der der Stadt ein Glockenspiel gestiftet hat. Die Messingglocken erklingen täglich um 9, 13 und 18 Uhr über dem Marktplatz. Donnerstags sind sie zusätzlich um 14.15 Uhr zu hören.

Schloss Wildeck

Schloss Wildeck 1, Tel. 03725 28 71 70, www.schloss-wildeck.eu, tgl. 10–18, Fei 13–18 Uhr, Kombiticket (3 Museen) Erw. 8 €, Kinder 3,50 €
Die erste Ringmauer von Schloss Wildeck geht auf das 12. Jh. zurück und schon ab dem 13. Jh. thronten der ›Dicke Heinrich‹ und eine neu errichtete Burganlage oberhalb der Furt des Fernweges. Um 1545 veranlasste der sächsische Kurfürst Moritz dann den Umbau der Burg zu einem Jagdschloss. 1994 ging das Schloss in städtischen Besitz über und wurde seitdem sukzessive restauriert.

Neben der **Bibliothek** warten sehenswerte **Ausstellungen** auf den Besucher. Besonders spannend sind die Ausflüge in die Geschichte des Buchdrucks im Buchdruckmuseum und die Münzwerkstatt. Ein Teil des Schlosses ist, was kaum verwundert, einer Motorradausstellung vorbehalten. Nach dem Besuch lädt der historische **Schlossgarten** in neuem Gewand zum Entspannen ein.

Übernachten

Zentrumsnah – **Hotel Schloßblick:** Hoffeld 3, Tel. 03725 45 60, www.schlossblick-hotel.de, DZ ab 60 €. Gepflegtes, relativ neues Mittelklassehotel direkt im Stadtzentrum.
Für Familien – **Ferienwohnung Bornwald:** OT Krumhermersdorf, Bornwaldstr. 14 a, Tel. 03725 235 03, www.zschopau.de, FeWo ab 49 €/Nacht. Schöne Ferienwohnung in ruhiger Lage. Guter Ausgangspunkt für Wanderungen.

Essen & Trinken

Bikerfreundlich – **Gästehaus Zur Altdeutschen:** Neumarkt 1, Tel. 03725 227 34, www.zur-altdeutschen.de, Mo–Fr ab 17, Sa, So ab 11 Uhr, Hauptgericht 7,50–11 €. Gemütliche Gaststätte direkt am Markt. Unterstellmöglichkeiten für Räder und Bikes. Beliebt bei Transitreisenden.
Tradition und Softeis – **Stein's Park-Eck**: Rudolf-Breitscheid-Str. 19, Tel. 03725 221 14, www.steins-parkeck.de, Mo–Mi, Fr 10–22, Do 11–23 Uhr, Hauptgericht 5,50–9 €. Gutbürgerliche Küche. Bei entsprechendem Wetter kommt die Spezialität des Wirts, das hausgemachte Softeis, auf den Tisch.

Infos

Tourist-Information: Fremdenverkehrsverein Zschopautal e. V., Altmarkt 2, 09405 Zschopau, Tel. 03725 28 72 87.

Augustusburg ► H 3

Das Städtchen Augustusburg mit seinen knapp 5000 Einwohnern zieht sich von Nord nach Süd am Osthang des Schellenbergs entlang. Die liebenswerte kleine Altstadt konzentriert sich rund um den Marktplatz mit hübschen Häusern aus dem 18. und 19. Jh. Sehenswert ist die **Stadtkirche St. Petri** mit dem benachbarten **Lotterhof,** dem ehemaligen Wohnhaus von Hieronymus Lotter, dem Baumeister von Schloss Augustusburg. Nicht ganz alltäglich ist die Fahrt mit der **Standseilbahn** aus dem Tal von Erdmannsdorf hinauf nach Augustusburg.

In die Umgebung laden sehr schöne Wanderwege ein. Der Aussichtsfelsen **Kunnerstein** und das **Arboretum** sind lohnende Ziele.

Schloss Augustusburg !

Schloss 1, Tel. 03725 380-0, www.die-sehenswerten-drei.de, April–Okt. 9.30–18, Nov.–März 10–17 Uhr, Kombikarte Erw. 9,80 €, Kinder 7,40 €
Der altehrwürdige Bau hat eine Menge zu bieten. Auch an Geschichte: Bereits 1206 wird der Schellenberg erstmals urkundlich erwähnt. Doch was damals auf dem Berg stand, hatte mit dem heutigen Schloss nichts zu tun. 1528 vernichtete ein Brand die alte Burg. 40 Jahre später erfolgte die Grundsteinlegung zum Bau des Schlosses im Stil der Renaissance nach den Plänen und unter der Bauleitung des bekannten sächsischen Baumeisters Hieronymus Lotter.

Bereits 1831 kaufte der Staat das Schloss. 1925 wurden Hasen- und Fürstensaal zum Erzgebirgsmuseum umgewandelt. 1933 begann die schwärzeste Zeit des Schlosses als NS-Führungsschule. Nach dem Krieg zogen sukzessive neue Museen in die Räume des Schlosses ein, parallel dazu wurden umfangreiche Renovierungs- und Restaurierungsarbeiten durchgeführt.

Im **Motorradmuseum** spielen die Zweitaktmaschinen aus sächsischer Produktion die Hauptrolle: PS sind hier eindeutig Trumpf. Anders im **Kutschenmuseum,** wo maximal vier oder sechs PS angespannt werden könnten. Dafür glitzert auf den Prachtkaleschen goldener Zierrat. In der **Ausstellung zur Jagd und Hofhaltung** erfährt man viel über das frühere Leben am Hofe des Königlichen Jagd- und Lustschlosses. Deutlich düsterer geht es im ehemaligen **Schlosskerker** zu. »Richter – Henker – Missetäter« lautet das Thema der Ausstellung, in der originale und rekonstruierte Straf- und Folterwerkzeuge aus vergangenen Jahrhunderten die Besucher zum Schaudern bringen.

Seit einigen Jahren hat Michael Löbel seine Zelte beim Schloss aufgeschlagen. Er ist Chef des **Sächsischen Adler- und Jagdfalkenhofes.** Unweit der sagenumwobenen Schlosslinde residiert er mit seinen prächtigen Vögeln und lädt regelmäßig zu Vorführungen ein (Ostern–Ende Okt. Di–So, Fei 11, 15 Uhr, Anmeldung von Gruppen erwünscht).

Flugvorführung des Sächsischen Adler- und Jagdfalkenhofes auf Schloss Augustusburg

Prächtig – Kutschenmuseum auf Schloss Augustusburg

Übernachten

Familiär – **Ferienhotel Augustusburg:** Waldstr. 16, Tel. 037291 139 90, www.ferienhotel-augustusburg.de, DZ ab 65 €. Gepflegtes Hotel mit ausgezeichneter Gastronomie und Kegelbahn; zentrumsnah, trotzdem ruhig, unterhalb des Schlosses.

Kegeln und Co. – **Hotel am Kunnerstein:** Waldstr. 23, Tel. 037291 205 98, www.hotel-kunnerstein.de, DZ ab 65 €. Komfortables, relativ neues Haus. Sehr schöne, helle Zimmer, Kegel- und Bowlingbahnen.

Essen & Trinken

Dörfliches Ambiente – **Gasthof und Eiscafé Lindenhof:** OT Leubsdorf, Borstendorfer Str. 4 a, Tel. 037291 205 23, www.lindenhof-leubsdorf.de, Mi–Fr ab 17.30, Sa, So ab 11.30 Uhr, Hauptgericht 6,80–10,40 €. Gemütlicher Dorfgasthof mit ausgezeichneter Küche.

Feinste Konditoreiwaren – **Café Friedrich:** Hans-Planer-Str. 1, Tel. 037291 66 66, www.cafe-friedrich.de, tgl. 8–22 Uhr, Hauptgericht 6,50–10,20 €. Bürgerliche Küche mit guten deutschen Weinen sowie einem Konditoreiangebot, das keine Kalorienwünsche offen lässt.

Infos

Fremdenverkehrsamt: Rathaus, 1. Etage, Marienberger Str. 24, 09573 Augustusburg, Tel. 037291 395 50, www.augustusburg.de, Mo–Fr 9–12, 13–17 Uhr.

Von Großrückerswalde nach Drebach

Großrückerswalde

▶ J 4

Die Gemeinde Großrückerswalde mit ihren Ortsteilen reicht vom romantischen Schindelbachtal bis hinauf auf den kahlen, weitläufigen Höhenrücken in Richtung Marienberg. Der Ortsteil **Streckewalde** gehört zu den ältesten Dorfgründungen und wurde erstmals 1241 erwähnt. Auch der Ortsteil **Mauersberg** kann auf eine belegbare Geschichte bis 1249 zurückblicken, während Großrückerswalde erst ein knappes Jahrhundert später in den Büchern auftaucht.

Wehrgangkirche in Großrückerswalde
Keine geregelten Öffnungszeiten, So 10 Uhr Gottesdienst
Die Wehrgangkirche in Großrückerswalde gehört zu den schönsten ihrer Art. Außerdem zeigt sie authentischer als alle anderen den typischen Baustil: Das Kirchengebäude sollte eine »feste Burg« und eine Zufluchtsstätte bei Gefahr sein.

Mauersberger Museum
Hauptstr. 22, Tel. 03735 908 88, www.grossrueckerswalde.de, Di–So 10–17 Uhr, Erw. 2 €, Kinder 1,50 €
Touristisch interessant ist auch der Ortsteil Mauersberg mit dem Mauersberger Museum. Es verwaltet einen Teil der Nachlässe zweier berühmter sächsischer Kirchenmusiker und Kantoren: zum einen den von Rudolf Mauersberger, der von 1930 bis 1971 als Kreuzkantor in Dresden wirkte, und zum anderen den seines Bruders Erhard Mauersberger, der von 1961 bis 1972 den Thomanerchor in Leipzig führte. Beide Chöre faszinierten und faszinieren mit ihrem einzigartigen Klangbild Menschen in der ganzen Welt. Die Brüder Mauersberger waren zeitlebens ihrem Heimort eng verbunden. 1950 bis 1953 ließ Rudolf Mauersberger als Nachbildung der 1889 abgerissenen Wehrgangkirche eine neue Kapelle errichten.

Übernachten & Essen

Schlemmen – **Landgasthof Wemmer:** Marienberger Str. 171, Tel. 03735 905 10, www.landgasthof-wemmer.de, DZ ab 50 €. Auf der Höhe in Richtung Marienberg gelegen, ist das Hotel nicht nur für seinen Komfort, sondern auch für seine gute Küche bekannt.

Infos

Fremdenverkehrsamt: OT Mauersberg, Hauptstr. 22 (Museum), 09518 Großrückerswalde, Tel. 03735 908 88, www.grossrueckerswalde.de.

Wolkenstein ▶ H 4

Die Stadt Wolkenstein mit ihrer Burg hoch über der Zschopau gehört zu den attraktivsten Zielen der Region. Die Burg stammt, wie viele ihrer Schwestern entlang der Zschopau, wahrscheinlich aus dem 11./12. Jh. Wie vielerorts ist in der Stadt ein Großteil der historischen Gebäudesubstanz den

Mein Tipp

Felsenklettern ▶ H 4
Nicht nur in der Sächsischen, auch in der **Wolkensteiner Schweiz** kommen Felsenkletterer auf ihre Kosten. Zwar ist die Zahl der Klettertouren nicht zu vergleichen, doch beidseits der Zschopau ragen entsprechende Felsen empor, besonders unterhalb des Schlosses in der sogenannten Wolfschlucht. Infos gibt es bei der Tourist-Information, S. 160.

zahlreichen schweren Stadtbränden zum Opfer gefallen. Trotzdem gibt es in Wolkenstein und seinen Ortsteilen, zu denen auch der **Kurort Warmbad** gehört, eine Reihe von Baudenkmalen, Naturschönheiten und Zeugnissen des historischen Bergbaus zu sehen. Die Top-Anziehungspunkte für die Touristen sind natürlich das Schloss Wolkenstein und die Silber-Therme im Kurort Warmbad (s. S. 159).

Schloss Wolkenstein

Schlossplatz 1, 037369 98 98, www.stadt-wolkenstein.de, Di–So, Fei 10–17 Uhr, in den sächsischen Schulferien auch Mo, Erw. 2 €, Kinder 1,50 €
Der im 14. Jh. errichtete Wohnturm gilt als ältester erhaltener Teil der Burganlage. Die heute dominierenden Gebäudeteile, sprich der Süd- und Nordflügel mit dem Turmhaus, reichen ins 16. Jh. zurück. Das Schloss beherbergt zwei Ausstellungen. Die Räume des **Heimatmuseums** befinden sich im Südflügel. Dort werden neben einem Stadtmodell zahlreiche Zeitzeugen früher ansässiger Handwerkszünfte gezeigt. Außerdem Informationstafeln zur Geschichte von Stadt und Schloss sowie Sammlungen von Lichterhäusern und Pyramiden. Die **Ausstellung zur Gerichtsbarkeit** im Mittelalter hat im Folterkeller ihren Platz gefunden, ist aber leider nur an den Wochenenden zugänglich.

Militärhistorisches Museum

Schlossplatz 4, Tel. 037369 877 50, www.museum-wolkenstein.de, Di–So 10–17 Uhr, Erw. 2,50 €, Kinder 2 €
Die ständige Ausstellung des Hauses steht ganz im Zeichen der Sächsischen Armee in der Epoche Napoleons. Zu sehen ist eine ganze Reihe seltener Ausrüstungsgegenstände, Waffen, Uniformen und Dokumente dieser Zeit sowie eine Truppenfahne des Infanterieregi-

ments v. Rechten, das im Jahre 1812 in Russland zerrieben wurde.

Übernachten

Verkehrsgünstig – **Hotel Waldmühle:** OT Warmbad, Badstr. 18, Tel. 037369 13 90, www.waldmuehle-erzgebirge. de, DZ ab 63 €. Direkt am Wald, aber auch nur 20 m von der B 101 entfernt gelegen.

Für Bahnfans – **Wolkensteiner Zughotel:** Am Bahnsteig 10, Tel. 037369 821, www.wolkensteiner-zughotel.de, DZ ab 44 €. Am Fuße der Burg steht das erste deutsche Zughotel. Hier kann man in Schlafwagenabteilen nächti-

Zeitreise ins Mittelalter: Burgfest auf Schloss Wolkenstein

gen und sogar den Salonwagen des ehemaligen DDR-Regierungszuges testen.

Ruhig – **Pension Sonnenhof:** OT Schönbrunn, Häuslergasse 6, Tel. 037369 58 93, www.landpension-sonnenhof.de, DZ ab 40 €. Freundliche, helle Räume in einer ruhigen, ländlichen Umgebung.

Essen & Trinken

Frische Zutaten – **Gaststätte Zum Schlossberg:** Schlossplatz 7, Tel. 037369 889 63, www.schlossberg-wolkenstein.de, Mi–So 11–20, Sa 11–22 Uhr, Hauptgericht 8,50–15,50 €. Frische

Zutaten für gutbürgerliche Küche in jahrhundertealten Mauern. Das Gebäude wurde vor mehr als 500 Jahren erstmals urkundlich erwähnt.

Historisch speisen – **Erlebnisgasthaus Zum Grenadier:** Schlossplatz 1, Tel. 037369 884 80, www.zum-grenadier.de, Di–Fr ab 17.30, Sa, So, Fei ab 11.30 Uhr, Hauptgericht 4,70–17 €. Uriges Gasthaus mit zahlreichen thematischen Menüs und Ritteressen.

Aktiv & Kreativ

Wassergesundheit - **Silber-Therme:** OT Warmbad, Am Kurpark 3, Tel. 037369 151 15, www.warmbad.de, So–Do 9–

22, Fr, Sa 9–23 Uhr, Tageskarte Erw 13,50 €, Kinder 8,50 €. In der Silber-Therme warten die wärmsten Thermalqualen im ältesten Heilbad Sachsens. Es gibt u. a. ein Außenbecken mit Strömungskanal bei 34 °C, ein Bewegungsbecken mit 32 °C und ein Wassertretbecken. Außerdem lädt eine riesige Saunalandschaft zur Entspannung ein, zu der ein Römer-Dampfbad und eine Mühlen-Sauna gehören sowie der Wellnessbereich Jungbrunnen mit Verwöhngarantie für jeden Geschmack.

Infos & Termine

Infos
Gästebüro: Schlossplatz 1, 09429 Wolkenstein, Tel. 037369 98 98, Di–So, Fei 10–17 Uhr.

Termine
Burgfest: Von Himmelfahrt bis zum folgenden Wochenende übernimmt viel fahrendes Volk das Zepter und zaubert die Burg samt Altstadt zurück ins Mittelalter.

Schwibbogenfest: Am 1. Adventswochenende steht die Wolkensteiner Vorweihnachtszeit im Licht der Schwibbögen, die fast jedes Fenster zieren.

Drebach ▶ H 4

Zu Drebach gehören heute die Ortsteile **Grießbach, Im Grund, Scharfenstein, Spinnerei, Venusberg, Wilischthal** und **Wiltzsch**. Die Gemeinde mit ihren insgesamt etwa 5700 Einwohnern kann auf eine Reihe touristischer Anziehungspunkte verweisen. Neben den Krokuswiesen sind das vor allem das Zeiss-Planetarium mit der Volkssternwarte Drebach, die Burg Scharfenstein sowie die Rittergüter in Drebach und Wilitzsch.

> *Mein Tipp*
>
> **Planetenweg** ▶ H 4
> Das Erlebnis Planetarium bzw. Volkssternwarte kann man schon bei der Anreise auf Drebach vorbereiten. Im Maßstab 1 : 1 Milliarde lädt der Planetenwanderweg zu einer Reise durch unser Sonnensystem ein. Er ist rund 5,5 km lang, beginnt in der Nachbargemeinde **Ehrenfriedersdorf** an der ›Sonne‹ und endet direkt an der Sternwarte am Zwergplaneten ›Pluto‹.

Krokuswiesen
Für den überregionalen Bekanntheitsgrad von Drebach sorgen jedoch unbestritten die ›Nackten Jungfern‹: wild blühende Frühlingskrokusse, die den gesamten Ort in ein lila Farbenmeer verwandeln. Die Krokuswiesen stehen unter Naturschutz. Je nach Wetterlage fällt der Beginn der Blüte in die Zeit von Anfang März bis Ende April. Dann wird der Ort für zwei bis drei Wochen zu einem Pilgerziel ungezählter Naturfreunde. Ein ausgeschilderter Krokusweg führt die Besucher mitten durch das Blütenmeer vorbei an den 40 Flächendenkmalen.

Zeiss-Planetarium und Volkssternwarte
Milchstr. 1, Tel. 037341 74 35, www.sternwarte-drebach.de, Planetarium Erw. 4 €, Kinder 2 €
1969 entstand in Drebach eine Schulsternwarte, aus der sich Mitte der 1980er-Jahre die heutige Volkssternwarte entwickelte. In Drebach findet man Sternwarte und Planetarium unter einem Dach. Moderne Fernrohre und ein mächtiges Spiegelteleskop bie-

ten an den Beobachtungstagen beeindruckende Ausblicke in ferne Galaxien. Ganz unabhängig von Tageszeit und Wetter kann man solche Reisen auch im Planetarium unternehmen. Kinderprogramme wie »Petermännchens Mondfahrt« oder »Plami und Wuschel retten die Sterne« sind bereits für Vorschulkinder geeignet. Doch auch spezielle Programme für Erwachsene stehen im Veranstaltungsplan.

Burg Scharfenstein

OT Scharfenstein, Schlossberg 1, Tel. 03725 707 20, www.die-sehenswertendrei.de, April–Okt. Di–So 10–18, Nov.–März Di–So 10–17 Uhr, Erw. 4,20 €, Kinder 3,20 €

»Erleben und Staunen, Spielen und Entdecken, Probieren und Kaufen – all das können Sie auf Burg Scharfenstein«, so die Eigenwerbung der trutzigen Festung hoch über dem Zschopautal, die zu den ältesten Wehranlagen der Region zählt. Dieser Slogan trifft exakt, was den Besucher hinter den dicken Mauern erwartet. Dazu gehören außergewöhnliche Ausstellungen ebenso wie ein Rendezvous mit Karl Stülpner, dem bekanntesten Volkshelden des Erzgebirges (s. auch S. 49).

Die Ausstellungen befassen sich im **Weihnachts- und Spielzeugmuseum** etwa mit der Sehnsucht nach Licht und in der Präsentation **Volkskunst mit Augenzwinkern** mit lustigen Episoden des erzgebirgischen Alltags, die von nicht minder lustigen Figuren präsentiert werden. Natürlich finden auch Karl Stülpner und die Burggeschichte reichlich Raum. 100 Stufen führen hinauf auf den **Bergfried,** wo ein beeindruckender Blick übers Zschopatal die Anstrengungen belohnt. Kleine Besucher finden ihr spezielles Erlebnisreich in der **Kreativwerkstatt,** wo nach Herzenslust gebastelt werden kann.

Nummernschildmuseum

OT Großolbersdorf, Grünauer Str. 3, Tel. 03725 874 48, www.nummern schildmuseum.de, Di–Sa 9–17, So, Fei 10–17 Uhr, Erw. 2,20 €, Kinder 1,10 €

Auf 350 m^2 präsentiert das etwas ausgefallene Museum die Geschichte der Nummernschilder, der automobilen Zulassung und der Entwicklung von Fahrschulen. Hunderte Exponate aus der ganzen Welt sorgen für einen spannenden Bummel durch die motorisierte Welt.

Übernachten

Wohnen im Grünen – **Gasthof & Pension Erholung:** Im Grund, Tel. 03725 772 01, www.gasthof-erholung.de, DZ ab 40 €. Hübsche, kleine Pension, abseits gelegen von Hektik und Straßenlärm.

Familiär – **Ferienhaus Am Steinberg:** OT Venusberg, Herolder Str. 44, Tel. 03725 775 05, www.ferienhaus-am-steinberg.de, FeWo ab 30 €/Nacht. Komfortable Ferienwohnungen, auch gut für Familien geeignet.

Essen & Trinken

Natur pur – **Gasthof Im grünen Grund:** Im Grund 1, Tel. 03725 772 02, www.imgruenengrund.de, Mo–Do ab 18, Winter So 11–14, Sommer Sa, So ab 11 Uhr, Hauptgericht 6,20–8,60 €. Wandern an der frischen Luft macht hungrig – der Koch vom Grünen Grund ist darauf eingestellt.

Infos

Gemeinde Drebach: August-Bebel-Str. 25 B, 09430 Drebach, Tel. 03725 70 74-0, www.gemeinde-drebach.de.

Annaberg-Buchholz und Umgebung

Highlights !

Annaberg-Buchholz: Die Bedeutung der ›Hauptstadt des Erzgebirges‹, die vor über 500 Jahren als Neustadt am Schreckenberg gegründet wurde, basiert auf dem Silberbergbau. Ein Bummel durch die Altstadt ist ein Muss für jeden Besucher. S. 164

Fichtelberg: Das Plateau des Fichtelberges, des mit 1215 m höchsten ›Erzgebirgers‹ auf deutscher Seite, hat aufgrund seiner exponierten Lage schon einen kleinen Hauch alpinen Flairs. Das Gasthaus mit Aussichtsturm und die Wetterwarte prägen die Silhouette. S. 186

Auf Entdeckungstour

Schacht und Hammer – dem alten Bergbau auf der Spur: In Annaberg findet sich eine besonders hohe Konzentration an Bergbauzeugnissen: Schau- und Besucherbergwerke erwarten ihre Gäste; zwei von ihnen lassen sich in einer Tour bestens kombinieren. S. 172

Der Pöhlberg ruft – Panorama und Basaltformationen: Obwohl der Pöhlberg die Stadt überragt und fast schon als Wahrzeichen Annabergs bezeichnet werden könnte, finden nur relativ wenige Besucher den Weg hinauf. Dabei hält die Wanderung manche Überraschung bereit. S. 178

Annaberg-Buchholz
Dem alten Bergbau auf der Spur
Pöhlberg
Schlettau
Steinbach
Jöhstadt
Fichtelberg
Oberwiesenthal

Kultur & Sehenswertes

Volkskunst sinnlich: In der Annaberg-Buchholzer Manufaktur der Träume werden nicht nur geschnitzte und gedrechselte Männlein hinter Glas gezeigt, alle fünf Sinne werden mit der gekonnten Präsentation dieser einmaligen Sammlung angesprochen. S. 166

Historische Bahn: Nachdem das Aus schon beschlossen war, fanden sich Enthusiasten zusammen, um das Teilstück der Preßnitztalbahn zwischen Jöhstadt und Steinbach wieder in Betrieb zu nehmen. Seither rollen erneut Dampfzüge durch eine der schönsten Landschaften des Gebirges. S. 183

Aktiv & Kreativ

Bootsfahrten: Ein Erlebnis der besonderen Art verspricht die Fahrt mit einem Boot tief unter der Erde. Im Besucherbergwerk Dorothea Stolln in Annaberg-Buchholz (OT Cunersdorf) ist das möglich. S. 176

Genießen & Atmosphäre

Nomen est omen: Wo früher die Annaberger Ratsherren ihre Beschlüsse mit einem Becher Wein begossen, kann man heute typisch Erzgebirgisches genießen: Der Name ›Zum Neinerlaa‹ bezieht sich auf ein traditionelles Weihnachtsessen. S. 176

Spukschloss: Auch wegen seiner Gespenster ist Schloss Schlettau ein beliebtes Ausflugsziel. Im Weinkeller kommt Rustikales auf den Tisch – zum Ritteressen oder Mönchsgelage. S. 191

Abends & Nachts

Stadttheater: Das 1893 eröffnete Eduard-von-Winterstein-Theater von Annaberg bietet Schauspiel und Musiktheater. S. 171

Livemusik: Seit vielen Jahren ist die Alte Brauerei einer der beliebtesten Treffpunkte für junge Leute in Annaberg-Buchholz. S. 181

Im Gebirge ganz oben

Für so manchen weit gereisten Gast beginnt das ›echte‹ Erzgebirge erst mit Annaberg-Buchholz. Die Annaberger sehen das naturgemäß ähnlich. Doch damit wird man den Städten und Dörfern im Umfeld der alten Bergstadt sicher nicht gerecht. Dass die Landschaft des Erzgebirges im Oberen Erzgebirge, sprich rund um den Fichtelberg, am typischsten ist, sei aber unbestritten. Bergbaugeschichte, Traditionen und Natur bilden in der Region eine gelungene Symbiose, die sich auch solche Leckerbissen wie die Preßnitztalbahn, das Greifensteingebiet oder Schloss Schlettau bestens einfügen. Dabei ist auch das Obere Erzgebirge urbaner, als es mancher Gast erwartet. In vielen Tälern schließt sich ein Dorf ans nächste an. Fast wie an einer Perlenschnur

durchziehen die Siedlungen die Landschaft. Kleinindustrie und Handwerk gehören zum Bild der Region ebenso wie Wald- und Wiesenflächen.

Annaberg-Buchholz! ► H 5

Wer in Richtung Annaberg-Buchholz fährt, wird sicher von der Silhouette der Altstadt mit ihrer Dominante, der Annenkirche, beeindruckt sein. Ganz anders hat das vor 700 oder 800 Jahren ausgesehen, als sich die ersten fränkischen Bauern mit ihren Ochsengespannen Wege durch den dichten Urwald, den Miriquidi, suchten. Einladend und lieblich, wie sich die Landschaft rings um den Pöhlberg heute präsentiert, war sie damals nicht. Wilde Tiere und Räuber machten den ersten Siedlern den Start in ein neues Leben nicht leicht. Erste urkundliche Erwähnungen der Dörfer Frohnau, Geyersdorf und Kleinrückerswalde datieren zurück ins Jahr 1397. Heute gehören sie unisono zur Stadt dazu.

Stadtgeschichte

Die Geburtsstunde der Stadt Annaberg, oder besser gesagt der neuen Stadt am Schreckenberg, wie sie ursprünglich hieß, schlug knapp einhundert Jahre später. Genau am 21. September 1496 wurde auf Geheiß von Georg dem Bärtigen die Stadt gegründet und bereits ein Jahr später nahm die neue Siedlung Gestalt an. Warum gerade hier und warum gerade zu dieser Zeit? Einfach zu beantwortende

Infobox

Internet
www.annaberg-buchholz.de: Auf dieser Webseite gibt es, hat man sich in Ruhe eingesehen, sehr gute und reichliche Informationen zur Stadt.

Anreise und Weiterkommen
Bus: Annaberg-Buchholz ist von Chemnitz, Freiberg und Aue aus gut mit dem Bus zu erreichen. Auch die umliegenden Gemeinden sind von der Kreisstadt aus problemlos per Bus zu erreichen.
Bahn: Von Chemnitz aus ist die Erzgebirgsbahn eine sinnvolle Alternative zum Bus. In Richtung Oberwiesenthal ist die Fichtelbergbahn auf schmalen Gleisen eine gute Möglichkeit. Infos: www.bvo-annaberg.de.

Fragen: Wir sind im Erzgebirge und wie fast überall waren es Silberfunde, die zum Anlass der Stadtgründung wurden. Der Sage nach stieß der arme Bergmann Daniel Knappe, ein fleißiger und rechtschaffener Mann, der unverschuldet in große Not geraten war, am Fuße einer mächtigen Tanne auf eine nicht weniger mächtige Silberader. Daniel Knappe, seine kranke Frau und seine sieben Kinder lebten fortan ohne Not. Das große Berggeschrei, das nun übers Gebirge zog, lockte Siedler und Glücksritter an. Bereits 50 Jahre später gehörte Annaberg zu den größten und wichtigsten Städten Sachsens.

Schon bald begann man auf Grünhainer Klostergebiet unterhalb der Stadt eine neue Bergbausiedlung anzulegen. 1501 wurde St. Katharinenberg im Buchholz gegründet. Friedrich der Weise gilt als Stadtgründer. Seit 1485 verlief die Landesgrenze des ernestinischen und des albertinischen Sachsen im Tal der Sehma. Während im ernestinischen Sachsen die Reformation ihren Siegeszug antrat, war Annaberg im albertinischen Sachsen streng katholisch. Erst 1539, nach dem Tod Herzog Georgs, änderte sich diese eigenwillige Situation. In Annaberg hielt, wie im gesamten albertinischen Sachsen, die Reformation Einzug.

Barbara Uthmann, die das Klöppeln ins Erzgebirge gebracht hatte und als Großverlegerin wesentlich am Aufschwung dieser Handwerkskunst beteiligt war, sowie Adam Ries, der wohl bekanntesten Rechenmeister seiner Zeit, sind nur zwei wichtige Persönlichkeiten, die das alte Annaberg nachdrücklich prägten.

Aus zwei mach eins

Erst nach Ende des Zweiten Weltkrieges kam es, und selbst da nicht freiwillig, zur Zusammenlegung von Annaberg und Buchholz. Nach 1945 zog ein (vorerst) letztes Berggeschrei durchs Gebirge. Als die Wismut auf der Suche nach Uranerz die Spuren des Altbergbaus im Erzgebirge wieder aufnahm, kamen erneut Tausende auf der Suche nach dem schnellen Geld ins Gebirge. So stieg die Einwohnerzahl der Stadt in den 1950er-Jahren sogar auf 35 000.

Kunsthandwerk wird in der Annaberger Manufaktur der Träume modern präsentiert

Annaberg-Buchholz

Sehenswert
1 Marktplatz
2 Barbara-Uthmann-Denkmal
3 Rathaus
4 Erzhammer
5 Manufaktur der Träume
6 Adam-Ries-Museum
7 studienraum carlfriedrich claus
8 Erzgebirgsmuseum, Besucherbergwerk Im Gößner
9 St. Annenkirche
10 Postdistanzsäule
11 Katholische Kirche Heilig Kreuz
12 Bergkirche St. Marien
13 Stadtbibliothek
14 Franziskanerkloster
15 Eduard-von-Winterstein-Theater
16 Katharinenkirche
17 Friedrich der Weise
18 Teufelskanzel
19 Schreckenbergruine
20 Frohnauer Hammer
21 Besucherbergwerk Markus Röhling Stolln
22 Gartenbahnanlage Frohnau
23 Besucherbergwerk Dorothea Stolln/Himmlisch Heer

Übernachten
1 Traditionshotel Wilder Mann
2 Parkhotel Waldschlösschen
3 Pension Pöhlbergblick

Essen & Trinken
1 Zum Neinerlaa
2 Gaststätte und Pension Zum Türmer
3 Gaststätte Frohnauer Hammer
4 Schokogusch'l

Einkaufen
1 Kunstgewerbe Geschwister Schreiter
2 Der Schwibbogen
3 Annaberger Kunststube
4 Schalom
5 Mode Marius
6 Sport Matthes
7 Fahrrad Spitzner

Aktiv & Kreativ
1 Schwimmhalle Atlantis
2 Badeanstalt am Stangewald
3 Stollenbäcker

Abends & Nachts
1 Alte Brauerei
2 Gloria Filmpalast

Heute hat sie mit den neu dazugekommenen Stadtteilen **Cunersdorf, Frohnau, Geyersdorf** und **Kleinrückerswalde** gerade mal noch 22 000.

Altstadt von Annaberg

Beim Bummel durch die Stadt mit ihren sechs Stadtteilen stößt man immer wieder auf Relikte bergmännischer Vergangenheit. Das alte Zentrum der Stadt am Fuße des Pöhlbergs lässt sich bestens auf Schusters Rappen erkunden. Beginnen kann man ›bergbaufrei‹ am **Marktplatz** 1, genauer: am **Barbara-Uthmann-Denkmal** 2. Sie war im 16. Jh. die bekannteste Großverlegerin für Borten und Spitzen und brachte das Spitzenklöppeln in die Region. Der Markt selbst wird umschlossen von attraktiven Bürgerhäusern, unter denen das **Rathaus** 3 naturgemäß einen besonderen Platz einnimmt. Das ursprüngliche, zwischen 1535 und 1538 erbaute Gebäude wurde mehrfach zerstört. Das heute existierende Bauwerk geht zurück auf das Jahr 1751. Gegenüber dem Rathaus befindet sich das Haus des Gastes **Erzhammer** 4, heute genutzt als Kultur- und Freizeitzentrum. Außerdem residiert dort die Tourist-Information Annaberg.

Manufaktur der Träume 5
Buchholzer Str. 2, Tel. 03733 194 33, www.manufaktur-der-traeume.de, tgl. 10–18 Uhr (letzter Einlass 17 Uhr), Erw. 7 €, Kinder 4 €
In der Tourist-Information befindet sich auch der Eingangsbereich zur neuesten Ausstellungsattraktion der Bergstadt, der Manufaktur der Träume. Das 2010 eröffnete, völlig neu erbaute Museum zeigt auf drei Etagen die faszinierende Sammlung der Schweizerin

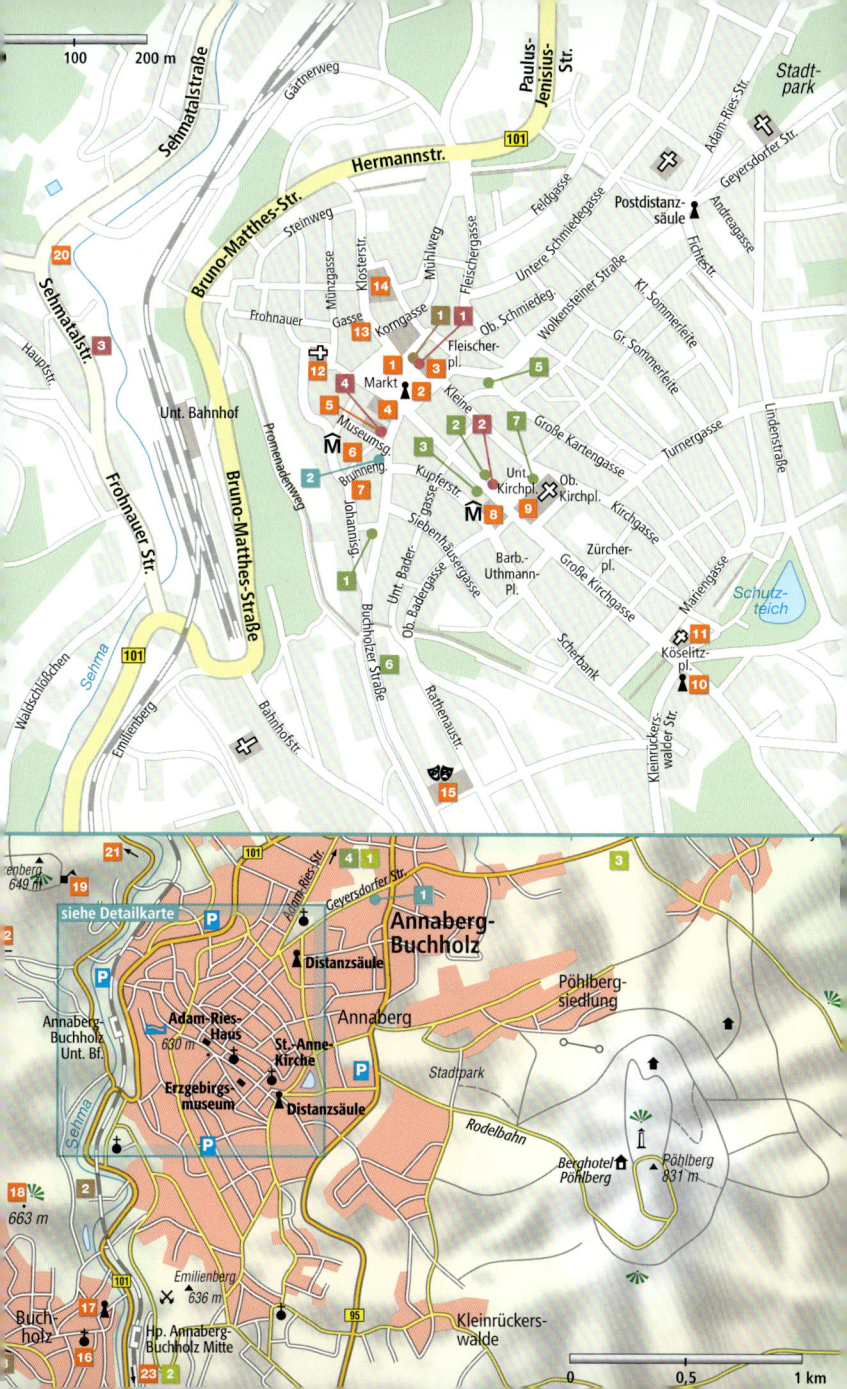

Map — Annaberg-Buchholz

Upper map (Detailkarte)

Sehmatalstraße
Gärtnerweg
Paulus-Jenisius-Str.
Stadtpark
101
Hermannstr.
Bruno-Matthes-Str.
Steinweg
Münzgasse
Klosterstr.
Mühlweg
Feldgasse
Fleischergasse
Untere Schmiedegasse
Postdistanz-säule
Adam-Ries-Str.
Geyersdorfer Str.
Andreagasse
Fichtestr.
Kl. Sommerleite
Gr. Sommerleite
Frohnauer Gasse
14
13
Korngasse
Ob. Schmiedeg.
Wolkensteiner Straße
20
3
1
1
Fleischer-pl.
5
Hauptstr.
12
Markt
3
Kleine
2
7
Große Kartengasse
Turnergasse
Lindenstraße
Unt. Bahnhof
4
4
5
Museumsg.
3
Kupferstr.
Promenadenweg
6
Brunneng.
2
Kirchgasse
7
Unt. Kirchpl.
8
9
Ob. Kirchpl.
Zürcher-pl.
Bruno-Matthes-Straße
Johannisg.
Unt. Bader gasse
Siebenhäusergasse
Barb.-Uthmann-Pl.
Große Kirchgasse
Mariengasse
Schutz-teich
Waldschlößchen
101
1
Buchholzer Straße
Ob. Badengasse
Scherbank
Köselitz-pl.
11
Emilienberg
Bahnhofstr.
Rathenaustr.
Kleinrückers-walder Str.
10
Sehma
15

Lower map

Annaberg
649 m
21
19
101
4
1
3
siehe Detailkarte
P
Adam-Ries-Str.
Geyersdorfer Str.
1
Annaberg-Buchholz
2
P
Distanzsäule
Annaberg
Pöhlberg-siedlung
Annaberg-Buchholz Unt. Bf.
Adam-Ries-Haus
630 m
St.-Anne-Kirche
P
Stadtpark
Erzgebirgs-museum
Distanzsäule
Rodelbahn
Berghotel Pöhlberg
Pöhlberg 831 m
P
18
663 m
2
101
Emilienberg
636 m
17
Buch-holz
95
Kleinrückers-walde
16
Hp. Annaberg-Buchholz Mitte
23
2
0   0,5   1 km

100   200 m

Lieblingsort

**Bergstadtpanorama –
Teufelskanzel in Annaberg-
Buchholz** `18`
Es findet sich immer ein Fleckchen,
sei es auf der Bank oder auf einer
der Felsplatten, die die Teufelskanzel zu dem machen, was der Name
schon sagt, zu einer Kanzel. Und
dazu noch zu einer Kanzel, die das
großartige Panorama der alten
Bergstadt am Fuße des Pöhlbergs
ins rechte Licht rückt. Es sind nicht
allzu viele Besucher Annabergs, die
den Weg zu diesem Aussichtspunkt
suchen. Aber wer ihn gefunden
hat, stößt nicht nur auf einen der
besten Ausblicke der Region – er
kann es auch genießen, wenn sich
Ruhe ausbreitet, der Wind durch
die Haare streicht und Wolken tief
über die Stadt ziehen.

Dr. Erika Pohl-Ströher, deren Sammelleidenschaft Freiberg auch die terra mineralia verdankt. Unter dem Titel »Manufaktur der Träume« entstand eine Ausstellung erzgebirgischer Volkskunst ganz anderer, moderner Art. Die Besucher werden eingeladen zu einer sinnlichen Entdeckungsreise durch das volkskünstlerische Erbe der Region. Sehen – Machen – Staunen, so die spezifische Dreiteilung der Etagen.

Adam-Ries-Museum 6

Johannisgasse 23, Tel. 03733 221 86, www.adam-ries-bund.de, Di–So 10–16 Uhr, Erw. 3 € Kinder 2 €
Am Haus des Gastes beginnt mit der Buchholzer Straße die Fußgängermeile Annabergs. Über einen kleinen Abstecher entlang der Museumsgasse zur Johannisgasse trifft man auf eine weitere berühmte Persönlichkeit der Bergstadt, auf eine Schatzkammer der Rechenkunst: das Adam-Ries-Museum. Wenn man bis heute sagt »Das macht nach Adam Ries …«, muss es mit dem Rechenmeister schon etwas Besonderes auf sich haben. Im neu gestalteten Adam-Ries-Museum gibt es darauf mannigfalte Antworten. Hier erfährt man viel über Leben und Arbeit des Rechenmeisters, der mit seinen »Rechenung auff der linien und federn« die Mathematik damaliger Zeit revolutionierte. In der angeschlossenen Rechenschule kann man sich selbst in Riesens historischen Rechenmethoden versuchen. Seine Rechenbücher blieben übrigens noch viele Jahrzehnte nach seinem Tod Standardwerke der Mathematik.

studienraum carlfriedrich claus 7

Buchholzer Str. 10 (Eingang Johannisgasse), Tel. 0160 98 43 78 84, www.carlfriedrich-claus.de, Di, Mi, Fr 10–16, Do 10–18, 1. und 3. Sa. 10–16 Uhr, Erw. 2 €, Kinder 1 €

Nur einen Katzensprung entfernt wird einem weiteren großen Sohn der Stadt gedacht, der jedoch zur jüngeren Vergangenheit gehört. Carlfriedrich Claus wohnte und arbeitete Zeit seines Lebens (von 1930 bis 1995) in Annaberg. Er war u. a. Mitglied der Akademie der Künste Berlin, Mitglied der Sächsischen Akademie der Künste Dresden, Ehrenprofessor der Akademie für Bildende Künste Dresden sowie Ehrenbürger der Stadt Annaberg-Buchholz. Der Künstler und Philosoph hat sich in der internationalen Fachwelt durch seine experimentellen Arbeiten und Sprachblätter große Anerkennung erworben, die ihm in seiner Heimatstadt jedoch erst nach der Wende gezollt wurde. Im Studienraum erhält man Einblicke in sein Leben und seinen Arbeitsstil sowie einen kleinen Überblick über seine Werke (s. auch S. 66).

Erzgebirgsmuseum und Besucherbergwerk Im Gößner 8

Große Kirchgasse 16, Tel. 03733 234 97, www.annaberg-buchholz.de, tgl. 10–17 Uhr, Erw. 5,50 €, Kinder 3 €
Zurück am Markt, führt die Große Kirchgasse steil den Berg hinauf. Bevor man auf die alles überragende, mächtige St. Annenkirche trifft, lohnt ein Abstecher ins Erzgebirgsmuseum. Bereits 1887 öffnete das ›Museum erzgebirgischer Altertümer‹ erstmals seine Pforten. Die heutige Dauerausstellung vermittelt Einblicke in die Stadtgeschichte, den Altbergbau und zeigt sakrale Kunst, Handwerkserzeugnisse sowie historische Maschinen der Posamenten- und Bortenindustrie. Einzigartig ist die Kombination mit dem Besucherbergwerk Im Gößner, dessen Eingang sich im Hof des Museum befindet. Das 500 Jahre alte Gangsystem aus der Zeit des Silberbergbaus, das sich unter der gesamten Stadt erstreckt, wurde Anfang der 1990er-

Jahre durch Zufall entdeckt und auf einer Rundgangstrecke von 260 m für Besucher zugänglich gemacht (s. auch S. 172).

St. Annenkirche 9

Kleine Kirchgasse 23, Tel. 03733 231 90, www.annenkirche.de, Mo–Sa 10–17, So 12–17 Uhr, Eintritt frei, jedoch nicht vom 1. Advent bis 31. Dez., Führung Erw. 2,50 €, Kinder 1 €
Schräg gegenüber dem Museum thront unübersehbar eine der schönsten und größten spätgotischen Hallenkirchen Deutschlands. Erbaut zwischen 1499 und 1525, zählt sie zu den bedeutendsten Kirchen des Landes. Der prachtvolle Innenraum mit seinem markanten Schlingrippengewölbe birgt einige sehenswerte Kunstschätze wie z. B. den berühmten Bergaltar des Hans Hesse, die »Schöne Tür« von Hans Witten sowie eine kürzlich restaurierte Walcker-Orgel aus dem Jahre 1884 mit über 4000 Pfeifen und 65 Registern. Ein visuelles Erlebnis verspricht die Besteigung des Kirchturms. Mit seinen mehrere Meter dicken Mauern reicht er auf eine Gesamthöhe von 78 m. Durch die exponierte Lage des Gotteshauses bietet sich von dort ein fantastischer Blick über die Stadt und das Gebirge (Öffnungszeiten Mai–Okt. Mo–Sa 10–17, So, Fei 13–17 Uhr, an den Adventswochenenden 15–17, an Ostersonn- u. Ostermontag 13.30–17 Uhr).

Oberhalb von St. Annen

Ein Stück weiter bergauf gelangt man zu einer **Postdistanzsäule** 10 und zu der am 20. Okt. 1844 geweihten **Katholischen Kirche Heilig Kreuz** 11.

Bergkirche St. Marien 12

Markt, Tel. 03733 231 90, www.annenkirche.de, tgl. 11–17 Uhr
Zurück am Markt, lohnt auf jeden Fall noch der Besuch der Bergkirche St. Ma-

rien. Sie ist die einzige über Jahrhunderte ausschließlich für bergmännische Andachten genutzte Kirche Sachsens. Finanziert wurde das 1502–1511 erbaute Gotteshaus fast ausschließlich aus den Wochenpfennigen der Bergknappschaften. Nach umfangreichen Sanierungsarbeiten konnte die kleine Kirche 2005 neu geöffnet werden und ist seither Heimstatt der »Bergmännischen Krippe«, einem nach Fertigstellung aus 32 Großfiguren bestehenden, einmaligen Ensemble. Im Gegensatz zu herkömmlichen Weihnachtskrippen sind es hier Bergleute und Bürger aus dem 16. Jh., die die Geschichte der Geburt Christi lebendig werden lassen. Ein wahrhaft meisterliches Werk erzgebirgischer Schnitzkunst.

Stadtbibliothek und Franziskanerkloster

Die **Stadtbibliothek** 13 an der Klosterstraße befindet sich in einem Wohnhaus aus dem Jahre 1508, das später als Gasthof Goldene Gans eine beliebte Einkehrstätte im Zentrum war. Sehenswert sind das Spitzbogenportal sowie das Netz- und Zellsterngewölbe im Eingangsbereich. Vom ehemaligen **Franziskanerkloster** 14, das 1502 durch Herzog Georg den Bärtigen gegründet wurde und 1604 abbrannte, sind nur noch Ruinenreste zu sehen.

Eduard-von-Winterstein-Theater 15

Das Eduard-von-Winterstein-Theater am Ende der Buchholzer Straße hinter der Fußgängerzone gehört zu den kulturellen Herzstücken der Stadt. Das erste Theater im Erzgebirge wurde am 2. April 1882 mit einer Festaufführung von Goethes »Egmont« eröffnet. Die Titelrolle spielte Eduard von Winterstein, dessen Namen das Theater seit 1981 trägt. Trotz schmaler werdendem Budget gelingt es den An- ▷ S. 175

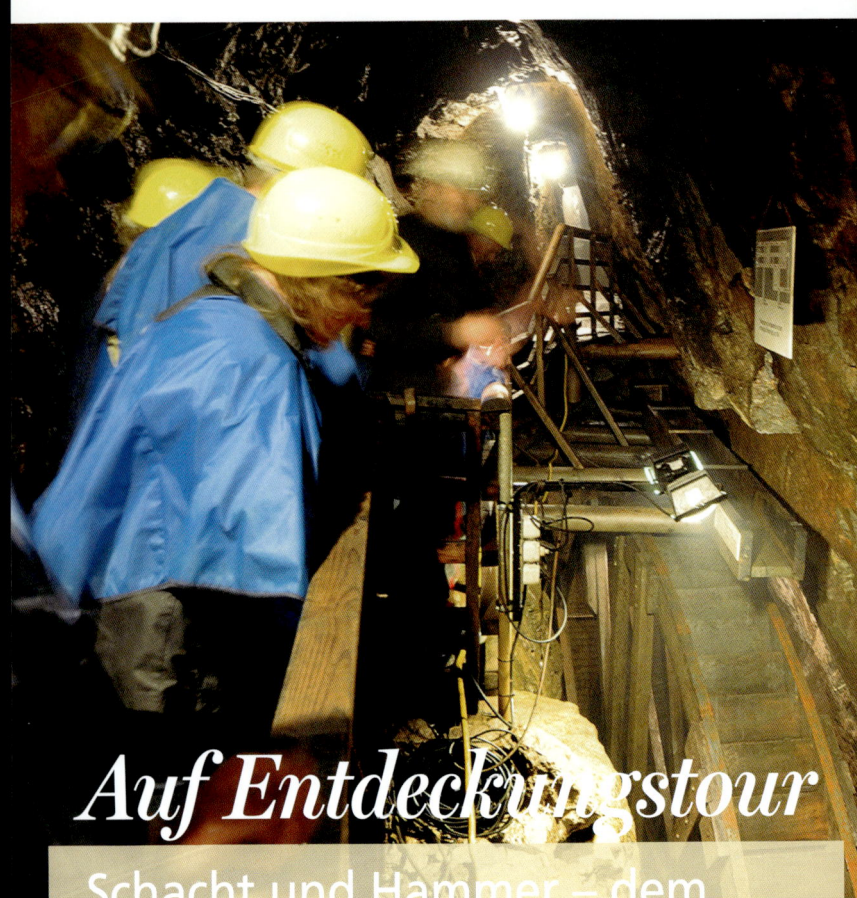

Auf Entdeckungstour

Schacht und Hammer – dem alten Bergbau auf der Spur

Annaberg war weder die erste bedeutende Fundstelle des Silbererzes im Erzgebirge, noch wurde hier länger als anderswo nach dem edlen Metall gegraben. Doch kaum sonst irgendwo findet man eine solche Konzentration an Bergbauzeugnissen. Allein vier Besucherbergwerke auf engem Raum erwarten Touristen aus nah und fern. Zwei davon lassen sich bestens kombinieren.

Planung: Öffnungszeiten s. S. 170 und S. 175. Schutzkleidung erhält man jeweils bei den Besucherbergwerken vor Führungsbeginn.

Start: Erzgebirgsmuseum 8

Die Bezeichnung ›Bergstadt‹ kann kaum perfekter passen als im Falle von Annaberg-Buchholz. Die Lage am Hang des Pöhlbergs und jahrhundertelange, umfangreiche Bergbauaktivitäten gehören hier zusammen. Einzigartig ist daher auch die Kombination aus Erzgebirgsmuseum und dem **Besucherbergwerk Im Gößner**.

Tief unter der Stadt

Einem Zufall ist es zu verdanken, dass man 1995 bei Baumaßnahmen in der Altstadt – die Sparkasse suchte ein neues Domizil – auf das unterirdische Gangsystem stieß, das seinen Ursprung im Silberbergbau zwischen 1498 und 1520 hatte. Authentischer geht es nicht. Und so trifft man sich heute im Innenhof des Museums, das man natürlich vor oder nach der Führung auch besuchen sollte, um ins Labyrinth unter der Altstadt zu steigen. Benannt ist das Besucherbergwerk nach dem Fundgrübner **Andreas Gößner**, dem das Grubenfeld im 16. Jh. gehörte. Blaue Umhänge, gelbe Helme und Lust zum Erkunden, mehr braucht es nicht. Für den Rest sorgt der erfahrene Führer. Zu entdecken gibt es vieles, zu erzählen auch.

Spuren von Schlägel und Eisen

Es ist besonders die Unverfälschtheit der alten Schächte, die nicht nur Fachleute begeistert. Man sieht deutlich die Spuren von Eisen und Schlägel und die Nischen, die die Bergleute vor über 400 Jahren für ihr Geleucht in den Stein getrieben haben. Die sonst oft vorhandenen Einflüsse der späteren SDAG Wismut fehlen hier völlig. Knapp 300 m führt der spannende Rundweg in die Vergangenheit. Auf Stahltreppen geht es hinab in die drei Schächte. Wieder am Tageslicht, hat man einen ersten Eindruck davon bekommen, wie sich die Arbeit der Hauer vor rund 500 Jahren abspielte.

Auf schmaler Spur in den Berg

Und schon lockt das nächste Bergwerk. An der Talstraße von Frohnau nach Schönfeld befindet sich das **Besucherbergwerk Markus Röhling Stolln**. Mit viel Liebe und noch mehr Zeit haben die Mitglieder des Vereins Dutzende Maschinen, die über lange Zeit ihre Arbeit unter Tage verrichtet haben, restauriert und nun rings um das Mundloch und das Besuchergebäude aufgestellt. Da wird die Zeit bis zum nächsten Führungsbeginn nicht lang. Der lustige kleine Zug, mit dem früher auch die Bergleute zur Arbeit gefahren sind, wartet schon. Erneut heißt es, in die Schutzkleidung zu springen. Bergwerke sind eben nichts für weiße Jacken, Stöckelschuhe und unbehelmte Köpfe. Nun wird so richtig eingefahren. 650 m Grubenbahnstrecke stehen bevor. Mit viel Geratter geht es vor Ort, dahin, wo die Führung beginnt. Zuerst sieht man die Spuren der Wismut, die sie bei ihrer Suche nach Uran hinterlassen hat. Das ist gerade einmal 60 Jahre her. Doch weiter hinten, wo die Gänge enger werden, dreht sich das Zeitrad so schnell zurück, wie das riesige Wasserrad in der uralten Radstube seine Arbeit verrichtet.

Sagenhaftes Untertage

Hier sind die Besucher wieder dort angekommen, wo alles begann – dort, wo die Hauer sich vor Jahrhunderten in engen, niedrigen Gängen mit Schlägel und Eisen ihren Weg durch den harten Stein bahnten, immer auf der Suche nach den Schätzen des Berges. Und die wurden natürlich auch hier unterm Schreckenberg vom Berggeist bewacht. Manche Sage berichtet darüber. Sagen übrigens, die man mit dem eigenen Erleben im Hinterkopf viel besser lesen kann. Empfohlen sei zur Lektüre etwa das von Werner Lauterbach herausgegebene »Sagenbuch des Erzgebirges« (Altis-Verlag, 2., erw. Aufl., Oranienburg 2003).

Reiche Erträge

Schon kurze Zeit nach den ersten bedeutenden Silberfunden am Schreckenberg 1491 vergrößerte sich das Grubenfeld bis hin zum späteren Markus Röhling Stolln. Doch erst 1733 wurde mit dem Erstneuglück-Flach-Gang der Haupterzgang der Grube entdeckt. Die hier gezeigten Stollengänge stammen zumeist aus der Zeit des Silber- und Kobaltbergbaus zwischen 1733 und 1857.

Bis zur Einstellung des Bergbaus 1857 wurden über 15 Tonnen Silber gefördert. Damit gehörte die Grube zu den ertragreichsten der Region. Heute ist es das meistbesuchte Besucherbergwerk Sachsens.

Für Bergbaufans

Wen die Bergwerksbesuche auf den Geschmack gebracht haben, der wird in Annaberg auch anderswo fündig. Tipp: im **Dorothea Stolln** per Boot unter Tage fahren (s. S. 176) und sich am **Frohnauer Hammer** Einblicke die Erzverarbeitung verschaffen (s. S. 175).

Der Frohnauer Hammer – bedeutendes Bergbauzeugnis über Tage

naberger Theatermachern stets aufs Neue, mit gelungenen Inszenierungen auf sich aufmerksam zu machen (www. winterstein-theater.de).

Buchholz

Auch außerhalb der historischen Stadtmauer, von der nur noch kleine Reste zu sehen sind, gibt es lohnende Ziele. So ist der Stadtteil Buchholz, allein schon wegen seiner Hanglage, besuchenswert. Seine Einwohner werden gern spöttisch als ›Hanghühner‹ bezeichnet. Die im Krieg völlig zerstörte und anschließend wiederaufgebaute **Katharinenkirche** **16** setzt im Zentrum von Buchholz einen Blickpunkt. Am Markt des Stadtteils sieht Stadtgründer **Friedrich der Weise** **17** huldvoll auf seine Untertanen herab. Oberhalb von Buchholz erinnern die Kegel von Bergbauhalden an das letzte Berggeschrei der Wismut. Von dort hat man einen tollen Blick auf beide Stadtteile und Cunersdorf. Auch von der Buchholzer **Teufelskanzel** **18** lohnt sich der Blick ins Land (s. Lieblingsort S. 168).

Schreckenbergruine und Pöhlberg

Weitere schöne Aussichten bieten sich von der **Schreckenbergruine** **19** hoch über Frohnau und vom **Pöhlberg.** Auf dessen höchstem Punkt befindet sich ein Gasthaus, am Fuß lädt ein kleiner Park mit Tiergehegen und Spielplätzen Familien zur Rast ein (s. S. 178).

Frohnau

Frohnauer Hammer **20**
OT Frohnau, Sehmatalstr. 3, Tel. 03733 220 00, www.www.annaberg-

buchholz.de, tgl. 9–12, 13–16 Uhr, Erw. 3 €, Kinder 2 €
Zum Museumsrundgang gehört nicht nur das über 300 Jahre alte Hammerwerk, sondern auch das Herrenhaus mit den historischen Wohnräumen des ehemaligen Hammerherren aus dem 19. Jh., ein sehenswerter Heimatberg sowie Klöppelvorführungen.

Besucherbergwerk
Markus Röhling Stolln **21**
OT Frohnau, Sehmatalstr.15, Tel. 03733 529 79, www.roehling-stolln.de, tgl. 9–16 Uhr, Erw. 5 €, Kinder 3,50 €
Wäre man ganz exakt, müsste man das Besucherbergwerk, das nördlich von Frohnau auf Schönfelder Flur liegt, dieser Gemeinde zurechnen. Da es unweit des Frohnauer Hammers zu seinen Reisen unter Tage einlädt, passt es besser an diese Stelle und wird auch immer so benannt. Der Stollen wurde bereits 1500 aufgeschlossen, doch die Entdeckung des Haupterzganges folgte erst 1733. Nachdem der Bergbau 1857 zum Erliegen gekommen war, suchte auch hier die Wismut in den 50er-Jahren des vorigen Jahrhunderts nach Uran. So ist die Reise unter Tage eine Fahrt mit der Grubenbahn auf den Spuren von über 500 Jahren Bergbaugeschichte (s. auch S. 172). Direkt zum Stollen gehört auch die hoch über dem Tal liegende Bergschmiede mit dem Pferdegöpel Markus Röhling Treibeschacht.

Gartenbahnanlage Frohnau **22**
OT Frohnau, Louise-Otto-Peters-Str. 15, Tel. 03733 28 81 04, www.garten bahn-frohnau.de, 1. Mai–3. Okt. Sa 13–18, So, Fei 10–18 Uhr, Eintritt frei
Für Familien sicher einen Abstecher wert ist die Gartenbahnanlage Frohnau. Auf dem Gelände des Senioren- und Betreuungszentrums betreiben die Mitglieder des Annaberger Mo-

dellbahnvereins eine über 1400 m^2 große Gartenbahnanlage. Die 400 m lange Strecke wird von 81 Fahrzeugen und 85 Gebäuden sowie liebevoll gestalteten Landschaftsbereichen belebt. Ein toller Spaß für alle großen und kleinen Eisenbahnfans. Außerdem gibt es auf dem Gelände einen schönen Spielplatz und ein Tiergehege mit einheimischen Vierbeinern.

Cunersdorf

Besucherbergwerk Dorothea Stolln/Himmlisch Heer 23

OT Cunersdorf, Dorotheenstr. 2/8, Tel. 03733 662 18, www.dorotheastollen. de, Führungen Mo–Fr 10–14, Sa 10 und 14 Uhr, Standardführung Erw. 7 €, Kinder 4 €, Bootsfahrt 6 € pro Person Silberbergbau gab es hier bereits vor 1530. Der Dorothea Stolln fungierte als eigenständiges Bergwerk. Ursprünglich wurde nur Silbererz abgebaut, später kamen Kobalt- und Nickelerze sowie Uranpechblende dazu. Mehr als in anderen Besucherbergwerken konnte in diesem bergmännischen Kleinod die Ursprünglichkeit erhalten werden. Technische Anlagen und Geräte faszinieren ebenso wie die mühevoll mit Hammer und Schlägel aus dem Fels gebrochenen Stollen. Der Höhepunkt einer Befahrung dürfte die Bootsfahrt unter Tage sein. Das macht den Dorothea Stolln zu einer Einmaligkeit im Erzgebirge.

Übernachten

Wie im ganzen Erzgebirge sucht man 5-Sterne-Hotels großer Ketten in Annaberg-Buchholz und Umgebung vergebens. Dafür gibt es zahlreiche charmante und moderne Mittelklassehäuser mit Top-Service.

Historisch – **Traditionshotel Wilder Mann 1**: Markt 13, Tel. 03733 14 40, www.hotel-wildermann.de, DZ ab79 €. Gepflegtes Hotel mit gehobenem Standard direkt am Marktplatz. Mit 71 Zimmern und Suiten das größte Hotel der Region.

Im Park – **Parkhotel Waldschlösschen 2**: Waldschlösschenpark 1, Tel. 03733 677 40, www.parkhotel-waldschloesschen.de, DZ ab 75 €. Am Rande von Buchholz gelegen, erwartet das Hotel seine Gäste in einer ruhigen, vom Verkehrslärm abgeschirmten Parklandschaft. Komfortable Zimmer, gute Küche sowie Wellnessbereich und Kegelbahn.

Familiär – **Pension Pöhlbergblick 3**: OT Frohnau, Alte Schlettauer Str. 50, Tel. 03733 62 21 13, www.pensionpöhlbergblick.de, DZ ab 44 €. Zwischen den Ortsteilen Buchholz und Frohnau hoch über dem Sehmatal bietet die Pension einen herrlichen Blick über die Stadt und das weitläufige Grundstück ist ein wahres Spielparadies für die Kinder.

Essen & Trinken

Traditionelles – **Zum Neinerlaa 1**: Markt 1, Tel. 03733 67 94 09, www.zum-neinerlaa.de, Mo, Di, Do, Fr 11–14, 14.30–21, Sa 11–21.30, So 11–14 Uhr. Hauptgericht 6,70–14,50 €. Nicht nur in der Weihnachtszeit kann man im ehemaligen Ratskeller auf den Spuren des typischsten erzgebirgischen Traditionsessens wandeln.

Zentral – **Gaststätte und Pension Zum Türmer 2**: Große Kirchgasse 19, Tel. 03733 244 17, www.zum-tuermer.eu, So–Do 10–22, Fr, Sa 10–23 Uhr, Hauptgerichte 5,80–14,50 €. Auch am Fuße der Annenkirche steht Erzgebirgisches hoch im Kurs und dominiert die Speisekarte.

Wo Hammerherren tafelten – **Gaststätte Frohnauer Hammer** 3: OT Frohnau, Sehmatalstr. 3, Tel. 03733 42 94 44, www.frohnauer-hammer.de, tgl. ab 10 Uhr, Hauptgericht 5,60–11,20 €. Im historischen Hammerherrenhaus lädt der Wirt zu gutbürgerlicher Hausmannskost mit, wie sollte es anders sein, nicht nur einem Hauch erzgebirgischer Tradition.

Historisches für Naschkatzen – **Schokogusch'l** 4: Museumsgasse 1, Tel. 03733 426 97 35, www.annaberger-backwaren.de, tgl. 10–18 Uhr, kleines Hauptgericht ab 6,50 €. In den historischen Räumen des ehemaligen Cafés Central dreht sich natürlich fast alles um süße Verführungen aus Schokolade. Neben den Leckereien kann man den Schokoladenmachern bei ihrer Arbeit über die Schulter schauen. Und wer es weniger süß mag, der kommt bei Salaten und kleinen Gerichten ebenfalls auf seine Kosten.

Einkaufen

Die touristisch interessanten Einkaufseinrichtungen konzentrieren sich in der Altstadt. Volkskunsterzeugnisse und Souvenirs findet man u. a. in der Fußgängerzone an der Buchholzer Straße, auf der Großen Kirchgasse und der Wolkensteiner Straße.

Traditionelles – **Kunstgewerbe Geschwister Schreiter** 1: Buchholzer Str. 26, Tel. 03733 236 17, Mo–Fr 9.30–18, Sa 9.30–13 Uhr. Eine der ältesten und besten Adressen rund um erzgebirgische Volkskunst.

Lichterglanz – **Der Schwibbogen** 2: Große Kirchgasse 19, Tel. 03733 50 67 94, Mo–Sa 10–18 Uhr. Der Lichterglanz der Schwibbögen strahlt zur Weihnachtszeit aus fast jedem Erzgebirgsfenster. Hier gibt es die schönste Auswahl.

Anspruchsvoll – **Annaberger Kunststube** 3: Große Kirchgasse 4b, Tel. 03733 235 14, www.annaberger-kunststube.de, Mo–Fr 9–18, Sa 9–16 Uhr. Wer das gehobene künstlerische Handwerk sucht, auch manchmal abseits des gestalterischen Mainstreams, ist in der Kunststube richtig.

Lesegeschenke – **Schalom** 4: Adam-Ries-Str. 57 (Ries-Passage), Tel. 03733 55 50 11, www.schalom.de, Mo–Fr 9–18, Sa 9–12 Uhr. Die Buchhandlung führt nicht nur ein breites Spektrum an Lesestoff, auch zum Erzgebirge, sondern überdies eine bunte Palette lustiger Geschenkideen.

Schick – **Mode-Marius** 5: Wolkensteiner Str. 2, Tel. 03733 444 44, www.mode-marius.de, Mo–Fr 9–18.30, Sa 9–16 Uhr. Vom Alltag bis zum festlichen Empfang. Bei Mode-Marius wartet das ganze Bekleidungsspektrum.

Sportlich – **Sport Matthes** 6: Buchholzer Str. 47, Tel. 03733 227 91, www.sport-matthes.de, Mo–Fr. 9.30–18, Sa 9.30–12.30 Uhr. Die Nummer 1 in der Stadt, wenn es um Sport geht. Ob Skifahrer, Jogger oder Radler – alle kommen zu ihrem Recht. Zur Firma gehören auch die beiden ▷ S. 181

Mein Tipp

Besuch beim Stollenbäcker 3

Das Leckerste, was die Erzgebirger in der Advents- und Weihnachtszeit servieren, ist der Stollen. Wer den Stollenbäckern einmal über die Schulter schauen möchte, ist bei der **Annaberger Backwaren GmbH** an der richtigen Stelle: OT Geyersdorf, Alte Königswalder Straße 1, Tel. 03733 50 20, www.annaberger-backwaren.de.

Auf Entdeckungstour

Der Pöhlberg ruft – Panorama und Basaltformationen

Obwohl der Pöhlberg die Stadt überragt und fast schon als Wahrzeichen Annabergs bezeichnet werden könnte, finden nur relativ wenige Besucher den Weg hinauf. Dabei hält die Wanderung manche Überraschung bereit.

Zeit: Bei 3–4 Std. hat man genügend Zeit zur Einkehr und zum Genießen der fantastischen Aussicht (Turm tgl. von 10 Uhr bis abends geöffnet).

Start: Marktplatz in Annaberg-Buchholz

Die Tour beginnt auf dem **Marktplatz** der alten Bergstadt Annaberg-Buchholz und führt die Große Kirchgasse hinauf, vorbei an der Annenkirche und am Erzgebirgsmuseum, die man für Besuche sicher bereits eingeplant hat. Hinter der Kirche befindet sich links eine große Schautafel mit einem Stadtplan. An der Kreuzung bei der katholischen Heilig-Kreuz-Kirche hält sich die Straße halblinks.

Über den **Köselitzplatz** hinweg wechselt der Weg auf die Ernst-Roch-Straße und wieder geht es den Berg weiter aufwärts. Die Überquerung der B 95 erfordert etwas Vorsicht, doch damit lässt man den Stadtverkehr hinter sich. Auf der gegenüberliegenden Straßenseite, links von der Pöhlbergauffahrt, kann man sich an **Wanderkarten** orientieren, wie der Weg weiter verläuft.

Tierisches am Berg

Links von den Karten führt der Weg ins Pöhlberggelände mit den **Tiergehegen.** Ziegen, Ponys, Hirsche, Rehe und vieles mehr, was die heimische Fauna zu bieten hat, kann man hier ganz aus der Nähe betrachten. Besonders für kleine Leute ein großer Spaß, der vom Spielplatz komplettiert wird.

Vorbei an der Imbissstelle **Waldklause,** hinter dem letzten Tiergehege, geht es einmal mehr aufwärts. Der Weg führt entlang einer Blaustrichmarkierung und dem Bergbaulehrpfad. Nach einigen Abzweigungen, die man aber ignoriert, erreichen Wandersleute den ausgeschilderten **Mittleren Rundgang.** Geführt von der Blaustrich Markierung, hält man sich links. Zahlreiche Bänke bieten Möglichkeiten zur Rast. Der Weg führt vorbei am Skilift. Wenig später verlässt er den Mittleren Rundgang auf einer ausgezeichneten Abzweigung nach rechts in

Richtung Pöhlbergturm. In der Folge passiert er den Trainingslift. Es öffnet sich ein Traumblick in Richtung Osten über das Obere Erzgebirge. Hier lädt eine Sitzecke zur Rast ein. Am Wegweiser hinter dem Skilift nimmt man lieber nicht den direkten Aufstieg zum Turm, sondern geht vorerst rechts auf den **Oberen Rundgang.** Nach rund 300 m verlässt man den Oberen Rundgang und biegt scharf links ein auf die asphaltierte Waldstraße.

Panorama kostenlos

Auf der Pöhlbergstraße angekommen, ist es nur noch ein Katzensprung bis zum **Turm mit Hotel und Gaststätte** (Ernst-Roch-Str. 10, Tel. 03733 183 20, tgl. ab 11 Uhr, Hauptgericht 6,70– 14,50 €). Es gibt einen Biergarten, Wanderkarten, Bänke, überdachte Rastplätze und tolle Aussichtspunkte, teils mit Fernrohr. Getoppt wird dieser Blick nur von ganz oben, vom Turm. Errichtet wurde er zur Erinnerung an die 400-Jahrfeier Annabergs im Jahre 1896. Hier oben sollte man sich schon die Zeit nehmen und eine gemütliche Rast einlegen. Einen schöneren Blick auf die Stadt und das Umland gibt es kaum.

Hufeisensiedlung im Blick

Der Rückweg beginnt auf der Pöhlbergstraße. Man geht aber an der ersten Abzweigung nicht zurück auf den Weg nach links, auf dem man angekommen ist, sondern hält sich nun geradeaus. Der kleine Waldweg erreicht erst den **Oberen Rundgang,** den er am Lift überquert, und danach – es geht weiter relativ steil abwärts – den **Mittleren Rundgang.** Dort muss man sich rechts halten. Nun reicht die Aussicht weit in Richtung Südosten auf das Dörfchen **Königswalde.** Von hier oben kann man nicht nur die Heckenstruk-

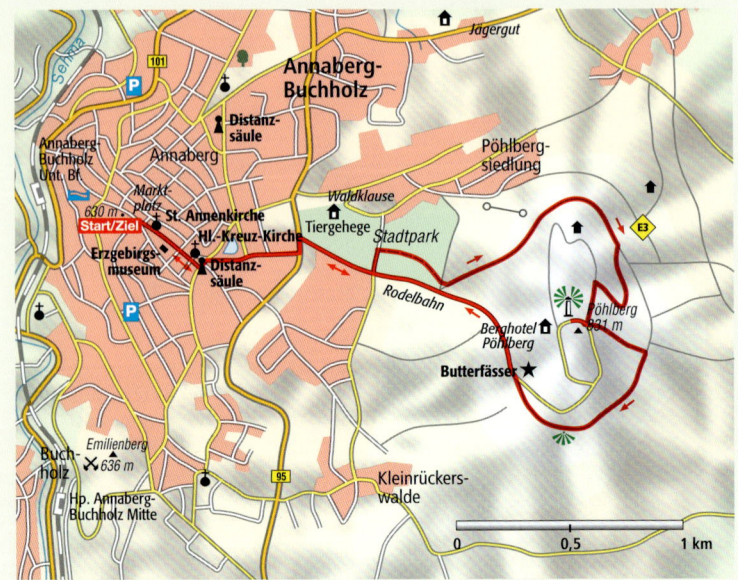

tur am Pöhlberg, sondern die fast lehr-
buchreife Waldhufenform von Königswalde sehen. Typischer geht es kaum.
Diese ländliche Siedlungsstruktur findet sich erstmals um 1000 im Schwarz-
wald und wurde nach dem 12. und
13. Jh. auch oft im Erzgebirge genutzt.
Die Mittelachse dieser Dörfer im Tal
wird meist von einem Wasserlauf neben der Straße gebildet. Links und
rechts erhielten die Siedler schmale
Landstreifen, die rechtwinklig zur Mittelachse bis an den Rand des auf dem
Höhenrücken verbliebenen Wald reichten. Abgegrenzt waren die ›Hufe‹, wie
man die Parzellen nannte, durch He-
cken.

Basaltformationen am
Wegesrand

Eine Schutzhütte, Sitzecken und Bänke
säumen den Weg, der nun wieder den
Blick in Richtung Annaberg-Buchholz

freigibt. Gegenüber hat sich die bekannteste geologische Besonderheit
des Pöhlbergs gebildet, die sogenannten **Butterfässer.** So wie der Bärenstein
oder der Scheibenberg ist auch der
Pöhlberg ein Erosionsrest eines ehemaligen Lavastroms und besteht überwiegend aus Basalt.

Die Basaltformation der Butterfässer ist auf einen solchen erkalteten La-
vastrom zurückzuführen. Ein ähnliches
Phänomen zeigen die Orgelpfeifen am
benachbarten Scheibenberg.

An der **Pöhlbergauffahrt** steht nun
die Wahl frei, den Fußweg parallel zur
Auffahrt abwärts zu wandern oder mit
dem Hinweisschild Mittlerer Rundgang wieder nach rechts in den Wald
abzubiegen und dort dann den Weg
abwärts zu wählen, der bereits beim
Anstieg genutzt wurde. In beiden Fällen trifft der Weg nach einigen hundert Metern wieder auf die B 95.

großen Fachgeschäfte im Erzgebirgscenter in Annaberg und im Ring-Center in Schwarzenberg.

Zweiräder – **Fahrrad Spitzner** **7**: Kleine Kirchgasse 37, Tel. 03733 226 21, Mo–Fr 10–13, 14.30–18, Sa 9.30–12 Uhr. Rad kaputt und schnelle Hilfe gesucht? Direkt hinter der Annenkirche kein Problem. Natürlich führt die Firma auch Neuräder bekannter Markenhersteller.

Aktiv & Kreativ

Baden – **Schwimmhalle Atlantis** **1**: Chemnitzer Str. 30, Tel. 03733 67 89 39, www.sf-ana.de, Di, Do 11–22, Mi, Fr–So 10–22 Uhr, Tageskarte Erw. 5 €, Kinder 3,50 €. Die Annaberger Schwimmhalle verfügt über ein 25-m Sportbecken, ein Kinderbecken, eine 53 m lange Riesenrutsche und eine Saunalandschaft, in der ein ausgedienter Armee-Lkw Ural den optischen Höhepunkt bildet. **Badeanstalt am Stangewald** **2**: Badeweg, Tel. 03733 643 90, www.annaberg-buchholz.de, Mai–Okt. tgl. 9–19 Uhr. In idyllischer Tallage wartet ein gepflegtes Freibad mit Wärmehalle und Kinderbereich. Das Wasser wird über ein Solarsystem beheizt und ist damit, untypisch fürs Gebirge, oft angenehm warm.

Besuch beim Stollenbäcker – **Annaberger Backwaren GmbH** **3**: s. Mein Tipp S. 177.

Abends & Nachts

Stimmungsvoll – **Alte Brauerei** **1**: Geyersdorfer Str. 34, Tel. 03733 248 01, www.altebrauerei-annaberg.de. Das soziokulturelle Zentrum bietet neben Konzerten mit Bands aus aller Herren Länder und ganz unterschiedlichen Musikrichtungen ein umfangreiches Kurssystem und andere Freizeitaktivi-

täten für Kinder und Jugendliche an. Beliebt ist auch das kleine Café im Haus. Die Alte Brauerei ist seit 1992 der Treffpunkt für junge Leute.

Cineastisch – **Gloria Filmpalast** **2**: Buchholzer Str. Tel. 03733 231 26, www.gloria-annaberg.de. Das traditionsreiche Kino zeigt in seinen 3 Sälen nicht nur die aktuellen Kinohits, sondern bietet auch regelmäßig Tage des besonderen Films abseits des Mainstreams.

Infos & Termine

Infos

Tourist-Information: Buchholzer Str. 2, 09456 Annaberg-Buchholz, Tel. 034733 194 33, www.annaberg-buchholz.de, Mo–Fr 10–18, Sa 10–13 Uhr.

Termine

Annaberger Schnitzertag: Die Schnitzer und ihre Kunstwerke aus Holz stehen am ersten Wochenende im März im Mittelpunkt.

Annaberger Kät: Das größte Volksfest des Erzgebirges lockt in der Woche 14 Tage nach Pfingsten zum lauten Spektakel.

Europäisches Töpferfest: Töpfer aus vielen Ländern präsentieren ihre Handwerkskunst und ihre Produkte alle vier Jahre am ersten Wochenende im Aug. (2012, 2016 …).

Klosterfest: Alle 2 Jahre am vorletzten Wochenende im Aug. kommt das Mittelalter in die Altstadt (2011, 2013 …)

Buchholzer Jahrmarkt: Am zweiten Wochenende im Okt. feiert der Stadtteil sein eigenes Fest.

Große Bergparade: Hunderte Bergmänner und Bergmusikanten treffen sich am 4. Advent zur größten Bergparade des Erzgebirges. Begleitet von bergmännischen Weisen ziehen sie durch die Straßen zum großen Bergkonzert am Fuße der Annenkirche.

Von Wiesenbad nach Bärenstein

Thermalbad Wiesenbad

▶ H 4/5

Unter dem Namen Gemeinde Thermalbad Wiesenbad haben sich vier kleine Orte zusammengeschlossen, die direkt vor den Toren der Bergstadt am Pöhlberg liegen und durchaus attraktive Urlaubsplätze sind. Am bekanntesten ist das Thermalbad Wiesenbad mit seiner modernen **Kurklinik.** Seit Jahrzehnten wird die dazugehörige Thermalquelle für ihre gute Wirkung bei Erkrankungen des Haltungs-, Stütz- und Bewegungsapparates geschätzt. Auch als Tagesklinik genießt sie einen guten Ruf. Der neu eröffnete **Kurpark** lädt zum Bummeln ein und das **Troparium Butterfly** (www.troparium.butterfly.de) offeriert einen Kurzausflug zu Fauna und Flora ferner Länder.

Im Ortsteil **Wiesa** ist es vor allem die auch optisch dominante **St.-Trinitatis-Kirche,** die das Interesse der Gäste auf sich zieht. Der bekannte Rechenmeister Adam Ries kaufte sich hier 1539 das Vorwerk bei der Wiesen. Der Ortsteil **Schönfeld** liegt links und rechts der B 95 mit einem grandiosen Blick nach Annaberg. Entlang der Bundesstraße

Naturlehrpfad ▶ H 5

Der **Heckenerlebnispfad Hagebuttenweg** verbindet die Gemeinden Mildenau, Geyersdorf und Königswalde. Er führt entlang von Feldern, alten Ackerwegen und Heckenlandschaften mit vielen interessanten Bewohnern. Begleitet wird er vom Maskottchen Hagebutte. Der 10 km lange Naturlehrpfad ist auch für Radfahrer geeignet.

laden einige sehr gemütliche Gaststätten zum Verweilen ein und rund um den Weberteich kann man sich trotz der nahen B 95 bestens erholen.

Modellbahnland Erzgebirge

OT Schönfeld, Mittelweg 4, Tel. 03733 59 63 57, www.modellbahnland-erzgebirge.de, Di–So 10–17 Uhr, Erw. 8 €, Kinder 4,50 €

Das Top-Ziel von Schönfeld ist das Modellbahnland Erzgebirge. Auf einer Fläche von 770 m² ist der historische Landkreis Annaberg-Buchholz im Maßstab 1 : 32 lebendig geworden. 30 Züge und Rangiereinheiten zeigen auf einer Gleislänge von über 660 m den Eisenbahnalltag der Region, wie er um das Jahr 1980 ablief. Alle 30 Minuten wird es für sieben Minuten Nacht auf der größten Modellbahnanlage mit Spur 1 in Europa. Rund 450 den Originalen nachgebaute Gebäude und Tausende Bäume geben der Anlage ein ganz besonderes Flair. Wer müde ist vom Schauen und Staunen, kann sich im **Gutgusch'l in Eisenbahnromantik** mit herzhaften oder süßen Spezialitäten der Annaberger Backwaren GmbH verwöhnen lassen.

Übernachten

Bergblick – **Landhotel Sonnenhof:** OT Schönfeld, Am Sonnenhang 1, Tel. 03733 671 00, www.sonnenhof-erzgebirge.de, DZ ab 76 €. Am Sonnenhang von Schönfeld gelegen, lädt das Haus nicht nur mit hohem Komfort, sondern auch mit einem Panoramablick auf die alte Bergstadt Annaberg ein.

Vital – **Hotel Rosenhof:** OT Wiesa, Annaberger Str. 12, 03733 575 95, www.rosenhof-wiesa.de, DZ ab 60 €. Vitalangebote gehören zum Standard des Hauses im Tal. Auch Sauerstofftherapie ist möglich.

Badenah – **Hotel und Restaurant Zur Rosenaue:** Schulstr. 7, Tel. 03733 65 48-0, www.rosenaue.de, DZ ab 56 €. Das hübsche familiäre Hotel liegt nur wenige Minuten Fußweg von der Kureinrichtung entfernt.

Infos

Gästebüro der Kurklinik: Freiberger Str. 33, 09488 Thermalbad Wiesenbad, Tel. 03733 50 40, www.thermalbad-wiesenbad.de

Mildenau ► H 5

Die Gemeinde Mildenau mit ihren Ortsteilen liegt zu großen Teilen im Naturpark Erzgebirge/Vogtland. Besiedelt wurde die Region im 13. Jh. durch fränkische Bauern. Besonders Mildenau selbst zeigt bis heute deutlich die Strukturen eines Waldhufendorfes. Zahlreiche Drei- und Vierseitenhöfe sind in ihrer Grundstruktur erhalten geblieben. Einzigartig ist die Größe und Schönheit der Heckenstrukturen. Über viele Jahrzehnte gewachsen, geben sie der Erzgebirgslandschaft ein markantes Profil. Bis heute wird das dörfliche Leben von der Landwirtschaft geprägt. Wer Ruhe sucht, wird sie hier finden.

Übernachten & Essen

Radlertreff – **Pension Hammerschänke:** OT Mittelschmiedeberg, Talstr. 5, Tel. 037343 881 83, www.annabergerland.de, DZ ab 44 €. Angenehme, familiär geführte Pension direkt an Rad- und Wanderwegen.
Preisgünstig – **Gaststätte und Pension Bergblick:** Dorfstr. 179, Tel. 03733, www.annabergerland.de, DZ ab 35 €.

Das kleine Haus mit dem weiten Blick über den Ort hat nicht nur gemütliche Zimmer und eine gute Küche, sondern auch eine Kegelbahn für den sportlichen Ausgleich.

Jöhstadt ► J 5

Das Bergstädtchen Jöhstadt liegt mit seinen Ortsteilen **Steinbach, Grumbach, Oberschmiedeberg** und **Schmalzgrube** in der waldreichen Gegend des Schwarzwasser- und Preßnitztals. Auch hier geht die erste Besiedlung zurück ins 12./13. Jh. Silber-, Kobalt- und Kupfererzfunde sorgten für ein schnelles Wachstum der Bevölkerung. 1655 verlieh Johann Georg I., Herzog von Sachsen, dem Ort am Erzgebirgskamm das Stadtrecht. Sind Jöhstadt und seine Ortsteile von Frühjahr bis Herbst ideale Ausgangspunkte für Wanderungen, so lädt besonders das Kammgebiet die Urlauber im Winter zu Langlauftouren auf gut gespurten Loipen ein. Ein Skilift fehlt natürlich auch nicht.

Preßnitztalbahn ► J 5
Strecke: von Steinbach nach Jöhstadt, www.pressnitztalbahn.de
Der größte Besuchermagnet ist die wiederaufgebaute Strecke der Preßnitztalbahn. Nachdem die Schmalspurbahn bereits 1892 den Gewerbetreibenden und Fabrikanten der Region den Anschluss an die weite Welt brachte, wurde sie in den 1980er-Jahren stillgelegt. Schnell baute man die Betriebsleitungen, Schienen, Brücken und Bahngebäude ab. Doch nicht weniger schnell fanden sich Eisenbahnenthusiasten aus ganz Deutschland, die sich, verstärkt nach 1990, mit riesigem Einsatz und Zeitaufwand darum bemühten, dass die Preßnitztalbahn nun wieder als Museumsbahn für leuchtende Augen bei großen und

kleinen Eisenbahnfans sorgen kann. Der Fahrbetrieb wird mit Dampf- und Diessellokomotiven der Baujahre zwischen 1899 und 1966 abgesichert. Von Mai bis Oktober ist an jedem Wochenende Fahrbetrieb. Fast durchweg sind es historische Dampflokomotiven, die die nicht weniger historischen Wagen schnaufend durch das malerische Preßnitztal ziehen. Das **Preßnitztalmuseum** lädt jeden Sonntag von 13.30 bis 16.30 Uhr zu einer Zeitreise in die Geschichte des Preßnitz-Schwarzwassertals ein (Tel. 03735 908 88).

Andreas-Gegenstrum-Stolln

Im Preßnitztal zwischen Steinbach und Schmalzgrube, Tel. 037343 211 88, www.andreas-gegenstrum-stolln. de, Mo–Fr 9–14, Sa, So 10–16 Uhr, Erw. 3 €, Kinder 1,50 €
Bergmännisches erwartet die Touristen im Andreas-Gegenstrum-Stolln. Das Grubenfeld wurde im Jahre 1748 aufgeschlossen, doch bereits knapp 100 Jahre später war wieder Schluss mit dem Bergbau. Seit 1997 ist der Stollen aber als Besucherbergwerk zugänglich und ein sehr interessantes Stück Bergbaugeschichte.

Übernachten & Essen

Zentral – **Gaststätte und Hotel Rathaus:** Markt 177, Tel. 037343 215 03, www.rathaushoteljoehstadt.de, DZ ab 64 €. Direkt am Markt gelegenes Traditionshaus mit umfangreichen Wellnessangeboten.
Naturnah – **Hotel und Gasthof Heilbrunnen:** Jöhstädter Str. 17, Tel. 037343 212 09, www.hotel-heilbrunnen.de, DZ ab 58 €. Abseits von Hektik und Verkehr auf einer Anhöhe mit Anbindung an schöne Wanderwege.
Unter Dampf – **Pension und Gaststätte Schlösselmühle:** Schlösselstr. 60, Tel.

037343 26 66, www.schloesselmuehle. de, DZ ab 48 €. Der Top-Tipp (nicht nur) für Eisenbahnfans. Komfortable Pension direkt an der Museumseisenbahn im Preßnitztal. Die erzgebirgische Küche des Restaurants und ein Biergarten laden zum Verweilen ein.

Infos

Fremdenverkehrsbüro: Markt 185, 09477 Jöhstadt, Tel. 037343 805-10, www.joehstadt.de.

Königswalde und Bärenstein ▶ H 5, H 6

Zu einer Verschmelzung der beiden recht unterschiedlichen Gemeinden ist es bisher noch nicht gekommen, doch als Verwaltungsgemeinschaft bilden sie schon eine Einheit.

Königswalde erstreckt sich auf einer Gesamtlänge von über 4 km im Pöhlatal. Das malerische Dorf kann auf eine ausgeprägte Heckenstruktur ebenso verweisen wie auf das bis heute typische Bild eines Waldhufendorfs. Zahlreiche hübsche, mit viel Liebe restaurierte Fachwerkhäuser schmücken das Dorf. In früheren Jahren war es sehr mühlenreich. Einige davon existieren bis heute und manche sind am Mühlentag zu besichtigen.

Das ausgedehnte und bestens ausgeschilderte Wandernetz rund um den Ort bietet Wander- und Naturfreunden beste Voraussetzungen. Im Winter steht ein Skilift für Liebhaber der schnellen Bretter bereit.

Bärenstein liegt am Fuße des gleichnamigen charakteristischen Bergs an der Verbindungsstraße nach Oberwiesenthal direkt an der Grenze zur Tschechischen Republik. Es gibt einen Grenzübergang.

Übernachten & Essen

Lukullisch – **Gasthof & Pension Brettmühle:** Königswalde, Brettmühle 5, Tel. 04733 42 96 39, www.brettmuehle. de, DZ ab 58 €. Die Brettmühle ist für ihre gute Küche bekannt. Der Gasthof liegt etwas außerhalb des Ortes im Pöhlatal.

Für Familien – **Ferienhotel Pöhlagrund:** Bärenstein, OT Kühberg, Königswalder Str. 20, Tel. 037347 802 65, www.poehl agrund.de, DZ ab 48 €. Das frühere Betriebsferienheim liegt fernab von Lärm und Verkehr im Pöhlatal. Viel Platz für spielende Kinder

Top-Angebotspakete – **Gästehaus Hutweide:** Bärenstein, Hutweide 57, Tel. 037347 12 36, www.gaestehaus-hut weide.de, DZ ab 44 €. Nicht im Tal, sondern auf dem Berg. Hier gibt es immer wieder tolle Angebotspakete zu unwiderstehlich günstigen Preisen.

Infos

Fremdenverkehrsbüro Bärenstein: Oberwiesenthaler Str. 14, 09471 Bärenstein, Tel. 037347 80 95, www.bae renstein-tourist.de, Mo–Do 10–12, 14–18, Fr 10–12 Uhr.

Kurort Oberwiesenthal ▶ H 6

Die Stadt Oberwiesenthal ist nicht nur das Wintersportdorado des Erzgebirges, sondern, man mag es kaum glauben, die höchstgelegene Stadt Deutschlands. Vom Fuße des Fichtelbergs reicht ihr Stadtgebiet bis hinauf aufs Bergplateau mit 1215 m Höhe. Zu den rund 2500 Einwohnern gesellen sich über das Jahr hinweg Hunderttausende Urlaubsgäste und Tagestouristen. Dabei ist der Winter natürlich die beliebteste Jahreszeit, denn die Pisten und Loipen am Fichtelberg und am benachbarten Keilberg in Böhmen sind nicht nur bei Besuchern aus den neuen Bundesländern beliebt. Zahlreiche Lifte befördern die Skihasen nach oben. Trotzdem ist der Winter, der hier gern mal über fünf Monate andauert, nicht die einzige Jahreszeit, die Touris-

Ob Snowboard oder Ski: Oberwiesenthal ist das Wintersportzentrum im Erzgebirge

ten auf und an den Berg lockt. Das Gebiet um Oberwiesenthal ist ein sehr schönes Wanderrevier.

Fichtelbergbahn

Strecke: von Cranzahl nach Oberwiesenthal, www.bvo.de/fichtelbergbahn
Für manche Gäste ist sie bereits Teil der Anreise, für andere ein touristisches Highlight der Region – die Fichtelbergbahn. Auf einer Spurbreite von 750 mm zuckelt sie seit 1897 von Cranzahl nach Oberwiesenthal und zurück. Und das Ganze immer noch, selbst im Regelbetrieb, unter Dampf. Mit maximal 25 km/h nimmt sie die reichlich 17 km und den Höhenunterschied von 238 m in Angriff.

Oberwiesenthaler Postkutsche

Pferdehof Bretschneider, Am Bahnhof 15 A, Tel. 037342 77 39, www.pferde hof-brettschneider.de
Noch weiter zurück reicht die Geschichte einer anderen touristischen Attraktion: der Oberwiesenthaler Post-

kutsche. Bereits vor über 300 Jahren überquerte sie hier das Gebirge. War es damals ein normales Verkehrsmittel, ist sie heute ein besonderes Erlebnis. Eine solche Reise in die Vergangenheit ist von Mai bis Oktober möglich. Übrigens: Im Winter geht es natürlich mit dem Schlitten in den tief verschneiten Wald.

Fichtelberg! ▶ H 6

Die Gründung der Neustadt am Wiesenthal erfolgte 1527 infolge des Berggeschreis nach Silber. Die Postdistanzsäule am Markt, die heute zu den Sehenswürdigkeiten der Stadt gehört, wurde 1730 unter der Regentschaft Augusts des Starken aufgestellt. Da verkehrte bereits seit 22 Jahren die Leipziger Post über Wiesenthal nach Karlsbad. Interessanterweise musste der Postillion jedes Mal an der Landesgrenze seine Uniform wechseln. Zu den Sehenswürdigkeiten, die sich

Reise in die Vergangenheit: In Oberwiesenthal fährt noch die Postkutsche

kaum ein Besucher entgehen lässt, zählen das **Fichtelbergplateau** mit dem Hotel und der fast schon historischen Wetterwarte sowie das **Schanzenareal.** Auf den Berg kommt man, so zumindest bei Drucklegung des Reiseführers, am besten mit der ältesten Seilschwebebahn Deutschlands. In nur reichlich drei Minuten befördert sie in ihrer Großraumkabine bis zu 45 Passagiere aus der Stadt hinauf auf den Berg. Und das seit 86 Jahren. Leider haben sich die Stadtverordneten für eine neue, eine moderne Bahn ausgesprochen. Die Fahrten der alten Schwebebahn sind also gezählt – ein, vielleicht sogar *das* Wahrzeichen der Stadt soll verschwinden.

Übernachten

Olympisch – **Jens Weißflog Appartementhotel:** Emil-Riedel-Str. 50, Tel. 037348 10-0, www.jens-weissflog.de, DZ ab 80 €. Jens Weißflog, der dreifache Olympiasieger im Skispringen, ist eine lebende Legende und sein Hotel natürlich Anlaufpunkt für zahlreiche Sportfans. Nicht nur, dass man Jens Weißflog dort oft selbst hinterm Empfangstresen antreffen kann, es gibt auch ein Minimuseum mit Ausstellungsstücken aus seiner großartigen Karriere und mit Rückblicken auf andere große Wintersportler der Region (s. S. 71).

Ganz oben – **Hotel Fichtelberghaus:** Fichtelbergstr. 8, Tel. 037348 123-0, www.hotel-fichtelberghaus.de, DZ ab 79 €. Die Auswahl an Hotels und Pensionen ist groß. Wer Komfort sucht und noch dazu hoch hinaus will, kommt um dieses Haus nicht herum.

Komfortabel – **Pension und Gaststätte Schanzenblick:** Weststr. 8, Tel. 037348 76 10, www.schanzenblick.de, DZ ab 40 €. Eine Pension, die mit Qualität und

Gastfreundlichkeit überzeugt. Gelegen im neueren Stadtteil am Fuße des Berges und unweit des Skihangs.

Essen & Trinken

Gediegen – **Hotel zum alten Brauhaus:** Brauhausstr. 2, Tel. 037348 86 88, www.hotel-zum-alten-brauhaus.de, tgl. 11–14, 17–21 Uhr, Hauptgericht 8,80–15,30 €. Einst gab es in Oberwiesenthal die erste Brauerei des Erzgebirges, heute serviert man im alten Brauhaus Qualität zum guten Bier, das aber nicht mehr aus Oberwiesenthal kommt.

Echt Erzgebirge – **Gasthof Rotes Haus:** OT Hammerunterwiesenthal, Neudorfer Str. 26, Tel. 037348 85 77, www.gasthof-rotes-haus.de, Mo–Fr ab 16, Sa, So, Fei ab 11 Uhr, Hauptgericht 6,50–12 €. Hier steht Erzgebirgisches im Mittelpunkt der Speisekarte – traditionell und schmackhaft.

Deftiges – **Gaststätte und Pension Am Roten Hammer:** Annaberger Str. 115, Tel. 037348 230 80, www.pension-am-roten-hammer.de, tgl. 11–20 Uhr, Hauptgericht 6,50–9,80 €. In der rustikalen Gaststube mit echtem Kamin ist es nicht nur in der Winterzeit urgemütlich. Dazu kommt Deftiges aus dem Erzgebirge auf den Tisch.

Aktiv & Kreativ

Wintersport für Anfänger – **Vereinigte Skischule Oberwiesenthal:** Vierenstr. 10 a, Tel. 037348 223 32, www.skischule-oberwiesenthal.de. Anlaufstelle für all jene, die noch nicht so perfekt auf den Brettern stehen, wie sie sich das vorstellen. Das Spektrum der Kursangebote reicht von den Kleinsten im Vorschulalter bis hin zu Kursen für die sogenannten ›Best Ager‹, sprich die Generation 50+.

Snowboarden – **Snowboardcenter Oberwiesenthal:** Vierenstr./Sommerrodelbahn, Tel. 0175 160 05 52, www.snowboardcenter-oberwiesenthal.de. Natürlich kommen hier die voll auf ihre Kosten, die das breite Board den schmalen Brettern vorziehen.

Baden – **Hallenbad im Hotel am Fichtelberg:** Karlsbader Str. 40, Tel. 037348 170, www.am-fichtelberg.com, Mo, Di, Do–Sa 7–10, 14–20, Mi, So 14–20 Uhr. Schwimmhalle mit Nichtschwimmer- und 25-m-Sportschwimmbecken.

Infos & Termine

Infos

Gästeinformation: Markt 8, 09484 Kurort Oberwiesenthal, Tel. 037348 15 50-50, www.oberwiesenthal.de.

Termine

Skifasching: Immer am Faschingssonntag übernehmen die Narren die Macht und führen am Skihang mit der größten Drei-Hübel-Schanze der Welt ihre Tollereien auf.
Erzgebirgs-Ski-Marathon: Immer am 3. Wochenende im Januar treffen sich Hunderte Volkssportler, aber auch hochkarätige Langläufer aus den Leistungszentren der Region zur Hatz über die Loipen.

Von Sehmatal nach Tannenberg

Sehmatal ► H 5/6

Zur Gemeinde Sehmatal haben sich die drei Dörfer **Sehma, Cranzahl** und **Neudorf** zusammengeschlossen. Alle drei ziehen sich durch das malerische Sehmatal von Annaberg-Buchholz bis an den Fuß des Fichtelberges. Sie sind durch ein gut ausgeschildertes Wanderwegenetz verbunden und natürlich ist der Fichtelberg von hier aus eines der beliebtesten Ziele. Nach Oberwiesenthal rollt die Fichtelbergbahn auf schmalen Gleisen von Cranzahl aus dampfend durchs Gebirge (s. S. 22).

Neben den **Dorfkirchen,** der **Trinkwassertalsperre Cranzahl** an der Rückseite des **Bärensteins** und dem Knüppeldamm durch das **Hochmoor** an der Siebensäure gibt es noch anderes, das man sich nicht entgehen lassen sollte:

Schauwerkstatt Zum Weihrichkarzl

OT Neudorf, Karlsbader Str. 189, Tel. 037342 81 58, www.juergen-huss.de Jürgen Huß nennt seine Schauwerkstatt rund um die Räucherkerzen »Zum Weihrichkarzl«. In seiner Manufaktur werden die beliebten Rauchwaren noch so hergestellt wie zu Großmutters Zeiten. Wer Lust hat, kann sich selbst versuchen und dann sogar seine eigenen Räucherkerzen mit nach Hause nehmen. Der liebevoll restaurierte Dreiseitenhof von Jürgen Huß liegt direkt im Zentrum von Neudorf.

Neudorfer Suppenmuseum

OT Neudorf, Karlsbader Str. 173, Tel. 037342 160 45, www.suppenmuseum. de, Mo–Fr 10–16, Sa 14–16 Uhr, Erw. 1,50 €, Kinder 0,30 €
Vom Weihrichkarzl sind es nur wenige Schritte zu einem wahrhaft ›heißen‹ Tipp: Neudorf ist im oberen Erzgebirge weit und breit als Suppendorf bekannt. Was lag näher, als dass die ›Suppenländer‹ der Mutter aller Speisen ein eigenes Museum gewidmet haben? Alles dreht sich um Suppen, das nötige Zubehör und die großen ›suppenländischen‹ Traditionen. Einmal im Jahr wird in Neudorf die beste Suppenköchin (oder -koch) gekürt. Beim Sup-

pentopfziehen geht es dann mehr um Muskeln als um die richtige Würze.

Übernachten

Bimmelbahn – **Hotel & Restaurant Vierenstraße:** OT Neudorf, Vierenstr. 18–20, Tel. 037342 148 40, www.hotel-vierenstrasse.de, DZ ab 65 €. Traditionsreiches Hotel am Rande des Ortes direkt an der Haltestelle der Fichtelbergbahn.

Naturnah – **Pension Lis'l:** OT Sehma, Bärensteiner Str. 39, Büttnergasse 2, Tel. 037347 80 31 80, www.pension-lisl-erzgebirge.de, DZ ab 50 €. Neue, mit Liebe, Geschmack und viel Echtholz ausgestattete Zimmer.

Essen & Trinken

Sächsisches – **Gaststätte Kaiserhof:** OT Neudorf, Karlsbader Str. 171, Tel. 037342 146 66, www.kaiserhof-neudorf.de, Di–So ab 11 Uhr, Hauptgericht 4,40–14,90 €. Gute sächsische Hausmannskost und Erzgebirgisches.

Suppensieger – **Gastub zr Bimmelbah:** OT Neudorf, Karlsbader Str. 215, Tel. 037342 187 81, www.bimmelbahn.de, tgl. ab 11 Uhr, Hauptgericht 4,80–9,80 €. Nur hier gibt es neben anderen regionaltypischen Gerichten die Siegersuppen des jährlichen Kochwettbewerbes.

Crottendorf ► H 5/6

Crottendorf mit dem Ortsteil **Walthersdorf** ist die erste Gemeinde am Flusslauf der Zschopau, die unweit des Ortes in rund 1125 m Höhe am Fichtelberg als lustiges Bächlein aus der Erde quillt. Der Ort selbst liegt rund 500 m tiefer eingebettet im Tal. Auch hier

sind es Wanderwege, die zum Bummeln einladen, und die zahlreichen Sehenswürdigkeiten in der Umgebung, für die der Ort eine gute Ausgangsposition besitzt.

Crottendorfer Schnaps-Museum
Rathenausstr. 59c, Tel. 037344 136 16, www.grenzwald.de, Mo–Fr 10–17, Sa 9–12 Uhr, Eintritt frei
In Crottendorf lädt vor allem das Crottendorfer Schnaps-Museum zum Besuch ein. Im Museum erhält man einen Einblick in die Produktion erzgebirgischer Kräuterschnäpse und kann die alte Technik besichtigen, die in der Grenzwald Destillation der Otto Ficker GmbH über Jahrzehnte Ausgangspunkt für ›Medizin zum Trinken‹ war.

Original Crottendorfer Räucherkerzen
Am Gewerbegebiet 11, Tel. 037344 72 34, www.crottendorfer-raeucher kerzen.de
Auf erzgebirgische Traditionen anderer Art zielen die Original Crottendorfer Räucherkerzen. Die traditionsreiche Firma organisiert Führungen durch ihr Räucherkerzenland, bei denen der Besucher die Möglichkeit erhält, hinter die Geheimnisse der duftenden kleinen Kegel zu schauen. Außerdem kann er Räucherkerzen per Hand mischen und herstellen, so wie es die Firmengründerin Freya Graupner vor über 70 Jahren getan hat.

Übernachten & Essen

Abgeschieden – **Ferienhotel Dietrichsmühle:** Wolfner Mühle 299, Tel. 03774 17 64 20, www.hotel-dietrichsmuehle.de, DZ ab 74 €. ›Fernab der Zivilisation‹, inmitten dichter Wälder am Fuße des Fichtelberges, wartet ein luxuriöses Ambiente.

*Traditionell preiswert – ***Gasthof zur Glashütte:** Scheibenberger Str. 23 b, Tel. 037344 82 53, www.gasthof-zur-glashuette.de, DZ ab 30 €. Gemütlich wohnen und in der Gaststube erzgebirgisch speisen, das bietet der beliebte Dorfgasthof seit Jahrzehnten.

Infos

Touristinformation Crottendorf: August-Bebel-Str. 231 c, 09474 Crottendorf, Tel. 037344 71 53, www.crottendorf-erzgebirge.de.

Scheibenberg ▶ G 5

Die Entstehung der Stadt am gleichnamigen, 807 m hohen Berg reicht in die Zeit der großen Silberfunde zurück. 1522 gegründet, erhielt Scheibenberg 1530 das Stadtrecht. Hier lebte und wirkte Pfarrer Christian Lehmann (1611–1688), einer der besten und verlässlichsten Chronisten des Erzgebirges, der mit seinen akribischen Niederschriften auch des Alltagslebens den Geschichtsforschern umfangreiches und aussagekräftiges Material hinter-

Mein Tipp

Brauereibesichtigung ▶ G 5
Im Ortsteil Oberscheibe befindet sich eine der kleinsten Brauereien des Erzgebirges mit einem Biersortiment, das den Nerv vieler Bierliebhaber trifft. Eine Besichtigung der **Brauerei Fiedler,** natürlich mit Verkostung, ist möglich. Anmeldung unter Tel. 037349 82 49, www.brauerei-fiedler.de.

ließ. Er führte die Stadt u. a. auch durch die schrecklichen Wirrnisse des Dreißigjährigen Krieges.

Das kleine **Heimatmuseum** am Markt in einem schönen Barockgebäude aus dem Jahre 1743 gibt Auskunft über die letzten zwei Jahrhunderte der Stadt.

Scheibenberg
Der Scheibenberg, das Wahrzeichen der Stadt mit dem Berggasthof und dem neu errichteten, 28 m hohen Aussichtsturm, ist bekannt wegen seiner Basaltsäulen, auch ›Orgelpfeifen‹ genannt. Der **Naturlehrpfad Basaltweg** führt als wildromantischer Aufstieg hinauf auf den Berg. Man sollte gut zu Fuß sein. Festes Schuhwerk ist Pflicht.

Übernachten

Gehoben – **Hotel Sächsischer Hof:** Markt 6, Tel. 037349 13 48-0, www.hotel-saechsischerhof.de, DZ ab 78 €. Direkt am Markt erwartet das erste Haus am Platz mit Tradition seine Gäste. Gehobene Ausstattung und entsprechender Service inklusive.
Am Wasser – **Wiesner's Teichwirtschaft:** Elterleiner Str. 10, Tel. 037349 83 26, www.wiesners-teichwirtschaft.de, DZ ab 40 €. Die Fischteiche zwischen Scheibenberg und Elterlein bestehen bereits seit 100 Jahren. Die gemütliche Pension liegt also völlig im Grünen, auf einem großen Grundstück, das auch Kinder begeistern wird. Außer Pension und Gaststätte stehen hier auch Wohnmobilstellplätze zur Verfügung.

Infos

Stadtverwaltung Scheibenberg: Rudolf-Breitscheid-Str. 35, 09481 Schei-

benberg, Tel. 037349 66 30, www.
scheibenberg.de.

Elterlein ►G5

Elterlein liegt an einer der alten Han-
delsrouten übers Gebirge, nämlich an
der historischen Salzstraße. Der Verlauf dieser Route ist seit 1118 bekannt.
Urkundlich erwähnt wurde die Stadt
erstmals 1406. Nach umfangreichen
Arbeiten im Rahmen der Stadtkernsa-
nierung ist der Markt ein echter Blick-
fang geworden. Der Ortsteil **Schwarz-
bach** existiert nachweislich bereits seit
dem 13. Jh. Im Mittelalter gehörte er
zum Kloster Grünhain. Alles in allem
sind es aber nicht geschichtsträchtige
Besonderheiten, die Touristen nach Elterlein ziehen: Es ist die Landschaft, die
die Ortsteile umschließt, und es sind
die zahlreichen touristischen Sehenswürdigkeiten in der Umgebung.

Übernachten & Essen

Bikergerecht – **Hotel Schatzenstein:**
Grünhainer Str. 35, Tel. 037349 66 90,
www.hotel-schatzenstein.de, DZ ab
60 €. Gepflegte, helle Zimmer am Rande der Stadt, mit Bowlingbahn.
Ländlich-rustikal – **Landgasthof Schach-
telhalm:** OT Burgstädtel, Zwönitzer Str.
122, Tel. 037754 22 92, DZ ab 46 €. Ein
kleiner Landgasthof direkt am Autobahnzubringer mit erzgebirgischem
Flair in den Zimmern und in der Gaststube, in der auch überwiegend Erzgebirgisches auf den Tisch kommt.

Infos

Stadtverwaltung Elterlein: Markt 28,
09481 Elterlein, Tel. 037349 667-0,
www.elterlein-im-erzgebirge.de.

Schlettau ►H5

Ob es eines Tages zur Einheitsge-
meinde Stadt Zschopautal kommen
wird, ist eine Frage, die erst die Zu-
kunft klären wird. Ein Zusammenge-
hen mit Crottendorf, Walthersdorf,
Dörfel und vielleicht Tannenberg wäre
sicher touristisch nicht der schlechteste
Weg. Vorerst bleibt die Bergstadt
Schlettau mit dem Ortsteil **Dörfel** aber
eigenständig. Bereits im frühesten Mittelalter war der Ort, der 1367 das
Stadtrecht verliehen bekam, ein wichtiger Wegeposten an der alten Salzstraße von Halle nach Prag. In zahlreichen Gruben wurden Silber und Zinn
aus der Erde geholt. Später war die
Borten- und Spitzenweberei ein wichtiger Erwerbszweig der Stadt.

Schloss Schlettau

*Schlossplatz, Tel. 03733 660 19,
www.schloss-schlettau.de, Di–Fr
10–17, Sa 14–17, So, Fei 13–17 Uhr,
Erw. 4,50 €, Kinder 1,50 €*
Das Schloss entstand im 12. Jh. ursprünglich als Wasserburg. Nicht ohne
Grund sind die Schlettauer heute wieder stolz auf das hochherrschaftliche
Ensemble mit der herrlichen Parkanlage. Noch vor wenigen Jahrzehnten
war an die ›Auferstehung‹ des Schlosses nicht zu denken. Als sich der Förderverein gründete, war der Verfall
schon weit fortgeschritten. Heute beherbergt es das **Zentrum für Wald- und
Wildgeschichte.** Im Rittersaal wird zu
stimmungsvollen Konzerten geladen.
Das Restaurant bietet neben dem normalen Gaststättenbetrieb (Mi–So
12–22 Uhr) im Weinkeller rustikale
Abende im Zeichen der alten Raubrit-
ter und Mönche. Schlossgespenster
natürlich inklusive. Die gruseligen Gestalten kann man abseits großer Ge-
lage auch bei den nächtlichen Führungen im Fackelschein treffen.

Übernachten

Urig – **Gasthaus Bierquelle:** Kirchgasse 16, Tel. 03733 666 73, DZ ab 54 €. Einfaches, gepflegtes Haus im Zentrum der Stadt.

Infos

Stadtverwaltung: Markt 1, 09487 Schlettau, Tel. 03733 680 70, www.schlettau-im-erzgebirge.de.

Tannenberg ▶ H 5

Die Gemeinde mit ihrem Ortsteil **Siebenhöfen** erstreckt sich entlang der Zschopau und des Geyersbachs. Erwähnt wurde Tannenberg erstmals im Jahre 1411. Das **Rittergut** hatte bis ins 20. Jh. hinein große Bedeutung für die Entwicklung des Dorfes. Seit 1912 hat die Gemeindeverwaltung ihren Sitz in diesen historischen Mauern. Abgesehen von der landschaftlich reizvollen Umgebung sind der **Passklausenturm** und die **St.-Christophorus-Kirche** einen Besuch wert. Technisch Interessierte sollten im **Technischen Denkmal Heizhaus** vorbeischauen. Die in einem interessanten Jugendstilgebäude befindliche Dampferzeugeranlage stammt aus dem Jahre 1925.

Übernachten

250 Jahre Gastlichkeit – **Landhotel am Hammer:** Untere Dorfstr. 21, Tel. 03733 529 51, www.zumhammer.de, DZ ab 68 €. Einst als Herrenhaus und Schankwirtschaft erbaut, bietet das Landhotel heute gepflegte Wohnlichkeit mit komfortablen Zimmern.
Naturschutzgebiet – **Waldgasthof & Hotel Am Sauwald:** Annaberger Str. 52, Tel. 03733 576 99, www.sauwald.de, DZ ab 56 €. Etwas für Naturliebhaber und Familien. Mitten in einem Naturschutzgebiet gelegen, garantiert das Hotel Erholung pur nur 5 km vor den Toren von Annaberg-Buchholz.

Infos

Touristische Informationsstelle: Gemeindeverwaltung, Rittergut 1, 09468 Tannenberg, Tel. 03733 528 20, www.gemeinde-tannenberg.de.

Greifensteinstadt

Noch ist es Zukunftsmusik, doch irgendwann in absehbarer Zeit wird sie letztlich Wirklichkeit werden – die Greifensteinstadt. Drei Städte, verteilt rund um das Erholungsgebiet Greifensteine und den Greifenbachstauweiher werden dann unter diesem einen Dach firmieren. Alle drei haben sie ihren Anteil und letztlich ihren Vorteil vom Erholungsgebiet Greifensteine und dem Greifenbachstauweiher.

Geyer ▶ G/H 4/5

Noch scheitert die Fusion allerdings am Schuldenstand der Stadt Geyer, die dafür aber, was für Touristen nicht ganz unwichtig ist, die meisten Sehenswürdigkeiten zu bieten hat. Das beginnt beim **Wachturmmuseum** (s. rechts), führt über das **Bergbau- und Naturdenkmal Binge** und den historischen **Lotterhof** bis hin zum Freizeitbad und natürlich dem Greifenbachstauweiher mit Freibad und Campingareal.

Für Eisenbahnfreunde gibt es das **Denkmal der Verkehrsgeschichte** am Lokschuppen. Dort steht heute eine historische Dampflok mit Personen-

Schräge Formationen: die bizarren Granitstöcke der Greifensteine bei Geyer

und Packwagen sowie vielem Zubehör vom Wasserkran bis hin zum Einfahrtssignal.

Wachturmmuseum Geyer
Lotterhof 10, Tel. 037346 12 44, www.stadt-geyer.de, Mi–Fr 10–13, Sa 10–16, So 13–16 Uhr, Erw. 3,50 €, Kinder 1,50 €
Seit 1952 befindet sich das städtische Museum im 42 m hohen Wachturm aus dem 14. Jh. Auf sieben Etagen verteilt warten thematische Ausstellungen, bezogen auf die Stadt und die Region.

Ehrenfriedersdorf und Thum ►H 4

Die Stadt **Ehrenfriedersdorf** überzeugt mit Bergbaugeschichte und einem Besucherbergwerk, das u. a. Erlebnis- und Touristikführungen auf den Spuren des Zinnerzes organisiert.

Die Stadt **Thum** als Dritte im Bunde präsentiert sich mit zahlreichen Grünanlagen, Spiel- und Freiflächen. Im Zentrum gibt es – übrigens typisch für alle drei Städte – gleich zwei Marktplätze.

Besucherbergwerk Ehrenfriedersdorf
Zinngrube, Am Sauberg 1, Tel. 037341 25 57, www.zinngrube.de, Erlebnisführungen (3 h) Di–So 10, 14 Uhr, Touristikführungen (1,5 h) Sa, So, Fei u. Schulferien 11, 13 und 15 Uhr, Erlebnisführung Erw. 17 €, Kinder 11 €, Touristenführung Erw. 11 €, Kinder 7 €
Mit der Seilfahrtanlage geht es 100 m tief ins Innere des Saubergs. An Originalarbeitsplätzen kann man sich ein Bild von der Arbeit der Bergleute unter Tage machen. Angeschlossen ist ein kleines mineralogisches Museum.

Greifensteine ►G/H 4

Ein Stück weiter den Berg hinauf warten die beeindruckenden Felsen der Greifensteine: ein Paradies für Kletterer. Natürlich nur für Könner. Wer es etwas ruhiger angehen will, ist beim Erlebniskletterwald an der richtigen

Im DDR-Museum in Gelenau kommen nur Ostwaren auf den Ausstellungstisch

Adresse. Außerdem kann man die Aussichtsplattform über sichere Treppen erklimmen. Das Museum am Fuße der Felsen gehört ebenso zu den Anziehungspunkten wie die Naturbühne Greifensteine, auf die der Annaberger Theatermacher in den Monaten Juli und August so manchen Märchen- oder Sagenhelden lebendig werden lassen.

Übernachten

Gehoben – **Hotel Nussknacker:** Ehrenfriedersdorf, Annaberger Str. 30, Tel. 037341 14-0, www.nussknacker-hotel. de, DZ ab 81 €. Das Haus mit gehobenem Anspruch und gutem Komfort liegt unweit der B 95 zwischen Ehrenfriedersdorf und Annaberg-Buchholz. *Zentral* – **Ratskeller Thum:** Thum, Markt 3, Tel. 037297 2375, www.rats keller-thum.de, DZ ab 49 €. Das traditionsreiche Hotel befindet sich am Markt der Stadt. Optimaler Ausgangspunkt für die Ausflugsziele in der Umgebung.

Aktiv & Kreativ

Wasser- und Badespaß – Der **Greifenbachstauweiher** ist für Badenixen aus nah und fern ein beliebtes Ziel. Weitläufige Liegeflächen und eine tolle Wasserqualität versprechen Badespaß. Minigolf, Abenteuerspielplatz und viele lustige Wassertreter sorgen für Abwechslung.
Wellness und Wellen – **Freizeitbad Greifensteine:** Badstr. 2, Geyer, Tel. 037346 100 61 00, www.anamare.de, Mo–So 10–22 Uhr, Tageskarte Erw. 11,50, Kinder 10 €. Unter tropischen Palmen warten ein Wellenbecken mit Grotten, ein Wildwasserkanal sowie ein Wellnessbereich mit großzügiger Saunalandschaft und Rasulbad. Sogar eine Tauchschule ist im Freizeitbad stationiert.

Infos

Tourist-Information: Altmarkt 1, 09468 Geyer, Tel. 037346 105 21, www.stadt-geyer.de.

Gelenau ▶ H 4

Die Gemeinde wurde 1273 gegründet und war über mehrere Jahrhunderte hinweg rein bäuerlich geprägt. Im 18. Jh. zogen Spinnerei und Strumpfwirkerei ins Dorf ein und veränderten das Leben vieler Bürger von Grund auf. 1842 konnte die Gelenauer Strumpfwirkerinnung auf 120 Meister verweisen. Nach 1900 entstanden insgesamt 39 Strumpfbetriebe, unter ihnen einige mit Hunderten von Beschäftigten. Auch nach dem Zweiten Weltkrieg blieb Gelenau ein Dorado der Strumpfproduktion. Heute gibt es lediglich noch einen kleinen Unternehmer, der seinen Lebensunterhalt mit der Produktion und dem Verkauf hochwertiger Strümpfe verdient.

In den letzten Jahren hat sich Gelenau zu einem lohnenden Ausflugsziel gemausert. Beginnend beim **Aussichtsturm,** dem schönen **Freibad** und der **Alpine-Coaster-Bahn** über die Museen bis hin zum gemütlichen **Clubkino** hat das Dörfchen viel zu bieten.

Erstes Deutsches Strumpfmuseum

Rathausplatz 1 a, Tel. 037297 478 24, www.ahogee.de, Mo–Sa 11–17, So 13–17 Uhr, Erw. 4 €, Kinder 2,50 €
Die Exponate stammen zum Teil aus den frühsten Epochen deutscher Strumpfwirkerei. Außerdem wird ein umfangreicher historischer Maschinenpark gezeigt, wobei alle Maschinen auch vorgeführt werden. Schmuckstück ist eine 12 m lange Cottonmaschine. Aber auch moderne Technik und moderne Produktionsformen kommen nicht zu kurz.

DDR-Museum

Straße der Einheit 11, Tel. 037397 70 33, www.gelenau.de, Fr 13–17, Sa, So, Fei 11–17 Uhr, Erw. 2,50 €, Kinder 1,50 €

Eine Reise in die Zeit vor dem Mauerfall: verschiedene Bereiche des Alltags werden mit Hunderten von Exponaten wieder lebendig. Für ›Ossis‹ eine Nostalgietour, für ›Wessis‹ ein interessanter Einblick in das Leben der ›anderen Deutschen‹ vor der Wiedervereinigung.

Übernachten & Essen

Waldreich – **Gaststätte und Pension Waldhof:** Am Waldhof 4, Tel. 03725 224 78, www.pension-waldhof.de, DZ ab 50 €. Bis Anfang des vorigen Jahrhunderts wurde hier Kalk abgebaut. Jetzt werden die Touristen in waldreicher, erholsamer Umgebung familiär betreut.

Eisig - **Pension und Eiskaffee Hofmann:** Straße der Einheit 81, Tel. 037297 72 96, www.eis-hofi.de, DZ ab 45 €. Im Eiskaffee Hofmann erwarten die Gäste nicht nur gemütliche Zimmer, sondern auch Eisspezialitäten vom Feinsten.

Infos

Infothek: Rathausplatz 1 a, 09423 Gelenau, Tel. 037297 478 24, www.gelenau.de, Mo–Fr 9–18, Sa 9–17, So 13–17 Uhr.

Mein Tipp

Marionettentheater ▶ H 4

Die Gelenauer Marionettenspieler **Helga und Frank Hübner** laden regelmäßig in ihr kleines Kellertheater ein. Dabei gibt es nicht nur Stücke für Kinder, sondern auch manches Erbauliche für große Leute. Tel. 037297 20 00.

Stollberg und Umgebung

Highlight !

Lichtenstein: Sechs unterschiedliche Museen laden in Lichtenstein zum Besuch ein – jedes ist eine Attraktion für sich. Das Spektrum reicht von gediegener Holzkunst über Puppen, historische Motorräder und die Welt im Miniformat bis hin zu Kaffeekannen. Ein so vielfältiges Angebot findet man sonst nur in Großstädten. S. 209

Auf Entdeckungstour

Das Schwarze Gold des Erzgebirges – Bergbaumuseum Oelsnitz: War es sonst im Erzgebirge meist der Glanz des Silbers, der für Arbeit und Wohlstand sorgte, wurde es rund um Oelsnitz die Steinkohle. Bis in die zweite Hälfte des 20. Jh. hinein brach man das Schwarze Gold aus dem Fels. Heute lädt das Bergbaumuseum zu einem spannenden Ausflug auf den Spuren der Steinkohle ein und auch auf dem Bergbauweg gibt es viel zu entdecken. S. 206

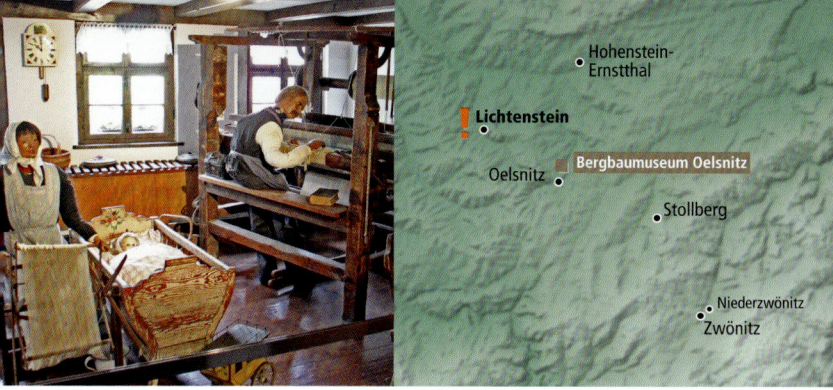

Kultur & Sehenswertes

Historische Papierfabrik: Ob Kogelkocher, Kollergang, Nasspresse oder Walzwerk: Die Papiermühle Niederzwönitz beinhaltet eine komplette Ausrüstung. Und wer möchte, kann hier im Rahmen eines Kurses sein eigenes Briefpapier gestalten. S. 200

In 90 Minuten um die Welt: Vom Opernhaus in Sydney über die Dresdner Frauenkirche bis zum Pariser Eiffelturm: Unweit des Lichtensteiner Schlosses eröffnet sich die architektonische Vielfalt der Erde im Maßstab 1:25. S. 210 und S. 212

Aktiv & Kreativ

Für Autofans: An rund zehn Tagen im Jahr ist der Sachsenring in Hohenstein-Ernstthal eine Rennstrecke für Könner, den Rest der Zeit steht er dem »auto, motor und sport«-Verkehrssicherheitszentrum für seine Angebote zur Verfügung. S. 214

Genießen & Atmosphäre

Beliebt: Das Roß in Zwönitz wurde ursprünglich 1537 errichtet und schnell zu einem der beliebtesten Übernachtungsorte entlang der Salzstraße. Johann Wolfgang von Goethe und Friedrich Adam Zürner weilten hier. Die im erzgebirgischen Stil umgebauten Räume lassen noch heute das Flair alter Zeiten erahnen. S. 200

Abends & Nachts

Bierselig: Mit »Glück auf« wird man im Brauerei-Gasthof Zwönitz begrüßt. Zehn Sorten Bier vom Zwönitzer Ziegenbock bis zum Anton-Günther-Feieromd-Bier sowie Deftiges aus der Küche tragen zur guten Stimmung bei. S. 201

Am alten Handelsweg

Fährt man von Annaberg-Buchholz in Richtung Nordwesten, kommt man in eine Art ›Zwischenerzgebirge‹. Die großen, traditionellen touristischen Anziehungspunkte der Region liegen etwas abseits und die Ausstrahlung der Industrieregion Süd-West-Sachen mit ihren ›Leuchttürmen‹ Chemnitz und Zwickau wird spürbar. Umso erstaunlicher, was sich in diesen Städten und Gemeinden in den letzten Jahrzehnten an touristischem Potenzial entwickelt hat. Orte wie Zwönitz, Lichtenstein oder Oelsnitz links liegen zu lassen wäre sehr schade. Ob es nun die Geschichte des Steinkohlebergbaus in der Region, eine Reise um die Welt in 90 Minuten oder Schnitzkunst aus allen Kontinenten ist, auch ein Stück abseits der eigentlichen Silberstraße kommen große und kleine Gäste gleichermaßen auf ihre Kosten.

Stollberg ▶ G 4

Obwohl gern als Tor zum Erzgebirge bezeichnet, ist Stollberg noch keine ›richtige‹ Bergstadt, aber auch nicht vergleichbar mit den nur wenige Kilometer entfernten Industriezentren Zwickau und Chemnitz. Dabei kann Stollberg mittlerweile durchaus auf neue Industrieansiedlungen, oft in Verbindung mit dem Automobilbau, verweisen. Ursprünglich war es die Kreuzung zwischen dem Böhmischen Saumpfad und der Dresden-Chemnitzer-Straße, die für ein schnelles Erstarken von Handel und Handwerk verantwortlich zeichnete.

Zu den Sehenswürdigkeiten der Stadt gehören das **alte Amtsgericht,** das **Rathaus,** die bereits im frühen 15. Jh. erbaute **St.-Jakobi-Kirche** sowie das **Carl-von-Bach-Haus.**

Schloss Hoheneck

Tel. 0371 48 18 33 80, www.hohen eck.com, Führung (auf Anfrage) Erw. 10 €, Kinder 5 €

Als Wahrzeichen Stollbergs gilt das Schloss Hoheneck. 1244 erstmals erwähnt, wurde die Staleburgk – dieser Name gilt auch als Ausgangspunkt für den heutigen Namen der Stadt – nach mehreren Um- und Ausbauten seit 1862 als Zuchthaus und Justizvollzugsanstalt genutzt. Zu den traurigen Kapiteln der Stollberger Vergangenheit gehört die Tatsache, dass in der Strafanstalt vom Beginn der Weimarer Republik bis 1989 neben Kriminellen

Infobox

Internet
www.stollberg-erzgebirge.de: Auf dieser Webseite gibt es umfangreiche Informationen über die Stadt, ihre Geschichte und das Leben heute.

Anreise und Weiterkommen
Auto: Direkte Anbindung an die A 72. Im Gegensatz zum Mittleren und Oberen Erzgebirge ist die Region um Stollberg über die Autobahnen A 72 und A 4 gut zu erreichen.
Bahn: Bahnverbindung durch die Anbindung an die City-Bahn nach Chemnitz. Die City-Bahn von Chemnitz nach Stollberg verbindet auch die Region mit der Großstadt. www.city-bahn.de, www.vms.de.
Bus: Alle Gemeinden der Region sind über ein (noch) dichtes Busnetz verbunden.

auch zahlreiche politische Häftlinge unter unmenschlichen Bedingungen inhaftiert waren. 2001 erfolgte die endgültige Schließung der Justizvollzugsanstalt.

Frauen als politische Gefangene in Hoheneck
Stadtbibliothek, Schillerplatz 2, Tel. 037296 22 37, Mo 10–12, 14–17, Di 14–18, Mi, Fr 10–12, Do 12–18, Sa 9–12 Uhr
Eine Ausstellung der Stiftung Sächsischer Gedenkstätten zur Erinnerung an die Opfer politischer Gewaltherrschaft zeigt die Stollberger Stadtbibliothek.

Übernachten

Gehoben italienisch – **Hotel Goldener Adler:** Postplatz 7, Tel. 037296 693 17 40, www.goldener-adler-stollberg.de, DZ ab 75 €. Traditionsreiches Haus im Zentrum, komfortable Einrichtung, italienisch geführt mit Pizzeria.
Charme und Charakter – **Hotel Zur grünen Laube:** OT Mitteldorf, Tel. 037296 24 84, www.hotel-zurgruenenlaube.de, DZ ab 60 €. Das verkehrsgünstig und trotzdem ruhig gelegene Haus unweit der A 72 besticht durch seine Liebe zum Detail.
Bauernstil – **Gaststätte und Pension Hasenbude:** Grüner Winkel 15, Tel. 037296 839 71, www.hasenbude-stollberg.de, DZ ab 45 €. Kleine, sehr familiäre Pension am Nordrand des Erzgebirges. Perfekter Ausgangspunkt für Radler und Wanderer. Bauernmalerei in den gemütlichen Zimmern.

Essen & Trinken

Schweizerisch – **Casa Rustica:** Hauptmarkt 9, Tel. 037296 842 20, www.casa rustica.de, Di, Mi, Fr, Sa 11–14.30, 17.30–23, Do, So 11–14.30 Uhr, Hauptgericht 8–14 €. Die Schweiz kommt ins Erzgebirge. Schweizer Gerichte von A bis Z vom Schweizer Küchenchef.

Infos & Termine

Infos
Bürgerservice der Stadt Stollberg: Hauptmarkt 1, 09366 Stollberg, Tel. 037296 240, Di, Mi 8.30–18, Do 8.30–19, Fr 8.30–13, Sa 8.30–11 Uhr.

Termine
Walkteichfest: Ein buntes Programm rund um Markt und Festzelt erwartet die Besucher Ende Apr./Anfang Mai. Ein Höhepunkt ist das Hexenfeuer am Abend des 30. April.
Altstadtfest: Immer Mitte Juli der Jahreshöhepunkt für die Stollberger und ihre Gäste.
Bauernmarkt: Gesundes auf den Tisch: Ende Sept./Anfang Okt. präsentieren und verkaufen die Bauern der Umgebung, was Gärten und Felder zu bieten haben.

Zwönitz ▸ G 4/5

Seit 1997 ist er wieder unterwegs, der Zwönitzer Nachtwächter. »Hört, Ihr Leute, lasst Euch sagen …«, so schallt es regelmäßig durch die malerischen Gassen des kleinen Städtchens.

Manche mögen glauben, die Zwönitzer seien kopflos. Wer das große Reiterstandbild über der Stadt gesehen hat – das ist wirklich kopflos! –, kommt um diese Frage gar nicht herum (s. Lieblingsort S. 202). Doch der kopflose Reiter ist eben nur eine Sagengestalt. Eine von vielen, die hier im Zwönitztal zu Hause sind. Die Kleinstadt hat sich in den letzten Jahren zu

einem besonders beliebten Touristen-
ziel im Erzgebirge gemausert. Was
zieht die Gäste hierher? Ist es die
sprichwörtliche Gastfreundlichkeit der
Bewohner, ist es die Vielzahl kulinari-
scher Angebote, sind es die sehenswerten Museen oder ist es die Pflege
erzgebirgischer Traditionen abseits des
Massentourismus? Sicher eine gelungene Kombination aus allem. Zwönitz
trägt zudem den Titel ›Pferdefreundli-
che Gemeinde‹. Sprich, auch Vierbei-
ner fühlen sich so richtig wohl. Und das
nicht nur in Zwönitz, sondern auch in
den sechs Ortsteilen.

Raritätensammlung Bruno Gebhardt

*Rathausstr. 14, Tel. 037754 23 23, www.
zwoenitz.de, Mi–Sa 10–12, 13–17, So
13–17 Uhr, Erw. 3 €, Kinder 1,50 €*
Der 1894 in Kühnhaide geborene Bau-
ersohn Bruno Gebhardt war nicht nur
Ehrenbürger von Zwönitz, sondern
auch leidenschaftlicher Sammler. Als er
starb, hinterließ er eine für das Erzgebirge einmalige Sammlung mit über 60
Fachgebieten und einem Wert in Mil-
lionenhöhe. Sie umfasst Numismatik,
Philatelie, mechanische Musikinstrumente, Uhren und erzgebirgische Volkskunst gleichermaßen. Ihren würdigen
Platz hat die Sammlung in der aufwendig restaurierten Austelvilla gefunden.

Papiermühle Niederzwönitz

*OT Niederzwönitz, Köhlerberg 1, Tel.
037754 26 90, www.zwoenitz.de,
Mi–Sa 10–12, 13–17, So 12–17 Uhr,
Erw. 3 €, Kinder 1,50 €*
Die Papiermühle wurde bereits 1568
erstmals urkundlich erwähnt. Bis in die
Mitte des 19. Jh. wurde hier handge-
schöpftes Büttenpapier hergestellt.
Später dann, mit Beginn der Industria-
lisierung, stellte man auf Hart- und
Graupappen um. Heute ist das techni-
sche Museum eines der bedeutendsten

seiner Art nicht nur in der Region. Im
beeindruckenden Fachwerkgebäude
befindet sich eine komplett ausgerüs-
tete, historische Papierfabrik, die über
Transmission mit Wasserkraft und Motoren angetrieben werden kann. Auch
Kurse im Papierschöpfen werden angeboten (tel. Voranmeldung nötig).

Knochenstampfe Dorfchemnitz

*OT Dorfchemnitz, Am Anger 1, Tel.
037754 28 66, www.knochenstampfe.
de, Mi–Sa 10–12, 13–17, So 12–17 Uhr,
Erw. 3 €, Kinder 1,50 €*
Das technische Denkmal, das gleichzeitig auch als Heimatmuseum fun-
giert, beinhaltet die einzige noch erhaltene Knochenstampfe im gesamten
Erzgebirgsraum. Sie befindet sich in einem ehemaligen Bauernhof mit einem
für Sachsen einzigartigen Rautenfach-
werk. Außerdem beherbergt das Haus
den ältesten erhaltenen Steinbackofen
Sachsens, der bereits 1585 erstmals an-
gefeuert wurde. Das Herz kleiner und
großer Besucher schlägt schneller,
wenn sich die hier aufbewahrten historischen mechanischen Weihnacht-
berge in Bewegung setzen. Das Museum mit seinen idyllischen Außenanlagen und dem angeschlossenen
Gasthof ist ein beliebtes Ausflugsziel
für Wanderer und Radfahrer, aber
auch für Busgruppen.

Übernachten

Tradition – **Hotel Roß:** Markt 1, Tel.
037754 22 52, www.hotelross-erzge
birge.de, DZ ab 80 €. Ein halbes Dutzend Gasthäuser streiten sich um den
Titel ältestes Hotel Sachsens. Das Hotel
Roß direkt am Markt hat gute Chan-
cen, diesen Titel zu gewinnen. Zu den
schönsten gehört es allemal.
Bikerfreundlich – **Pension und Gaststätte Grüner Garten:** OT Kühnhaide,

Thomas-Müntzer-Str. 13, Tel. 037754 27 75, www.pension-gruenergarten. de, DZ ab 30 €. Seit 1867 in Familienbesitz, ist der Grüne Garten eine Institution in der Region, bekannt für seine Gastfreundlichkeit und die Wurst aus der eigenen Fleischerei. Er ist nicht nur für Biker ein guter Ausgangspunkt für Erzgebirgstouren.

Essen & Trinken

Fisch – **Landgasthof Teichschänke:** Dittersdorfer Str. 8, Tel. 037754 25 35, www.teichschaenke.de, Di, Mi–Fr ab 17, Sa, So ab 11 Uhr, Hauptgericht 6,50–9,60 €. Gutbürgerliches kommt auf den Tisch und viel Gesundes aus dem Wasser. Spezialität: frisch gefangene Forellen.

Hopfen und Malz – **Gaststätte Brauerei-Gasthof:** Grünhainer Str. 15, Tel. 037754 599 05, www.brauerei-zwoe nitz.de, tgl. ab 11 Uhr, Hauptgericht 5,80–9,50 €. Bereits als die Gasthausbrauereien noch nicht wie Pilze aus dem Boden schossen, hat man hier sein eigenes Bier gezapft. Die zahlreichen Spezialangebote passen zum guten Hausgebrauten.

Infos

Bürgerservice der Stadt Zwönitz: Markt 3a, 08297 Zwönitz, Tel. 037754 351 59, www.zwoenitz.de.

Thalheim ▶ G 4

Das Städtchen Thalheim vor den Toren von Stollberg zieht sich durchs malerische Zwönitztal und kann auf immerhin 7500 Einwohner verweisen. Die

Im Zwönitzer ›Roß‹ an der Postdistanzsäule hat schon Goethe genächtigt

Lieblingsort

Reiter ohne Kopf – sagenhafter Aussichtspunkt ▶ G 4/5

Es war die Sage vom Reiter ohne Kopf, die Holzbildhauer Dieter Huch zu seiner lebensgroßen Holzfigur inspirierte, die heute auf dem Ziegenberg hoch am Hang über der Stadt Zwönitz ihren Platz gefunden hat. Und diese Sage kommt einem unwillkürlich in den Sinn, wenn man dort oben sitzt und den Blick übers Erzgebirge auf sich wirken lässt. Eine Sage, die von Liebe, Eifersucht und Mord handelt. Ein Stoff, aus dem bis heute manches Drehbuch gewebt wird.

Stollberg und Umgebung

Stadt wurde Ende des 12. Jh. von fränkischen Siedlern gegründet und gehörte zur feudalen Herrschaft Stollberg-Hoheneck. Ihre verkehrsgünstige Lage mit Bahnverbindung, Buslinien, Autobahnanschluss an die A 72 und dem kleinen Sport- und Geschäftsflugplatz im nur 10 km entfernten **Jahnsdorf** ist für die Einwohner, Investoren, Zuzugswilligen und nicht zuletzt für Touristen gleichermaßen interessant. Die Autobahnnähe macht die Stadt zu einem preisgünstigen Standort für den Besuch von Chemnitz und Zwickau.

Das familienfreundliche Erzgebirgsbad, das ganzjährig in Betrieb ist, lohnt den Besuch ebenso wie die waldreiche Umgebung mit gut 50 km markierten Wanderwegen, Schutzhütten und Aussichtspunkten.

Sehenswert ist auch die Miniatur-Schauanlage **Heimateck Rentners Ruh**, um die sich der Erzgebirgszweigverein kümmert (1. Mai–3. Okt. Mo–Do 14.30–19.30, Sa, So 9–22 Uhr).

Wille Gottes Stolln
Infos bei Klaus Schröpel unter Tel. 03721 851 57, Eintritt frei, Spende erbeten
Auch Thalheim hat sein eigenes Bergwerk: Seit 1994 kümmert sich der Bergbauverein Thalheim e. V. um die Erforschung der Geschichte des Bergbaus der Region. In diesem Zusammenhang wurde die historische Wille Gottes Stolln wieder freigelegt und für die Öffentlichkeit zugänglich gemacht.

Übernachten

Denkmalgeschützt – **Pension und Café Wiesenmühle:** Chemnitzer Str. 48, Tel. 03721 233 71, www.pension-wiesenmuehle.de, DZ ab 52 €. Die gleichermaßen gemütliche wie komfortable Pension befindet sich in einer unter

Denkmalschutz stehenden historischen Ölmühle in ruhiger, naturnaher Lage.
Zentral – **Gasthaus und Pension Zum Deutschen Eck:** Hauptstr. 22, Tel. 03721 26 37 99, www.zum-deutschen-eck.de, DZ ab 60 €. Auch das Deutsche Eck ist ein denkmalgeschütztes Kleinod der Stadt, das seit nunmehr zehn Jahren wieder ein beliebtes Ziel im Zentrum geworden ist.

Essen & Trinken

Saisonales – **Ratskeller Thalheim:** Hauptstr. 5, Tel. 03721 27 37 30, www.ratskeller-thalheim.de, Mo–So 11–14, ab 17.30, Mi 11–14 Uhr, Hauptgericht 6,50–10 €. Familiäres Flair und Gutbürgerliches von der jahreszeitgerechten Speisekarte auf dem Tisch, dafür steht das junge Wirtspaar.

Aktiv & Kreativ

Wasserspaß und Wellness – **Erzgebirgsbad Thalheim:** Stadtbadstr. 14, Tel. 03721 443, www.erzgebirgsbad.de, Freibad 9–19 Uhr, Hallenbad tgl. 10–22 Uhr, Tageskarte Erw. 11 €, Kinder 7,50 €. Attraktionen gibt es drinnen wie draußen. Schwimmbecken, Solebecken und Kinderbecken, in dem wie auch im Quelltopf und im Caldarium mit 34 °C die höchste Wassertemperatur herrscht, bieten Freizeitspaß für die ganze Familie. Dagegen garantiert die große Sauna- und Erholungslandschaft Ruhe und Entspannung.

Infos

Stadtverwaltung Thalheim: Hauptstr. 5, 09380 Thalheim, Tel. 03721 26 20, www.thalheim-erzgebirge.de.

Oelsnitz/Erzgebirge

▶ F 3/4

So wie Stollberg könnte man auch Oelsnitz als Tor zum Erzgebirge bezeichnen. Dabei sollte man auf den Nachsatz ›Erzg.‹ achten, denn ein gleichnamiges Städtchen gibt es auch im Vogtland. Ihre überregionale Bedeutung und ihren Bekanntheitsgrad verdankt die Stadt dem Oelsnitz-Lugauer Kohlerevier, in dem von 1844 bis 1971 das Schwarze Gold gefördert wurde. Es war ein Zufallsfund mit großen Folgen, der 1831 den Startschuss zum Steinkohleabbau gab. Die Blütezeit des Bergbaus sorgte für ein stetes Bevölkerungswachstum. So wurde Oelsnitz als größtem sächsischen Dorf 1924 das Stadtrecht verliehen – schließlich lebten über 20 000 Menschen hier. Nach dem Ende der Steinkohleförderung wurde es ruhig in und um die Bergstadt.

Der fast 56 m hohe Förderturm des früheren Kaiserin-Augusta-Schachts, der später in Karl-Liebknecht-Schacht umbenannt wurde, ist als Wahrzeichen der Stadt schon von Weitem zu sehen. Damit hat man auch den Wegweiser zu dem Ziel vor sich, das fast alle Besucher, die nach Oelsnitz kommen, anlockt: das Bergbaumuseum.

Bergbaumuseum Oelsnitz/Erzgebirge

Pflockenstr., Tel. 037298 93 94-0, www.bergbaumuseum-oelsnitz.de, Di–So 9.30–16 Uhr; Führungen tgl. 10, 12, 14 und 16 Uhr, Erw. 4,80 €, Kinder 2,40 €

Bereits einige Jahre nach der Schließung, 1975, wurden die Übertageanlagen des Kaiserin-Augusta-Schachts in die zentrale Denkmalliste aufgenommen. Damit konnten die bedeutenden Beispiele gekonnter Industriearchitektur vor dem Abriss bewahrt werden. Im Juli 1986 öffnete das Bergbaumuseum. Verschiedene Ausstellungsbereiche werden ergänzt durch das originalgetreu gestaltete Anschauungsbergwerk und eine Befahrung des Förderturms mit einem Panoramablick über das ehemalige Lugau-Oelsnitzer Revier (s. auch Entdeckungstour S. 206).

Spannende Einblicke in den Steinkohlebergbau bietet das Bergbaumuseum Oelsnitz

Auf Entdeckungstour

Das Schwarze Gold des Erzgebirges – Bergbaumuseum Oelsnitz

War es sonst im Erzgebirge meist der Glanz des Silbers, der für Arbeit und Wohlstand sorgte, wurde es rund um Oelsnitz die Steinkohle. Bis in die zweite Hälfte des 20. Jh. hinein brach man das Schwarze Gold aus dem Fels. Heute lädt das Bergbaumuseum zu einem spannenden Ausflug auf den Spuren der Steinkohle ein und auch auf dem Bergbauweg gibt es viel zu entdecken.

Reisekarte: ► F 3/4

Zeit: Bergbauweg 3–4 Std., Bergbaumuseum inkl. Führung ca. 2 Std.

Planung: Informationsmaterial zum Bergbauweg erhält man im Eingangsbereich des Museums; Öffnungszeiten und Eintrittspreise s. S. 205.

Start: Bergbaumuseum in Oelsnitz

Schon bevor man seinen Obolus entrichtet hat und zur Besuchstour ins Museum startet, kann man von der anderen Seite des Zauns aus erste Blicke auf die interessante Industriearchitektur und die Exponate im Außengelände werfen. Doch bevor es hineingeht, stehen die bergmännischen Zeitzeugen von Oelsnitz selbst auf dem Entdeckungsplan. Immerhin befindet sich das Städtchen nicht nur hoch über dem Schwarzen Gold, seine Geschichte wurde auch rund 150 Jahre vom Steinkohlebergbau bestimmt.

Den Bergbauweg entlang

Bereits nach wenigen hundert Metern erreicht der ausgeschilderte Bergbauweg die ehemalige **Dampftrasse,** über die das Kraftwerk des Schachtes bis 1993 andere Betriebe und öffentliche Einrichtungen der Stadt mit Heizwärme versorgte. Im **Erzgebirgsbecken,** der nächsten Station, geht es dann um die Entstehung der Kohle selbst, die hier vor rund 305 Mio. Jahren ihren Anfang nahm.

Am Turleyring erhält man einen Eindruck, wie die nicht mehr benötigten Übertagegebäude des **Friedrich-Engels-Schachts** neu genutzt werden. So haben in den ehemaligen Baracken, die in den 50er- und 60er-Jahren des vorigen Jahrhunderts auch als Straflager genutzt wurden, u. a. Jungunternehmer und Existenzgründer neue Arbeitsbedingungen gefunden.

Angeschoben durch die schnelle industrielle Entwicklung der Region, erhielt Oelsnitz 1912 sogar eine eigene **Straßenbahnlinie.** Ihre Trasse führt entlang der Unteren Hauptstraße und verband einst Hohenstein-Ernstthal und Gersdorf mit Oelsnitz.

Weitere Stationen des Bergbauweges sind die **katholische Kirche** und danach der **Friedensschacht,** in dem sich

im Januar 1921 ein schweres Grubenunglück ereignete. Die schreckliche Methangasexplosion forderte 57 Menschenleben.

Nach Einstellung der Kohleförderung erobert sich das früher durch große Pumpen abgeleitete Grundwasser sein Terrain zurück. Zur Kontrolle des Grundwasserstandes wurde 2005 eine Bohrung bis auf eine Tiefe von 633 m abgeteuft. Sie ist die tiefste **Messstelle** im Grundwassermessnetz Sachsens.

Nur eine Straße weiter passiert der Weg den Standort des 1900 in Betrieb genommenen **Erzgebirgischen Elektrizitätswerkes.** Das Kraftwerk nutzte die heimische Steinkohle für seine Dampfturbinen und war gleichzeitig für die Schächte der Region der wichtigste Energielieferant. Die Kohle kam aus den nicht weit entfernten Deutschlandschächten, die bereits 1970 verfüllt wurden. Der Bergbauweg führt nun an der Deutschlandschachthalde vorbei zurück ins Ortzentrum.

Großartiger Haldenblick

Der attraktivste Punkt des Bergbauweges ist sicherlich der schöne Blick vom **Aussichtsturm »Glückauf«** über die Region. Wenn man etwas Glück hat, belohnt sogar ein Fossilien- oder Mineralienfund den Abstecher. Der Turm steht auf der Abraumhalde des Deutschlandschachtes, die sich als Bergkuppe markant abhebt. Zwar ist der Turm nur 36 m hoch und die höchste seiner fünf Aussichtsplattformen bringt es gerade mal auf 25 m, doch dank seiner exponierten Lage ist der Blick bemerkenswert. Hier sieht man das Panorama des ehemaligen Bergbaureviers. Schon auf dem Weg über die Halde merkt man: Hier geht es um Kohle. Es riecht nach Kohlengas, und je nach Wetter sieht man das sogar. Zudem haben sich kleine Erdlöcher geöffnet, aus denen es gast – die Halde ›lebt‹. Der Abraum enthält so viel Kohle, dass diese Reste, bedingt durch den hohen Druck, sogar oft still vor sich hin schwelen.

Die **Christuskirche** liegt ebenso am Weg wie die **Rote Schule**, die zusammen mit ihrer Turnhalle 1891 errichtet werden musste, um die bestehende Schule zu entlasten, denn der Bergbau und die Industrialisierung zogen immer mehr Menschen nach Oelsnitz. Das Gebäude wurde aufwendig saniert und beherbergt heute einen Kindergarten, die Stadtbibliothek sowie die städtische Registratur. Weitere Stationen des Bergbauweges sind das **Rathaus** und das **Rittergut**. An der Mittelgasse trifft man auf historische **Fachwerkhäuser**, in denen vor 250 Jahren Leinenweber ihrer Tätigkeit nachgingen. Hier macht es Sinn, den Bergbauweg abzubrechen und entlang der Hauptstraße auf einem kürzeren Rückweg zum Museum zurückzugehen.

Im Museum – über und unter Tage

Wer einmal in Oelsnitz ist, für den sollte der Besuch des Bergbaumuseums ein Muss sein. Nicht nur, dass es zu den größten seiner Art in Deutschland zählt, es macht den sächsischen Steinkohlenbergbau nacherlebbar. Seit 1986 werden interessierte Besucher per Fahrstuhl in die Welt unter Tage befördert. Zuerst warten in der **Lampenstube**, dort wo die Bergleute früher ihr Geleucht für die Arbeit unter Tage erhielten, eine Einweisung und einige erklärende Sätze zur Geschichte des Steinkohlenbergbaus im Lugau-Oelsnitzer Revier. Dann geht es, ganz entgegen aller Erwartungen, erst einmal hinauf auf den **Förderturm** des Kaiserin-Augusta-Schachtes (ab 1946 Karl-Liebknecht-Schacht). Ganz im Gegensatz zu den McDonalds-Filialen braucht das Bergbaumuseum keinen in den Himmel ragenden Werbeträger, der Förderturm erfüllt nebenbei auch diese Aufgabe. Von oben hat man einen lohnenden Rundblick weit über das kleine Städtchen hinaus. Nun entführt der Fahrstuhl die Besucher in die Unterwelt. Dort, im tiefen Dunkel, wartet ein 400 m langes Streckensystem, das sich labyrinthartig durch den Berg schlängelt. Nach dem Passieren von Gesteinssperren und einer Bruchstrecke erreichen die Besucher einen Blindschacht.

Ohrenbetäubender Lärm

Vorbei an zahlreichen Bergbaumaschinen vergangener Jahrzehnte, aber auch an Technik, die bis 1971 genutzt wurde, geht es zur **Gezähekammer**. In dieser unterirdischen Werkzeugausgabe erhielten die Bergmänner die notwendigen Arbeitsmittel für die Schicht. Die Tätigkeit der Hauer vor Ort war Knochenarbeit. Daran änderte auch der Einsatz moderner Maschinen nicht viel. Und je mehr Maschinen, desto ohrenbetäubender der Lärm. Einige werden eingeschaltet, so z. B. die Schrämmaschine oder der Kratzförderer. Kurz nur, doch das reicht.

Nach einer spannenden halben Stunde in der Grube geht es zurück ans gleißende Tageslicht. Manchem Besucher wird erst in diesem Moment klar, dass die Einfahrt in die Grube auf einem kleinen, sicher verzeihbaren Trick der Museumsmacher beruht. Da Besucherbefahrungen in das ehemalige Steinkohlenbergwerk ein zu großes Risiko darstellen würden, wurde der Füllort über Tage nachgebaut. Dort wo früher das Mannschaftsbad war, wähnen sich die Besucher heute im Stollen. Geschickte Handwerker haben dafür gesorgt, dass die Illusion perfekt ist.

Übernachten

Familiär – **Pension Zum Brunnen:**
Bahnhofstr. 4, Tel. 037298 26 31, DZ ab
55 €. Kleine, gemütliche, sehr familiäre
Pension direkt in der Stadt.

Essen & Trinken

Western Style – **Bowlingranch Zum
Goldgräber:** Franz-Schubert-Str. 24a,
Tel. 037298 939 50, www.bowling
ranch.de, Mo–Do 17–24, Fr 17–2, Sa
11–2, So, Fei 11–24 Uhr, Hauptgericht
5,80–11 €. Der Name sagt es, hier liebt
man den wilden Westen. Ob Bowling
bei Cowboys so beliebt ist, sei dahin-
gestellt. Regelmäßige Veranstaltungen und gute, bodenständige Küche.

Infos & Termine

Infos
Stadtverwaltung Oelsnitz/Erzgebirge:
Rathausplatz 1, 09376 Oelsnitz/Erzg.,
Tel. 037298 380, www.oelsnitz-erzge
birge.de.

Termine
Tag des Bergmanns: Am 1. So im Juli
dominieren in der Stadt die Traditionen zum Tag des Bergmanns.
Weihnachtsmarkt: Am 2. Advent
kommt der Weihnachtsmann nach
Oelsnitz und lädt große und kleine Besucher ein.

Lichtenstein**!** ▶ F 3

Lichtenstein macht es Autoren von Rei-
seführern nicht einfach. Einerseits ist
man sich nicht immer einig, ob das
Städtchen mit seinen 14 000 Einwohnern nun zum Erzgebirge und damit
ins Buch gehört. Entscheidet man sich

dafür, denn die Museumswelt der
Stadt ist ein wahrer Geheimtipp, ist es
diese Vielfalt, der es gerecht zu werden gilt. Oft zieht eigentlich die landschaftlich reizvolle Umgebung die Besucher hierher. Spätestens wenn sie da
sind, kommen zumindest unvorberei-
tete Touristen jedoch aus dem Staunen
nicht heraus: Da reiht sich wirklich Museum an Museum. Geht man nach
überregionaler, sogar internationaler
Bedeutung, dann gehört das 2001 im
Schloss eröffnete Daetz-Centrum an
die erste Stelle. In der Beliebtheit bei
kleinen und großen Besuchern steht
ihm die benachbarte Miniwelt nicht
nach. Doch auch die anderen Ausstellungen lassen sich sehen und bilden die
Grundlage dafür, dass eine Stippvisite
in Lichtenstein zu einem Erlebnis für
die ganze Familie wird.

Dazu gehören das **Erste Sächsische
Kaffeekannenmuseum** im Gasthaus
Zur Krone (Tel. 037204 876 92) ebenso
wie die Motorradausstellung **Die
schnellsten Zweitakter der Welt** (Tel.
037204 25 61) und das **Lichtensteiner
Stadtmuseum** (Tel. 037204 864 55).

Neben dem Museum befindet sich
der Sitz der sächsischen Orgelakade-
mie und die Heimat des HELMNOT
Theaters, eines der größten freien
Tourneetheater Deutschlands, das
auch international mit furiosen Groß-
projekten für Aufsehen sorgt. Die poe-
tische, bisweilen surreale Bildersspra-
che von HELMNOT überrascht und berührt.

Daetz-Centrum
*Schlossallee 2, Tel. 037204 58 58 58,
www.daetz-centrum.de, tgl. 10–18
Uhr, Erw. 8 €, Kinder 5 €*
In seiner faszinierenden Dauerausstellung präsentiert das Daetz-Centrum
eine Sammlung weltweiter Holzschnitzkunst mit über 550 Exponaten
aus fünf Kontinenten. Regelmäßige

Lieblingsort

In 80 Minuten um die Welt – Miniwelt in Lichtenstein

▶ F 3

Wer kann schon von sich behaupten, eine Reise um die Welt in 80 Minuten zu unternehmen? Selbst Altmeister Jules Vernes hatte seinem Held dafür 80 Tage zugestanden. In der **Miniwelt in Lichtenstein** ist das kein Problem. Hat man es sich auf einer der Bänke im oberen Teil des Landschaftsparks bequem gemacht, liegt einem die Welt buchstäblich zu Füßen. Und das ganz ohne Körperscanner und Flugstress. Im Maßstab 1:25 eröffnet sich den Besuchern die architektonische Vielfalt der Welt. Ob Eiffelturm, Opernhaus von Sydney, Capitol in Washington oder der Felsendom in Jerusalem – über 100 detailgetreue Modelle entführen auf eine Reise über die Kontinente (s. auch S. 212).

Sonderausstellungen, so die jährlich von Mitte November bis Ende Januar stattfindende Präsentation »Andere Länder, andere Krippen«, sind zusätzliche Besuchermagnete.

Miniwelt
Chemnitzer Str. 43, Tel. 037204 722 55, www.miniwelt.de, 31. März– 31. Okt. tgl. 9–18 Uhr, Erw. 9 €, Kinder 7 €
Die Welt in tiefer erzgebirgischer Provinz? Gut, so tief ist die Provinz nun auch wieder nicht, aber Weltläufigkeit kann man der Miniwelt in Lichtenstein auf jeden Fall bescheinigen: Über 100 Modelle zeigen hier einige der schönsten Bauwerke unseres Planeten. Dass Deutschland und natürlich auch Sachsen dabei nicht zu kurz kommen, versteht sich von selbst. Besondere Faszination strahlen die Sieben Weltwunder der Antike aus, die man, abgesehen von der Cheopspyramide, heute ja leider nicht mehr im Original besichtigen kann. In der Schauwerkstatt kann

man übrigens den Modellbauern über die Schulter schauen (s. auch Lieblingsort S. 210).

Minikosmos
Chemnitzer Str. 43, Tel. 037204 722 55, www.minikosmos-lichtenstein.de, tgl. 9.30–17.30 Uhr (letzter Vorstellungsbeginn), Erw. 6 €, Kinder 5 €
Das hochmoderne Zeiss-Planetarium präsentiert die Wunderwelt des Universums. Neben der überwältigenden Pracht der über 7000 Sterne und Planeten, die an die Kuppel projiziert werden können, bietet die der Miniwelt angegliederte Einrichtung zahlreiche Shows als Erlebniskino in 360°-Optik. Dabei reichen die Themen von »Abenteuer Raumfahrt« über die »Pink-Floyd-Musik-Show« bis hin zum »1 x 1 der Sterne« für die kleinen Besucher.

Puppen- & Spielzeugmuseum
Ernst-Thälmann-Str. 31, Tel. 037204 833 83, www.spielzeugmuseum-

Holzschnitzkunst aus fünf Kontinenten – das Daetz-Centrum in Lichtenstein

lichtenstein.de, Di–So 10–18 Uhr, Erw. 2,50 €, Kinder 1,50 €
Das erste private Puppen- und Spielzeugmuseum befindet sich im Gebäudekomplex Altes Rathaus, der im Rahmen der innerstädtischen Sanierung unter denkmalpflegerischen Gesichtspunkten restauriert wurde. Das Museum zeigt eine umfangreiche Kollektion von Puppen, Teddys, Puppenstuben, Kaufmannsläden, Blechspielzeug und vielem anderen mehr. Drei Generationen Sammler der Familie Flämig haben die Ausstellungsstücke, die aus den Jahren 1830 bis 1950 stammen, nicht nur zusammengetragen, sondern mit viel Liebe und großem Aufwand aufgearbeitet. Im Museum befindet sich eine Werkstatt, in der auch Kundenspielzeug aufgefrischt werden kann.

Übernachten

Mit Flair – **Hotel und Restaurant Goldener Helm:** Innere Zwickauer Str. 6, Tel. 037204 944-0, www.goldener-helm.de, DZ ab 95 €. Nicht ohne Berechtigung bezeichnet sich das Haus im Zentrum von Lichtenstein als Stadthotel mit Flair. Gehobener Service und gehobene Ausstattung stehen dafür ein (allerdings auch der Preis).
Kriminelles – **Hotel Parkschlösschen:** Rödlitzer Str. 11, Tel. 037204 66 70, www.hotel-parkschloesschen.de, DZ ab 70 €. Im gepflegten Hotel im Stadtpark geht es zwar im Normalfall gesittet zu, trotzdem sind die »Kriminal-Dinner« besondere Anziehungspunkte des Hauses (s. Mein Tipp oben).

Essen & Trinken

Hausgemachtes – **Waldgasthof Alberthöhe:** Niclaser Str. 51, Tel. 037204 834

Mein Tipp

Mörderisches Dinner ▶ F 3
Ein spannendes Kriminalspektakel bei einem 3-Gänge-Menü bietet das **Hotel Parkschlösschen** (s. unten): Der Gast wird zum Täter, Zeuge oder Ermittler. Vier Fälle, vier Tatmotive und drei leckere Gänge (www.krimi-lichtenstein.de).

74, www.waldgasthof-alberthoehe.de, Mo–Do 17–21.30, Fr 11–14 und 17–21.30, Sa 11–23, So, Fei 11–21.30 Uhr, Hauptgericht 6,50–12 €. Beliebter Gasthof am Rande der Stadt mit schönem Ausblick auf die Region und hausgemachten Wild- und Fischspezialitäten.
Kaffeesächsisch – **Gasthaus Zur Krone:** OT Heinrichsort, Prinz-Heinrich-Str. 35, Tel. 037204 876 93, www.kaffeekannenmuseum-sachsen.de, Mi–Fr 11–14, Sa 11–18, So 11–17 Uhr, Hauptgericht 6,70–12,60 €. Die gutbürgerliche Küche wird ergänzt vom Ersten Sächsischen Kaffeekannenmuseum, einer recht kuriosen Sehenswürdigkeit Lichtensteins.

Infos & Termine

Infos
Tourist-Information Lichtenstein: Ernst-Thälmann-Str. 29, 09350 Lichtenstein/Sachsen, Tel. 037204 833 41, www.lichtenstein-sachsen.de, Di–Fr 14–17, Sa, So 13–18 Uhr.

Termine
Rosenfest: Am letzten Juniwochenende ist die Stadt geschmückt, die Rosen sind nicht zu zählen und ganz Lich-

tenstein erblüht. Sogar eine Rosenprinzessin wird gekürt.

Nacht der Schlösser: Gemeinsam mit sechs weiteren schlossreichen Städten lädt Lichtenstein am letzten Samstag im August zur märchenhaften Nacht der Schlösser.

Hohenstein-Ernstthal ► F 3

Der Ort ist dank zwei recht unterschiedlicher Gründe überregional bekannt und Anziehungspunkt für Gäste aus nah und fern. Als Geburtsstadt **Karl Mays,** eines der umstrittensten, aber trotzdem meistgelesenen deutschen Schriftsteller, ist die Stadt ein Mekka für Fans aus aller Herren Länder. Neben dem Karl-May-Museum gibt es hier zahlreiche andere Stätten, die mit dem Leben und dem Wirken des Erfinders von Winnetou in Zusammenhang stehen. Ein Wanderweg führt an ihnen vorbei. In der Karl-May-Begegnungsstätte finden Sonderausstellungen und andere Veranstaltungen statt.

Daneben ist der **Sachsenring** bei Hohenstein-Ernstthal das Mekka der Motorsportfans aus Sachsen, Thüringen und Bayern. Der jährliche Motorrad-Grand-Prix zieht allein an diesem Wochenende über 150 000 sportbegeisterte Zuschauer an die traditionsreiche Rennstrecke. Im »auto, motor und sport«-Verkehrssicherheitszentrum Sachsenring finden u. a. Rennstreckentrainings für jedermann statt (www.sachsenring.de, s. auch S. 74).

Karl-May-Haus
Karl-May-Str. 54, Tel. 03723 421 59, www.karl-may-haus.de, Di–So 10–17 Uhr, Erw. 3 €, Kinder 1 €
Das kleine, gerade einmal 4,25 m breite Häuschen, in dem Karl May am

25. Februar 1842 das Licht der Welt erblickte, beherbergt seit 1985 ein Museum, das Leben und Werk des berühmten Literaten nachvollzieht. Es ist wohl die Spannung und die tiefe Humanität, die seine Werke auszeichnen und die seine Romanfiguren über viele Generationen hinweg zu den Helden von ungezählten Kindern und Jugendlichen werden ließen. In fast 40 Sprachen übersetzt, erschienen seine Bücher allein in deutscher Sprache in weit über 80 Millionen Exemplaren. Es war erst Harry Potter vorbehalten, diese Zahlen zu toppen. Im zweiten Stock der Ausstellung zeigt ein nachgestalteter Wohn- und Arbeitsraum, in welch ärmlichen Verhältnissen Karl May aufgewachsen ist.

Textil- und Rennsportmuseum
Antonstr. 6, Tel. 03723 477 11, www.trm-hot.de, Di–So 13–17 Uhr, Erw. 3 €, Kinder 1 €
Das Museum widmet sich der Geschichte des Rennsports und der Textilindustrie in Hohenstein-Ernstthal. Das Klappern der Webstühle gehörte über Jahrhunderte zum Alltag der Menschen in der Region. Auch Karl May beschrieb in manchen seiner Romane das karge, entbehrungsreiche Leben der sächsischen Weber. Im Museum wird unter anderem eine Schauwerkstatt mit Jacquard-Webmaschinen gezeigt. Die zweite Ausstellung des Museums beschäftigt sich mit der Geschichte des Rennsports auf dem Sachsenring.

Museum Buntes Holz
Friedrich-Engels-Str. 1, Tel. 03723 40 24 15, www.hohenstein-ernstthal.de, Mi 11–17, Sa, So 13–17 Uhr, Erw. 3 €, Kinder 1 €
Die Präsentation erzgebirgischen Kunsthandwerks und erzgebirgischer Miniaturen von den 1950er-Jahren bis in die Gegenwart dürfte in ihrer Vollständig-

keit ihresgleichen suchen. Die Sammlung beruht auf einer Dauerleihgabe der Eheleute Trumpold und umfasst derzeit 13 000 Einzelstücke.

Übernachten

Traditionsreich – **Hotel Drei Schwanen:** Altmarkt 19, Tel. 03723 65 90, www. hotel-drei-schwanen.eu, DZ ab 95 €. Das traditionsreiche Haus wurde 1997 völlig neu gestaltet und präsentiert jetzt eine gelungene Symbiose aus Vergangenheit und Gegenwart.
Bulgarisch – **Restaurant und Pension Sofia:** Lichtensteiner Str. 12, Tel. 03723 71 15 01, www.restaurant-und-pension-sofia.de, DZ ab 43 €. Schlafen in südlichem Flair. Das Haus wird bulgarisch geführt.

Essen & Trinken

Museales – **Gasthaus Stadt Chemnitz:** Pölitzstr. 16, Tel. 03723 422 16, www. kaestel.net, Mo, Di, Do ab 17, Fr ab 16, Sa 11–14, 17–24, So, Fei 10–21 Uhr, Hauptgericht 6,10–11,20 €. Das »Stadt Chemnitz« – im Volksmund »Käst'l« genannt – gehört zu den ältesten Gasthäusern der Region und kann auf eine wahrhaft bewegte Vergangenheit zurückblicken. Neben diversen Veranstaltungen und einer Kegelbahn gibt es sogar ein kleines Museum.
Im Grünen – **Gaststätte und Pension Kühler Grund:** Hüttengrund 59, Tel. 03723 70 10 21, www.kuehler-grund. com, Di–Fr ab 15, Sa, So, Fei ab 11 Uhr, Hauptgerichte 5,20–10,20 €. Gemütliches Gasthaus in landschaftlich schöner Lage mit bodenständiger, sächsischer Küche.

Infos

Stadt- und Regionalinformation Hohenstein-Ernstthal: Altmarkt 41, 09337 Hohenstein-Ernstthal, Tel. 03723 402-0, www.hohenstein-ernstthal.de, Mo, Mi 9–17, Di, Do 9–18, Fr 9–14, Sa 9–11 Uhr.

In ärmlichen Verhältnissen aufgewachsen: nachgestalteter Raum im Karl-May-Haus

Westliches Erzgebirge

Highlight !

St.-Wolfgangs-Kirche in Schneeberg: Nach der Annenkirche in Annaberg ist die St.-Wolfgangs-Kirche die größte und prächtigste spätgotische Hallenkirche des Erzgebirges. Im Volksmund wird sie ›Bergmannsdom‹ genannt. Nicht zuletzt ihre exponierte Lage macht sie zum unangefochtenen Wahrzeichen der alten Bergstadt. Errichtet von 1516 bis 1540, beherbergt sie einen der schönsten und größten Altäre aus der Werkstatt der Malerfamilie Cranach. S. 237

Auf Entdeckungstour

Anton-Günther-Weg – singend über den Erzgebirgskamm: Das Liedgut des Sängers Anton Günther beherrscht bis heute die Heimatabende. In der ersten Hälfte des 20. Jh. war er Stammgast in den Kneipen, Restaurants und Hotels diesseits und jenseits der Grenze. Ein teils wildromantischer Wanderweg mit seinem Namen führt den Besucher zu manch lohnenswertem Ziel. S. 224

Geisterkunde – mit dem Rad nach Aue: Natürlich trifft man im Naturpark Erzgebirge/Vogtland auf Berggeister – aber auch auf eine vielfältige Pflanzenwelt, Grundlage für ›Geister‹ einer ganz anderen Art. Eine besondere Möglichkeit, beiden näherzukommen, bietet eine Radtour von Johanngeorgenstadt nach Aue. S. 228

Kultur & Sehenswertes

Uran: Das Museum Uranbergbau in Bad Schlema zeigt den Abbau von den wilden Anfangsjahren nach 1945 bis zu den aktuellen Sanierungsarbeiten teils verseuchter Bergbaugebiete. S. 236

Bergbau und Volkskunst: Der engen Verbindung von Erzgebirgischer Volkskunst und Bergbau widmet sich das Museum bergmännischer Volkskunst in Schneeberg. S. 238

Aktiv & Kreativ

Kinderspaß total: Die ErlebnisWelt vom WurzelRudi in Eibenstock hat alles – von der Allwetterbobbahn über die Kletterburg bis zum Abenteuerspielplatz. S. 235

Erlebnisbad: Die Badegärten in Eibenstock bieten in 14 verschiedenen Saunawelten jede Menge Badespaß und in dem 25-m-Becken lässt sich auch prima schwimmen. S. 236

Genießen & Atmosphäre

Genüssliche Bleibe: Von manchen Orten aus kann man das Erzgebirge ganz besonders intensiv genießen: ein solcher ist das Hotel Danelchristelgut in Lauter. S. 232

Speisen im Stollen: Im Hutzen-Haisel in Aue wird der Tisch in einem alten Bergwerksstollen gedeckt. Dazu gibt's Erzgebirgisches auf den Teller – typischer geht's kaum. S. 233

Abends & Nachts

Tanzen: Der Wahnsinn hat einen Namen – zwar nur zweimal im Monat, dafür aber aus allen Boxen. In der Schwarzenberger Diskothek NightFly steppt der Bär. S. 220

Entlang der Silberstraße

Zurück auf der traditionsreichsten Verbindung, die durchs Erzgebirge führt, auf der Silberstraße, reiht sich eine alte Bergstadt an die andere. Hier wird man von bergmännischen Traditionen förmlich überrollt. So ab und an ist es dann ganz angenehm, dieser Übermacht zu entfliehen. Dazu bietet die reizvolle Natur des Westerzgebirges reichlich Gelegenheit. Wege an alten Floßgräben, Flächennaturdenkmäler oder auch so mancher Gipfelsturm mit Gipfelrast und Aussichtsturm – so kommt man dem Erzgebirge auf Schusters Rappen näher. Dabei kann man etwa den Spuren des ›Liedermachers‹ Anton Günther folgen.

Infobox

Internet
www.schwarzenberg.de, www.aue.de, www.schneeberg.de: Fast alle Gemeinden des westlichen Erzgebirges sind mit informativen Seiten im Netz. **www.erzgebirge-tourismus.de:** Die Webseite bietet umfangreiche allgemeine Informationen zur Silberstraße.

Anreise und Weiterkommen
Auto: Der neue Autobahnzubringer sorgt für eine gute Anbindung an die A 72.
Bahn: Die Erzgebirgsbahn unterhält die Strecken von Chemnitz nach Aue und von Zwickau nach Johanngeorgenstadt. Infos: www.bvo.de, www.erzgebirgsbahn.de.
Bus: Buslinien verbinden die Gemeinden untereinander. Außerdem bestehen Busverbindungen nach Chemnitz und ins Vogtland nach Plauen.

Schwarzenberg ▶ G 5

Die Stadt Schwarzenberg gehört zweifellos zu den Perlen des Erzgebirges und liegt direkt an der Silberstraße. Besonders die Altstadt mit dem **Schloss,** der **St.-Georgen-Kirche,** dem **Schlosstunnel** und dem **Ratskeller** ist einen Bummel wert. Oberhalb des Tales gelegen, bietet sie nicht nur für Fotografen manch sehenswertes Eckchen. Seit Neustem erleichtert ein Schrägaufzug den Weg in die Oberstadt.

Die Stadt mit dem Namen Schwartzenbergk wurde erstmals 1282 erwähnt und 1587 zur Bergstadt mit all den zu diesem Titel gehörenden Privilegien wie freies Backen, Schlachten und Brauen. Ihre überregionale Bekanntheit verdankt die Stadt einem Ereignis, das noch nicht einmal 70 Jahre her ist. In der Folge von ›Abstimmungsproblemen‹ zwischen den russischen und amerikanischen Truppen blieb Schwarzenberg nach dem Ende des Zweiten Weltkriegs bis zum 25. Juni von alliierten Truppen unbesetzt. Beherzte Bürger übernahmen die Macht. Stefan Heym setzte diese Wochen in seinem Roman »Schwarzenberg« künstlerisch frei um. So entstand der Mythos von der ›Freien Republik Schwarzenberg‹, mit dem so mancher Einwohner gerne kokettiert.

Museum Schloss Schwarzenberg
Obere Schlossstr. 36, Tel. 03774 233 89, www.schwarzenberg.de, Di–So 10–17 Uhr, Erw. 3 €, Kinder 2 €
Die Geschichte des Schlosses reicht bis in die Mitte des 12. Jh. zurück. Seine heutige Gestalt erhielt es jedoch erst 600 Jahre später, als es 1852 durch zwei Stockwerke und 1875 durch den Neu-

bau des Königlich-Sächsischen Landge-
richts erweitert wurde. Im Museum
stehen die Schloss- und Stadtgeschichte im Mittelpunkt. Die Parade-
stücke der Dauerausstellung sind historische Werkstätten der Löffel-
schmiede, der Klempner und der
Zinngießer. Natürlich finden auch die
Zeitdokumente aus den Wochen der
›unbesetzten Zone‹ viel Interesse.

St.-Georgen-Kirche
Gemeinsam mit dem Schloss prägt die
St.-Georgen-Kirche die Silhouette der
Altstadt auf dem Berg. Die barocke
Saalkirche wurde am 22. Oktober 1699
geweiht. Besonders interessant sind
die reich beschnitzte, freitragende
Holzdecke aus dem 18. Jh. und die 1993
eingebaute Eule-Orgel. Deren Orgel-
gehäuse wurde dabei der Silbermann-
Orgel in Forchheim nachempfunden.

Eisenbahnmuseum Schwarzenberg
*Schneeberger Str. 60, Tel. 03774 76
07 60, www.vse-eisenbahnmuseum-
schwarzenberg.de, Mo–Fr 10–14, Sa,
So 10–17, Nov.–März 10–15 Uhr, Erw.
2,50 €, Kinder 1 €*
Neben verschiedenen Dampf- und Die-
sellokomotiven sowie einem umfangreichen Wagenpark sind auf dem Gelände des Museums zahlreiche Sachzeugen der Eisenbahngeschichte zu
sehen.

Fundgrube und Erbstolln Morgenstern
*Karlsbader Str. 30, Tel. 03774 299 94,
www.luchsbachtal.de, Mo–Fr 11.30–
15.30, Sa 10–16, So, Fei 13–17 Uhr*
Im Luchsbachtal, das auch unabhängig
vom Erbstolln ein beliebtes Naherho-
lungsziel ist, kann man einen handgeschlägelten Stollen aus dem 15. Jh. befahren. Zudem gibt es ein Huthaus, einen Grillplatz, die ›Goldwäsche‹, ein

Kneipp-Tretbecken und einen Minizoo
mit Bergziegen.

Zinnkammern – Besucherbergwerk Pöhla e. V.
*OT Pöhla, Luchsbachtal 12, Tel. 03774
810 78, www.zinnkammern.de, Führungen tgl. 10 und 14 Uhr, Erw. 13 €,
Kinder 8 €*
Ein Besuch der riesigen Zinnkammern
im Besucherbergwerk entführt nicht in
die Zeit des alten Silberbergbaus, sondern in die zweite Hälfte des vorigen
Jahrhunderts, als die SDAG Wismut
auch in Pöhla nach dem begehrten
Uranerz suchte. Mit einer Grubenbahn
geht es rund 3 km hinein in den Berg.
Im Rahmen des jährlichen Festivals Art-
Montan finden verschiedene Konzerte
in den Zinnkammern statt.

Übernachten

Blickreich – **Parkhotel Schwarzenberg:**
Klempnerweg 13, Tel. 03774 257 08,
www.parkhotel-schwarzenberg.de, DZ
ab 60 €. Das Hotel liegt am Berg mit einem grandiosen Blick auf die Stadt
und trotzdem nur 15 Gehminuten von
der Altstadt entfernt.
Tierisch gut – **Ferienpension Bergidyll:**
OT Crandorf, Breitenbrunner Str. 28,
Tel. 03774 17 60-0, www.pension-berg
idyll.de, DZ ab 55 €. Mit Lamas auf Er-
lebnistour gehen oder auf einer Erzge-
birgssafari die Tier- und Pflanzenwelt
der Region kennenlernen? In dieser
Pension kein Problem. Außerdem gibt
es hier das ganze Jahr über wirklich
günstige Pauschalen.

Essen & Trinken

Typisch hier – **Erzgebirgischer Landgasthof Vugelbeerschänk:** OT Pöhla,
Hauptstr. 32, Tel. 03774 860 12, www.

219

vugelbeerschaenk.de, Di ab 17, Mi–Fr 11–14, 17–23, Sa 11–24, So 11–21 Uhr, Hauptgericht 5,40–10,80 €. Erzgebirgische Gastlichkeit hat hier Tradition. Das spiegelt sich auch auf der Karte mit vielen Spezialitäten der Region wider.
Historisch – **Gasthaus Zur Sonne:** Markt 8, Tel. 03774 32 96 89, www.gasthaus-sonne-schwarzenberg.de, Mo 11.30–14, Di–So ab 11.30 Uhr, Hauptgericht 4,50–9,80 €. Das Gasthaus liegt nicht nur im historischen Stadtkern, sondern ist selbst historisch. Es ist das älteste Gasthaus der Stadt und bringt seit 1677 seinen Gästen Schmackhaftes auf die Tische.

Abends & Nachts

Cineastisch – **Olympia Kinos:** Neustädter Ring 2, Tel. 03774 232 37, www.olympiakinos.de. Modernes Lichtspieltheater, das neben den gängigen Blockbustern auch anspruchsvolle Filme ins Programm nimmt.
Stimmung total – **NightFly:** Neustädter Ring 2, Tel. 03774 17 46 41, www.nightfly-club.de. Disco total! Mehr, als man in der ›Provinz‹ erwarten würde. Zweimal im Monat geht hier die Post ab.

Infos & Termine

Infos
Schwarzenberg-Information: Oberes Tor 5, 08340 Schwarzenberg, Tel. 03774 225 40, www.schwarzenberg.de.

Termine
Ostermarkt: Immer am Ostersonntag und -montag schaut der Osterhase mit einem großen Korb bunter Überraschungen vorbei.
Altstadt- und Edelweißfest: Am 3. Wochenende im Aug. lädt der Schlossdrachen zur Audienz. Das Feuer spu-

ckende Reptil ist fester Bestandteil des Jahreshöhepunkts in der Bergstadt.
Weihnachtsmarkt: Schwarzenberg ohne seinen Weihnachtsmarkt wäre nur eine halbe Sache. Jedes Jahr vom 2. bis 3. Adventswochenende zieht Glühweinduft durch die Straßen.

Nördlich und östlich von Schwarzenberg

Raschau-Markersbach
▶ G 5

Im Rahmen der letzten Gebietsreform hat sich diese Doppelgemeinde zusammengefunden. Der Ort liegt – kommt man von Annaberg-Buchholz – direkt an der Silberstraße in Richtung Schwarzenberg.

Mit der im Jahre 1250 erbauten **St.-Barbara-Kirche** besitzt das ehemalige Waldhufendorf **Markersbach** eines der ältesten Gotteshäuser Sachsens. Eine ingenieurtechnische Leistung ist die historische **Eisenbahnbrücke** aus dem Jahre 1888. Als modernes Pendant schwingt sich seit 2010 eine Betonbrücke mit der B 101 übers Tal.

Pumpspeicherkraftwerk
OT Markersbach, Oberbeckenstr. 8, Tel. 03774 899 22 80, Anmeldung übers Fremdenverkehrsbüro Markersbach, Tel. 03774 15 72 22, www.raschau-markersbach.de (Vermittlungsgebühr 1,50 €), bzw. direkt bei Vattenfall, Herrn Würzburger Tel. 03774 899 22 80, ab 14 Jahre
Für überregionale Bekanntheit hat das Pumpspeicher-Kraftwerk gesorgt. Mit seinem mächtigen Ober- und Unterbecken hat es die Silhouette des Gebirges verändert. Es wurde 1981 in Betrieb genommen und war damals mit der

Barocke Pracht – Innenraum der St.-Georgen-Kirche in Schwarzenberg

Gesamtleistung seiner sechs Turbinen von 1050 Megawatt das leistungsstärkste seiner Art in Europa. Das Kraftwerk in der mächtigen Kaverne kann auf Anfrage besichtigt werden.

Übernachten

Zentral – **Landhotel-Gasthof Hirtbrück:** OT Raschau, Schulstr. 66 a, Tel. 03774 862 32, www.hirtbrueck.de, DZ ab 55 €. Zentral gelegenes, familiär geführtes, kleines Hotel mit Komfort.

Auch für Busse – **Ferienhotel Markersbach:** OT Markersbach, Obermittweida 5, Tel. 03774 858-0, www.ferienhotel-markersbach.de, DZ ab 58 €. Seine 66 Doppelzimmer machen es zu einem relativ großen Haus. Moderne, helle und freundliche Zimmer am Ortsrand von Markersbach am Unterbecken des Pumpspeicherwerkes.

Aktiv & Kreativ

Sommerlich – **Freibad Raschau:** OT Raschau, Anton-Günther-Str. 29 d, Tel. 03774 863 29, Mai–Sept. tgl. 10–20 Uhr. Große Freibadanlage mit beheiztem Becken, Strömungskanal, Großwasserrutsche und FKK-Liegewiese.

Mit 2 PS – **Kremser und Schlittenfahrten Elfie Schneider:** OT Markersbach, Annaberger Str. 127, Tel. 03774 811 31, www.landwirtschaftsbetrieb-schneider.vpweb.de. Kutsch- bzw. Schlittenfahrten durch die Erzgebirgslandschaft.

Infos

Fremdenverkehrsbüro: Haus des Gastes-Kaiserhof, OT Markersbach, Annaberger Str. 80, 08352 Raschau-Markersbach, Tel. 03774 15 72 22, www.raschau-markersbach.de.

Grünhain-Beierfeld ► G 5

Die Stadt Grünhain-Beierfeld mit ihrem OT Waschleithe besteht in dieser Form erst seit 2005. Dabei kann jeder der drei Ortsteile auf eine lange Geschichte zurückblicken.

Grünhain verdankt seine Entwicklung dem 1232 gegründeten Zisterzienserkloster. Ihm gehörten riesige Ländereien in der Umgebung. Vom Kloster sind heute nur noch Mauerreste erhalten. Ein Schmuckstück dagegen ist der unter Denkmalschutz stehende Marktbereich.

Für **Beierfeld** begann die industrielle Entwicklung im 15. Jh. mit dem Bergbau, der Löffelmacherei und der Klempnerei. Blecherzeugnisse machten den Ort weithin bekannt. Der König-Albert-Turm im Spiegelwald hoch über dem Ort bietet ein tolles Gebirgspanorama.

Im Ortsteil **Waschleithe** konzentrieren sich die wichtigsten touristischen Anziehungspunkte der Stadt. Schon seine Lage im idyllischen Landschaftsschutzgebiet Oswaldtal ist Grund genug für einen Besuch.

Rot-Kreuz-Museum Beierfeld

OT Beierfeld, August-Bebel-Str. 73, Tel. 03774 50 93 33, www.drk-beier feld.de, Mo–Fr 9–12, Di, Do zusätzlich 14–17.30 Uhr, Erw. 2 €, Kinder 1,50 €
Das DRK hat im Ort eine große Tradition. Bereits 1909 wurde die erste freiwillige Sanitätskolonne gebildet. Das Museum besteht seit 1996 und kann auf 1200 Exponate verweisen.

Natur- und Wildpark

OT Waschleithe, Mühlberg 56, Tel. 03774 17 77 35, www.tierpark-wasch leithe.de, tgl. ab 9 Uhr, Erw. 3 €, Kinder 1,50 €
In der ca. 5,4 ha großen Anlage leben rund 200 Tiere 40 verschiedener Arten.

Im Mittelpunkt stehen heimische Wildtiere und nicht ganz alltägliche Haustierrassen.

Zur Heimatecke

OT Waschleithe, Talstr. 11, Tel. 03774 229 01, www.heimatecke.de, Mai– Okt. 9–18 Uhr, Erw. 3 €, Kinder 2 €
Nachdem sich 1961 erstmals Heimatfreunde getroffen hatten, um eine ehemalige Müllhalde im Oswaldtal zu beseitigen, haben sie in mühevoller Arbeit ein wahres Schmuckstück gezaubert. Die mit viel Liebe gepflegte Anlage zeigt Dutzende handgefertigte Modelle im Maßstab 1:40. Da wird ein Stück Erzgebirge lebendig.

Schaubergwerk Herkules-Frisch-Glück

Am Fürstenberg 6, Tel. 03774 242 52, www.bergbautraditionen.sachsen.de, Di–So 13–17 Uhr, Erw. 6 €, Kinder 2,50 €
Der Ursprung des Schaubergwerks liegt in einem Erz- und Marmorbergwerk aus dem 18. Jh. Bereits 1926 wurde die alte Grube als Schaubergwerk eröffnet. Auf einem 1,2 km langen Rundgang wird gezeigt, wie die Bergleute der Erde ihre Schätze abrangen.

Übernachten

Ausgefallen – **Villa Theodor:** Frankstr. 27, Tel. 03774 150 20, www.villa-theo dor.de, DZ ab 70 €. Eine alte Industriellenvilla wurde hier zum Hotel der etwas anderen Art. Eine Symbiose aus modernem Komfort und historischem Erbe.

Malerisch – **Landhotel und Gasthof Osterlamm:** OT Waschleithe, Talstr. 32, Tel. 03774 222 43, www.hotel-oster lamm.de, DZ ab 68 €. Beliebte und bekannte Adresse im malerischen Oswaldtal in unmittelbarer Nähe des kleinen Heimattierparks und des Heimatecks mit seinem Mini-Erzgebirge.

Essen & Trinken

*Typisch Erzgebirge – ***Hotel und Restaurant Köhlerhütte:** OT Waschleithe, Am Fürstenberg 7, Tel. 03774 159 80, www.koehlerhuette.com, tgl. 11–23 Uhr, Hauptgericht 5,50–15 €. Traditionsgasthaus mit erzgebirgischen Speisen im historischen Ambiente wie z. B. einer Köhlerstube.

Infos

Kulturmanagement: Pestalozzistr. 10, 08344 Grünhain-Beierfeld, Tel. 03774 662 59 96, www.gruenhain-beierfeld. de.

Von Schwarzenberg Richtung Süden

Breitenbrunn ► G 6

Erstmals urkundlich erwähnt wurde Breitenbrunn 1380. Heute ist Breitenbrunn ein modernes Bildungs- und Sportzentrum. An der Staatlichen Studienakademie und am Erzgebirgskolleg studieren rund 700 junge Leute, die dort ihr Diplom bzw. ihre Hochschulreife anstreben. Der Sportpark am Rabenberg zählt zu den modernsten seiner Art in Deutschland und wird von Volks- und Leistungssportlern gleichermaßen geschätzt. Durch die Eingliederung zahlreicher kleinerer Ortsteile ist Breitenbrunn eine der flächenmäßig größten Gemeinden des Erzgebirges geworden. Wandern und Radeln in unberührter Natur ist nur ein

guter Urlaubsgrund für Breitenbrunn. Sehenswert sind u. a. die **Ruine des kurfürstlichen Jagdschlosses** sowie die 1559 erbaute **Christophorus-Kirche.** Auch sonst gibt es manch Interessantes zu entdecken, so den **Wettinbrunnen** und den **Fuchslochstollen** im Rittersgrüner-Ehrenzipfel, das **Wildgehege** am Sonnenberg im OT Rittersgrün und die Kletterfelsen am **Teufelstein** im OT Erlabrunn.

Silberwäsche Antonsthal

OT Antonsthal, Jägerhäuser Str. 17, Tel. 03774 252 22, www.bergbautradition-sachsen.de, Di–So 10–17, Nov.–April 10–15.30 Uhr, Erw. 2 €, Kinder 1 €
Im Mittelpunkt des Museums steht die Erzaufbereitung vor rund 200 Jahren. Ein oberschlächtiges Wasserrad setzt die 15 Pochstempel in Bewegung, die dann das erzhaltige Gestein zertrümmern, bevor es zur Scheidebank kommt.

Museum Holzschleiferei Weigel

OT Rittergrün, Karlsbader Str. 80, Tel. 037757 72 16, Sa, So 9–18 Uhr, Erw. 3,50 €, Kinder Eintritt frei
In der seit 1876 in Familienhand befindlichen Betriebsstätte wurde prägbare Pappe hergestellt. 1990 wurde die Produktion eingestellt und seither steht das Fabrikgebäude mit seiner historischen Technik, einer Wasserkraftanlage und Maschinen zur Produktion von Pappe und Papier aus Holz interessierten Besuchern offen.

Schmalspurbahn-Museum

OT Rittersgrün, Kirchstr. 4, 037757 74 40, www.schmalspurmuseum.de, Di–So 10–16, Nov.–März 10–16 Uhr, Erw. 3,50 €, Kinder 1,50 €
Im Bahnhofsgelände erwartet Eisenbahnfans ein umfangreicher Wagenpark aus vergangenen Ta-   ▷ S. 227

Auf Entdeckungstour

Anton-Günther-Weg – singend über den Erzgebirgskamm

Das Liedgut des Sängers Anton Günther beherrscht bis heute die Heimatabende. In der ersten Hälfte des 20. Jh. war er Stammgast in den Kneipen, Restaurants und Hotels diesseits und jenseits der Grenze. Ein teils wildromantischer Wanderweg mit seinem Namen führt den Besucher zu manch lohnenswertem Ziel.

Reisekarte: ▶ F–H 6 (für den böhmischen Teil auch F–H 7)

Zeit: 1,5–2 Tage; von Johanngeorgenstadt nach Boží Dar ein ganzer Wandertag (ca. 32 km), möglichst zeitig aufbrechen, Übernachtung in Boží Dar

Planung: Marschverpflegung, Getränke, wetterfeste Kleidung sowie Kompass-Wanderkarte »Westl. Erzgebirge«; Infos: www.erzgebirgsverein.de/anton g_weg.pdf

Start: Johanngeorgenstadt

224

Ja, es stimmt: Der Anton-Günther-Weg entführt die Touristen auf Anton Günthers Wegen. Man kann beruhigt davon ausgehen, dass der Volkssänger wohl all die Wege und Stege, die zum ersten grenzüberschreitenden Rundwanderweg der neuen Bundesländer gebündelt wurden, selbst auf Schusters Rappen mehr als nur einmal durchwandert hat. Der ›Günther, Anton‹ war viel unterwegs, als Verkäufer seiner Liedpostkarten (man würde heute sagen: in Sachen Eigenmarketing) und als beliebter Gast bei Festen und Feiern. Wo er mit seiner Gitarre auftauchte, war das erzgebirgische Liedgut in guten Händen. Wenn es heute endlich wieder möglich ist, den Erzgebirgskamm ohne lästige Grenzkontrollen zu erkunden, so war es vor knapp 100 Jahren auch für Anton Günther das Normalste der Welt, zwischen Böhmen und Sachsen zu wechseln.

Los geht's

Johanngeorgenstadt bietet sich als Startpunkt förmlich an. Günther war eng mit dem Besitzer des Sachsenhofs befreundet und oft dort zu Gast. Von hier zieht sich der Weg in östlicher Richtung durch den Ortsteil Wittigsthal auf den Bergrücken hinauf. Auf der **Anton-Günther-Höhe** wartet ein Rastplatz, der zu den schönsten Aussichtspunkten in Stadtnähe gehört.

Schnell merkt man, dass der Anton-Günther-Weg auf deutscher Seite mit viel Liebe ausgeschildert und markiert wurde. Über den **Rabenberg** bei Breitenbrunn geht es entlang der alten Poststraße weiter in Richtung Osten. Die Preißhausbuche am Wegesrand erinnert an das bis 1846 dort existierende Preißhaus. Eine Schautafel informiert über die winzige Siedlung, die einst hier stand. Direkt an der Grenze geht es entlang dem Naturschutzgebiet

Himmelswiese in den Breitenbrunner Ortsteil **Halbemeile.** Unterhalb des Ortsteils findet man den Bergwerksstollen Gott gib Glück und Freuden, der an Wochenenden oder nach Anmeldung bei der Knappschaft Breitenbrunn befahren werden kann. Der Krähenbachelweg weist an der Pension Pfeiffer vorbei nach **Rittersgrün.** Das Kleinbahnmuseum ist ebenso einen Besuch wert wie die Holzschleiferei. Von Rittersgrün führt der markierte Weg zum Ortsteil **Ehrenzipfel.** Unweit des Örtchens fand der Waldarbeiter August Reißmann 1813 einen 85 kg schweren Eisenmeteorit.

Nach kurzer Rast bergauf

Gut für einen Wanderstopp ist der **Wettinbrunnen** mit einem erholsamen Rastplatz, wo auch der Bergbaulehrpfad von Pöhla nach Rittersgrün endet. Wer sich vorher bei der Knappschaft Rittersgrün anmeldet, kann den kleinen Fuchslochstollen befahren. Vermutlich wurde er bereits im 15. Jh. angeschlagen. Etwas abseits befindet sich eine Gedenktafel für Anton Günther, die dort anlässlich des 120. Geburtstages des Sängers 1996 enthüllt wurde.

Von nun an geht es entlang des Pöhlwassers stetig bergauf bis nach **Tellerhäuser,** dem mit 950 m höchstgelegenen Ortsteil Sachsens. Hier wird in zwei kleinen Werkstätten noch die alte Kunst der Rindenschnitzerei gepflegt. Eine kleine Parkanlage mit Bänken, Spielplatz, Wanderkarten, Informationstafeln und einem Stollenmundloch ist nach dem Aufstieg von Rittersgrün ein beliebter Zwischenstopp. Nun ist es nicht mehr weit bis zu Sachsens höchstem Gipfel, dem **Fichtelberg** (1215 m). Aus Böhmen grüßt der Keilberg herüber. Das Alpinum auf dem Fichtelberg mit seiner submontanen Bergflora ist nicht nur für Botaniker sehenswert.

Ab nach Böhmen

Noch gut beschildert führt der Weg über die Grenze nach **Boží Dar** (Gottesgab). Hier wurde Anton Günther 1876 geboren und auf dem hiesigen Friedhof findet man auch sein von Erzgebirgsfreunden liebevoll gepflegtes Grab. Auf dem Marktplatz erinnert ein kleines Denkmal an den Sohn der Gemeinde. Abschließend sollte man sich im **Restaurant Anna** (Boží Dar 44) leckere böhmische Knödel gönnen. Das hat man sich nach dieser Tour redlich verdient! Ebenso die Nachtruhe in der gemütlichen Familienpension **Günther Schänke** (Tel. 00420 608 95 67 68, Boží Dar 147, DZ ab 1080 Kronen/ca. 45 €).

Am nächsten Tag geht's dann zu Fuß zurück nach Oberwiesenthal und von dort mit dem Bus über Rittersgrün (oder Annaberg) und Schwarzenberg nach Johanngeorgenstadt. Auch für diese Fahrt sollte man genügend Zeit einplanen, da man in beiden Fällen zweimal umsteigen muss.

Tipp für Wanderlustige

Wer gern auf Schusters Rappen unterwegs ist, kann die Wanderung auch als Rundtour komplettieren, sollte sich aber darauf gefasst machen, dass der Rückweg nach Johanngeorgenstadt auf tschechischer Seite bei Weitem nicht so gut beschildert und gepflegt ist wie auf der deutschen. Gutes Kartenwerk (s. S. 224) ist also notwendig. Der Weg führt dann über den **Pleßberg** (Plešivec) vorbei an **Abertham** (Abertamy) und der Bergstadt **Platten** (Horní Blatná) zurück nach Johanngeorgenstadt. Dabei sollte man, bevor man vielleicht noch den bergmännischen Relikten in Johanngeorgenstadt einen Besuch abstattet, den 1043 m hohen **Plattenberg** vor Platten besteigen. Auf dem Berg gibt es einen Aussichtsturm mit einem tollen Rundblick und am Berg in Richtung Platten mit der **Eis- und Wolfsbinge** zwei weitere interessante Überbleibsel bergmännischer Geschichte im oberen Erzgebirge.

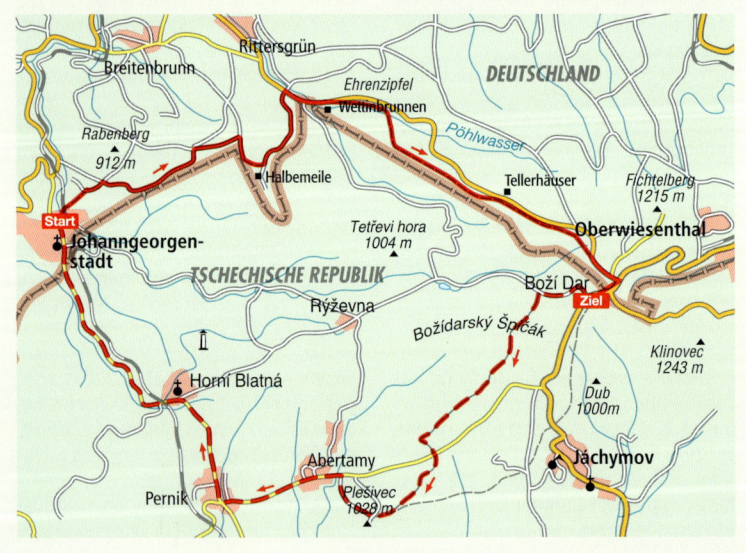

gen. Außerdem stehen im Lokschuppen historische Dampflokomotiven. Zahlreiche kleinere Exponate aus der Hochzeit der Schmalspurbahn ergänzen die Ausstellung.

Übernachten

Gehoben – **Hotel und Brauereigasthof Alte Schleiferei:** OT Erlabrunn, Schulstr. 8, Tel. 03773 88050, www.erzgebirgeurlaub.com, DZ ab 74 €. Gehobener Standard erwartet die Gäste, verbunden mit einer sehr persönlichen Atmosphäre. Dazu gehören auch die Spa-Oase und die Bowlingbahn.

Vielfältig – **Sportpark Rabenberg:** Sportpark Rabenberg, Tel. 037756 171-0, www.sportpark-rabenberg.de, DZ ab 58 €. Eingebunden in den Naturpark Erzgebirge/Vogtland bietet das Hotel vielfältige Möglichkeiten für einen aktiven Urlaub.

Infos

Fremdenverkehrsamt: Dorfberg 14, Haus des Gastes, 08359 Breitenbrunn, Tel. 037756 15 04, www.breitenbrunnerzgebirge.de.

Johanngeorgenstadt

▶ F 6

Der sächsische Kurfürst Johann Georg I. erteilte 1654 den Auftrag zur Gründung der Stadt. Es waren vor allem böhmische Exilanten, die die Gegenreformation aus der Gegend um Platten ins sächsische Erzgebirge trieb. Die Stadt lebte über Jahrhunderte fast ausschließlich vom Bergbau. Zahlreiche Sachzeugen berichten davon.

Die waldreiche Region rund um den Auersberg gilt als größtes geschlosse-

Mein Tipp

Taufe unter Tage ▶ F 6
Wer das besondere Erlebnis unter Tage sucht, kann sich nach Voranmeldung im ›Glöckl‹ einer Bergmannstaufe unterziehen, zu der natürlich auch der Berggeist mit von der Partie ist (Adresse s. unten).

nes Waldgebiet Sachsens. Über 400 km gut markierter Wanderwege und Naturlehrpfade garantieren erholsame Urlaubstage. Das **Naturschutzgebiet Steinbachtal** und das **Hochmoor Kleiner Kranichsee** sind wahre Magnete für Naturfreude.

Lehr- und Schaubergwerk Frisch Glück – ›Glöckl‹

Wittigstalstr. 13–15, Tel. 03773 88 21 40, www.frisch-glueck.de, Führungen Di–So 9, 10.30, 12, 13.30 und 15, Sa, So ab 10.30 Uhr, Erw. 4,70 €, Kinder 3,90 €
Über den Silberbergbau des 17. Jh. bis hin zur wilden Jagd der SDAG Wismut nach Uranerz informiert eine Reise unter Tage. Wer möchte, kann sogar einmal selbst Hand anlegen und so nachempfinden, wie hart die Arbeit der Kumpel vor Ort war.

Pferdegöpel

Eibenstocker Str. 100, Tel. 03773 88 31 68, www.pferdegoepel.de, Führungen Di–So 10, 11, 13, 14, 15, 16 Uhr, ohne Pferde Erw. 2,50 €, Kinder 1,50 €, mit Pferden (Anmeldung erforderlich) Erw. 3,50 €, Kinder 2,50 €
Der letzte noch erhaltene Pferdegöpel Johanngeorgenstadts wurde nach dem Zweiten Weltkrieg ▷ S. 231

Auf Entdeckungstour

Geisterkunde – mit dem Fahrrad nach Aue

Natürlich trifft man im Naturpark Erzgebirge/Vogtland auf Berggeister – aber auch auf eine vielfältige Pflanzenwelt, Grundlage für ›Geister‹ einer ganz anderen Art. Eine besondere Möglichkeit, beiden näherzukommen, ist eine Radtour von Johanngeorgenstadt nach Aue.

Reisekarte: ▶ F 5/6

Zeit: ein Tag (ca. 40 km)

Strecke: Johanngeorgenstadt – Naturschutzgebiet Kleiner Kranichsee – Auersberg – Sosa – Bockau – Aue

Planung: Eine Radwanderkarte ist notwendig, z. B. Doktor Barthel Wander- und Radwanderkarte »Die 1000er im Erzgebirge«. Räder können in Johanngeorgenstadt oder Aue ausgeliehen werden (s. S. 231 und 233). Zurück geht's mit dem Zug Linie 535.

Es ist eine abwechslungsreiche Strecke von Johanngeorgenstadt nach Aue. Die Tour ist charakterisiert von viel Natur und den Hinterlassenschaften des Altbergbaus. Und beides ist seit jeher sagenumwoben. Dabei waren die Kobolde und Berggeister gar nicht immer nur böse, wie die Sage vom Grubenmännchen in **Johanngeorgenstadt** bestätigt, wo die Fahrradtour ihren Anfang nimmt.

Begegnung mit dem Berggeist

Am 7. August 1719 soll sich hier Folgendes begeben haben: Vor Ort arbeitete der Bergmann Johann Christoph Schlott. Als er ausfahren wollte, kam ihm im Schacht jemand mit einem brennenden Grubenlicht entgegen. Erst dachte Schlott, es sei ein Steiger, doch als er näherkam, war es ein kleines Männchen mit einem alten, braunen Kittel. Es hielt sein Grubenlicht ans Gestein, wo es, fast wie angeklebt, hängen blieb. Es fragte Schlott, ob denn die Schicht schon zu Ende sei. Den überlief bei dieser Rede ein Schauer. Schnell flüchtete er als Letzter aus der Grube. Der Steiger wollte ihm anfangs die Geschichte nicht glauben, doch sie fuhren gemeinsam in die Grube, und als Schlott genau an der Stelle, wo das Grubenlicht des Männleins gehangen hatte, zu schlägeln begann, öffnete sich nach wenigen Minuten der Berg und sie trafen auf einen Gang, der über lange Jahre gute Ausbeute brachte. Von solch kleinen Männchen wird des Öfteren berichtet. Besonders dann, wenn durch Zufall reiche Abbaustellen gefunden wurden.

Ein Kranichsee ohne Kranich

Kurz nach Johanngeorgenstadt in Richtung Westen führt der Kammweg (mit Ziel Henneberg) mitten hinein in die Natur. Aber wer beim **Naturschutz-gebiet Kleiner Kranichsee** auf ein idyllisches Gewässer spekuliert, wird überrascht sein. Hinter dem Namen verbirgt sich eines der interessantesten Hochmoore des gesamten Erzgebirges. Zur Erkundung muss man den Drahtesel an einem Baum anbinden. Ein Knüppeldamm führt durchs Moor und von einem hölzernen Aussichtsturm bietet sich ein weiter Blick über die für ein Hochmoor typische Vegetation. Bleibt die Frage: Wieso ›Kranichsee‹? Die sucht man auf dem Erzgebirgskamm ja vergeblich. Man nimmt an, dass der Name aus dem Wort ›Granica‹ für Grenze entstanden ist. Direkt an der Grenze zu Böhmen liegt das Moor ja. Und der See? Den soll es in früheren Jahren hier wirklich gegeben haben. Aus ihm wurde dann letztlich das Hochmoor. Übrigens, das sei hier nicht vergessen, auch Moore sind beliebte Wohnorte für irrlichternde Geister und vom Morgennebel verzauberte Feen.

Während es von Johanngeorgenstadt in Richtung Aue geografisch gesehen nach Norden und damit das Gebirge abwärts geht, bietet der Abstecher vom Hochmoor zum 1019 m hohen **Auersberg** (ausgeschildert) zusätzliches Training für die Beine. Im Notfall kann man die letzten Meter auch schieben. Und wann schmeckt der Pausensnack besser als nach einem erfolgreichen Gipfelsturm? Zusätzlich entschädigt die Aussicht vom Turm. Bei richtig tollem Wetter soll man sogar das Völkerschlachtdenkmal am Stadtrand von Leipzig erkennen können.

Hochprozentiges Wandern

Die letzten Kilometer vom Auersberg in Richtung Bockau führen auf gepflegten Wald- und Radwegen über **Sosa** und zuvor vorbei an der gleichnamigen Talsperre durch die schattigen Hochwälder, die das Gebiet rund um den Auersberg bedecken. Jetzt auf dem schmalen Weg entlang des Kunstgrabens (er beginnt unweit der Brücke bei Albernau) sind es nur Wanderer, die in der Gegenrichtung unterwegs sind. Vielleicht machen sie es wie die Radler und legen in **Bockau** einen Zwischenstopp ein. Nicht nur dass die Gastronomie hier gut ist, nein, auch das erste **Spirituosenmuseum** Sachsens freut sich über Besucher (s. S. 234).

Auch hier spielt eine Sage mit. Bockau soll seinen Namen einem Ziegenbock verdanken, der sich immer die saftigsten Wiesen mit duftenden Kräutern ausgesucht hatte. Wenn es auch ohne Geisterhand abging, was der Ziegenbock da tat, der ›Geist‹ in der Flasche hat ja auch etwas für sich. Und dafür hat er den Grundstein gelegt: Die Stelle des heutigen Bockau war damals noch wüst und öde, doch voller kostbarer Arzneikräuter. Der Besitzer des Bocks, ein armer Gärtnerssohn, begann die Kräuter zu sammeln und wurde damit wohlhabend. Besonders Arnika, Baldrian, Liebstöckel, Enzian und Kamille gab es reichlich. Beste Voraussetzungen auch für einen kräftigen Kräuterlikör. Das ist mittlerweile einige hundert Jahre her. Der Ziegenbock hat ebenso das Zeitliche gesegnet wie der dann nicht mehr arme Gärtnersjunge. Die Herstellung ihres beliebten Kräuterlikörs haben die Bockauer aber bis heute nicht aufgegeben.

Im Museum erfährt man viel über Geschichte und Traditionen. Auch die Herstellung kommt nicht zu kurz. Nur das Rezept, das bleibt streng geheim. Neben dem »Bockauer Erzgebirgs Kräuter« ist das Sortiment besonders in den letzten Jahren deutlich breiter geworden. Namen wie »Bockauer Schwarze Sau« oder »Bockauer Berghauptmann« verlocken zum Verkosten. Im Museum kein Problem, doch für die Radler natürlich tabu. Da muss eben manche Kostprobe für zu Hause in die Satteltaschen. Vielleicht ergänzt durch köstliche Tropfen aus anderen ›Kräuterdörfern‹, deren kleine Schnapsfabriken einen guten Ruf besitzen, sei es in Crottendorf, Schlettau oder Lauter, wo auch die Vogelbeerprinzessin zu Hause ist.

Vorsicht Floßgraben!

Der Weg führt über den Ortsteil Neudörfel nun direkt nach Aue weiter. Die Räder rollen fast von allein. Doch etwas Vorsicht ist geboten. Der Weg entlang des Floßgrabens ist schmal und nicht nur bei Radfahrern beliebt. Kein Wunder: idyllischer durchs Erzgebirge geht es kaum. Und die Hinterlassenschaften des Altbergbaus sind in vielen Fällen in der Region nördlich von Aue nicht zu übersehen. So der bergmännische **Kunstgraben,** der der Begleiter auf dem letzten Stück nach Aue ist.

Dieser Floßgraben gilt zu Recht als technische Meisterleistung der Markscheidekunst. Er ist insgesamt 13,5 km lang und hat auf dieser Streckenlänge nur einen Höhenunterschied von rund 70 m. Angelegt wurde der durchschnittlich 1 m breite Graben 1556–59 zum Flößen von Brenn- und Bauholz für die Gruben und Hütten des Schlemaer Reviers. Gespeist wird er vom Wasser der Zwickauer Mulde. Das **Rechenhaus** (s. S. 240) am Beginn des Floßgrabens erhielt während der Bauarbeiten am Graben eine erste Schankgenehmigung. Aufgrund seiner landschaftlich reizvollen Lage wurde es bereits in der zweiten Hälfte des 19. Jh. zu einer sehr beliebten Ausflugsgaststätte. Daran hat sich bis heute nichts geändert. Und auch am ›Geist‹ in der Flasche nicht – ein »Bockauer Erzgebirgskräuter« rundet die erzgebirgischen Speisen doch erst so richtig ab.

Gelungene Rekonstruktion – der bekannte Johanngeorgenstädter Pferdegöpel

durch die SDAG Wismut abgerissen. Erst nach 1990 war es möglich, den Wunsch vieler Bergbauinteressierter in die Tat umzusetzen und den ehemaligen Pferdegöpel zu rekonstruieren. Das Dachgeschoss des ebenfalls neu errichteten Huthauses wird für Ausstellungen genutzt. An speziellen Tagen oder für Gruppen auf Voranmeldung können Schauvorführungen mit Pferden organisiert werden.

Übernachten

Aktiv – **Erzgebirgshotel An der Kammloipe:** Schwefelwerkstr. 28, Tel. 03773 88 29 59, www.hotel-kammloipe.de, DZ ab 52 €. Die Kammloipe gehört zu den beliebtesten Langlaufrevieren des Erzgebirges. Das Hotel ist die optimale Ausgangsstation dafür. Im Sommer geht man mit Wanderschuhen auf Tour.
Wanderparadies – **Pension Erbgericht Oberjugel:** Preißler Zechenweg 1, Tel. 03773 88 33 84, www.pension-erbge richt-johanngeorgenstadt.de, DZ ab 41 €. Ob Winter oder Sommer, die Pen-

sion ist ein idealer Ausgangspunkt für Ausflüge mit und ohne Ski hinaus in die Natur.

Aktiv & Kreativ

Fahrradverleih – **Sportgeschäft Bachmann:** Eibenstocker Str. 89, Tel. 03773 88 26 66.

Infos

Tourist-Information: Eibenstocker Str. 67, 08349 Johanngeorgenstadt, Tel. 03773 88 82 22, www.johanngeorgen stadt.de, Mo–Fr 10–16, Sa 10–13 Uhr.

Lauter ▶ F 5

Die Kleinstadt liegt an der B 101 zwischen Schwarzenberg und Aue. Die Entwicklung des Ortes war im Mittelalter eng verbunden mit der Herrschaft Schwarzenberg. Nachdem Landwirtschaft und Bergbau Lauter lange dominiert hatten, war es ab dem

19. Jh. die industrielle Produktion, die für neue Arbeitsplätze sorgte. Vor allem Emailleindustrie sowie Papierherstellung und Korbwarenindustrie siedelten sich an. Das Stadtrecht erhielten die Lauterer 1962. Bekannt ist die Stadt auch für ihr ›Vugelbeerfast‹, das seit 15 Jahren immer am 1. Okt.-Wochenende den typischsten Baum des Erzgebirges in den Mittelpunkt rückt. An diesem Wochenende wird auch die neue Vugelbeerprinzessin gekürt.

Alte Laborantenkunst

August-Bebel-Str. 5, Tel. 03771 25 63 91, www.lautergold.de, Mo–Sa 10–16.30 Uhr, Erw. 2 €, Kinder Eintritt frei

Ein Muss für alle Besucher ist die Alte Laborantenkunst. Was sich zunächst so chemisch anhört, entpuppt sich als Spirituosenausstellung der Lautergold Paul Schubert GmbH. Das seit 1734 bestehende Familienunternehmen lädt zu einer Museumsführung im historischen Laborantenstübl inkl. Werksbesichtigung und Verkostung ein.

Übernachten

Traumlage – **Hotel Danelchristelgut:** Antonsthaler Str. 44, Tel. 03771 704 75-0, www.danelchristelgut.de, DZ ab 68 €. Das Komforthotel beeindruckt nicht nur durch seinen Service, sondern auch ganz besonders durch seine Traumlage oberhalb des Ortes am Rande des Landschaftsschutzgebietes Conradswiese.

Infos

Stadtinformation: Hermann-Uhlig-Platz 1, 08312 Lauter, Tel. 03771 70 31 30, www.lauter-sachsen.de, Mo 13–16, Di, Do 9–12, 13–19 Uhr.

Aue ▶ F 5

Man mag es kaum glauben, doch Aue im Herzen des Erzgebirges gehört zu den wärmsten Orten Sachsens. Das liegt daran, dass es zwischen bewaldeten Höhen in einem Talkessel am Zusammenfluss von Schwarzwasser und Zwickauer Mulde eingebettet ist. Die Stadt gilt als traditionsreicher Industriestandort. Für deutschlandweites Aufsehen sorgt der FC Erzgebirge Aue. Die Auer Veilchen spielten von 1951 bis 1990 ununterbrochen in der DDR-Oberliga und schafften 2010 erneut den Aufstieg in die 2. Liga. Sehenswert sind u. a. die **St.-Nicolai-Kirche** und die **Friedenskirche.**

Tiergarten Aue – zoo der minis

Damaschkestr. 1, 14, Tel. 03771 237 73, www.zooderminis.de, im Sommer tgl. 9–18, im Winter tgl. 9–16 Uhr, Erw. 3 €, Kinder 1 €

Der Auer Tiergarten hat sich seit vielen Jahren auf die Minis in der Tierwelt spezialisiert. Man findet hier also Dutzende kleiner Rassen, was kleinen Besuchern ganz besonders viel Spaß macht: so zum Beispiel Zwergziegen, Zwergrinder, afrikanische Zwergschläfer und Minischweine.

Stadtmuseum

Bergfreiheit 1, Tel. 03771 236 54, www.aue.de, Di–Sa 10–18, So 13–18 Uhr, Erw. 2 €, Kinder 0,50 €

Das Stadtmuseum ist in einem ehemaligen Huthaus untergebracht. Gezeigt werden u. a. bergmännische und bäuerliche Wohnkultur, die historische Entwicklung Aues sowie Sachzeugen zur lokalen und regionalen Bergbaugeschichte. In einem 1973 neu aufgewältigten Originalstollen wird den Gästen ein Eindruck von der gefahrvollen Tätigkeit des Bergmanns vermittelt.

Übernachten

Institution – **Hotel Blauer Engel:** Am Altmarkt 1, Tel. 03771 59 20, www.hotel-blauerengel.de, DZ ab 88 €. Das historische Flair Hotel macht seinem alten Namen wieder Ehre. Gastlichkeit seit 1663, heute im modernen Gewand. Der »Blaue Engel« ist im Erzgebirge eine Institution.

Geschichtsträchtig – **Pension Edelhof:** OT Alberoda, An den Teichen 7 d, Tel. 03771 39 16 85, www.edelhof-aue.de, DZ ab 40 €. Der Edelhof ist eine ehemalige Wasserburg, in der 800 Jahre Geschichte verbaut sind. Der aktuelle Komfort entspricht freilich dem 21. Jh.

Essen & Trinken

Erzgebirgisch – **Hutzen-Haisel:** Goethestr. 9, Tel. 03771 24 64 35, www.hutzenhaisel.de, Mi–Sa 12–22, So 11–21 Uhr, Hauptgericht 5,60–10,80 €. Erzgebirgisches ganz typisch, der Tisch wird im St.-Urban-Stollen gedeckt.

Rustikal – **Gaststätte Eichertschänke:** Am Eichert 20, Tel. 03771 25 99 76, http://home.arcor.de/olaf.kuether/html/knframe.htm, Mo, Di, Do, Fr 17–23, Sa 17–1, So 17–22 Uhr, Hauptgericht 4,30–4,50 €. Gemütliche Kneipe für den kleinen Hunger und den großen Durst.

Aktiv & Kreativ

Fahrradverleih – **Radhaus Aue:** Bahnhofstr. 44, Tel. 03771 55 13 61, www.radhaus.aue.com

Infos

Stadtinformation Aue: Goethestr. 5, Rathaus, 08280 Aue, Tel. 03771 28 11 25, www.aue.de, Mo–Do 9–18, Fr 9–15 Uhr.

Abstecher nach Lößnitz

▶ F 4/5

Der Ursprung der Stadt lag an der historischen Salzstraße aus dem 12. Jh. 1388 wurde der Stadt das Salzprivileg verliehen. Noch heute liegt Lößnitz an einer wichtigen Verkehrsader, an der B 169. Speziell die Wanderwege entlang der Salzstraße, so der Teilabschnitt von Lößnitz nach Grünhain, sind bei Wanderfreunden sehr beliebt. Besonders sehenswert ist die **St.-Johannis-Kirche.** In ihrer Turmlaterne befindet sich das älteste Bronzeglockenspiel Deutschlands. Es erklingt täglich um 7.10, 12.10 und je nach Jahreszeit zwischen 18 und 20 Uhr.

Übernachten

Ländlich – **Landpension Hübner:** Hauptstr. 10, Tel. 03771 370 50, www.landpension-huebner.de, DZ ab 38 €. Mit viel persönlichem Engagement geführte, komfortable Pension auf einem ehemaligen Bauernhof.

Essen & Trinken

Gutbürgerlich – **Gasthof Pension Dreihansen:** Dreihansener Str. 8, Tel. 03771 357 41, www.gasthof-pension-dreihansen.de, Mi–Fr 11–22, Sa ab 11, So 11–21 Uhr, Hauptgericht 5,40–9,60 €. Traditionsreicher Gasthof mit gutbürgerlicher Küche sowie zahlreichen erzgebirgischen Gerichten.

Infos

Stadtverwaltung: Markt 1, 08294 Lößnitz, Tel. 03771 55 75-0, www.stadt-loessnitz.de.

Südwestlich von Aue

Bockau ► F 5

Der Name Bockau verbindet sich seit Jahrhunderten mit der Tradition des Kräuteranbaus und des Laborantenwesens. Wer die ›Wurzelbucke‹ nicht kennt, kann diese Wissenslücke ganz einfach mit einem Besuch in der kleinen Gebirgsgemeinde schließen. Denn dieser eigenwillige Name steht für Bockau. Seit über 500 Jahren hat der Angelika-Anbau hier Tradition. Fast ebenso lange verstehen es die Bockauer Laboranten, aus diesen Wurzeln Gesundes zu destillieren. Nicht zuletzt den bekannten und beliebten »Bockauer Erzgebirgs Kräuter«, der, wie viele andere hochprozentige Produkte, aus der Erzgebirgischen Destillerie & Liqueurmanufaktur des Ortes stammt. Bei der Herstellung von hochprozentigen Kräutertinkturen besaßen die Laboranten des Ortes auch große Erfahrung in der Vitriolölbrennerei. Diese auch für medizinische Zwecke benötigte konzentrierte Schwefelsäure war ein wichtiges Nebenprodukt der Erzverarbeitung.

Spirituosenmuseum Bockauer Wurzelstube

Zechenweg 6, Tel. 03771 430 90 02, www.bockau.de, Mo–Fr 10–16, Sa, So, Fei 13–17 Uhr, Erw. 3 €, Kinder Eintritt frei
Im Spirituosenmuseum werden historische Destillierblasen, Kräuter- und Wurzelproben, Kräutermühlen und vieles mehr von dem gezeigt, was die Kräuterlikörproduzenten in vergangenen Jahren für ihre Arbeit benötigten. Filmische Einblicke in die Likörherstellung flimmern über die Leinwand und die Originale stehen auf dem Tisch zur Verkostung bereit.

Übernachten

Naturnah – **Pension und Gasthaus Am Buchberg:** Sosaer Str. 8, Tel. 03771 45 41 09, www.pension-am-buchberg.com, DZ ab 55 €. Am Rande von Bockau gelegen. Ruhig und nah an der Natur.

Infos

Gemeindeverwaltung Bockau: Schneeberger Str. 49, 08324 Bockau, www.bo ckau.de.

Sosa ► F 6

Am Fuße des Auersbergs (1019 m) trifft man auf die kleine Gemeinde Sosa. Es ist ihre Lage, eingebettet zwischen waldreichen Berghängen und direkt an der Talsperre des Friedens, die sie für Erholungssuchende attraktiv macht und die Voraussetzung dafür war, dass sie als staatlich anerkannter Erholungsort eingestuft wurde. Seit etwa 700 Jahren wird in Sosa Holzkohle hergestellt. Die Köhlerei gehört zu den ältesten Handwerken im Gebirge, denn die Kohle wurde für die Zinn- und Eisenhütten gebraucht. Heute arbeiten noch zwei Köhlerbetriebe im Ort.

Übernachten & Essen

Dörflich – **Pension und Gaststätte Am Frölichgut:** Frölichweg 18, Tel. 037752 660 44, www.am-froelichgut.de, DZ ab 52 €. Gepflegte Gastlichkeit abseits der Hauptströme des Tourismus.
Busgerecht – **Gasthof Zum Schützenhaus:** Hauptstr. 44, Tel. 037752 81 33,

Die einst für den Bergbau so wichtige Holzkohle wird in Sosa noch von Köhlern erzeugt

www.schuetzenhaus-sosa.de, DZ ab 52 €. Hausgemachte Spezialitäten in gemütlicher Atmosphäre. Helle, freundliche Zimmer und im Sommer Biergarten mit Grillecke. Busgruppen sind willkommen.

Infos

Gemeindeverwaltung Sosa: Hauptstr. 28, 08326 Sosa, Tel. 03775 281 21, www.sosa.de.

Eibenstock ► F 6

Auf stolze 850 Jahre kann Eibenstock zurückblicken. In den letzten 20 Jahren hat sich die touristische Infrastruktur der Region enorm verbessert. Gemeinsam mit der beeindruckenden Landschaft der Hochfläche, auf der Eibenstock liegt, zieht das Jahr für Jahr mehr Touristen an. Es gibt hier aber auch wirklich viel zu sehen. Das beginnt ganz oben auf dem 1018 m hohen **Auersberg** mit seinem Aussichtsturm, setzt sich über den größten **Wasserfall**

Sachsens in Blauenthal fort und reicht bis zu den **Talsperren in Eibenstock und Carlsfeld.** Die Region wird verbunden durch ein dichtes Netz an Wanderwegen, die zumeist auch für Radtouren geeignet sind. In Eibenstock selbst sind u. a. das fast schlossähnliche **Rathaus,** das ehemalige **Königliche Amtsgericht,** die **Stadtkirche** und der **Märchenpark** am Marktplatz sehenswert. Schon daran sieht man: Die Zielgruppe der Eibenstocker Touristiker sind Familien mit Kindern.

WurzelRudis ErlebnisWelt

Touristenzentrum am Adlerfelsen GmbH, Bergstr. 7, Tel. 0172 753 69 70, www.bobbahn-eibenstock.de, tgl. 10–18 Uhr, Bobfahrt 2,20 €
Hier ist wirklich was los für kleine Leute. Die Allwetterbobbahn bringt Schwung in den Urlaubstag. Kletterburg, Haustierzoo, Irrgarten oder auch der Matschsandkasten – da schlägt jedes Kinderherz höher. Allein der Abenteuerspielplatz kann für Stunden beschäftigen. Wenn der Winter kommt, wird das Gelände zur ›SkiArena‹. Dann warten Kinderskischulen und Lifte in

Carlsfeld, Eibenstock und Wildenfels auf Skiurlauber.

Übernachten

Vielseitig – **Antikhotel Forelle:** OT Blauenthal, Zimmersacherstr. 2, Tel. 037752 63 00, www.parkhotel-forelle.de, DZ ab 60 €. Plüschiger Charme im Romantiklook. Sehr vielseitiges Haus, auch für Ferien mit dem eigenen Pferd oder als Angelfan am Teich.

Ortsnah – **Pension Schwarze:** Feuerwehrstr. 8, Tel. 037752 40 31, www. pension-schwarze.de, DZ ab 46 €. Sehr familiär geführte, nette kleine Pension unweit des Eibenstocker Ortskerns.

Aktiv & Kreativ

Wasserspaß & Saunabaden – **Badegärten Eibenstock:** Am Bühl 3, Tel. 037752 507, www.badegaerten.de, So–Do 10–22, Fr, Sa 10–23 Uhr, Tageskarte ohne Saunagarten Erw. 11 €, Kinder 8 €, mit Sauna Erw. 22€, Kinder 19 €. Freizeit- und Erlebnisbäder gibt es viele, doch das breite Spektrum der Angebote in den Badegärten ist einzigartig. Allein

Mein Tipp

Übernachten im Schäferwagen
▶ F 6

Ein romantischer Klassiker: Schlafen im Schäferwagen an den **Badegärten** auf einer erzgebirgischen Kräuterwiese. Momentan stehen zwei Wagen zur Verfügung. Infos: Tel. 037752 507, www.badegaerten.de/im-schaeferwagen.php, ab 29,50 € pro Person/Nacht.

die verschiedenen Saunawelten (14 an der Zahl), die authentischer kaum gestaltet sein könnten, überraschen jeden Besucher. Doch auch Bade- und Schwimmfans werden nicht enttäuscht. Riesenrutsche, Whirlpool und Kinderbecken werden ergänzt von einem richtigen 25-m-Becken.

Infos

Tourist-Service-Center: Dr.-Leidholdt-Str. 2, 08309 Eibenstock, Tel. 037752 22 44, www.eibenstock.de.

Bad Schlema ▶ F 5

Für Bad Schlema ist Radon Fluch und Segen zugleich. Einerseits haben viele Schlemaer große Probleme mit der Menge des Radongases, das, aus ganz natürlichen Quellen, in ihre Häuser eindringt. Andererseits ist es gerade dieses Element, das seit dem Neustart als Heilbad in den 1990er-Jahren ungezählte Kurgäste auf der Suche nach Linderung ihrer Beschwerden ins Erzgebirge zieht. Mit der Eröffnung des Kurmittelhauses im Oktober 1998 nahm der Kurbetrieb wieder richtig Fahrt auf. Die Wirksamkeit des Schlemaer Radonwassers ist wissenschaftlich belegt.

Museum Uranbergbau

Kulturhaus Aktivist, Bergstr. 22, Tel. 03771 29 02 23, Di–Fr 9–17, Sa, So 10–16 Uhr, Erw. 3 €, Kinder 2 €
Das Museum informiert über die Geschichte des Uranbergbaus durch die SDAG Wismut von den wilden Anfangsjahren bis zum heutigen Stand der umfangreichen Sanierungsarbeiten. Fotos, Gemälde, Grafiken, Dokumente und Arbeitsgeräte rund um den Uranbergbau werden ebenso gezeigt

wie im Außengelände eine umfangreiche Maschinenparkausstellung.

Besucherbergwerk Markus Semmler

Brünlasberg 24, 08280 Aue, Tel. 03771 21 22 23, www.besucherbergwerke-westerzgerbirge.de, Führungen nach Voranmeldung Sa, So 9–15 Uhr, Erw. 13 €, Kinder 5 €

Seit 1999 ist das Besucherbergwerk am Roten Kamm geöffnet. Über eine Seilfahrtanlage geht es 50 m in die Tiefe zu den Spuren eines der legendärsten Stollen des Bergbaus, des Wasserkunststollens Markus Semmler.

Weihnachtsbergausstellung

OT Niederschlema, Familie Eitler, Zechenweg 2, nach Voranmeldung und Vereinbarung unter Tel. 03772 281 04, Erw. 1,50 €, Kinder 0,80 €

Der 5 m lange, vollmechanische Weihnachtsberg kann das ganze Jahr über besichtigt werden. Außerdem gibt es eine Ausstellung typisch erzgebirgischer Klöppel- und Schnitzarbeiten.

Übernachten

Anspruchsvoll – **Kurhotel Bad Schlema:** Markus-Semmler-Str. 73, Tel. 03771 21 50 00, www.kur-schlema.de, DZ ab 80 €. Gehobenen Service und Komfort bietet das schmucke Haus am Sonnenhang. *Tradition –* **Hotel-Restaurant Haus Schlematal:** Hauptstr. 48, Tel. 03772 39 53 00, www.haus-schlematal.de, DZ ab 50 €. Traditionsreiches Haus, aufwendig restauriert, mit 3-Sterne-Service.

Infos & Termine

Infos

Gästeinformation: Richard-Friedrich-Str. 18, 08301 Bad Schlema, Tel. 03772

38 04 50, www.kurort-schlema.de, Mo–Fr 10–18, Sa, So 10–16 Uhr.

Termine

Europäisches Blasmusikfestival: Am 3. Septemberwochenende treffen sich Hunderte von Musikern aus zahlreichen Ländern des Kontinents in Bad Schlema.

Schneeberg ►F 5

Für viele Reisende entlang der Silberstraße ist Schneeberg der Endpunkt dieser Ferienstraße. Bekannt geworden ist die Stadt durch den Silberbergbau Ende des 15. Jh. Er prägte das Antlitz der Stadt über 500 Jahre lang.

Nicht ohne Stolz trägt Schneeberg den Beinamen ›Barockstadt des Erzgebirges‹. Ein verheerender Stadtbrand legte im August 1719 die Innenstadt in Schutt und Asche. Der schnelle Wiederaufbau der Stadt – Bergbau und Handel hatten für Wohlstand gesorgt – fiel in die Zeit von Hoch- und Spätbarock. Ein Rundgang durch die Altstadt bietet daher so manches Barocke, das die Jahrhunderte überdauert hat, darunter zahlreiche **Bürgerhäuser.** Aber auch das **Rathaus** zeugt vom Reichtum, den der Bergbau in die Stadt gebracht hatte.

Wenn die Tage kürzer werden und die Adventszeit beginnt, steht Schneeberg ganz im Zeichen von Engel und Bergmann. Nicht anders sieht es in den Ortsteilen **Neustädtel, Griesbach** und **Lindenau** aus.

St.-Wolfgangs-Kirche !

Das Wahrzeichen der Stadt ist die St.-Wolfgangs-Kirche. Bereits aus der Ferne gut sichtbar erhebt sich der mächtige ›Bergmannsdom‹ auf der höchsten Stelle des Stadtberges. Von 1516 bis 1540 errichtet, reiht er sich würdig ein in die Phalanx großer spätgotischer Hallenkirchen des Erzgebirges. Der Turm jedoch trägt eine Barockhaube. Prunkstück der Kirche ist der Reformationsaltar der Malerfamilie Cranach. Er entstand in deren Werkstatt in den Jahren 1532–39. Die Festtagsseite wird dominiert von der Kreuzigung Christi, während die Rückseite u. a. alttestamentarische Szenen (Sintflut, Sodom und Gomorra) zeigt. Der Altar wurde Anfang der 1990er-Jahre komplett restauriert und erstrahlt seit 1996 wieder in alter Schönheit.

Museum für bergmännische Volkskunst

Obere Zobelgasse 1, Tel. 03772 224 46, www.schneeberg.de, Di–Do, Sa, So 9.30–17, Fr 13–17 Uhr, Erw. 3 €, Kinder 2 €

Auf einer Ausstellungsfläche von 700 m^2 unterbreitet das Museum seinen Besuchern einen umfassenden Einblick in die Schnitzkunst des Westerzgebirges, u. a. in Form einer großen Sammlung von Pyramiden und mechanischen Heimat- und Weihnachtsbergen sowie durch eine Präsentation von Lichtträgern bergmännischen Ursprungs. Besonders interessant sind die mechanisch angetriebenen Schachtmodelle des Alt- und Wismutbergbaus. Mehr als alle anderen Exponate zeigen sie die enge Verbindung zwischen Bergbau und erzgebirgischer Volkskunst.

Kunst- & Treibeschacht der Fundgrube Weißer Hirsch

Kobaltstr. 42, www.bergbauverein-weisser-hirsch.de, öffentliche Führungen am Tag des Bergmanns (1. Sa im Juli), am Bergstreittag (22. Juli), am Tag des Offenen Denkmals (2. So im Sept.) und am Wochenende des 2. Advent, Erw. 8 €, Kinder 5 €

Weithin sichtbar ist das denkmalgerecht restaurierte Hut- und Treibhaus

des Besucherbergwerks. Urkundlich erwähnt wurde es erstmals 1654 und gerühmt in späteren Jahren aufgrund seines Reichtums an Silber- und Kobalterzen.

Hobbybergwerk

OT Neustädtel, Karlsbader Str. 126, Tel. 03772 211 99, www.hobbyberg werk.de, Befahrungen nach telefonischer Absprache, Eintritt frei, Spenden sehr willkommen

Ein ehemaliger Wismut-Kumpel mit Leib und Seele hat sich seinen früheren Arbeitsplatz mit nach Hause genommen und in seinem Haus ein Minibergwerk eingerichtet, das den modernen Wismutbergbau darstellt. Es ist beeindruckend, was man in diesem kleinen Museum unter sachkundiger Führung rund um den Bergbau erfahren und erleben kann.

Naherholungsgebiet am Filzteich

Sehenswert ist auch das Naherholungsgebiet am Filzteich, der als älteste Talsperre Sachsens gilt. Wasser war im Bergbau von großer Bedeutung. Als Reserve für Trockenzeiten wurde der Filzteich 1483 bis 1485 angelegt. Seit 1933 wird er zur Erholung genutzt. Ob Wasserrutsche, Wassertreter, Ruderboote oder Hängeseilbahn, nicht nur Wasserratten kommen hier zu ihrem Recht.

Übernachten

Blickreich – **Berghotel Steiger:** Am Mühlberg 2 A, Tel. 03772 394 90, www.berghotel-steiger.de, DZ ab 80 €. Komfortables, modern möbliertes Haus mit teils tollem Ausblick auf die alte Bergstadt.

Bedeutende Hallenkirche – die St.-Wolfgangs-Kirche in Schneeberg

Günstig – **Pension Drei Tannen:** OT Neustädtel, Eibenstocker Str. 3, Tel. 03772 32 60 80, www.pensiondrei tannen.de, DZ ab 40 €. Gutes Preis-Leistungs-Verhältnis, in ruhiger Lage und trotzdem nah an den Schneeberger Sehenswürdigkeiten.

Essen & Trinken

Kultur – **Goldne Sonne:** Fürstenplatz 5, Tel. 03772 37 09 17, www.goldne-sonne.de, Mo–Fr 11–14, ab 18, Sa, So 11–14.30, ab 18 Uhr, Hauptgericht 4,50–15,90 €. Die Goldne Sonne gehört zum Haus der Kultur und Kommunikation. Sehr günstige Tagesgerichte.

Zentral – **Hotel Restaurant Büttner:** Markt 3, Tel. 03772 35 30, www.hotel-buettner.de, Mi–Fr 11.30–14, ab 18 Uhr, Hauptgericht 5.40–11,80 €. Gutbürgerliche Küche im Zentrum der Stadt.

Aktiv & Kreativ

Kosmisch – **Zeiss-Planetarium und Sternwarte:** Heinrich-Heine-Str. 13 a, Tel. 03771 237 61, www.planetarium-schneeberg.de. Hier gibt es Einblicke in die Welt der Sterne für jedermann.

Infos & Termine

Infos
Touristinformation: Markt 1, 08289 Schneeberg, Tel. 03772 203 14, www. schneeberg.de, Mo, Mi, Fr 9–12.15, 12.45–16, Di, Do 9–12.15, 12.45–18, Sa 10–14, So, Fei 11–14 Uhr.

Termine
Schneeberger Lichtfest: Das Wochenende um den 2. Advent gehört dem Lichtfest. Noch mehr als sonst in der Adventszeit stehen die weihnachtli-

chen Traditionen des Erzgebirges im Mittelpunkt. Einer der Höhepunkte ist die große Bergparade.

Südlich von Schneeberg

Zschorlau ▶ F 5

Zur Gemeinde Zschorlau gehören auch die Ortsteile **Albernau** und **Burkhardtsgrün.** Während für Zschorlau keine Gründungsurkunde existiert und auch andere Quellen nichts Konkretes über die Erstbesiedlung des Ortes aussagen, gibt es zu Burkhardtsgrün den Nachweis, dass es zur Herrschaft Schwarzenberg gehörte und bereits zwischen 1310 und 1320 angelegt worden ist. War es zuerst Zinn und Eisen, das aus dem Berg geholt wurde, kamen später Silber, Kobalt, Wismut und Wolfram dazu. Auch die SDAG Wismut hat hier ihr Glück versucht, doch nach dem Schürfbeginn 1950 schon wenige Jahre später die Arbeiten wieder eingestellt.

Übernachten

Behaglichkeit – **Landhotel Am alten Zollhaus:** August-Bebel-Str. 74, Tel. 037752 62 00, www.amaltenzollhaus. de, DZ ab 78 €. Komfort, Behaglichkeit und eine gute regionale Küche, das erwartet den Gast in diesem Hotel im Auersberggebiet.

Essen & Trinken

Regionales – **Gasthof Rechenhaus:** OT Albernau, Schindlerswerk 1, Tel. 03771 47 87 15, www.rechenhaus.de, Do, Fr,

So–Di 11–21, Sa 11–22 Uhr, Hauptgericht 5,60–9,80 €. Am Floßgraben liegend, ist das Rechenhaus ein beliebtes Ausflugsziel. Auch dieser Gasthof reklamiert für sich, der älteste Sachsens zu sein. Deftige erzgebirgische Küche.

Infos

Gemeindeverwaltung: August-Bebel-Str. 78, 08321 Zschorlau, Tel. 03771 41 04-0, www.zschorlau-info.de.

Schönheide ► E 6

Die 1537 gegründete Gemeinde bringt es auf die stattliche Ortsfläche von 28 km². Im Südosten wird sie von der Trinkwassertalsperre Eibenstock begrenzt und westlich beginnt das Vogtland. Schönheide ist die Heimat des ›Bürstenmanns‹. Bereits 1823 begannen die ersten Dörfler damit, sich mit dem Herstellen von Bürsten einen kargen Zuverdienst zu verschaffen. Um 1850 wurde das Bürstenmacherhandwerk zum wichtigsten Industriezweig Schönheides, was bis Endes des vorigen Jahrhunderts auch so blieb. Die Tradition der Bürstenmacher wird hochgehalten. Davon zeugt auch das jährliche Bürstenfest (s. unten).

Bürsten- und Heimatmuseum

Hauptstr. 43, Tel. 037755 666 38, www.gemeinde-schoenheide.de, Sa, So, Fei 13–18 Uhr, Erw. 2 €, Kinder Eintritt frei

In einem der ältesten Gebäude von Schönheide, in der Alten Pfarre, hat dieses Museum seine Heimstatt gefunden. Das Erdgeschoss steht ganz im Zeichen der Bürstenmacher. Es werden Maschinen und Werkzeuge zur Herstellung von Bürsten und Pinseln gezeigt, ergänzt durch ein Musterzimmer

mit Bürsten, Pinseln und Besen aller Größen, Formen und Einsatzgebiete.

Übernachten

Vielfältig – **Hotel Forstmeister:** Auerbacher Str. 15, Tel. 037755 63-0, www.forstmeister.de, DZ ab 65 €. Das wunderschön gelegene, sehr komfortable Hotel besticht durch seine Vielfalt, die mit einem umfangreichen Sauna- und Wellnessprogramm beginnt und bei speziellen Angeboten für Biker noch nicht endet.

Zentral – **Landhotel zur Post:** Hauptstr. 101, Tel. 037755 51 30, www.hotel-zur-post-schoenheide.de, DZ ab 44 €. Landhausatmosphäre mit hellen, großzügigen Zimmern im Zentrum des Ortes.

Aktiv & Kreativ

Kunsteisbahn Schönheide: Neuheider Str. 77 a, Tel. 037755 18 97 55 oder 51 60, www.gemeinde-schoenheide.de, 1,5 Std. Erw. 3,60 €, Kinder 2 €. Saison ist im Normalfall von Okt. bis Mai. Öffnungszeiten: www.ehv-funsport.de.

Infos & Termine

Infos

Gebietsgemeinschaft »Rund um den Kuhberg« e. V.: Hauptstr. 43, 08304 Schönheide, Tel. 037755 51623, www.gemeinde-schönheide.de.

Termine

Bürstenfest: Das am 1. Sept.-Wochenende stattfindende Fest bezieht auch die ehrenamtlichen Eisenbahner des Schmalspurbahnmuseums ein, die mit ihren Dampfloks auf der 5 km langen Strecke nach Stützengrün Fahrbetrieb anbieten.

Südliches Vogtland

Highlight !

Musikinstrumenten-Museum in Markneukirchen: Mit seiner Sammlung von rund 3200 Instrumenten aus aller Welt gehört das in einem spätbarocken Bürgerhaus untergebrachte Museum zu den bedeutendsten seiner Art – nicht nur in Europa. Sehr anschaulich wird auch die Geschichte des kunsthandwerklichen Musikinstrumentenbaus in der Region erläutert. S. 251

Auf Entdeckungstour

Geige und Bandoneon – musikalische Vogtlandreise: Nicht umsonst wird die Region um Klingenthal und Markneukirchen als vogtländischer Musikwinkel promotet. Dutzende kleiner Meisterwerkstätten halten die Traditionen des Instrumentenbaus ebenso aufrecht wie Museen und Schauwerkstätten. Das Spektrum reicht vom Akkordeon bis zu Meistergeigen für weltbekannte Virtuosen. S. 248

Kultur & Sehenswertes

Gewaltige Schanze: Elegant grüßt die Vogtland Arena Klingenthal hinunter ins Tal, die modernste Großschanze Europas. Im Winter wie im Sommer finden auf ihr hochkarätige Veranstaltungen statt. S. 247

Die Region im Miniformat: Über 50 liebevoll gestaltete Modelle zeigen im Klein-Vogtland in Adorf die Vielfalt der Region. Daneben sorgen im Botanischen Garten 10 000 Pflanzen aus fast allen Hochgebirgsregionen der Welt für ein Blütenmeer. S. 255

Aktiv & Kreativ

Schwimmen und relaxen: 25-m-Becken, Whirlpool, Nackenduschen, Bodensprudler und ein Außenbecken mit 32 °C, dazu Tepidarium und Saunalandschaften laden in der Bade- und Saunalandschaft Bad Brambach zum Entspannen ein. S. 253

Genießen & Atmosphäre

Typisch: Vogtland pur, von den Speisen übers Bier bis zum Verdauungsschnäpschen. Regionales wird im Hotel-Restaurant Zum Postillion am Fuße des Aschbergs in Klingenthal aus frischen Produkten von der Chefin selbst zubereitet. S. 250

Alpenländische Gemütlichkeit: Musik steht im Hotel-Restaurant Alpenhof in Markneukirchen hoch im Kurs – sogar das Schweizer Alphorn spielt eine Rolle. Außerdem gibt es eine Schauwerkstatt für Blechblasinstrumente. S. 252

Abends & Nachts

Historisches Ambiente: Es ist nicht nur das hochherrschaftliche Ambiente, das das König Albert Theater als gute Adresse für kulturelle Ausflüge prädestiniert. Die Chursächsische Veranstaltungs GmbH platziert Bad Elster immer mehr als Festspielstadt für Konzerte und Kabarett. S. 254

Raumfahrt und Musik

Es gibt keine Grenzbäume an den Straßen, die Natur bleibt relativ gleich und die Menschen sprechen keine fremde Sprache. Der Übergang vom Erzgebirge ins Vogtland erfolgt fließend. Einziger Richtwert ist vielleicht die Kreisgrenze zwischen dem Erzgebirgskreis und dem Vogtlandkreis. So fließend, wie sich die Landschaft in Richtung Westen dem Vogtländischen anpasst, so fließend geht auch der etwas härtere erzgebirgische Dialekt in den gepflegten Singsang des Vogtländischen über. Aber auch hier gilt: Jede Region hat ihren eigenen Dialekt. Einen Plauener mit einem Auerbacher zu verwechseln ist kaum möglich.

Infobox

Internet
www.vogtland.com/musikwinkel.htm, www.saechsische-staatsbaeder.de: Auf diesen Webseiten kann man sich über die gesamte Region kundig machen. Fast jede Gemeinde bietet aber auch informative eigene Webseiten (s. die jeweiligen Orte).

Anreise und Weiterkommen
Auto: Durch die günstige Lage zur A 72 erfolgt die Anreise am besten über die Autobahnabfahrt in Oelsnitz/Vogtland. **Bus:** Buslinien des Verkehrsverbundes Vogtland verbinden die Gemeinden und führen unter anderem nach Oelsnitz/Vogtland und nach Plauen. www.vogtlandauskunft.de. **Flugzeug:** Bis zum Flughafen Hof/Plauen ist es je nach Ausgangsort rund eine Stunde Fahrzeit. www.airport-hof.de.

Muldenhammer ► E 6

Wenn man vom Erzgebirge kommt, stößt man zuerst auf die neu gegründete Gemeinde Muldenhammer. Im Rahmen der letzten Gebietsreform in Sachsen haben sich die kleinen Vogtlanddörfer **Hammerbrücke, Tannenbergsthal** und **Morgenröthe-Rautenkranz** unter einem neuen gemeinsamen Namen formiert. So klein die drei Orte sind, so typisch ist die sie umgebende Landschaft für das südliche Vogtland. Nahtlos gehen die Gebirgsketten ineinander über. Umgeben von dichten Wäldern ist Industrie in Muldenhammer kaum zu finden. Kein Wunder, dass die gesunde Luft und das typische Mittelgebirgsreizklima gute Erholung garantieren.

Wandern steht für viele Urlauber im Mittelpunkt. Eines der beliebtesten Wanderziele ist der **Schneckenstein** mit seinen Topasvorkommen. Doch es gibt auch andere touristische Angebote, die man sich nicht entgehen lassen sollte. So z. B. das Thema Raumfahrt. Etwas, das man hier in der tiefsten Provinz nicht unbedingt erwartet hätte.

Deutsche Raumfahrtausstellung Morgenröthe-Rautenkranz
OT Morgenröthe-Rautenkranz, Bahnhofstr. 4, Tel. 037465 25 38, www.deutsche-raumfahrtausstellung.de, tgl. 10–17 Uhr, Erw. 5 €, Kinder 3 €
Der erste Deutsche im All, Siegmund Jähn, stammt aus Morgenröthe-Rautenkranz. Ein guter Grund für diese Raumfahrtausstellung. Natürlich stehen der Kosmonaut und sein Flug im Mittelpunkt der neu gestalteten Präsentation, doch auch sonst gibt es rund

um die Raumfahrt eine Menge zu entdecken. Einen Eindruck vom Leben und Arbeiten auf engstem Raum vermittelt das Trainingsmodul des Basisblocks der Raumstation MIR, in dem viele europäische Raumfahrer die erste Stufe ihrer Ausbildung absolviert haben.

**Besucherbergwerk
Grube Tannenberg**
OT Tannenbergsthal, Zum Schneckenstein 42, Tel. 037465 419 93, www. schneckenstein.de, Führungen Di–Fr 10, 11.30, 13, 14.30, Sa, So, Fei zusätzlich 15.30 Uhr, Erw. 3,50 €, Kinder 2,50 €
Mit dem Zinnerzbergbau entstand bereits im 15. Jh. die Tannenberg-Pinge. Der 600 m lange Tannenbergstolln wurde aber erst in den 1930er-Jahren aufgefahren. Die Hochzeit des Bergbaus in der Region war dann in den 1950er-Jahren. 1964 wurde der Bergbau wieder eingestellt. Verschiedene Bergbautechniken des vorigen Jahrhunderts werden im Besucherbergwerk demonstriert, außerdem befahren die Gäste einen handgeschlägelten Stollen aus dem 15. Jh.

Übernachten & Essen

Rustikal – **Landgasthof & Hotel Berglandstübel:** OT Hammerbrücke, Tannenbergsthaler Str. 26, Tel. 037365 61 80, www.berglandstuebel.de, DZ ab 52 €. Rustikales Ambiente in den Zimmern und den Gaststuben gleichermaßen sowie deftige vogtländische Küche vom ›Hundertjährigen Ofen‹.
Landhausstil – **Landgasthof & Pension Frischhütte:** OT Morgenröthe-Rautenkranz, Schönheider Str. 5, Tel. 037465 25 15, www.frischhuette.de, DZ ab 42 €. Erholung zwischen dichten Wäldern und Raumfahrtmuseum.

Infos

Gemeindeverwaltung Muldenhammer: OT Tannenbergsthal, Klingenthaler Str. 29, 08262 Muldenhammer, Tel. 037465 40 28-0, www.muldenhammer. com.

Grünbach-Muldenberg

1994 haben sich die beiden Gemeinden Grünbach und Muldenberg zusammengeschlossen. Die Besiedlungsgeschichte reicht bei beiden Orten ins 16. Jh. zurück, ihre Landschaftsstruktur ist dagegen recht unterschiedlich.

Grünbach ▶ D 6

Der Höhenluftkurort Grünbach liegt auf dem Wendelstein-Höhenrücken des östlichen Vogtlandes. Neben der Land- und Forstwirtschaft dienten vor allem Handweberei und Stickerei als Erwerbsquellen. Die waldreiche Umgebung und die saubere Luft zogen relativ früh Sommerfrischler an. Das ist bis heute so geblieben. Im Sommer steht Wandern auf dem Programm, im Winter schnallen sich die Urlauber die schmalen Bretter unter die Füße. Beliebtes Revier für Langläufer ist die Kammloipe.

Muldenberg ▶ D 7

Das deutlich kleinere Muldenberg liegt im Quellgebiet der Zwickauer Mulde. Das war in den 20er-Jahren des vorigen Jahrhunderts Grund für den Bau einer Trinkwassertalsperre. Außerdem wartet ein Badesee auf Wassernixen. Für touristischen Aufschwung sorgt der

Vogtländische Flößerverein e. V., der an die alte Tradition des Flößerhandwerks erinnert, das hier beheimatet war, und der zum Schauflößen einlädt.

Übernachten

Anspruchsvoll – **Hotel Flößerstube**: Klingenthaler Str. 3, Tel. 037465 67 64, www.floesserstube.de, DZ ab 78 €. Geschmackvolle helle, moderne Zimmer mit viel Holz. Blick aufs Wasser. Sauna und Solarium.

Hochprozentig – **Erlebnisgasthof Der Bayerische Hof**: Muldenberger Str. 19, Tel. 037465 78 97 60, www.bayerischer hof-gruenbach.de, DZ ab 66 €. Dem Gasthof angeschlossen ist nicht nur eine Brauerei, sondern auch eine Destillerie. Gemütlicher Komfort bestimmt die Zimmer.

Infos & Termine

Infos
Haus des Gastes: OT Muldenberg, Schönecker Str. 8, 08223 Grünbach-Muldenberg, Tel. 03745 67 61, www.gruenbach.de.

Termine
Schauflößen: Immer in den Tagen zwischen Himmelfahrt und dem folgenden Wochenende starten wacklige Gefährte zu feuchten Touren.

Klingenthal ► E 7

Das Städtchen mit den Ortsteilen **Mühlleithen** und **Zwota** ist nicht nur eines der schönsten Wanderreviere des Vogtlandes, sondern auch das Wintersportparadies der Region. Vor allem Langläufer zieht es in schneereichen Wintern in großer Zahl hierher. Volks-

sportliche Wettkämpfe wie der Kammlauf tun das Ihrige zur Beliebtheit. Für Skispringer ist die neue Vogtland Arena, die modernste Großschanze Europas, zu einem wichtigen Treffpunkt geworden. Weltcupspringen der Spezialisten, aber auch der Kombinierer ziehen Zehntausende Besucher ins sonst eher ruhige Klingenthal, und das übrigens nicht nur im Winter.

Das zweite Standbein des Ortes ist sein Ruf als Musikstadt. Hier befindet sich die älteste bis heute produzierende Manufaktur für Mundharmonikas. Vor über 300 Jahren hatte es mit Geigenbauern begonnen, die aus dem Böhmischen über den Gebirgskamm herübergezogen waren. Heute steht Klingenthal besonders für den Harmonikabau, dessen Geschichte bereits ebenfalls über 170 Jahre zurückreicht. Immer im Mai steht die Stadt ganz im Zeichen des Internationalen Akkordeonwettbewerbs.

Sehenswert in der Stadt selbst ist die **Rundkirche Zum Friedensfürsten.** Sie ist nach der Frauenkirche in Dresden

die zweitgrößte ihrer Art in Sachsen und entstand in den Jahren 1736/37. Besonders stimmungsvoll ist es, wenn in der Advents- und Weihnachtszeit die Straßen, Gassen und Fenster im Licht Tausender Kerzen erstrahlen.

Vom 1999 errichteten **Otto-Herrmann-Böhm-Turm** auf dem Aschberg öffnet sich ein weiter Panormablick.

Vogtland Arena

Falkensteiner Str. 133, Tel. 037467 28 08 60, www.vogtland-arena.de, tgl. 10–16, Sa, So, Fei sowie sächsische Ferien bis 18 Uhr, mit Erlebnisbahn Erw. 6 €, Kinder 3,50 €, sonst Erw. 1 € Kinder 1 €

Die modernste Großschanze Europas wurde 2006 eröffnet. Damit haben nicht nur deutsche Top-Athleten im Vogtland wieder optimale Trainings- und Wettkampfbedingungen, seit der Übergabe des Schanzenareals mit seiner spektakulären Architektur ist es auch zu einem der beliebtesten Ausflugsziele der Region geworden. Mit dem Aufzugslift Wie-Li geht es hinauf zum Springerturm und von dort mit dem Fahrstuhl ganz nach oben. Außerdem wird das Gelände für Konzerte und andere kulturelle Großveranstaltungen genutzt.

Musik- und Wintersportmuseum

Schloßstr. 3, Tel. 037467 648 27 oder 648 29, www.klingenthal.de, Di–Fr 10–16, Sa, So 13–17 Uhr, Erw. 2 €, Kinder 1,50 €

1995 wurde ein über 200 Jahre altes Bürgerhaus zur Heimstatt des Museums. Wie der Name sagt, trifft man in der Ausstellung nicht nur auf die alte Tradition des Musikinstrumentenbaus in Klingenthal, es kommen auch die großen sportlichen Leistungen Klingenthaler Wintersportler zu ihrem Recht (s. auch Entdeckungstour S. 248).

Harmona Akkordeon GmbH

Markneukirchner Str. 44/46, www. akkordeon-klingenthal.de, Führungen nach telefonischer Voranmeldung Mo–Do 9.15 und 12.15 Uhr, Erw. 3 €, Kinder 1,50 € ▷ S. 250

Mitten im Naturpark Erzgebirge/Vogtland: Landschaft bei Klingenthal

Auf Entdeckungstour

Geige und Bandoneon – musikalische Vogtlandreise

Nicht umsonst wird die Region um Klingenthal und Markneukirchen als vogtländischer Musikwinkel promotet. Dutzende kleiner Meisterwerkstätten halten die Traditionen des Instrumentenbaus ebenso aufrecht wie Museen und Schauwerkstätten. Das Spektrum reicht vom Akkordeon bis zu Meistergeigen für weltbekannte Virtuosen.

Reisekarte: ▶ D 7/8

Zeit: ein Tag

Planung: Öffnungszeiten und Eintrittspreise s. S. 248, 250, 251 und 252

Start: Musik- und Wintersportmuseum in Klingenthal

Die Region um Klingenthal und Markneukirchen hat und pflegt eine einzigartige Tradition als Zentrum des Musikinstrumentenbaus. Diese Tour führt zu den wichtigsten Stationen.

Musik und Sport in Klingenthal

Der perfekte Ort zu einem Einstieg in den vogtländischen Musikwinkel ist das **Musik- und Wintersportmuseum** in Klingenthal, wo neben den Erfolgen der hiesigen Wintersportler die Traditionen rund um den Musikinstrumentenbau nicht zu kurz kommen. 400 Jahre Geschichte werden anhand zahlreicher Exponate, Dokumente und Fotos lebendig. Auch die Sportwelt mit der neuen Vogtland Arena bleibt dabei nicht links liegen.

Nicht weit vom Museum entfernt wartet Teil zwei der Tour, die **Harmona Akkordeon GmbH,** die älteste Akkordeonmanufaktur der Welt. Hier kann man nicht nur sehen, welch schmucke Stücke das Haus verlassen, sondern auch dabei sein, wenn aus vielen einzelnen Teilen ein kleines Meisterwerk entsteht. Wer hätte vorher schon gedacht, dass rund 2500 Einzelteile und 5000 Arbeitsschritte notwendig sind, ehe ein solches Meisterstück zu seinem neuen Besitzer auf die teils lange Reise gehen kann? So weiß man am Ende ganz genau, was ein Akkordeon »im Innersten zusammenhält« und was für den guten Ton verantwortlich ist.

Vogtland-Tango in Zwota

So richtig scheinen Tango und Vogtland zunächst nicht zusammenzupassen. Vom Instrumentenbau her gesehen aber durchaus. Das für einen guten Tangorhythmus unverzichtbare Bandoneon hat einen guten Teil seiner Wurzeln im Vogtland. Bis in die Gegenwart holt sich so mancher Tangovirtuose aus Südamerika seine Instrumente hier. Viele schöne historische Bandoneons und Harmonikas haben Liebhaber in Zwota, 3 km westlich von Klingenthal, gesammelt und zum Grundstock ihres kleinen **Harmonikamuseums** gemacht.

Markneukirchen – Metropole der Instrumentenbauer

In Markneukirchen schließlich konzentrierten sich nicht nur ein Großteil der Handwerksbetriebe, sondern auch gleich drei Zielpunkte der Entdeckungsreise. Allen voran natürlich das **Musikinstrumenten-Museum** im Paulus-Schlösschen mit seiner einzigartigen Sammlung, die es, besonders für Fachleute und Liebhaber, zu einer unergründlichen Schatztruhe werden lässt. Als Besucher wird man von der Fülle der Exponate schier erschlagen.

Ein besonderer musealer Leckerbissen ist das historische **Sägewerk** nur zwei Straßenecken weiter. Es ist einzigartig für den deutschsprachigen Raum und konnte nach umfangreicher Rekonstruktion anlässlich der 650-Jahr-Feier der Stadt 2010 neu eröffnet werden. Im Gegensatz zu ›normalen‹ Sägewerken, wo grobes Bauholz zugeschnitten wird, entstehen hier im Sägegatter millimetergenau gesägte, ganz flache und schmale Teile, die als wichtige Grundlage für Einzelteile der Musikinstrumente unerlässlich sind.

Abschließend sollte man die Tour im **Framus-Museum,** einer legendären deutschen Gitarrenmarke. In einer liebevoll restaurierten Jugendstilvilla werden über 200 Instrumente gezeigt. Im Rahmen einer einstündigen Vorführung erhält man einen Überblick über die Produktion der wichtigsten Einzelteile von Zupf- und Streichinstrumenten. Auf Framus-Gitarren spielten übrigens u. a. John Lennon, King Elvis und Peter Kraus.

Direkt beim Hersteller kann man sehr schön selbst entdecken, was ein Akkordeon im Innersten zusammenhält (s. auch Entdeckungstour S. 248).

Harmonikamuseum

Zwota, Kirchstr. 2, Tel. 037467 222 62, www.harmonikamuseum-zwota.de, Di–Do 10–16 Uhr, Erw. 2 €, Kinder 1 € Umfangreiche Sammlung historischer Bandoneons und Harmonikas verschiedenster Typen. Die meisten Instrumente wurden in der Region hergestellt (s. auch Entdeckungstour S. 248).

Übernachten & Essen

Auf der Höhe – **Pension Kammloipe:** OT Mühlleithen, Waldstr. 6, Tel. 037465 40 18 62, www.pension-kammloipe. de, DZ ab 70 €. Neue Pension unweit der Kammloipe, einer der schneesichersten Loipen im Vogtland. Mit ihrer Lage auf 870 m die höchstgelegene Pension weit und breit.
Typisch Vogtland – **Hotel-Restaurant Zum Postillion:** Auerbacher Str. 146, Tel. 037467 54 00, www.zum-postillion.de, DZ ab 60 €. 300-jährige Geschichte am Fuße des Aschbergs. Vogtland pur, von den Speisen übers Bier bis zum Verdauungsschnäpschen.

Aktiv & Kreativ

Schneesicher – **Kammloipe und mehr:** Das Gebiet um Klingenthal-Mühlleithen gehört zu den schneesichersten Regionen des Vogtlandes. Hauptsächlich sind es Langläufer, die den Ort im Winter als Ski-Eldorado besuchen. Neben der bekannten Kammloipe warten sechs weitere Loipen, bestens gespurt, auf die Freizeitsportler. Für Alpinfans gibt es zwei relativ bescheidene Abfahrtshänge mit Schlepplift.

Infos & Termine

Infos

Tourist-Information: Schlossstr. 2, 08248 Klingenthal, Tel. 0374 648 32, www.klingenthal.de.

Termine

Kammlauf: Ende Febr. wird der traditionelle Kammlauf ausgetragen. Hunderte Volkssportler gehen auf die klassischen Distanzen von 25 bzw. 50 km.
Internationaler Akkordeonwettbewerb: Immer im Mai treffen sich Akkordeonspieler aus der ganzen Welt, um in verschiedenen Kategorien ihre Besten zu ermitteln (www.accordion-competition.de).

Erlbach ▶ D 8

Grüne Hänge mit sanften Tälern im Herzen des oberen Vogtlandes, das ist die reizvolle Landschaft, in der Erlbach zu finden ist. Etwas abseits der bekannteren Urlaubsorte der Region gelegen, kann die kleine Gemeinde mit einigen sehr schönen Beherbergungsbetrieben, ihrer Natur sowie völliger Ruhe glänzen. Zusätzlich zählt, dass Erlbach auch als Ausgangspunkt für ein Besuchsprogramm der zahlreichen touristischen Ziele des oberen Vogtlandes bestens taugt.

Vogtländisches Freilichtmuseum

OT Eubabrunn, Waldstr. 2 A, Tel. 037422 65 36, www.freilichtmuseum-eubabrunn.de, 1. Nov.–31. März Di–So 10–16, sonst 10–17 Uhr, Erw. 3 €, Kinder 1,50 € Besonders sehenswert im Ort ist das Vogtländische Freilichtmuseum. Anfang der 1990er-Jahre begann man damit, historische Gebäude vogtländischer Architektur hierher umzusetzen. Das 4 ha große Areal kann auf Gebäude aus der Zeit zwischen 1720 und 1930 verweisen. Das bäuerliche Leben der Bevölkerung des südlichen Vogtlandes wird lebendig. Dafür sorgt die originale Ausstattung der Höfe. Eine Besonderheit ist die zum Museum gehörende Gaststätte Grünes Tal. In ihr kann man im Ambiente längst vergangener Zeiten speisen.

Übernachten

Familienfreundlich – **Hotel Schwarzbachtal:** Klingenthaler Str. 70, Tel. 037422 430, www.hotel-schwarzbachtal.de, DZ ab 78 €. Ruhige Lage, familienfreundliches Haus mit Sauna, Kegelbahn und See vorm Haus.
Naturnah – **Landhotel Lindenhöhe:** Hertzschen 10, Tel. 037422 749 00, www.landhotel-lindenhoehe.de, DZ ab 72 €. Ein gepflegtes Mittelklassehotel mit schönem Blick auf Markneukirchen. Sauna, Wellnessbehandlungen und Wanderwege direkt vor der Tür.

Infos

Tourist-Information: Klingenthaler Str. 1, 08265 Erlbach, Tel. 037422 62 25, www.erlbach-vogtland.de.

Markneukirchen

▶ D 7/8

Mit seinen 7200 Einwohnern gehört Markneukirchen mit dem OT **Landwüst** schon zu den größeren Ortschaften im südlichen Vogtland. Mit gutem Grund wird die Stadt gerne auch als ›sächsisches Cremona‹ bezeichnet, denn genau wie die Städte in Oberitalien verdankt sie ihren Weltruf als Zentrum des Musikinstrumentenbaus vor

allem dem Geigenbau. Exilanten aus dem benachbarten Böhmen waren es, die dieses Handwerk vor über 350 Jahren mitbrachten. Heute treten neben den Streichinstrumenten auch von Meisterhand gefertigte Zupf-, Metallblas- und Holzblasinstrumente aus dem Vogtland teils weite Reisen in die ganze Welt an.

Prächtige Bürgerhäuser und Villen mit reich verzierten Fassaden zeigen, dass das Meisterhandwerk auch manchen Taler ins Vogtland rollen ließ. Zu den Sehenswürdigkeiten gehört neben der **St.-Nicolai-Kirche** auch der etwas außerhalb gelegene **Bismarckturm,** der einen der schönsten Rundblicke übers obere Vogtland zu bieten hat.

Musikinstrumenten-Museum !
Bienengarten 2, Tel. 037422 20 18, www.museum-markneukirchen.de, April–Okt. 10–17, Nov.–März 10–16 Uhr, Erw. 5 €, Kinder 2 €
Mit seiner Sammlung von rund 3200 Instrumenten aus aller Welt gehört das Museum zu den bedeutendsten seiner Art nicht nur in Europa. Sehr anschaulich werden den Besuchern die Geschichte und die Tradition des kunsthandwerklichen Musikinstrumentenbaus in der Region näher gebracht (s. auch Entdeckungstour S. 248).

Historisches Sägewerk
Trobitzschen 14, Tel. 037422 407 75, www.markneukirchen.de, Schauvorführungen Sa, So 13.30 Uhr, nur nach Gruppenanmeldung, Erw. 3 €, Kinder 2 €
Unweit des Musikinstrumenten-Museums wurde ein historisches Sägewerk rekonstruiert. Im Unterschied zu normalen Sägewerken geht es hier um das Zusägen millimetergenauer Ausgangsmaterialien sowohl für den Instrumentenbau als auch für Furnierholz (s. auch Entdeckungstour S. 248).

Bedeutende Sammlung: das Musikinstrumenten-Museum in Markneukirchen

Framus-Werksmuseum

Adorfer Str. 25, Tel. 037422 555-90 00, www.framus-vintage.de, Di–Sa 10–18 Uhr, Erw. 5 €, Kinder 3 €

Weltbekannte Künstler wie die Beatles und auch Bill Wyman von den Rolling Stones waren es, die den Ruf der Framus-Instrumente in alle Welt trugen. Seit 2007 informiert ein Museum über die Innovationen, für die das Werk besonders in der zweiten Hälfte des 20. Jh. bekannt war. Gezeigt werden neben vielen Fotos und Dokumentationen 200 Instrumente aus der Framus-Produktion zwischen 1946 und der Mitte der 1970er-Jahre (s. auch S. 248).

Vogtländisches Freilichtmuseum Landwüst

OT Landwüst, Rohrbacher Str. 4, Tel. 037422 21 36, www.museum-land wuest.de, Di–So 10–17 Uhr, Erw. 3,50 €, Kinder 1,50 €

Über 12 000 Sachzeugen lassen die Arbeits- und Lebenswelt von Uroma und Uropa auf dem Lande lebendig werden. Original eingerichtete Werkstätten dorftypischen Handwerks, einige noch voll funktionsfähig, erzählen vom lebensnotwendigen Nebenerwerb der Bauern.

Übernachten

Auf der Höhe – **Berggasthof Heiterer Blick:** Oberer Berg 54, Tel. 037422 26 95, www.heiterer-blick.de, DZ ab 64 €. Hier ist man im doppelten Sinn auf der Höhe: einerseits beim Komfort und Service und andererseits von der Lage her. Ein herrlicher Blick übers Vogtland ist inklusive.

Musikalisch – **Hotel-Restaurant Alpenhof:** OT Breitenfeld, Markneukirchner Str. 34, Tel. 037422 23 23, www.alpen hof-markneukirchen.de, DZ ab 56 €. Alpenländische Gemütlichkeit im Vogtland. Sogar das Schweizer Alphorn spielt eine Rolle. Außerdem existiert eine Schauwerkstatt für Blechblasinstrumente.

Infos & Termine

Tourist-Info: Trobitzschen 14, 08258 Markneukirchen, Tel. 037422 407 75, www.markneukirchen.de.
Internationaler Instrumentalwettbewerb Markneukirchen: Der hochkarätige Wettbewerb wird jährlich im Mai für spezielle Instrumente ausgeschrieben, 2011 z. B. für Violine und Kontrabass. Die Teilnehmer und Jurymitglieder kommen aus der ganzen Welt, Schirmherr ist Prof. Kurt Masur.

Die sächsischen Staatsbäder

Bad Brambach ▶ D 8

Im Gegensatz zum etwas mondäneren Bad Elster (s. S. 254) ging und geht es in Bad Brambach eher ländlich zu. Daran hat auch der Zusammenschluss beider Staatsbäder 1966 nichts geändert. Die erste urkundliche Erwähnung des Ortes datiert auf das Jahr 1154. Erste Quellen wurden im 17. Jh. gefunden, der eigentliche Kurbetrieb startete jedoch erst 1912. Zwei Jahre zuvor war man auf die Radonquelle gestoßen, die dazu führte, dass Bad Brambach ab 1933 zum Radiumbad wurde. Der Ort besitzt die stärksten Radonquellen der Welt.

Heimatmuseum Bad Brambach
Zollstr. 6, Tel. 037438 217 65, www.heimatmuseum-bad-bram bach.de, Mi, Sa 14–17 Uhr, Erw. 3 €, Kinder 1 €
1993 wurde mit dem Ausbau eines alten Bauerngutes aus dem Jahr 1811 begonnen. Heute werden in acht Räumen und einer ausgebauten Scheune zahlreiche Exponate zur Geschichte des örtlichen Handwerks, des Staatsbades und der hier lebenden Menschen gezeigt.

Übernachten

Luxus – **RAMADA Resort:** Badstr. 45, Tel. 037438 210-0, www.vogtland-re sort.de, DZ ab 110 €. Ein Hauch von Luxus im historischen Kurpark. Eine Wellnessoase mit Bade- und Saunalandschaft – perfekt zum Erholen und Genießen.
Im Kurpark – **Parkhotel Bad Brambach:** Oberreuther Str. 3 a, Tel. 037438 216-0, www.parkhotel-brambach.de, DZ ab 58 €. Gepflegtes Mittelklassehaus in sehr schöner Lage im Kurpark unweit der offiziellen Kuranlagen.

Aktiv & Kreativ

Wasserspaß und Wellness – **Bade- und Saunalandschaft Bad Brambach:** Badstr. 47, Tel. 037438 882 67, www.bad-brambach.de, So–Do 9–21, Fr, Sa 9–22 Uhr, Saunalandschaft jeweils ab 10 Uhr, Tageskarte Erw. 9 €, Kinder 8,10 €, mit Sauna Erw. 12 €, Kinder 10,80 €. Beide Bereiche bilden einen umfassenden Komplex für all jene, die den feuchten Freizeitspaß und die Erholung in der Sauna lieben. Dazu gehören unter anderem ein 25-m-Becken, Whirlpool, Nackenduschen, Bodensprudler und ein Außenbecken mit garantierten 32 °C sowie eine Saunalandschaft mit Tepidarium und verschiedenen Saunen.

Infos

Kur- und Fremdenverkehrsverein: Badstr. 47, 08648 Bad Brambach, Tel. 037438 224 22, www.bad-brambach.de.

Bad Elster ▶ C/D 8

1848 war ein entscheidendes Jahr für Bad Elster – ein Jahr, das bis in die Gegenwart seine Wirkung hat, denn der Ort wurde zum Königlich Sächsischen Staatsbad erhoben. In der Folge entstand ein architektonisches Ensemble, das Bad Elster bis heute – oder besser gesagt heute wieder – prägt. Das historische **Albert Bad,** das 1890 eingeweihte **Königliche Kurhaus** und das **König Albert Theater** – der gesamte Ort ist vom Stil der Gründerjahre eingefangen. Nachdem in den Zeiten des ›Realsozialismus‹ zumeist das Geld fehlte, um der historischen Bausubstanz neues Leben einzuhauchen, wurde das in den letzten 20 Jahren nachgeholt (s. auch Lieblingsort S. 256).

Bad Elster gehört zu den Sächsischen Staatsbädern und auch ohne königlichen Segen können die Kurgäste mehr als nur einen Hauch nostalgischer Momente genießen. Die möglichen Indikationen, die Kurgäste hierher locken, sind vielfältig. Doch freilich kommen die Gäste nicht nur ihrer Beschwerden wegen. Die Wander- und Erholungsmöglichkeiten im Dreiländereck sind abwechslungsreich – und ganz ›nebenbei‹ sieht sich Bad Elster auch als Kultur- und Festspielstadt. Ob im König Albert Theater oder auf der Naturbühne, ein breit gefächertes Unterhaltungsprogramm wird geboten. Besonders reizvoll ist Bad Elster im Frühling, wenn Tausende von Rhododendronsträucher in voller Blüte stehen.

Sächsisches Bademuseum Bad Elster

KunstWandelhalle, Tel. 037437 539 00, www.saechsisches-bademuseum. de, Di–Fr 14–17, Sa, So, Fei 9.30–12, 14–17 Uhr, Erw. 3,50 €, Kinder 2 €
Bereits 1880 gründete Dr. Robert Flechsig, zu seiner Zeit einer der bekanntesten Badeärzte Deutschlands, im Alten Bad das Bademuseum Bad Elster. Heute befindet sich das Museum in der ehemaligen Salzquelle, der heutigen KunstWandelhalle und wurde erst 2009 mit einer neuen Dauerausstellung als Sächsisches Bademuseum Bad Elster neu eröffnet. Unter dem Motto »Vom Weberdorf zum Weltbad« wird die Geschichte des Kurbetriebes in Bad Elster dargestellt.

Übernachten

Gehoben kuren – **AmbienteHotel Quellenpark:** Ascher Str. 20, Tel. 037437 560-0, www.quellenpark.de, DZ ab 84 €. Klein, aber fein – wer gehobenen Komfort und Service in Kurparknähe sucht, ist hier richtig.
Gesundheitsbewusst – **Pension Flitzteufel:** OT Sohl, Ernst-Thälmann-Str. 27, Tel. 037437 53 90 80, www.flitzteufel.de, DZ ab 64 €. Nicht nur der Name verspricht Bewegung, auch im Haus selbst gibt es viele Angebote für Fitness und Wellness.

Infos

Tourist-Information: Königliches Kurhaus, 08645 Bad Elster, Tel. 037437 539 00, www.bad-elster.de, tgl. 10–12.30, 13.30–18 Uhr.

Adorf/Vogtland ▶ D 7

Das einzige noch erhaltene historische **Stadttor** des gesamten Vogtlands findet man in dem kleinen Städtchen Adorf. Doch nicht allein das erinnert Besucher vielleicht ab und an daran, dass Adorf die älteste Stadt im oberen Vogtland ist. So gibt es auch noch **Stadtmauerreste** zu sehen, den einladenden **Johannisplatz** und manches Historische im Stadtzentrum rund um den mit 231 m längsten **Marktplatz** des Vogtlandes: die imposante Stiftskirche **St. Michaelis,** das denkmalgeschützte **Rathaus** sowie verschiedene **Ackerbürgerhäuser.** Daneben ist gerade in den letzten Jahren eine Reihe von touristischen Zielen entstanden, die man sich sicher nicht entgehen lassen sollte.

Heimatmuseum
Freiberger Str. 8, Tel. 037423 22 47, www.adorf-vogtland.de, Di–Fr 9–12, 13–17, Sa 10–12, 13–16, So 13–16 Uhr, Erw. 3 €, Kinder 0,50 €
Die Weiße Elster ist seit alters her für ihre Flussperlen bekannt. Ab 1850 verließ man sich in Adorf nicht mehr allein auf die natürliche Population, sondern begann damit, die Muscheln zu züchten und in großem Umfang Perlmuttwaren für Liebhaber zu produzieren. Mehr darüber erfährt man in der musealen Sammlung zum Themenkomplex »Flussperlmuschel – Perlenfischerei – Perlmuttwarenherstellung«. Über 700 Exponate zeigen, was alles aus Perlmutt hergestellt bzw. mit diesem Material verziert wurde und wird.

Klein-Vogtland
Waldbadstr. 7, Tel. 037423 22 47, 480 60, www.adorf-vogtland.de, April–Okt. tgl. 10–18 Uhr, Erw. 4 €, Kinder 1,50 €
In der beliebten Miniaturanlage trifft man viele der Sehenswürdigkeiten und Ausflugsziele des Vogtlandes. Über 50 Modelle, eingefügt in eine idyllische Parkanlage, erwarten den Besucher. Ergänzt wird diese Schau durch den direkt angeschlossenen Botanischen Garten, in dem über 10 000 Pflanzen aus verschiedenen Hochgebirgen gedeihen. Interessant sind auch das Insektenhaus und die Garteneisenbahn, die natürlich ganz besonders die kleinen Besucher in ihren Bann zieht.

Übernachten

Stadtlage – **Hotel-Restaurant Zur Staffel:** Hohe Str. 2, Tel. 037423 31 46, www.hotel-zur-staffel.de, DZ ab 54 €. Komfortable Zimmer und erholsame Ruhe trotz Stadtlage.
Individuell – **Landhaus Adorf:** Elsterstr. 142, Tel. 037437 25 60, www.landhaus-adorf.de, DZ ab 54 €. Etwas außerhalb der Stadt gelegen, abseits vom städtischen Trubel, mit sehr persönlichem Service.

Infos

TouristInfo im Freiberger Tor: Freiberger Tor, 08626 Adorf, Tel. 037423 22 47, www.adorf-vogtland.de, April–Okt. 10–18 Uhr.

Schöneck ▶ D 7

›Balkon des Vogtlands‹, so wird Schöneck gern genannt. Das kleine Städtchen im Naturpark Erzgebirge/Vogtland ist das höchstgelegene im gesamten Vogtland. Allein diese Lage macht Schöneck zu einem beliebten Ziel für Tages- und Wochenendausflügler. Viele bestens markierte Wander- und Bikewege, zumeist abseits ausgetretener Pfade, lassen erahnen, dass man hier durchaus länger bleiben sollte. Zu den beliebtesten Zielen gehört der Aussichtsfelsen Alter Söll.

Zigarren- und Heimatmuseum
Bauhofstr. 1, Tel. 0162 425 31 42, www.stadt-schoeneck.de, Di, Do 14–17 Uhr, Erw. 2,50 €, Kinder 1,50 €
Neben dem Tourismusbüro, in einem der ältesten Gebäude der Stadt, hat auch das Zigarren- und Heimatmuseum seinen Platz gefunden. Hier findet man viele Informationen rund um

Lieblingsort

**Klassische Gartenkunst –
Kurpark Bad Elster** ▶ C/D 8
Der um 1850 angelegte Park vereint reizvolle Parkanlagen und
Themengärten und passt sich perfekt in die Bäderarchitektur ein,
die stilistisch auf Gründerzeit und
Jugendstil basiert. In der Blüten-
pracht der Anlage lässt es sich herr-
lich bummeln und flanieren.
Ruhige und beschauliche Fleckchen
kommen sicher auch manchem
›Kurschatten‹ gut zupass. Links und
rechts schmücken bunte Blumen-
teppiche, Rabatten und Rondelle
die Wege. Der historische Park ist
ein wichtiger Bestandteil der Kur
im traditionsreichsten Heilbad
Sachsens – und das ganz ohne ärztliche Verordnung und mögliche
Nebenwirkungen (s. auch S. 254).

Mein Tipp

Mit dem Nachtwächter auf Tour
▶ D 7

Ein Stadtbummel bietet sich immer an, doch spannender und stimmungsvoller wird es, wenn man sich dazu dem Nachtwächter anschließt. **Ralf Edler,** der Nachtwächter vom Dienst, hat viel Interessantes zu erzählen. Infos im Tourismusbüro Schöneck (s. unten).

die Geschichte der Stadt. Außerdem, der Name verrät es, geht es um Zigarren, dicke Zigarren, die früher in Schöneck gedreht wurden. Es ist schon erstaunlich, auf was man im Vogtland so alles stoßen kann.

Übernachten

Familienfreundlich – **IFA Hotel & Ferienpark:** Hohe Reuth 5, Tel. 037464 30, www.ifa-ferienpark-vogtland.de, DZ ab 82 €. Die große Ferienanlage bietet alles, was Familien für einen entspannten Urlaub benötigen.
Historisch – **Pension Gutshof Schilbach:** OT Schilbach, Am Helm 6, Tel. 037464 876 21, www.archa.de, DZ ab 50,50 €. Wohnen im Gutshof mit hohem Komfort in historischem Ambiente.

Essen & Trinken

Museales – **Alte Brauerei Brauschänke:** Klingerstr. 17, Tel. 037464 882 32, www.schoeneck-pension.de, tgl. 11–14, ab 17 Uhr. Hauptgericht 5,40–9,20 €. Die Speisekarte passt gut zum Bier und zu der Tatsache, dass zur Gast-

stätte ein eigenes Brauereimuseum gehört.
Naherholung – **Meilerhütte:** Roter Muldenweg 38, Tel. 037464 339 42, Mi–Mo 10.30–17 Uhr bei schönem Wetter, Hauptgericht 5,20–7,60 €. Die rustikale Meilerhütte liegt direkt im Naherholungsgebiet Rote Mulde, ein idealer Rastplatz für Wanderer und Radler.

Aktiv & Kreativ

Wandern, Radeln, Skilaufen – 120 km bestens markierte **Wanderwege** und 130 km **Bikewege** machen Lust auf Touren durch die Landschaft. Im Winter mutieren die Wanderwege zu **Loipen** und der **Skihang** an der Hohen Reuth zum Treffpunkt rasanter Abfahrer.
Klettern für alle Altersstufen – **Kletter- und Seilbahnwald:** Von Mai bis Oktober kann man hier auf verschiedenen altersgerechten Parcours in bis zu 15 m Höhe seinen Mut beweisen. Erw. 10 €, Kinder 7 €
Wasserspaß – **Erlebnisbad Aqua World:** IFA-Ferienpark, Hohe Reuth 5, Tel. 037464 30, www.ifa-ferienpark-vogtland.de, Mo–Do 13–21.30, Fr 13–22, Sa 10–22, So 10–21.30 Uhr, Tageskarte 11,50 €, 8,50 €. Wellenbad, Riesenrutsche, Freibad und Saunen sind nur einige gute Gründe, um am besten mit der ganzen Familie in die Aqua World zu kommen.

Infos & Termine

Infos
Tourismusbüro Schöneck: Bauhofstr. 1, 08261 Schöneck, Tel. 037464 33 00 11, www.schoeneck.de.

Termine
Craft Bike Trans Germany: Dieses Mountainbike-Etappenrennen macht

traditionell im Juni Station auf dem ›Balkon des Vogtlandes‹.

Vogtland Bike Marathon: Am letzten Aug.-Wochenende locken anspruchsvolle Pisten Mountainbiker in den Ort.

Oelsnitz/Vogtland

▶ C 6/7

Der verkehrsgünstigen Lage am Zusammenfluss von Hainbach und Weißer Elster, wo sich auch verschiedene alte Handelsstraßen kreuzten, verdankt das heute rund 12 000 Einwohner zählende Oelsnitz/Vogtland seine Entstehung und Entwicklung. Ein Dutzend Stadtbrände und grausame Brandschatzungen im Dreißigjährigen Krieg sorgten dafür, dass von der ursprünglichen Stadt kaum noch etwas übriggeblieben ist. Weite Teile mussten nach dem letzten großen Stadtbrand 1859 völlig neu errichtet werden. Spätklassizistische Architekturelemente zeugen davon. Auch das turmgekrönte **Rathaus** (1861–64) entstand in dieser Zeit. Die einst als Friedhofskirche erbaute **Katharinenkirche** aus dem Jahre 1616 gehört zu den ältesten noch erhaltenen Gebäuden. In der Stadtkirche **St. Jakobi** mit ihren 72 bzw. 74 m hohen Doppeltürmen erklingt die mit 4102 Pfeifen ausgestattete größte Orgel des Vogtlandes.

Teppichmuseum auf Schloss Voigtsberg

Schlossstr. 32, Tel. 037421 72 94 84, www.schloss-voigtsberg.de, Di–So 11–17 Uhr, Erw. 3 €, Kinder 2 €

Das interessanteste Ziel in Oelsnitz ist das im 13. Jh. als Burganlage errichtete, heutige Schloss Voigtsberg. Aber so gut wie im Moment hat es wohl in den gut sieben Jahrhunderten seiner Existenz nur selten ausgesehen, denn das Teppichmuseum wurde nach einer umfassenden ›Verjüngungskur‹, die auch große Teile des Schlosses mit einschloss, erst im Frühjahr 2010 neu eröffnet. Im Mittelpunkt steht die Faszination Teppich gestern und heute. Dazu werden zahlreiche historische Maschinen, Dokumente und andere Exponate gezeigt, die etwas mit der Geschichte der Teppiche zu tun haben. Die Tradition der Teppichproduktion in Oelsnitz reicht rund 150 Jahre zurück.

Übernachten

Zentral – **Hotel Altdeutsche Bierstube:** Feldstr. 9, Tel. 037421 222 48, www.altdeutschebierstube.de, DZ ab 54 €. Nur wenige 100 m vom Stadtzentrum gelegen, trotzdem fern des Verkehrslärms.
Ländlich – **Gasthof Schönbrunn:** OT Schönbrunn, Hauptstr. 19, Tel. 037421 267 50, www.gasthof-pension-schoenbrunn.de, DZ ab 40 €. Preiswert und gemütlich, mit extra Familienzimmern.

Aktiv & Kreativ

Wassersport – **Talsperre Pirk:** Zu Schöneck gehört die 1939 erbaute Talsperre Pirk. Mit ihrer Wasserfläche von 152 ha ist sie ein perfektes Naherholungsgebiet. Wassersport wird hier großgeschrieben. Zeltplatz, Bootsverleih und eine Jugendherberge direkt am Wasser präsentieren dafür optimale Voraussetzungen.

Infos

Tourismusinformation Oelsnitz/Vogtl.: Grabenstr. 31 (Zoephelsches Haus), 08606 Oelsnitz/Vogtl., Tel. 037421 207 85, www.oelsnitz-vogtland.de, Mo–Fr 9–16, Sa 9–12 Uhr.

Plauen und das nördliche Vogtland

Highlight !

Plauen: Auf eine geschlossene, historische Altstadt kann Plauen nicht verweisen, doch die innerstädtische Kombination aus Altem und Neuem ist so gut gelungen, dass man alte Stadttore und Mauern in der Vogtlandmetropole nicht vermisst. Hell, lebendig und einladend – so empfängt die Stadt ihre Gäste. S. 262

Auf Entdeckungstour

Filigranes aus zarten Händen – Plauener Spitze: Plauen und ein großer Teil des Umlandes lebten jahrzehntelang von der Spitze. Zwar währte die erste Hochzeit des begehrten Exportschlagers nur relativ kurz, doch auch nach dem Zweiten Weltkrieg und nach der Wende haben die hier gefertigten Textilien nichts von ihrer Ausstrahlung verloren. In Plauen kann man ihrem Geheimnis auf die Spur kommen. S. 268

Kultur & Sehenswertes

Spitzenmuseum: Im Plauener Spitzenmuseum dreht sich alles um die Traditionen der filigranen Textilien, um ihre Historie und auch um das, was moderne Frauen heute noch daran schätzen. S. 264

Gigantische Brücke: Mit ihren 81 Bögen in vier Etagen und einer Länge von 574 m überspannt die berühmte Göltzschtalbrücke das Flusstal schon seit der Mitte des 19. Jh. S. 274

Aktiv & Kreativ

Kunsthandwerk: Die Weberhäuser am Mühlgraben in Plauen beherbergten früher sogenannte ›unreine Gewerbe‹. Heute haben Kunsthandwerkerinnen das alte Quartier in Besitz genommen. Im Rahmen verschiedener Kurse kann man unter fachlicher Anleitung seine Geschicklichkeit im Umgang mit Stoff, Ton oder Holz schulen lassen. S. 271

Genießen & Atmosphäre

Uralt: In Plauens ältestem Gasthaus, in der »Matsch«, atmet alles den Hauch der Geschichte, den eine Wirtschaft ausstrahlt, die ihren 500. Geburtstag bereits hinter sich hat. S. 267

Kartoffeln und Kultur: Im Mittelpunkt steht die Kartoffel. Aber nicht irgendein Großmarktprodukt, sondern teils uralte Sorten, die die Familie wieder anbaut. Die Verkostung in Gündels Kulturstall in Reichenbach wird untermalt von scharfzüngigem Kabarett, deftigen Liedern und lustigen Geschichten. S. 277

Abends & Nachts

Theater: Nach der Fusion ist die Bezeichnung des ehemaligen Vogtlandtheaters Plauen nun »Theater Plauen Zwickau«. Der Stammsitz des Vier-Sparten-Hauses ist in architektonischer wie in künstlerischer Hinsicht einen Besuch wert. S. 266 und S. 271

Vogtland ist Spitze

Aus dem Blickwinkel vieler Besucher konzentriert sich das eigentliche Leben des sächsischen Vogtlands (ein kleiner Teil gehört zu Thüringen) auf die nördlicheren Teile rund um Plauen. Richtig ist, dass im Gegensatz zum stark ländlich geprägten Gebiet um Klingenthal und Markneukirchen hier größere und industrieller geprägte Städte entstanden sind. Dazu zählen neben Plauen natürlich auch Reichenbach, Auerbach und Treuen. Doch auch hier war und ist nicht nur Industrie, sondern es gibt zahlreiche gute touristische Gründe, in diese Region zu reisen, etwa zur Talsperre Pöhl. Sie ist nicht nur ein sehr beliebtes Naherholungsgebiet, sondern zieht auch immer mehr Besucher aus ferneren Regionen an.

Plauen! ▶ C 6

Die Stadt im Tal der Weißen Elster ist mit ihren ca. 68 000 Einwohnern unbestritten die größte Stadt des Vogtlandes und gleichzeitig das kulturelle und wirtschaftliche Zentrum der Region. Gleichzeitig gehört sie zu den ältesten Ansiedlungen entlang der Weißen Elster.

Stadtgeschichte

Bereits 1122 wurde Plauen erstmals urkundlich erwähnt. Nur 100 Jahre später entstand mit der alten Elsterbrücke eine bautechnische Meisterleistung für

Infobox

Internet
www.plauen.de: Auf dieser Webseite gibt es reichlich Informationen zur Stadt und zur Umgebung. Weitere Informationen hält auch **www.vogtland.de** bereit.

Anreise und Weiterkommen
Auto: Durch den guten Autobahnanschluss (A 72) ist Plauen bestens erreichbar von Nord und Süd.
Bahn: Bahnanschluss über die Sachsen-Franken-Magistrale.
Straßenbahn: Innerstädtisch ist das Straßenbahnnetz eine optimale Alternative zum eigenen Auto.
Bus: Das Umland und die anderen Städte der Region sind durch das dichte Busnetz des Verkehrsverbundes Vogtland angeschlossen. www.vogt

landauskunft.de. Auch da kann, wer will, auf sein eigenes Auto verzichten.
Flugzeug: Über die Autobahn sind es nur gut 30 Min. bis zum Flughafen Hof/Plauen, auf dem mehrmals tgl. Flüge nach Frankfurt am Main starten.

Plauen-Card
Die Plauen-Card ermöglicht Familien, die kulturellen Einrichtungen der Stadt und zusätzlich die Straßenbahn preisgünstig zu nutzen. Unter anderem erhältlich bei der Tourist-Information (s. S. 272).

Itour
Bei der Tourist-Information in Plauen (s. S. 272) gibt es einen audio-visuellen Stadtrundgang zu den 15 wichtigsten Sehenswürdigkeiten.

das 13. Jh., die bis heute zu den touristischen Anziehungspunkten der Stadt zählt. Eine wechselhafte Geschichte brachte Plauen über die Jahrhunderte einen ansehnlichen Wohlstand. Der Blüte der Musselinproduktion, einer Stoffart aus besonders feinen Baumwollfäden, folgte Mitte des 19. Jh. die Einführung der Stickerei. Der Siegeszug der Plauener Spitze begann. Er fand aber schon vor dem Ersten Weltkrieg – die Mode ändert sich – ein allmähliches Ende. Doch diese wenigen Jahrzehnte reichten, um den weltweiten Ruf Plauens als Spitzenstadt zu zementieren. Der verheerenden Zerstörung durch alliierte Bomberverbände in den Jahren 1944 und 1945 fielen im Zweiten Weltkrieg 1343 Plauener zum Opfer. Der Neuaufbau der Stadt nahm dann wenig Rücksicht auf historische Spuren in der Innenstadt.

Auf ein Kapitel der jüngsten Geschichte sind die Plauener mit Recht stolz. Am 7. Oktober 1989, noch Tage, bevor die erste Großdemonstration in Leipzig für internationales Aufsehen sorgte, kam es in Plauen zu den ersten Massenprotesten gegen das herrschende Regime. Nach der Wende wandelte sich das Bild der Stadt deutlich. Baulücken wurden geschlossen, Historisches restauriert und rekonstruiert. Die Stadt erhielt ein neues, lebendiges Gesicht.

Stadtrundgang

Altes Rathaus

Wer will, kann sich die Sehenswürdigkeiten zu Fuß selbst erschließen oder mit einer der Stadtführungen (Tourist-Information) auf Spurensuche gehen. Ausgangspunkt ist am besten das **Alte Rathaus** **1** am **Altmarkt** **2**. Das Schmuckstück Plauens wurde erstmals 1382 erwähnt. Der prächtige Renaissancegiebel stammt jedoch, wie auch die Kunstuhr, aus dem Jahre 1548. Anfang des 20. Jh. wurde ein Neues Rathaus mit einem 64 m hohen Turm angebaut. 230 Stufen führen zu einem grandiosen Blick über die Stadt.

Lebendige Stadtmitte – Altmarkt von Plauen mit dem Alten Rathaus

Plauen

Plauener Spitzenmuseum 3

Altmarkt, Tel. 03741 22 23 55, www. plauen.de/spitzenmuseum, Mo–Fr 10–17, Sa 9–14 Uhr, Erw. 4 €, Kinder 1 €, s. Entdeckungstour S. 269

Zurück auf der Erde, führt der Altstadtbummel ins Plauener Spitzenmuseum. Es ist das einzige dieser Art in Deutschland. Im Mittelpunkt der Ausstellung steht die Entwicklung der Textil- und Spitzenindustrie im Vogtland. Historische wie moderne Erzeugnisse aus Plauener Spitze geben einen Überblick über das breit gefächerte Sortiment dieser begehrten Produkte.

Vogtlandmuseum Plauen 4

Nobelstr. 9, Tel. 03741 291 24 01, www.plauen.de/Vogtlandmuseum, Di–Do, Sa, So, Fei 10–17, Fr 10–13 Uhr, Erw. 3,50 €, Kinder Eintritt frei

Nur wenige Schritte weiter trifft man auf das nächste sehenswerte Haus, das Vogtlandmuseum Plauen. Dieses Museum ist in drei bauhistorisch wertvollen Bürgerhäusern aus dem 18. Jh. untergebracht. Zu sehen sind u. a. Präsentationen zur Zeit-, Kunst- und Kulturgeschichte der Region.

Galerie e. o. plauen 5

Nobelstr. 7, Tel. 03741 291 23 44, www.plauen.de/galerie-e.o.plauen, Di–So 13–17 Uhr, Erw. 2,50 €, Kinder Eintritt frei

Unmittelbar daneben befindet sich der neue Standort der Galerie e. o. plauen. Über viele Jahre hinweg haben Architekten und Bauhandwerker an der Restaurierung des unter Denkmalschutz stehenden Hauses gearbeitet, ehe es im Herbst 2010 als bauliches Kleinod und neues Domizil der Galerie der Öffentlichkeit übergeben werden konnte.

In den Ausstellungsräumen wird das Leben und Schaffen des berühmten Sohnes der Stadt, Erich Ohser, lebendig. Bekannt ist der Künstler besonders durch seine hintergründigen Bildgeschichten über den schnauzbärtigen Vater und seinen pfiffigen Sohn.

Malzhaus und Weisbachsches Haus

Von der Nobelstraße erreicht man über die Teichstraße das **Malzhaus** 6. Es gehört zu den ältesten Gebäuden der

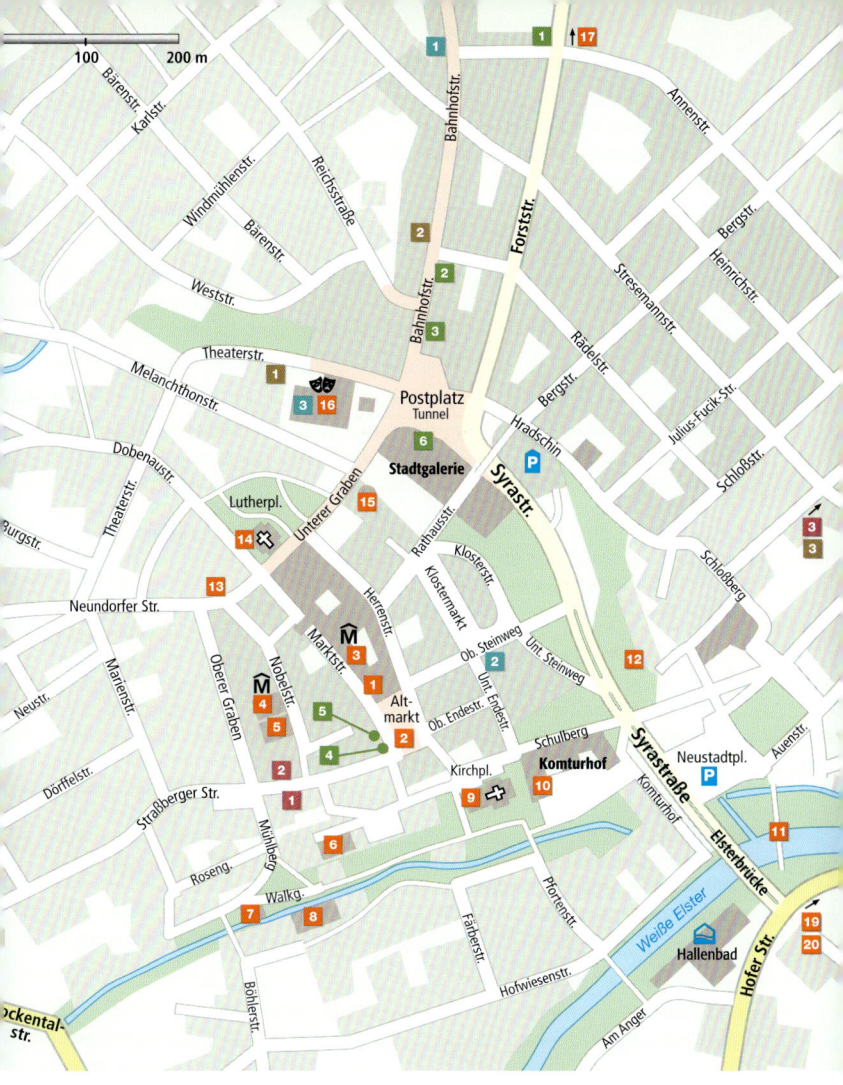

Stadt und beherbergt heute ein Kultur- und Kommunikationszentrum mit einer Galerie.

Einige Straßen weiter, an der Bleichstraße, steht mit dem **Weisbachschen Haus** 7 das älteste barocke Manufakturgebäude Deutschlands. Es diente ab 1778 als Kattundruckerei.

Weberhäuser 8

Bleichstr. 11–17, Tel. 03741 30 09 31, www.plauen.de/weberhaeuser, Di 8–10, Mi–Fr 8–13, April–Sept. auch Sa 10–15 Uhr (Werkstätten), Führung Erw. 3 €, Kinder 1,50 €

Direkt daneben liegen die Weberhäuser. Im Mittelalter waren sogenannte unreine Gewerbe wie Gerben, Färben und Walken außerhalb der Stadtmauern angesiedelt. Die denkmalgeschützten, 500 Jahre alten Weberhäuser stammen aus dieser Zeit. Seit 2001 ist wieder Leben eingezogen. Vier Kunsthandwerkerinnen sind dafür verantwortlich. Hier kann man nicht nur Kunsthandwerkliches kaufen, sondern Kurse zu keramischem Arbeiten, Filzen, Kerzenziehen und Holzgestaltung besuchen (s. auch S. 271).

Von der Johanniskirche zur Alten Elsterbrücke

Vorbei an der **Johanniskirche** 9 , deren 52 m hohen Doppeltürme die Silhouette der Stadt prägen, und an der Ruine des **Konventsgebäudes** 10 , gelangt man zur Weißen Elster mit Blick auf die **Alte Elsterbrücke** 11 aus dem Jahre 1244.

Meyerhof und Zollkeller

Zurück in Richtung Altstadt passiert man nun die **Schlossruine.** Der Vogtländische Bergknappenverein zu Plauen, der auch das Besucherbergwerk Ewiges Leben betreibt (s. unten), kümmert sich um das Luftschutzmuseum **Meyerhof** 12 und den Zollkeller. Das Luftschutzmuseum fand seinen Platz in einem alten Kellergewölbe unter dem ehemaligen Schloss der Plauener Vögte, das in den Kriegsjahren von der Bevölkerung als Schutzraum genutzt wurde. 50 teils recht bedrückende Exponate aus der Zeit des alliierten Bombenterrors erinnern an schreckliche Wochen und Monate in der Stadtgeschichte.

Der **Zollkeller** 13 hingegen wurde – wie der Name sagt – zur Lagerung von Zollware genutzt. Hauptsächlich war es Wein, der hier gut temperiert zwischengelagert wurde. Das Lager muss beeindruckend gewesen sein, denn wie die Bücher bestätigen, lagerten 1913 allein in einem der Keller rund 12 000 Flaschen eines guten französischen Jahrgangs, die auf Abnehmer warteten.

Lutherkirche 14

Geht man den Unteren Graben in Richtung Theaterplatz weiter, passiert man die Lutherkirche. Sie wurde zwischen 1693 und 1722 als Gottesackerkirche errichtet und erst später in Lutherkirche umbenannt. Sie zählt zu den ältesten barocken Zentralkirchen Sachsens.

Nonnenturm 15

Etwas näher am Theater steht der Nonnenturm mit seiner Kegelhaube. Er ist der einzige noch erhaltene Eckturm der Stadtbefestigung aus dem 12. Jh. Ursprünglich diente er Wach- und Verteidigungszwecken.

Vogtlandtheater 16

Am etwas weiter nördlich liegenden Theaterplatz befindet sich das Vogtlandtheater. Es wurde am 1. Oktober 1898 mit Schillers Schauspiel »Die Jungfrau von Orleans« feierlich eröffnet. Über die Jahrzehnte konnte das Vier-Sparten-Theater immer wieder mit außergewöhnlichen Inszenierungen auf sich aufmerksam machen. Von 1979 bis 1981 wurde es grundlegend restauriert und rekonstruiert. Seit 2000 firmiert das Theater aus finanziellen Gründen als »Theater Plauen Zwickau«.

Besucherbergwerk Ewiges Leben 17

Bonhoefferstr. 140, Tel. 03741 52 94 26, www.alaunbergwerk-plauen.de, Führungen nach Vereinbarung, Erw. 3 €, Kinder 2 €

Über die Fußgängerzone und den Postplatz kommt man zu Plauens Unterwelt, zum Besucherbergwerk Ewiges Leben. Durch das ständige Wachstum der Stadt ist das ehemals vor den Toren errichtete Alaunwerk nun in die Stadt ›gerutscht‹. Im Besucherbergwerk erfährt man Interessantes über den Abbau, die Gewinnung und die Verwendung des Alaunschiefers.

Außerhalb des Zentrums

Freizeitanlage Syratal 18
Hainstr. 1, Tel. 03741 42 28 61, Di–Fr 13–18, Sa, So, Fei 10–18, sächsische Schulferien tgl. 10–18 Uhr
Etwas weiter weg vom Zentrum liegen die **Friedensbrücke**, der **Stadtpark**, der **Bärenstein** mit seinem Aussichtsturm und die **Freizeitanlage Syratal**. Hier fährt die einzige deutsche Parkeisenbahn mit elektrischer Oberleitung. Außerdem gehören zur Anlage noch ein Jumicar-Verkehrsübungsplatz, eine Minigolfanlage und ein Streichelzoo.

Festhalle und Schaustickerei Plauener Spitze
Jenseits der Weißen Elster liegen die **Festhalle Plauen** 19 und die **Schaustickerei Plauener Spitze** 20 (Obstgartenweg 1, Tel. 03741 44 31 87, www.schaustickerei-plauen.de, Mo–Sa 10–17 Uhr, Erw. 4 €, Kinder 1 €). In einem typischen Stickereigebäude, erbaut 1902, erfährt man, wie die Plauener Spitze entsteht. Man kann den fleißigen Frauen über die Schulter schauen und so dem Geheimnis der filigranen Kunstwerke auf die Schliche kommen (s. Entdeckungstour S. 269).

Übernachten

Stilvoll – **DORMERO-Hotel am Theater** 1: Theaterstr. 7, Tel. 03741 121-0, www.dormero.com, DZ ab 84 €. Unweit der historischen Altstadt gelegen, wartet auf den Gast ein guter Schuss Luxus in einem modernen Ambiente.
Gediegen – **Hotel Alexandra** 2: Bahnhofstr. 17, Tel. 03741 22 14 14, www.

hotel-alexandra-plauen.de, DZ ab 78 €. Haus mit viel (Jugend-)Stil in bester Lage direkt an der Fußgängerzone. Solarium, Sauna, Whirlpool.
Urig rustikal – **Pension Vogtland mit Herz** 3: Grüne Gasse 4, Tel. 93741 52 12 88, www.vogtland-mit-herz.de, DZ ab 60 €. Das denkmalgeschützte Umgebindehaus im Stadtteil Jößnitz bezaubert mit einem ganz besonderen Flair.
Günstig – **Pension Fischer** 4: Thiergartner Weg 81, Tel. 03741 22 77 20, www.urlaub-fischer.de, DZ ab 30 €. Am Stadtrand von Plauen gelegen. Sehr ruhige, gemütliche Zimmer zu sehr günstigen Preisen.

Essen & Trinken

Zentral – **Altes Handelshaus** 1: Straßberger Str. 17, Tel. 03741 14 96 99, www.altes-handelshaus.de, tgl. ab 10 Uhr, Hauptgericht 5,50–19,80 €. Gepflegte Gastlichkeit im historischen Rahmen. Handgeriebene Bambes (s. u.).
Historisch – **Gasthaus und Pension Matsch** 2: Nobelstr. 1, Tel. 03741 20 48 07, www.matsch-plauen.com, tgl. 11–22 Uhr, Hauptgericht 4,50–12,50 €. Die Matsch (beachte ›die‹) ist ▷ S. 271

Mein Tipp

Bambes
Das **Alte Handelshaus** 1  ist das einzige Restaurant der Stadt, in der die Kartoffelmasse für die echten vogtländischen Bambes (Kartoffelpuffer), noch in der eigenen Küche per Hand gerieben wird. Man schmeckt den Unterschied (s. oben).

Auf Entdeckungstour

Filigranes aus zarten Händen – Plauener Spitze

Plauen und ein großer Teil des Umlandes lebten jahrzehntelang von der Spitze. Zwar währte die erste Hochzeit des begehrten Exportschlagers nur relativ kurz, doch auch nach dem Zweiten Weltkrieg und nach der Wende haben die hier gefertigten Textilien nichts von ihrer Ausstrahlung verloren. In Plauen kann man ihrem Geheimnis auf die Spur kommen.

Zeit: ca. 3 Std.

Planung: Öffnungszeiten und Eintrittspreise s. S. 264, 267 und 271

Start: Schaustickerei Plauen 20

Es war die Handstickerei, die Anfang des 19. Jh. allmählich Verbreitung fand und die zum Ausgangspunkt dessen wurde, was in und um Plauen in der zweiten Hälfte des 19. Jh. begann: der große Boom der Plauener Spitzen.

Feine Muster, komplexe Technik

In der **Schaustickerei** [20] (etwas abseits der Innenstadt im Stadtteil Reusa gelegen), die von einem rührigen Verein aus der Taufe gehoben wurde, erfährt man in chronologischer Abfolge, wie sich die Technik der ehemaligen Handarbeit annahm. Zumeist ist es Ingrid Eichert, die die Gäste durch die über 100 Jahre alten Fabrikräume führt. Es riecht nach Öl. Während bei den weiblichen Besuchern das Interesse an Mustern und Formen überwiegt, werden die Männer (in der Mehrzahl wohl mehr oder weniger liebevoll von ihren Frauen zur Tour auf Spitzenpfaden überredet) recht schnell von der Faszination der Technik in Beschlag genommen.

Es ist beeindruckend, zu sehen, mit welchem Ideenreichtum und welcher Präzision die Maschinenbauer die ersten Stickautomaten entwickelt und konstruiert haben. Rein mechanisch kann man jeden Arbeitsgang genau verfolgen. Nichts wird von anonymen Computern verdeckt oder gesteuert. Technik aus den Anfangsjahren kann Ingrid Eichert ebenso zeigen wie die Nachfolger, sog. Pantographenstickmaschinen, von denen die Schaustickerei einige natürlich voll funktionsfähige Exemplare vorführen kann. Noch etwas später war es dann nicht mehr der Sticker, der das Musterbild Stich für Stich abtastete, Lochkartenbänder übernahmen diese Arbeit. Das Grundprinzip der Stickmaschinen blieb jedoch, und das bis heute, erhalten.

Interessant ist auch die Entwicklung des Stickgrundes bis hin zu den ›freistehenden‹ Luftstickereien, die wohl für viele Gäste die eigentlichen, typischen Plauener Spitzen bilden. Doch, so betont Ingrid Eichert beim abschließenden Gang durchs Musterzimmer und den Shop, Plauener Spitze hat viele Gesichter – von der duftigen Tülle über fantasievolle Luftspitzen bis hin zu zarten Stoffstickereien. Verschmitzt lächelnd beobachtet sie, dass einmal mehr die Frauen in Ruhe das eine oder andere schöne Stück begutachten und wohl auch kaufen. Sie haben Zeit, denn ihre Männer sind in der Werkhalle noch immer begeistert von der mechanischen Meisterschaft der Altvorderen. »So kommt jeder auf seine Kosten«, freut sie sich. Sogar der, der mehr auf Computer steht, denn auch ein Stickautomat neuester Generation fehlt in der Schaustickerei nicht.

Museumsreif

Mit der Straßenbahnlinie 4 geht es zurück in die Stadt. Es gibt Pläne für ein großes Spitzenzentrum in der Altstadt. Vorerst jedoch ist es das **Spitzenmuseum** [3] im Alten Rathaus, das unbedingt nach einem Besuch verlangt. Das historische Gewölbe des ehrwürdigen Hauses bildet einen guten Rahmen für die filigranen Stickereien. Die Fenster sind durch Vorhänge abgedunkelt und die romantische Beleuchtung verstärkt die Wirkung. Doch die Verdunklung hat auch einen anderen Grund, wie Museumschef Jürgen Fritzlar gleich am Anfang seiner Führung betont. Spitze, so der ausgewiesene Fachmann, mag Sonnenlicht gar nicht. Sie wird spröde und zerfällt wie Papier.

In einer Abteilung werden die Geschichte und die technische Entwicklung der Spitzenproduktion erläutert. Für Schaustickerei-Erfahrene nur eine Wiederholung, doch die Räume, die mit besonderen Schaustücken glänzen, etwa dem hoch dekorierten Spitzenkleid der Pariser Weltausstellung von 1900 und manch anderem wertvollen Stück, verlangen nach Aufmerksamkeit. Langweilig werden dabei weder die optischen Eindrücke, noch die Führung selbst. Jürgen Fritzlar, dem man seine Begeisterung für die filigranen Plauener anmerkt, weiß so manche interessante Geschichte zu erzählen. So kann er u. a. auf zahlreiche spitzenbesetzte Kleider verweisen, die von prominenten Frauen getragen wurden, z. B. Hannelore Kohl. Noch dazu kann der Experte die teils vom Laienauge kaum wahrgenommenen Feinheiten ins rechte Licht rücken, die aus manch unscheinbarem Exponat ein wertvolles Stück werden lassen. Am Ausgang wartet natürlich ein kleiner Shop auf die Museumsbesucher.

Schauen und kaufen

Wer nun selbst fast zum Spitzenexperten gereift ist, möchte gewiss auch das eine oder andere Stück mit in die Heimat nehmen – immerhin ist Plauen samt Umland ja das unangefochtene Spitzenzentrum Deutschlands. Also sind die letzten Stationen der Entdeckungstour Fachgeschäfte. Hier nur zwei Tipps:

Mitten im Zentrum der Fußgängerpassage, gegenüber den Kolonnaden, steht Exklusivität im Mittelpunkt. Der **Salon Plauener Spitze** 2 ist nicht herstellergebunden und präsentiert ein sehr breites Spektrum: Ob Kleid, Bluse, Tischläufer, Deckchen oder Gardinen, das Angebot ist ebenso breit gefächert wie die Auswahl an Farbe und Stil. Klassisch oder modern, kein Wunsch sollte unerfüllt bleiben.

Nicht anders sieht es aus im Salon der Firma **Modespitze Plauen** 1, einem der führenden Hersteller Plauener Spitze, der in der Stadt seinen Firmensitz hat. Hier im Salon steht eine der historischen Großstickmaschinen und kann sogar vorgeführt werden. Damit schließt sich der Kreis zur Schaustickerei.

Ob Tischdecke oder Vorhang: Im Salon Plauener Spitze lässt es sich prächtig shoppen

das älteste Gasthaus Plauens und wurde bereits 1503 erstmals erwähnt. Eine Geschichte, der sich auch die heutigen Wirtsleute inmitten der Altstadt verpflichtet fühlen.

Ländlich – **Gaststätte Pfaffenmühle** 3: OT Jößnitz, Pfaffenmühlenweg 18, Tel. 03741 52 57 72, www.pfaffenmuehle. de, Fr–Mi ab 10 Uhr, Hauptgericht 5,40–9,50 €. Beliebte Ausflugsgaststätte im Erholungsort Jößnitz, der mittlerweile zur Stadt Plauen gehört.

Einkaufen

Beliebtester Einkaufstempel in der Innenstadt ist die Stadt-Galerie mit zahlreichen Fachgeschäften diverser bekannter Markenanbieter. Geöffnet Mo–Sa 9.30–20 Uhr.

Spitze – **Modespitze Plauen** 1: Annenstr. 9, Tel. 03741 22 25 54, www. plauener-spitze-r.de, Mo-Fr 10–13, 14–17, Sa 10–12 Uhr. Gute Adresse in Sachen Plauener Spitze mit einer Original-Stickmaschine zur Vorführung.

Salon Plauener Spitze 2: Rädelstr. 2, Tel. 03741 22 31 56, www.plauener spitze.de, Mo–Fr 10–18, Sa 9–16 Uhr. Umfangreiches Sortiment verschiedener Hersteller von der Gardine bis zum Festkleid.

Geschenktipps – **Ars Vivendi** 3: Bahnhofstr. 4, Tel. 03741 28 04 86, Mo–Fr 10–18, Sa 10–16 Uhr. Geschenke rund um Speis' und Trank sowie wohnliche Details gibt es hier direkt in der Fußgängerzone Bahnhofstraße.

Spielerisch – **Holzkiste** 4: Straßberger Str. 2, Tel. 03741 22 54 91, Mo–Fr 10–18, Sa 10–13 Uhr. Spielideen (nicht nur) in Holz für kleine Baumeister und Baumeisterinnen.

Für Kenner – **Weinhandlung Seeling** 5: Altmarkt, Tel. 03471 70 96 86, www.seeling.de, Mo–Fr 10–18, Sa 9–12 Uhr. Breites Angebot rund um den Wein mit perfekter, fachmännischer Beratung vom Chef.

Sportiv – **Sport-Florschütz** 6: Stadt-Galerie, Tel. 03741 14 76 50, Mo–Sa 9.30–20 Uhr. Alles was man zum Sommer- oder Wintersport braucht: vom Laufschuh über den Abfahrtsski bis hin zum Mountainbike.

Aktiv & Kreativ

Kreativkurse – **UNIKAT e. V.** 8: Weberhäuser, Bleichstraße 9–15, Tel. 03741 300 93, www.weberhäuser.de. Bei Kursen in Töpfern, Filzen und textiler Gestaltung kann man hier seiner Kreativität freien Lauf lassen. Margitta Schier und Ilse Helbig bieten auch historische Führungen in den Weberhäusern an.

Abends & Nachts

Cineastisch – **Capitol-Filmtheater** 1: Bahnhofstr. 33, Tel. 03741 146 90 50, www.capitol-plauen.de. Kino total in 8 Sälen, ein abwechslungsreiches Programm für Jung und Alt gleichermaßen.

Party – **Bar, Lounge, Tanzcafé n.1** 2: Oberer Steinweg 10, Tel. 0179 377 88 66, www.n-eins.de, Mi, Fr, Sa ab 22 Uhr. Zu den beliebtesten Adressen bei jungen Leuten gehört das n.1. Für Stimmung ist ebenso gesorgt wie für vielfältige Themennächte.

Kultur – **Theater Plauen-Zwickau** 3: Theaterplatz 1/3, Tel. 03741 28 13 48 30, www.theater-plauen-zwickau. Besucherservice Di, Do, Fr 10–18, Mi 10–15, Sa 9–13 Uhr. In seiner mehr als 120-jährigen Geschichte hat das ehemalige Vogtlandtheater mit einigen spektakulären Aufführung auf sich aufmerksam gemacht. Auch nach der Fusion mit dem Theater Zwickau kann das Vier-Sparten-Theater mit interessanten Angeboten aufwarten.

Infos & Termine

Infos

Tourist-Information: Rathaus, Unterer Graben 1, 08523 Plauen, Tel. 03741 291 10 27, www.plauen.de, Mai–Sept. Mo–Fr 10–18, Sa 10–13, Okt.–April Mo–Fr 10–17, Sa 10–13 Uhr.

Termine

Plauener Frühling: Im Mai begrüßen die Plauener drei Tage lang mit einem bunten Programm den Frühling.
Plauener Spitzenfest: Mitte Juni steht die Stadt für ein Wochenende im Zeichen der filigranen Spitzen.

Von der Talsperre Pöhl nach Greiz

Pöhl ► C 5

Die Gemeinde mit ihren zahlreichen Ortsteilen ist als Anlieger an der Talsperre Pöhl ein beliebtes Urlaubsziel. Neben dem Vogtländischen Meer, wie die **Talsperre Pöhl** gern genannt wird, ist auch die Vogtländische Schweiz für Erholungssuchende ein beliebtes Ziel. Während dort wie in der ›richtigen‹ Schweiz Wanderschuhe und Rucksack zur Standardausstattung gehören, tun es am Vogtländischen Meer Bikini und Sonnenöl. Manchen reicht schon Letzteres.

Übernachten

Gastfreundlich – **Landhotel Alt Jocketa:** Dorfaue 1, Tel. 037439 6354, www.landhotel-altjocketa.de, DZ ab 76 €. Im Zentrum der Vogtländischen Schweiz, modernes, gastfreundliches Haus unweit der Talsperre Pöhl.

Bäuerlich – **Buchheims Hof:** OT Neudörfel, Neudörfel 12, Tel. 037439 63 18, www.buchheims-hof.de, DZ ab 40 €. Mitten in der Natur liegt diese gemütliche Pension. Die Tiere auf dem Bauernhof freuen sich auf Besuch.
Naturverbunden – **Camping Gunzenberg:** OT Möschwitz, Hauptstr. 51, Tel. 037439 63 93, www.talsperre-poehl.de, geöffnet Ende März bis Ende Oktober. Komfortabler Campingplatz mit Gaststätte, Campingshop, Servicestation und Wohnmobilstellplätzen. An der Talsperre gibt es auch einen separaten FKK-Strand.

Aktiv & Kreativ

Wassersport – **Talsperre Pöhl:** Wassersportler verschiedener Couleur dominieren das Terrain. Tret- und Ruderboote können ausgeliehen werden und die Fahrgastschifffahrt des Zweckverbandes (s. u.) lädt zu lustigen Touren ein.

Infos

Zweckverband Talsperre Pöhl: OT Möschwitz, Hauptstr. 51, 08543 Pöhl, Tel. 037439 45 00, www.talsperre-poehl.de.

Mühlenviertel ► B 5/6

Rund um die Orte **Leubnitz, Syrau, Pausa, Mühltroff** und **Mehlteuer** standen einst viele Mühlen. Der Landschaft geschuldet, waren es fast ausschließlich Wassermühlen, doch vereinzelt wurde auch die Windkraft genutzt, wie die Mühle in **Syrau** bis heute beweist. Seit einigen Jahren vermarkten sich diese Gemeinden touristisch gemeinsam als Vogtländisches Mühlenviertel. Der **Müllerburschen-Weg** verbindet die noch erhaltenen Mühlen. Wer ihn komplett abläuft, muss 55 km bewältigen. Neben den Mühlen ist die **Erdachse,** die im Pausaer Ratskeller gern geschmiert wird, ein Ziel der Region.

Drachenhöhle Syrau

Syrau, Tel. 03431 37 35, www.drachen hoehle.de, Nov.–März 10–16, April– Okt. 9.30–17 Uhr, Erw. 4,50 €, Kinder 2,50 €, mit Lasershow Erw.6 €, Kinder 4 €
Die Drachenhöhle ist eine der interessantesten Tropfsteinhöhlen Deutschlands. Am 14. März 1928 wurde sie durch einen Steinbruchmeister entdeckt und bereits im September des gleichen Jahres konnte sie für Besucher geöffnet werden. Zu bestimmten Zeiten des Jahres sind die Führungen mit einer Lasershow verbunden.

Übernachten

Uralt – **Gasthof & Pension Zur Teichmühle:** Leubnitz, Schneckengrüner Str. 12, Tel. 037431 86 93-0, www.teich muehle.de, DZ ab 54 €. Bereits 1575 wurde hier die erste Mühle errichtet. Ein traditionsreiches Haus mit komfortablen Gästezimmern und einer guten Küche.
Naturnah – **Pension Sammler:** Syrau, Schneckengrüner Str. 26, Tel. 073431 34 98, www.pension-sammler.de, DZ ab 44 €. Familiär geführte Pension am Waldrand mit großem Garten und komfortabel eingerichteten Zimmern.

Essen & Trinken

Das Besondere – **Haus Vogtland:** Syrau, Bahnhofstr. 25, Tel. 037431 33 42, www.haus-vogtland.de, Mo 9–14, ab 18, Mi–Sa ab 9, So 9–15 Uhr, Hauptge-

richte 7–9,90 €. Ob im Drachenimbiss oder in der Guten Stube, Küchenchef Stein zaubert Bestes auf den Tisch. Hausgemachtes kann man mitnehmen und besondere Wünsche werden auf Nachfrage erfüllt.

Infos

Geschäftsstelle Vogtländisches Mühlenviertel: Am Park 1, 08539 Leibnitz, Tel. 037431 862 00, www.muehlenvier tel-vogtland.de.

Mylau ▶ D 5

Die Stadt Mylau verdankt ihre Entstehung der gleichnamigen Burg, die um 1180 auf einem Felsen errichtet wurde – genau dort, wo Göltzsch und Raumbach zusammenfließen. Stadtrecht erhielt Mylau 1367 von Kaiser Karl IV. Nachdem sie bereits 1772 ihre Bedeutung als Adelssitz verloren hatte, erhielt die Burg eine neue, ungewöhnliche Bestimmung: Sie wurde die Produktionsstätte einer Baumwollspinnerei. Nach Beendigung des Dreißigjährigen Krieges hatte die Handweberei in der Region Einzug gehalten und die brauchte natürlich großen Nachschub an Garn.

Burg Mylau und Burgmuseum

Burg 1, Tel. 03765 342 47, www. mylau.de, Febr.–Okt. Di–Do, Sa, So 10–16.30 Uhr, Erw. 3,50 €, Kinder 2 €
Der wertvollste Raum der Burg ist der prunkvolle Ratssaal, der nach dem Vorbild des Festsaals auf der Wartburg eingerichtet wurde. Im Jahre 1883 gründete der Mylauer Naturkundeverein eine Ausstellung, aus der das Burgmuseum hervorging. Es ist die bestandsmäßig größte museale Einrichtung des Vogtlands. Besonders beein-

druckend ist dabei das Naturkunde-
museum mit 1000 Vogelpräparaten sowie 700 Säugetieren und über 15 000
Insekten.

Göltzschtalbrücke

Die berühmte Brücke entstand zwischen 1846 und 1851 im Zusammenhang mit dem Bau der sächsisch-baye-
rischen Eisenbahnstrecke von Leipzig
nach Hof. Sie überspannt das Tal der
Göltzsch zwischen Mylau und Netzschkau. Die Massivbrücke hat 81 Bögen in
vier Etagen und besteht aus rund
26 Mio. Ziegeln. Sie ist 574 m lang und
erreicht eine Höhe von 78 m. Die Bau-
kosten betrugen die für damalige Zeiten enorme Summe von 2,2 Mio. Talern.

Übernachten

Im Zentrum – **Hotel Garni Stadt Milin:**
Markt 5, Tel. 03765 38 23 82, www.ho
tel-garni-stadt-milin.de, DZ ab 65 €.
Mit Ideen und Geschmack gestaltete
Zimmer. Hell und freundlich, direkt im
Zentrum des Städtchens.

Essen & Trinken

Bodenständig – **Felsenschänke:** Ober-
mylauer Berg 25, Tel. 03765 341 61,
www.felsenschaenke.de, Mo, Mi–Fr
11–14, 17–22, Di 11–14, Sa 11–23, So
11–21 Uhr, Hauptgericht 4,90–12,35 €.
Bodenständig sind hier Küche und Service gleichermaßen. Auch an den
schmaleren Geldbeutel wird gedacht.

Infos

**Fremdenverkehrsverein Nördliches
Vogtland e. V.:** Burg 1, 08499 Mylau,
Tel. 03765 39 28 08, www.goeltzschtal
bruecke.de.

Netzschkau ► C 5

So wie Mylau beansprucht Netzschkau
die Göltzschtalbrücke als touristisches
Highlight für sich. Auch von hier aus
führen Wanderwege an Stellen, von
denen aus man die Brücke in ihrer ganzen Schönheit bewundern und foto-
grafieren kann. Abseits des malerischen Göltzschtals wartet mit dem
510 m hohen **Kuhberg** die höchste Erhebung des Nordvogtlandes.

Schloss Netzschkau

*Schlossstr., Tel. 03765 39 01 36,
www.schloss-netzschkau.de, Ostern–
31. Okt. Sa, So, Fei 13–17 Uhr, mit
Führung Erw. 3,50 €, Kinder 1 €*
Ein architektonisches Kleinod ist das
Schloss Netzschkau. Das spätgotische

Schloss kann in seinen Räumlichkeiten mit einigen sehenswerten Exponaten aufwarten, so z. B. Stempelstuckdecken, einem mächtigen Kachelofen aus dem Jahre 1639 und sogar einem Ofen mit echten Meißener Porzellankacheln.

Infos

Stadtverwaltung: Markt 12, 08491 Netzschkau, Tel. 03765 39 01-0, www. netzschkau.de.

Reichenbach ▶ D 5

Bereits Anfang des 12. Jh. gab es im Bereich der heutigen Altstadt eine fränkische Siedlung. Die erste urkundliche Erwähnung der Stadt, die heute rund 20 000 Einwohner zählt, datiert auf das Jahr 1212. Reste der ursprünglichen Stadtmauer sind noch am Sebastian-Bach-Platz zu sehen. Neben der Theaterreformerin Friederike Caroline Neuber, der die Stadt ein eigenes Museum gewidmet hat und deren Namen auch das moderne Konzert- und Veranstaltungshaus trägt, ist der Maler, Grafiker und Bildhauer Wolfgang Mattheuer ein großer Sohn Reichenbachs. 1985 erhielt er die Ehrenbürgerschaft der Stadt.

Wasserturm
Weithin sichtbares Wahrzeichen der Stadt ist ihr Wasserturm. Er wurde in den 1990er-Jahren restauriert und in 25 m Höhe bietet eine Aussichtsplatt-

Wahrzeichen der Region – die Göltzschtalbrücke zwischen Mylau und Netschkau

form einen weiten Blick über das Vogtland. Eine Ausstellung informiert über die Geschichte des Turms.

Kirche St. Peter und Paul

Ein weiteres Wahrzeichen der Stadt ist die Kirche St. Peter und Paul, die bereits 1225 erstmals erwähnt wurde. Ihr heutiges Aussehen erhielt sie in der ersten Hälfte des 18. Jh. Seit 1725 erklingt in ihr eines der Meisterwerke des sächsischen Orgelbaumeisters Gottfried Silbermann.

Park der Nationen

Das neue Schmuckstück Reichenbachs ist der Park der Nationen, der 2009 im Rahmen der 5. Sächsischen Landesgartenschau entstand. Reizvolle Aus- und Einblicke erwarten die Besucher in dieser großzügigen Parkanlage.

Neuberin-Museum

Johannisplatz 3, Tel. 03765 211 31, www.reichenbach-vogtland.de, Di–Fr 10–16, So 13–16 Uhr, Erw. 3 €, Kinder 2 €

Im Mittelpunkt der Ausstellung steht die bekannte deutsche Theaterreformerin Friederike Caroline Neuber, eine Tochter der Stadt. Die ›Neuberin‹, wie sie kurz genannt wurde, zog als Schauspielerin und Prinzipalin mit ihrer Theatergruppe durch die Lande.

Tropfsteingrotte Alaunwerk

Alaunwerk 6, Tel. 03765 52 18 98, www.alaunwerk.de, Sa, So 13–16 Uhr, Erw. 3 €, Kinder 1,50 €
Von 1691 bis 1826 wurde im Tal der Göltzsch Alaunschiefer gebrochen. Das Bergwerk blieb seither weitgehend unverändert Die Zeugnisse 300-jähriger Bergmannsarbeit beeindrucken die Besucher ebenso wie die über 400 Mio. Jahre alten Spuren urtümlicher Lebensformen.

Übernachten & Essen

Anspruchsvoll – **Meister BÄR HOTEL:** Goethestr. 28, Tel. 03765 78 00, www. mb-hotel.de, DZ ab 80 €. Gehobener

Heiterer Genuss: Wein- und Kartoffelverkostung in Gündels Kulturstall in Reichenbach

Anspruch im Herzen des Vogtlands. Badewelt mit Massagen, Saunen, Solarium und Fitnessraum.

Ausgefallen – **Gündels Kulturstall:** OT Rotschau, Schwarze Tafel 15, Tel. 03765 162 88, www.guendels-kulturstall.de, DZ ab 50 €. Wer das Ausgefallene sucht, ist im Kulturstall gerade richtig. Hier dreht sich bei den regelmäßigen Shows alles um die Kartoffel und einen guten Wein, Kabarett, Gesang, Stimmung und reichlich kulinarische Erlebnisse. Die angebotenen Zimmer bieten den optimalen Ausklang für einen Abend im Kulturstall (sind aber natürlich auch so buchbar).

Günstig – **Pension Krug:** Robert-Müller-Str. 9, Tel. 03765 650 35, www.pension-krug-reichenbach.de, DZ ab 36 €. Die kleine Pension liegt in Zentrumsnähe und bietet gemütliche Zimmer zu einem sehr günstigen Preis.

Infos

Stadtverwaltung: Markt 1, 08468 Reichenbach, Tel. 03765 524 34 34, www.reichenbach-vogtland.de.

Greiz ▸ C 4

Das Städtchen Greiz, nur wenige Kilometer westlich von Reichenbach gelegen, gehört zwar nicht mehr zu Sachsen, ist aber sicher das reizvollste Ausflugsziel, das das Thüringische Vogtland zu bieten hat. Über Jahrhunderte hatten hier die Grafen und Fürsten derer zu Reuß ihre Residenz.

Die erste urkundliche Erwähnung einer Burganlage reicht ins Jahr 1209 zurück. Da es aufgrund der Erbfolge im Jahre 1564 zur Teilung der Herrschaft Reuß in die Gebiete Untergreiz, Obergreiz und Gera kam, kann das Städtchen auf zwei sehenswerte

Schlösser verweisen. Verheerende Stadtbrände, besonders der am 6. April 1802, sorgten dafür, dass von der alten Gebäudesubstanz der Stadt nicht viel übrig blieb; auch die Schlösser wurden nicht verschont. Der Wiederaufbau erfolgte meist im klassizistischen Stil. Heute ist Greiz eine liebens- und lebenswerte Kleinstadt mit zahlreichen aufwendig restaurierten Zeitzeugen vergangener Jahrhunderte. Bereits 1929 eröffnete in der Beletage des Unteren Schlosses ein Museum, das sich der Geschichte des Hauses Reuß in Verbindung mit der Entwicklung von Greiz widmet. 2009 konnte die Stadt ihren 800. Geburtstag feiern. Ein guter Grund, kurz danach auch dem Oberen Schloss ein Museum zu spendieren.

Unteres Schloss

Burgplatz 12, Tel. 03661 70 34 10, www.greiz.de, Di–So 10–17 Uhr, Erw. 2 €, Kinder 1 €, inkl. Schauwerkstatt Erw. 3 €, Kinder 1 €, Kombiticket beide Schlösser u. Schauwerkstatt Erw. 7 €, Kinder 4 €
Neben den historischen Ausstellungen rund um das Haus Reuß und die Stadt sind es heute vor allem die restaurierten Repräsentationsräume des Schlosses, die den Besuch lohnen. Seit 1998 gibt es als Reminiszenz an die Greizer Textilgeschichte in einem Nebenflügel des Schlosses die Schauwerkstatt »Greizer Textil – Vom Handwerk bis zur Industrie« zu sehen. Die Geschichte der Greizer Weberei reicht über 500 Jahre zurück. Die Präsentation macht sie von den Anfängen bis zum Niedergang nach der Wende erlebbar.

Oberes Schloss

Tel. 03661 70 34 10, www.greiz.de, Di–So 10–17 Uhr, Erw. 5 €, Kinder 2 €, Kombiticket s. o.
Im November 2010 konnte die Stadt auch im Oberen Schloss ein Museum

eröffnen. Es zeigt unter dem Motto »Vom Land der Vögte zum Fürstentum Reuß ältere Linie« eine spannende Zeitreise durch die Geschichte, die durch zahlreiche interaktive Erlebnisse zu einem Abenteuer für die ganze Familie wird. Das einzigartige historische Ambiente des Oberen Schlosses als mittelalterliche Burganlage mit einer Romanischen Doppelkapelle und den Rokoko-Stuckaturen bietet dafür den perfekten Rahmen.

Schlossbergtunnel

Der 1874 fertiggestellte Schlossbergtunnel, eine ingenieurtechnische Meisterleistung, ist Teil der Elstertalbahn, die Ende des 19. Jh. nicht unwesentlich zum Aufblühen von Handel und Gewerbe in der Region beitrug.

Übernachten & Essen

Zentrumsnah – **Schlossberghotel Greiz:** Marienstr. 1–5, Tel. 03661 62 21 23, www.schlossberghotel-greiz.de, DZ ab 62 €. Ein Garni-Hotel direkt im Zentrum, integriert in die Altstadt-Galerie, mit komfortablen Zimmern, Tiefgarage, Sauna, Seminarräumen und einem angeschlossenen griechischen Spezialitätenrestaurant.

Dörflich – **Hotel am Wald:** Untergrochlitzer Str. 8, Tel. 03661 67 08 03, www.hotel-ami.de/hotel/hotel-am-wald, DZ ab 43 €. Ein etwas außerhalb der Stadt sehr ruhig und naturnah gelegenes, gepflegtes 3-Sterne-Haus. Familiär geführt und familienfreundlich.

Am Park – **Pension Krug zum grünen Kranz:** Parkgasse 17, Tel. 03661 67 28 88, www.krug-zum-gruenen-kranz. com, DZ ab 43 €. Ruhige Unterkunft direkt am Park mit Blick auf das Obere Schloss. Eine gemütliche Gaststätte mit vogtländischer und thüringischer Küche gehört zur Pension.

Infos

Tourist-Information: Burgplatz 12, 07973 Greiz, Tel. 03661 68 98 15, www. greiz.de, Mo–Fr 10–18, Sa, So, Fei 10–17 Uhr.

Von Treuen nach Falkenstein

Treuen ▶ D 5

Treuen liegt nicht an der Göltzsch, sondern am Flüsschen Trebra. Die Stadt bietet ein lebenswertes Wohnumfeld und gilt im Vogtland als Sportstadt. Touristisch gesehen ist sie ein eher unbeschriebenes Blatt.

Sehenswert sind das zweigeschossige **Schloss** aus der Spätrenaissance und die Kirche **St. Bartholomäi,** die das Ortsbild prägt. Vor ihren Toren lohnt sich ein Abstecher zum **Perlaser Aussichtsturm** auf der Wilhelmshöhe und zu den **Glöckleteichen,** einem 3,5 ha großen Flächennaturdenkmal.

Übernachten

Mit Geschmack – **Gasthaus & Pension Zum Schreiner:** Königstr. 2, Tel. 038468 680 60, www.wirtshaus-zum-schreiner.de, DZ ab 49 €. Geschmackvoll eingerichtete, komfortable Zimmer hinter historischer Fassade im Zentrum der Stadt.

Vogtlandschnäppchen – **Landgasthof Waldeck:** OT Wetzelsgrün, Wetzelsgrün Nr. 26, Tel. 037468 22 62, www. landgasthof-waldeck.com, DZ ab 26 €. Freundliches Gasthaus, u. a. mit einfachen Zimmern zu sehr günstigen Preisen. Gute Ausgangsposition für Vogtland-Erkundungen.

Infos

Stadtverwaltung: Markt 7, 08233 Treuen, Tel. 037468 638 39, www.stadt-treuen.de.

Lengenfeld ▶ D 5

Das Städtchen mit seinen rund 8000 Einwohnern wurde bereits um 1300 von fränkischen Siedlern an der Göltzsch gegründet. Im 16. Jh. entwickelte sich eine Tuchmacherinnung, die wesentlich dazu beitrug, dass in Lengenfeld die Textilindustrie für ein starkes Wachstum sorgte. Übrigens, in der Göltzsch wurde hier nach Gold gesucht. Aber bereits 1841, noch lange etwa vor dem großen Goldrausch am Klondike River, stellten die professionellen Goldsucher hier ihre Arbeit ein.

Stadtmuseum

Hauptstr. 57, Tel. 037606 321 78, www.stadt-lengenfeld.de, Di, Do 10–16, Mi 10–13, So 14–17 Uhr, Erw. 2 €, Kinder 1 €

Das Museum fand seine Heimat in einem der ältesten Häuser Lengenfelds. Die Schwarze Küche aus der Zeit um 1800 ist das zweifellos interessanteste Exponat der Ausstellung. Sie beinhaltet eine reichhaltige Sammlung historischer Haushalts- und Küchengeräte. So erhalten die Besucher einen bildlichen Eindruck davon, wie noch vor weniger als 100 Jahren in gewöhnlichen Haushalten gekocht wurde.

Feuerwehrmuseum

Hauptstr. 57, Eingang Poststr., Tel. 037606 343 34, www.feuerwehr museum-lengenfeld,de, Apr.–Okt. jeweils am 1. So im Monat 15–17 Uhr, Spende wird erbeten
Reichlich 600 Ausstellungsstücke erzählen von der Arbeit der Feuerwehr in vergangenen Zeiten. Die ältesten Exponate stammen aus dem 18. Jh. Neben so großen Stücken wie dem Steigerzugwagen von 1880 sind es besonders auch kleinere Ausrüstungsgegenstände sowie Dokumente und Fotos, die den Bummel durch das Museum interessant gestalten.

Im Freizeitpark Plohn geht es per Boot auch zurück ins Zeitlalter der Dinsosaurier

Freizeitpark Plohn

Rodewischer Str. 21, Tel. 037606 341 63, www.freizeitpark-plohn.de, 1. April–26. Juni, 13. Sept.–31 Okt. 10–17, 27. Juni–12. Sept. 10–18 Uhr, Erw. 19 €, Kinder 16,50 €

Als vor rund 20 Jahren die ersten Bauarbeiter begannen, in der reizvollen Landschaft einen Familienerlebnispark zu errichten, war nicht klar, ob es eine Erfolgsgeschichte werden würde. Dass er heute mehr denn je kleine und große Besucher in seinen Bann zieht, zeigt: die Idee ging auf.

Übernachten & Essen

Zentral – **Hotel Lengenfelder Hof:** Auerbacher Str. 2, Tel. 037606 87 70, www.hotel-lengenfelder-hof.de, DZ ab 62 €. Traditionsreiches Haus mit Komfort, einem Lift sowie Sauna und Kegelbahn.

Ländliches – **Landgasthof & Hotel Goldenes Herz:** OT Schönbrunn, Hauptstr. 4, Tel. 037606 22 29, www.goldenes-herz.de, DZ ab 55 €. Gemütlicher Gasthof mit modern ausgestatteten Räumen und einer bodenständigen Küche der Region.

Infos

Tourist-Information: Hauptstr. 57, 08485 Lengenfeld, Tel. 037606 321 78, www.stadt-lengenfeld.de.

Rodewisch ▶ D/E 5/6

Über die Jahrhunderte spielte das Wasser der Göltzsch eine wichtige Rolle für die Entstehung zahlreicher Manufakturen im Bereich der Textilindustrie. 25 Wäsche- und Weißwarenfabriken allein in Rodewisch gaben im 19. Jh. den Menschen Lohn und Brot. Bekannt wurde der Ort später auch durch die 1893 eingeweihte Landesheil- und Pflegeanstalt, dem heutigen Sächsischen Krankenhaus für Psychiatrie und Neurologie.

Schlossinsel und Museum Göltzsch

Schloßstr. 2, Tel. 03744 331 86, www.rodewisch.de, Di–Do, Sa, So 10–12, 13–16.30 Uhr, Erw. 4 €, Kinder 2 €

Das Kleinod der Stadt ist die vom Flüsschen Göltzsch umschlossene Schlossinsel mit dem restaurierten Renaissanceschlösschen aus dem 15. Jh. Neben dem Museum sind auf der Insel die Reste einer historischen Wasserburganlage zu sehen, die 1937–39 ausgegraben wurden. Die Ausgrabungsstücke bildeten den Grundstock für das 1951 eröffnete Museum. Die Gegenstände des täglichen Bedarfs aus dem 13. bis 16. Jh. vermitteln einen Eindruck vom Alltagsleben der Bewohner des Rittergutes Göltzsch. Eine zauberhafte Weihnachtsschau komplettiert das Museum.

Schulsternwarte und Planetarium Sigmund Jähn

Rützengrüner Str. 41 a, Tel. 03744 323 13, www.sternwarte-rodewisch.de, Planetarium Erw. 3,50 €, Kinder 2 €

Die silbernen Kuppeln der Sternwarte am Rande der Stadt sind weithin sichtbar. Sie laden ein zu einer Reise in die Welt der Sterne, die vom Zeiss-Planetarium zum Leben erweckt wird. Unterschiedliche Programme ziehen Besucher aller Altersklassen in ihren Bann.

Übernachten

Komfort – **Hotel am Wernesbach:** Wernesgrüner Str. 39 d, Tel. 03744 36 85-0, www.hotelamwernesbach.de, DZ ab

85 €. Helles, freundliches, modernes Haus mit komfortablen Zimmern, Sauna und Solarium. Zentral und trotzdem sehr ruhig gelegen.

Familiär – **Die kleine Kneipe:** Rützengrüner Str. 30, Tel. 03744 3518 61, www.diekleinekneipe.de, DZ ab 50 €. Wirklich klein: nur zwei Doppelzimmer, jedoch mit allem, was der Gast braucht – und mit familiärer Betreuung.

Infos

Tourist-Information: Schloßstr. 2, 08228 Rodewisch, Tel. 03744 331 86, www.rodewisch.de.

Auerbach ► D/E 6

Nicht ohne Grund gilt Auerbach als Zentrum des östlichen Vogtlands. Mit seinen über 20 000 Einwohnern ist es die wichtigste Kommune der Region. 1282 erstmals erwähnt, erlangte der Ort im 17. Jh. dank zahlreicher Pechhütten seinen Ruf als ›Pechstadt‹. Ein neuer, wichtiger Wirtschaftszweig wurde die Herstellung von Kattunstoffen.

Eine große Rolle in der Geschichte der Stadt spielten auch ihre Bildungsanstalten, so die Stickereifachschule und das Königlich-Sächsische Lehrerseminar, das als Institut für Lehrerbildung noch bis 1991 viele junge Leute in das Vogtlandstädtchen zog.

Die Silhouette der Stadt wird geprägt von drei Türmen, denen von St. Laurentius und der Katholischen Kirche sowie vom Schlossturm.

Museum Auerbach

Schloßstr. 11, Tel. 03744 83 55 13, www.stadt-auerbach.de, Di, Do 10–12, 13–17, Mi, Fr 10–12, 13–16, Sa, So, Fei 13–18 Uhr, Erw. 2 €, Kinder 1 €
Zahlreiche Exponate, Dokumente und Schautafeln informieren über die 725-jährige Geschichte der Stadt.

Schlossturm

Schloßstr. 10, Tel. 03744 814 50, www.stadt-auerbach.de, Schlüssel im Fremdenverkehrsamt, im Museum oder in der Schlossgaststätte
Vom Schlossturm eröffnet sich ein schöner Rundblick über die Stadt. Der 43,9 m hohe Rundturm wurde 1909 auf die Reste der mehrfach zerstörten Auerbacher Burg gesetzt.

Göltzschtalgalerie Nicolaikirche

Alte Rodewischer Str. 2, Tel. 03744 21 18 15, www.goeltzschtalgalerie-nico laikirche.de, Mi–Fr 11–18, Sa, So 14–18 Uhr
Nachdem der historische, unter Denkmalschutz stehende Kirchenbau 1992 nach umfangreichen Restaurierungsarbeiten wieder eröffnet werden konnte, entwickelte er sich zu einem beliebten, sehr stimmungsvollen Veranstaltungszentrum. Neben Kunstausstellungen finden Konzerte, Lesungen und Theateraufführungen ein begeistertes Publikum. Das Spektrum reicht von Kammermusik bis zu Rockkonzerten, von der Buchlesung bis zum Kabarett.

Übernachten

Bikerfreundlich – **Hotel/Pension Schindel:** Göltzschtalstr. 88, Tel. 03744 21 28 90, www.erzgebirge-vogtland.de, DZ ab 45 €. Neben freundlichen Zimmern stehen auch für sieben Motorräder abgeschlossene Garagenräume für sichere Nächte zur Verfügung.

Preiswert – **Hotel Auerbach:** Friedrich-Ebert-Str. 38, Tel. 03744 809 01, www. hotelauerbach.de, DZ ab 42 €. Gemütliches Haus im Zentrum der Stadt mit 23 Zimmern. Individueller Service.

Essen & Trinken

Gutbürgerlich – **Restaurant & Pension Zum Kerkermeister:** Kirchplatz 1, Tel. 03744 21 37 82, www.zum-kerkermeister.de, tgl. 11–14, ab 17 Uhr, Hauptgericht 5,20–9,60 €. Gepflegtes Restaurant und bei Weitem nicht so martialisch, wie es der Name vielleicht vermuten lässt.

Feste feiern – **Gaststätte Altes Kaffeehaus:** OT Beerheide, Klingenthaler Str. 200, Tel. 03744 18 36 82, www.alteskaffeehaus.de, Do–Mo ab 11, Di 11–14 Uhr, Hauptgericht 5,80–9,40 €. Gemütliche Gaststätte für Ausflügler. Regelmäßig gibt es thematische Veranstaltungen wie Bockbieranstich, Sommerfest usw.

Aktiv & Kreativ

Schwimmen und Badespaß – **Waldbad Brunn:** Badstr. 1 a, Tel. 03744 365 93-11, www.waldbad-brunn.de, Freibad Mai, Sept. 10–19, Juni–August 9–20 Uhr, Sauna Mo–Fr 14–22, Sa 13–23, So 10–20 Uhr, Tageskarte Erw. 11 €, Kinder 7 €. Das Waldbad Brunn gehört seit Jahrzehnten zu den beliebtesten Freibädern des Vogtlands. Dafür sorgen nicht nur die Lage und die gepflegten Außenanlagen. Es ist für Freizeitsportler und Gelegenheitsschwimmer ebenso geeignet wie für den Badespaß mit der ganzen Familie. Ergänzt wird das Freibad durch eine ganzjährig geöffnete Saunawelt mit Massageangeboten und durch das Hallenbad, dessen Wiedereröffnung zur Drucklegung leider noch in den Sternen stand.

Infos

Fremdenverkehrsamt: Schloßstr. 10, 08209 Auerbach/Vogtl., Tel. 03744 814 50, www.stadt-auerbach.de, Mo–Fr 9–18 Uhr.

Haus des Gastes Schnarrtanne: OT Vogelsgrün, Reiboldsgrüner Str. 5, 08209 Auerbach, Tel. 03744 18 80 80, www.erholung-im-vogtland.de, Mo–Fr 9–17 Uhr.

Falkenstein ▶ D 6

Die Falkensteiner sagen über ihre Heimatstadt gern, sie sei »das Vogtland von seiner schönsten Seite«. Darüber würden sich andere Vogtländer mit ihnen sicher trefflich streiten, doch eine idyllisch im Grünen gelegene Stadt ist es zweifellos. Parkanlage, begrünte Straßen und Fußgängerzonen sind wie zum Flanieren geschaffen und unterstreichen die angenehme Atmosphäre. Als einzige Stadt des Vogtlandes durfte sich Falkenstein übrigens mit dem Titel ›Freie Bergstadt‹ schmücken. Sehenswert ist die **Kirche Zum Heiligen Kreuz,** die 1869 nach Plänen des Semper-Schülers Christian Friedrich Arnold errichtet wurde. Auch das älteste Haus der Stadt, das **Alte Spittal,** das **Schloss** sowie das **Rathaus** mit seinen Jugendstilelementen, dem Eckturm und dem Rundgang sind eine Besichtigung wert.

Heimatmuseum

Schlossplatz 1, Tel. 03745 75 97 85, www.stadt-falkenstein.de, Di–Do, Sa 10–12, 13–16, So 13–17 Uhr, Erw. 2,50 €, Kinder 1,25 €
Zu sehen sind im Heimatmuseum u. a. ein vogtländisches Bauernzimmer, regionale Schnitzkunst, mechanische Weihnachtsberge und Exponate zur Stadtgeschichte. Am interessantesten ist aber sicher die große Moosmann-sammlung, denn man erfährt hier viel über die märchenhafte Welt der bekanntesten Sagengestalt des Vogtlandes.

Tiergarten
Allee 9, Tel. 03745 54 21, www.stadt-falkenstein.de, Sommer tgl. 10–18, Winter tgl. 10–16 Uhr, Erw. 3 €, Kinder 1 €
Der Falkensteiner Tierpark wurde vor rund 60 Jahren als ›Station junger Naturforscher‹ gegründet. Heute können die Besucher auf einer Fläche von 1,8 ha knapp 200 Tiere treffen. Allein im Tropenhaus leben 39 verschiedene Arten.

Übernachten & Essen

Komfortabel – **Hotel Falkenstein:** Amtsstr. 1, Tel. 03745 74 20, www.hotelfalkenstein.de, DZ ab 75 €. 50 moderne, komfortable Zimmer mit Safe und ISDN-Anschluss. Lift und Sauna im Haus. Für den schmaleren Geldbeutel gehört zum Hotel auch eine kleine, einfache Pension.
Zentral – **Hotel & Restaurant Ratskeller:** Hauptstr. 28, Tel. 03745 737 85, www.ratskeller-falkenstein.de, DZ ab 50 €. Das hübsche, kleine Hotel mit seinem beliebten Restaurant liegt direkt im Zentrum des Städtchens und bietet komfortable Zimmer.

Infos

Stadt-Information: Willy-Rudert-Platz, 08223 Falkenstein, Tel. 03745 741-0, www.stadt-falkenstein.de.

Steinberg ▶ E 5

Aus dem Zusammenschluss dreier Gemeinden ist in diesem Fall eine völlig neue entstanden: **Rothenkirchen, Wildenau** und **Wernesgrün** wurden zu Steinberg. Der gleichnamige Berg ist zwar nicht der höchste, aber einer der markantesten des Vogtlands. Die Gemeinde liegt direkt an der Grenze zum Erzgebirge und so vermarktet man sich touristisch gemeinsam mit Schönheide in der ›Gebietsgemeinschaft rund um den Kuhberg‹. Das Haupt-Highlight der Gemeinde ist die weit über die Grenzen des Landes hinaus bekannte Brauerei Wernesgrün.

Brauerei Wernesgrün
Tel. 037462 61-72 64, www.wernesgruener.de, je nach gebuchtem Paket 7 €, 9 € oder 15 €, im Standardpaket sind die Brauereiführung, zwei Stunden Biergenuss und ein Präsent enthalten
Jeden Mittwoch finden Führungen durch die traditionsreiche Brauerei statt. Es gibt Sonderführungen, auch abendliche, und drei verschiedene »Bierpakete« mit Deftigem auf den rustikalen Tischen, zu denen man sich anmelden kann. Zu realsozialistischen Zeiten war das »Wernesgrüner« übrigens ein Exportschlager und deshalb im Land selbst meist nur als ›Bückware‹, sprich unter dem Ladentisch erhältlich.

Übernachten

Ländlich – **Landgasthof und Pension Zur Linde:** OT Wernesgrün, Brauereistr. 33, Tel. 037463 281 54, www.pension-wernesgrün.de, ab 50 €. Der Landgasthof hat eine lange Tradition und liegt, für viele Gäste nicht uninteressant, nah bei der Wernesgrüner Brauerei.

Infos

Gebietsgemeinschaft rund um den Kuhberg: Hauptstr. 43, 08304 Schönheide, Tel. 037755 516 23, www.gemeinde-schoenheide.de.

Register

Register

Abbildungsnachweis/Impressum

Abbildungsnachweis

Bildagentur Huber, Garmisch-Parten-kirchen: S. 221 (Krammisch); 29, 122, 163 li., 185, Umschlagrückseite (Schmid)

DuMont-Bildarchiv, Ostfildern: S. 22 (Gaasterland); 30, 72 (Härtrich); 16, 40, 43, 52, 79 li., 91, 100 re., 114, 133, 137 li., 144, 186, 235, 217 li., 239 (Scheibner)

laif, Köln: S. 136 re., 152/153, 260 re., 274/275 (Babovic); 12/13 (Bia-lobrzeski); Umschlagklappe vorn (Knoll); 46/47 (Steinhilber)

LOOK, München: Titelbild, S. 32/33 (Frei); 76/77 (Stankiewicz)

mauritius images, Mittenwald: S. 60/61 (O'Brien); 65 (Westend61)

picture alliance/dpa, Frankfurt/M.: S. 75 (ATP); 106 (ZB/Burgi); 243 li., 248 (ZB/Kasper); 66 (ZB/Knoblauch); 49, 68/69, 100 li., 129, 261, 279

(ZB/Thieme); 36, 56, 165 (ZB/Schmidt)

Axel Scheibe, Annaberg-Buchholz: S. 8, 9, 10 o. (2x), 11 o. (2x), 50, 59, 55, 71, 78 li., 83, 101 li., 111, 118/119, 155, 162 re., 168/169, 178, 194, 196 li., 201, 202/203, 197 li., 215, 224, 256/257, 261 li., 270, 276

Thomas Stankiewicz, München: S. 10 u., 11 u., 26, 38/39, 63, 78 re., 87, 97, 104, 136 li., 156, 158/159, 162 li., 172, 174, 193, 196 re., 205/206, 210/211, 212, 216 (2x), 228, 231, 242 (2x), 246/247, 252, 260 li., 263, 268

Transit, Leipzig: S. 141 (Härtrich)

Kartografie

DuMont Reisekartografie, Fürstenfeldbruck

© DuMont Reiseverlag, Ostfildern

Umschlagfotos

Titelbild: Schwibbogen aus dem ›Spielzeugdorf‹ Seiffen
Umschlagklappe vorn: Schloss und Kirche in Schwarzenberg

Hinweis: Autor und Verlag haben alle Informationen mit größtmöglicher Sorg-falt geprüft. Gleichwohl sind Fehler nicht vollständig auszuschließen. Alle An-gaben erfolgen ohne Gewähr. Bitte, schreiben Sie uns! Über Ihre Rückmeldung zum Buch und über Verbesserungsvorschläge freuen sich Autor und Verlag: **DuMont Reiseverlag,** Postfach 3151, 73751 Ostfildern, info@dumontreise.de, www.dumontreise.de

1. Auflage 2011
© DuMont Reiseverlag, Ostfildern
Alle Rechte vorbehalten
Redaktion/Lektorat: Winfried Stürzl
Grafisches Konzept: Groschwitz/Blachnierek, Hamburg
Printed in Germany